Frau Maxon protestiert

Anthony Hope

Writat

Diese Ausgabe erschien im Jahr 2024

ISBN: 9789359947549

Herausgegeben von
Writat
E-Mail: info@writat.com

Inhalt

KAPITEL I

„INKPAT!"

„Tintenfleck!" Sie schoss das Wort in bitterer Verspieltheit hervor und diente damit als Höhepunkt ihrer Beschwerden.

Hobart Gaynor wiederholte das Wort – wenn man es überhaupt ein Wort nennen konnte – seinem Begleiter in fragendem Ton nach.

„Ja, nur ein hoffnungsloser Tintenfleck, und dann ist Schluss damit!"

Mrs. Maxon lehnte sich so weit zurück, wie es die ungünstigen Winkel des Bürostuhls erlaubten, und blickte ihre Freundin und Beraterin mit einem schwachen, aber ziemlich schelmischen Lächeln auf ihrem hübschen Gesicht an. In dem großen, hohen, kahlen Zimmer des Anwalts wirkte sie klein und sehr zierlich zugleich. Ihre Stimme hatte ein wenig gezittert, aber sie bemühte sich mutig um Fröhlichkeit, als sie ihr kryptisches Wort erklärte.

„Wenn Ihnen Tag und Nacht, Woche für Woche und Monat für Monat etwas durch den Kopf geht, können Sie nicht dieses große lange Wort verwenden, das Anwälte verwenden. Außerdem ist es so schrecklich unparteiisch." Sie schmollte über diese unerwünschte Eigenschaft.

Ein Licht ging auf Gaynor auf und er lächelte.

„Oh, du meinst Inkompatibilität?"

„Das ist es, Hobart. Aber Sie müssen sehen, dass es viel zu lang ist, abgesehen davon, dass es, wie ich sage, furchtbar unparteiisch ist. Also habe ich angefangen, es bei einem eigenen Kosenamen zu nennen. Das bringt es auf meine Seite sehen?"

"Nicht ganz." Er lächelte immer noch. Er war einmal in Winnie Maxon verliebt gewesen, und obwohl dieser Gefühlszustand ihr gegenüber längst vorbei war, hatte sie immer noch die Macht, ihn zu faszinieren und zu amüsieren, selbst wenn sie Dinge sagte, die er für unvernünftig hielt. Anwälte haben diesen Verdacht für Frauen sehr parat.

„Oh ja! Das große Wort bedeutet nur, dass wir nicht miteinander auskommen, und deutet an, dass es wahrscheinlich genauso meine Schuld ist wie seine. Aber Inkpat bedeutet all die tausend und eine unerträgliche Sache, die er zu mir tut und sagt . Wann immer er etwas tut oder sagt, sage ich immer: „Inkpat!" Im nächsten Moment ertönt ein weiteres: „Inkpat!" Ich sollte wirklich keine Zeit für das lange Wort haben, selbst wenn ich es verwenden wollte.

„Du hast ihn einst sehr gern gehabt, nicht wahr?"

Sie zuckte ungeduldig mit den dünnen Schultern. „Angenommen, ich wäre es?" Offensichtlich wollte sie nicht daran erinnert werden, wenn es eine Tatsache war. Sie betrachtete es eher als einen Vorwurf. „Weiß man wirklich etwas über einen Mann, bevor man ihn heiratet? Und dann ist es zu spät."

„Plädieren Sie für Probefahrten?"

„Oh, das ist natürlich unmöglich."

„Ist heutzutage alles unmöglich?" Er schaute an die Decke und protestierte mit hochgezogenen Brauen gegen die Launen der Zeit.

„Jedenfalls ist es nicht das, was uns erzählt wird. Ich meinte nur, dass es kaum einen Unterschied macht, wenn man sich einmal darum gekümmert hat – es zählt so gut wie nichts, wissen Sie."

„Kein Evangelium, das für einen verlobten Mann sehr akzeptabel ist, Winnie!"

Sie streckte ihren Arm aus und berührte leicht seinen Mantelärmel. „Ich weiß, es tut mir leid. Ich sehne mich danach, deine Cicely kennenzulernen und gute Freunde mit ihr zu sein. Und es ist schade, dich gerade mit der Schattenseite davon zu belästigen. Aber du bist so eine Freundin, und so." Vernünftig und auch Anwalt, verzeihen Sie mir?"

„Ich helfe sehr gerne, wenn ich kann. Könnten Sie mir ein paar – ich möchte nicht tausendundeins, sondern ein paar – Exemplare von ‚Tintenfleck' geben?"

„Das würde nicht viel nützen. Im Großen und Ganzen ist Inkpat eine Forderung, dass eine Frau nicht das sein soll, was sie ist, sondern eine Art verkümmerte und minderwertige Reproduktion des Mannes – was er zu sein glaubt, wenn er eine Frau wäre." Alles, was nicht so ist, wird sofort abgestempelt. Oh, Hobart, es ist so völlig aussichtslos, wie kann ich jemand anders sein – nur eine Frau? Frau! Oh!"

„Ich kenne ihn nicht sehr gut, aber es klingt auf jeden Fall absurd. Sind Sie sicher, dass Sie das nicht falsch verstanden haben? Können Sie mir das nicht erklären?"

„Inkpat erklärt nie; es sieht nie, dass es etwas zu erklären gibt. Es predigt oder hält Vorträge oder ist sarkastisch oder murrt oder schmollt – und ich nehme an, es würde fluchen, wenn Cyril nicht so religiös wäre. Aber erklären oder sich eine Erklärung anhören – niemals!"

Sie stand auf und ging zu einem der hohen Fenster, die auf Lincoln's Inn Fields hinausgingen. „Ich erkläre, ich beneide das zerlumpteste, hungrigste Kind, das dort im Garten spielt", sagte sie. „Zumindest könnte es sich selbst sein. Hat Gott mich nicht genauso erschaffen wie Cyril?"

Es war Hochsommer, und auf dem Kaminsims gab es nichts Tröstlicheres als eine schmuddelige Papierverzierung; doch Hobart Gaynor stand auf und stellte sich mit dem Rücken dazu, wie es Männer in Momenten der Ratlosigkeit zu tun pflegen. Er erkannte, dass es keinen großen Sinn hatte, auf seine konkreten Fälle zu drängen. Wenn sie kämen, wären sie zweifellos Kleinigkeiten oder würden so aussehen. Ihre Anhäufung war das Unheil; das wurde in der breiten Palette der Unvereinbarkeit angenommen und zum Ausdruck gebracht; Die beiden Menschen konnten nicht Schritt halten. Aber er stellte eine Frage.

„Ich nehme an, Sie haben ihm keinen wirklich ernsthaften Grund zur Beschwerde gegeben?"

Sie drehte sich schnell vom Fenster um. "Was meinen Sie--?"

„Nun, ich meine, irgendjemand sonst – äh – sorgt für Reibung?"

„Hobart, du weißt, dass das nicht meine Art ist! Ich habe außer dir und meinem Cousin Stephen Aikenhead keinen Freund – und ich sehe keinen von euch sehr selten. Und Stephen ist verheiratet und ihr seid verlobt. Das ist ein …" lächerliche Idee, Hobart.

Sie war offensichtlich empört, aber Gaynor ließ sich nicht stören.

„Wir Anwälte müssen jeden verdächtigen", erinnerte er sie mit einem Lächeln, „und alles erwarten, auch wenn es noch so unwahrscheinlich ist. Deshalb werde ich jetzt fragen, ob Ihr Mann eine tolle Freundin hat."

„Das ist genauso lächerlich. Ich könnte böse genug sein, mir zu wünschen, dass er es getan hätte. Lass es jemand anderes versuchen!"

„Kannst du nicht – irgendwie – auf das zurückkommen, was dich anfangs an ihm interessiert hat? Verstehst du, was ich meine?"

„Ja, das tue ich – und ich habe es versucht." Ihre Augen sahen verwirrt, sogar verängstigt aus. „Aber, Hobart, ich kann mir nicht vorstellen, was es war. Es sei denn, es lag nur an seinem Aussehen – er sieht sehr gut aus, wissen Sie."

„Er steht gut an der Anwaltskammer. Er kommt schnell voran, er ist sehr aufrichtig, und ich glaube nicht, dass er unbeliebt ist, soweit ich gehört habe."

Sie verstand seinen Hinweis schnell. „Viele Leute werden sagen, es sei meine Schuld? Dass ich unvernünftig bin und alles im Unrecht ist?"

„Damit müsste man mit viel rechnen."

„Es ist mir egal, was die Leute sagen."

"Bist Du Dir sicher?" fragte er leise. „Es ist ein ziemlich großer Anspruch, den man an sich selbst stellen muss, sei es im Guten oder im Bösen."

„Es sind schließlich nur seine Freunde. Weil ich keine habe. Nun, ich habe dich." Sie kam und stand ihm bei. „Du bist aber gegen mich, nicht wahr?"

„Ich gebe zu, ich denke, eine Frau – oder ein Ehemann – sollte einiges aushalten."

„Es ist nicht so, als ob mein Baby gelebt hätte. Ich hätte es dann vielleicht weiter versuchen können. Es wäre nicht nur unverdünnter Cyril gewesen."

„Das macht einen gewissen Unterschied, da stimme ich zu. Dennoch, im allgemeinen Interesse der Dinge –"

„Ich muss mein ganzes Leben lang gefoltert werden?" Ihre Herausforderung der Verpflichtung klang scharf.

Mit einer unruhigen Kopfbewegung setzte er sich wieder an seinen Tisch. Sie blieb stehen, wo sie war, und starrte auf die schmuddelige Verzierung im Kamin.

„Andererseits wird das Leben vielleicht nicht besonders einfach. Du wirst Probleme, Ärger – vielleicht auch Versuchungen – haben."

„Damit kann ich mich auseinandersetzen. Ich kann mir selbst vertrauen, Hobart. Kann er meine Reise verhindern, wenn ich will?"

"NEIN."

„Kann er mich zwingen, zurückzukommen?"

„Nein. Er kann, wenn er will, eine formelle Anordnung erwirken, dass du zurückgehst, aber diese wird nicht durchgesetzt. Es gibt ihm nur ein Recht auf eine rechtliche Trennung – natürlich nicht auf eine Scheidung – nur ein Trennung."

„Bist du sicher, dass sie mich nicht zwingen können, zurückzugehen?"

„Oh, ganz … Das ist geklärt."

„Das wollte ich ganz klar sagen." Sie trat zu seinem Stuhl und legte ihre Hand auf seine Schulter. „Du bist immer noch gegen mich?"

„Oh, wie kann ich das sagen? Das Herz kennt seine eigene Bitterkeit – niemand sonst kann es."

Sie drückte ihm freundlich die Schulter; seine halbe Zustimmung tröstete sie. Zumindest handelte es sich nicht um eine Verurteilung, auch wenn die Verantwortung für eine Sanktion abgelehnt wurde.

„ Natürlich braucht er dir kein Geld zu geben."

„Ich habe mein eigenes. Du hast dafür gesorgt, dass ich es bezahlt habe."

„Es ist sehr wenig – ungefähr hundertfünfzig pro Jahr. Ich möchte, dass Sie sich alle Seiten des Geschäfts ansehen.“

„ Natürlich hast du recht. Aber für mich gibt es nur eines – weg, weg, weg!“

„Es ist gerade einmal fünf Jahre her, dass du mit deiner Mutter hierhergekommen bist – wegen der Ehevereinbarung. Ich fand es ziemlich hart, dass du zu mir kommen solltest, ich erinnere mich.“

„Mutter wusste nichts von dem – dem sentimentalen Grund dagegen, Hobart – und das spielt jetzt keine Rolle, oder? Und die arme Mutter macht sich mehr als nur Sorgen um mich.“

„Wohin wirst du gehen – wenn du gehst?“

„Ich gehe. Ich werde eine Weile bei den Aikenheads bleiben – bis ich mich selbstständig gemacht habe.“

„Haben Sie – ihm gegenüber – etwas davon angedeutet?“

„Zu Cyril? Nein. Ich muss es ihm sagen. Natürlich weiß er, dass ich dumm genug bin zu denken, dass ich unglücklich bin.“

„Das wird eine schreckliche Begegnung für ihn, nicht wahr?“

Sie ging um den Tisch herum und blickte ihn direkt an, doch mit herabhängendem Mund.

„Ja, das wird es“, sagte sie. „Schrecklich! Aber, Hobart, ich habe nicht nur keine Liebe mehr, ich habe auch kein Mitleid mehr. Er hat viel in mir zerstört, und er hat das zusammen mit dem Rest zerstört.“

Gaynors Hände spielten schwach mit seinem großen Löschpapierblock.

„Dass es ausgerechnet dir passieren sollte!“ er murmelte. Seine Miene drückte mehr als nur eine Klage über sein Unglück aus; Er bedauerte nicht nur die Trauer, sondern bedauerte auch etwas Unangenehmes. Aber Winnie Maxon war für diesen Ton taub; sie sah nur Mitgefühl.

„Das ist deine alte, liebe Freundlichkeit mir gegenüber“, lächelte sie mit Tränen in den Augen. „Du wirst dich doch nicht gegen mich wenden, oder, Hobart?“

Er streckte seine Hand aus, um ihre zu berühren. „Nein, meine Liebe. Habe ich dich nicht einmal geliebt?“

„Und ich liebe dein liebes rundes Gesicht und deine ehrlichen Augen. Ja, und die Nase, mit der du früher unglücklich warst – weil es ein Mops war – in jenen sehr alten Zeiten; und wenn mein Schiff Schiffbruch erleidet, weiß ich, dass du es tun wirst Kommen Sie mit dem Rettungsboot heraus. Auf Wiedersehen, ich werde Ihnen darüber schreiben.

Der zärtliche Ton am Ende ihres Gesprächs, alte Erinnerungen, das Echo ihrer sanften, flehenden Stimme nutzten einige Minuten nach der Abreise seines Besuchers dazu, Hobart Gaynors kluge Augen vor der Tatsache zu blenden, dass sie ihm wirklich keinen Fall vorgelegt hatte das könnte in den Augen der Welt durchaus substantiell erscheinen. Für sie könnte zweifellos alles so schlimm, so unerträglich und hoffnungslos sein, wie sie es erklärte; er stellte ihre Aufrichtigkeit nicht in Frage. Doch als der persönliche Eindruck von ihr verblasste, behauptete sein harter gesunder Menschenverstand mit Nachdruck, dass alles nur darauf hinauslief, dass sie ihren Mann nicht mehr mochte; Das war die Summe dessen, was die Welt darin sehen würde. Können Frauen ihre Männer verlassen, nur weil sie sie nicht mehr mögen? Einige Leute sagten ja, wie er wusste. Sie waren weder Menschen, die er respektierte, noch war ihre Theorie eine, die er billigte. Er war in allen Dingen konservativ eingestellt, besonders in Fragen des Geschlechts. Ihm war jetzt unbehaglich bewusst, dass ihr Flehen ohne ihre persönliche Faszination und ohne seine alte Zärtlichkeit nicht einmal eine widerstrebende Halbzustimmung erpresst hätte. Im nächsten Moment leugnete er, auch nur so viel gegeben zu haben. Sicherlich würde ihr die Welt im Allgemeinen – die große, respektable, stabile Welt – nicht einmal so viel zugestehen. Wenn man davon spricht, dass man „zerquetscht" wird oder dass Dinge in einem zerquetscht werden, braucht man in den Augen dieser Welt eine sehr solide Untermauerung von Fakten – Dinge, die in die Kiste geschworen werden können, die in die „Einzelheiten" von Ihnen gesteckt werden können Petition, die von einem unabhängigen Zeugen lokalisiert, datiert und, wenn möglich, beglaubigt werden kann. Nun schien Mrs. Maxon nicht über eine einzige Tatsache dieser Art zu verfügen – oder wäre sie doch sicher bestrebt gewesen, sie vorzulegen?

Komiker und Zyniker zeigen gern das Spektakel von Frauen, die einerseits eine Frau jagen, und andererseits von Männern, die ihre Brüder verraten, um die Gunst einer Frau zu erlangen. Von solchen Darstellungen kann keine Ausnahme gemacht werden; die Dinge passieren. Aber wenn sie nicht passieren – wenn Eifersucht und Leidenschaft nicht im Spiel sind – gibt es eine andere Kraft, einen anderen Instinkt, der mit mächtiger Wirkung wirkt. Die erklärten Kenner der menschlichen Natur nennen es Sexualsolidarität; Es ist der Instinkt jedes Geschlechts, gemeinsam gegen das andere aufzustehen. Dabei geht es nicht um individuelle Vorlieben oder Abneigungen; Es ist Sexpolitik, ein Konflikt zwischen rivalisierenden Gastgebern, die ewig gespalten sind. Ohne persönliche Vorurteile und besondere Beziehungen ist der Mann für den Mann, die Frau für die Frau. Als Minute nach Mrs. Maxons Weggang folgte, wurde es für Hobart Gaynor immer wahrscheinlicher, dass Cyril Maxon etwas für sich zu sagen hatte. Und war Hobart nicht selbst ein zukünftiger Ehemann? Er war zu sehr verliebt, um davon zu träumen, dass seiner eigenen Ehe ein ähnliches Schicksal widerfahren würde, und doch empfand er eine natürliche Sympathie für die edle Armee, in die er sich so bald einreihen sollte.

„Nun, ob richtig oder falsch, ich habe ihr versprochen, ihr beizustehen, und das werde ich auch tun", war sein letzter Gedanke, als er sich wieder dem aktuellen Geschäft seines Bürotages zuwandte. Darin mischte sich Mitgefühl für Mrs. Maxon mit einer gewissen Verärgerung darüber, dass sie ihn in gewisser Weise in eine so dunkle und schwierige Angelegenheit verwickelt hatte. Er spürte, ohne es wirklich vorherzusehen, Schwierigkeiten, die es ihm schwer machen könnten, sein Versprechen zu halten.

Die Tendenz persönlicher Eindrücke, ihre Kraft zu verlieren, wenn die persönliche Präsenz zurückgezogen wird, kam Frau Maxon nicht in den Sinn. Als sie nach Hause zur Devonshire Street fuhr, tröstete sie sich mit der Gewissheit, dass sie nicht nur eine Freundin behalten hatte – wie sie es getan hatte –, sondern auch einen Partisanen gefunden hatte. Sie glaubte, dass Hobart Gaynor ihren Fall durchaus verstand.

„Eher wundervoll von ihm!" sie dachte nach. „Wenn man bedenkt, dass ich ihn abgelehnt habe und er in diesem Moment in Cicely Marshfield verliebt ist."

Ihr Herz wurde sehr warm gegenüber ihrer alten Freundin, die so treu und so nachsichtig war. Wenn sie ihn nicht abgelehnt hätte? Aber die Stimmung, die sie derzeit hatte, ließ sie nicht zu dem leisen, wenn auch traurigen Schluss kommen, dass sie einen Fehler gemacht hatte. Wer weiß wirklich etwas über einen Mann, bis sie mit ihm verheiratet ist? Und dann ist es zu spät. „Heirate keinen Freund – behalte ihn", lautete ihr bitteres Fazit. Es kam ihr nicht in den Sinn, dass auch Freundschaft – eine Freundschaft, die mehr als eine distanzierte und passive Freundlichkeit sein soll – mit Unvereinbarkeit rechnen muss.

KAPITEL II

EIN FALL DER NOTWENDIGKEIT

Mrs. Maxons Erinnerung an den Abend, an dem sie ihrem Mann seinen „schrecklichen Gesichtsausdruck" verpasste, war launisch. Es bewahrte sowohl das Vorläufige und Zufällige als auch den eigentlichen Kern der Sache. Sie aßen im Haus eines gelehrten Richters. Die Party war ausschließlich legal, aber die Unterhaltung des jungen Rechtsanwalts, der ihr zugeteilt wurde, spiegelte diese Einstellung nicht wider. Das Glück benutzte ihn zur Ironie. Er war sehr beeindruckt von den Reizen seiner Begleiterin – sie war gestärkt, sah gut aus und sprach mit einer ungewöhnlichen Lebhaftigkeit – und da er sich keineswegs einen Mangel in derselben Richtung unterstellte, spielte er mit einem Paar schöner dunkler Augen und las scherzhaft weiter die Einsamkeit des Junggesellenlebens und machte heimliche Anspielungen auf das gesegnete Los von Herrn Cyril Maxon.

„Ich hoffe, er kennt sein Glück!" sagte der junge Rechtsanwalt. Nun, er würde es auf jeden Fall bald wissen, dachte Winnie.

Danach gab im Salon eine dicke, überschwängliche Frau die andere Seite davon. „Wir müssen bessere Freunde sein, meine Liebe", sagte sie. „Und Sie dürfen nicht eifersüchtig sein, wenn wir alle Ihren klugen, gutaussehenden, aufstrebenden Ehemann verehren."

Solche Dinge sind die üblichen Trivialitäten des Geredes. Sowohl die dicke Frau als auch der junge Anwalt waren schon oft vorgekommen. Aber ihr Erscheinen heute Abend berührte Winnie Maxons Sinn für Humor – in diesem Moment ein bitterer, verdrehter Humor. Am liebsten hätte sie geschrien: „Oh, ihr Idioten !" und schleudert ihrem Mann ihre Entscheidung quer durch den Salon ins Gesicht. Komplimente für die private Glückseligkeit unseres Nachbarn sind zwangsläufig mit einem gewissen Risiko verbunden. Warum dürfen wir nicht auf sicherem Boden stehen und sagen: „Ich bitte um Erlaubnis, Ihnen zu der Höhe Ihres Einkommens zu gratulieren und zu hoffen, dass es bald verdoppelt wird"? Dagegen könnten nur die Ruinierten Einwände erheben, und ihnen auf die Hühneraugen zu treten, ist keine ernste Angelegenheit.

Auf der Heimfahrt – der Richter wohnte in einem abgelegenen Teil von Kensington – war Cyril Maxon pervers und (wie es seiner Frau vorkam) unglaublich fruchtbar in seinen Plänen für die kommenden Tage. Er prognostizierte nicht nur seine berufliche Laufbahn – da war er im Recht –, sondern er plante auch ihre gemeinsamen Aktivitäten für mindestens drei Jahre im Voraus – ihre Häuser für den Sommer, ihre Reisen ins Ausland, ihre Besuche bei den verschiedenen und zahlreichen Mitgliedern des Maxon Clan.

Er ließ die Zukunft ohne einen Hauch von ihrem dunklen Mantel der Ungewissheit zurück. Zum Glück war er kein Mann, der viel Applaus oder gar Zustimmung brauchte; er beriet sich nicht; er hat sich niedergelassen. Sein langes, durch und durch anwaltliches, unbestreitbar gutaussehendes und fähiges Profil – er hatte die Angewohnheit, mit seiner Frau zu reden, ohne sie anzusehen – fesselte die Aufmerksamkeit ihrer Augen. War sie damit wirklich einem Kampf gewachsen? Eine schattige Perücke mit vollem Hintern schien das Gesicht zu umrahmen und ihm die Macht über Leben und Tod zu verleihen.

„Dann, ein Jahr danach, habe ich wirklich vor, dich nach Palästina und Damaskus mitzunehmen."

Keine Ahnung, dass selbst die unhöflichen Götter sich über Cyril Maxon lustig machen würden!

„Wer weiß, was in drei Jahren passieren wird?" „fragte sie in fröhlichem Tonfall, abrupt unterbrochen von einem Keuchen in der Kehle."

„Du hast eine Erkältung?" fragte er besorgt. An freundlichen Beschützerinstinkten mangelte es ihm nicht. Doch selbst seine Fürsorge war zwingend. „Ich kann nicht zulassen, dass du Risiken eingibst."

„Es ist nichts", keuchte sie, jetzt fast sicher, dass sie ihre Aufgabe niemals erledigen würde. Selbst aus Freundlichkeit nahm er ein so absolutes Eigentum an.

Der Brougham hielt vor ihrem Haus. „Morgen Punkt neun Uhr fünfzehn", sagte Cyril zum Kutscher. Das war nicht weniger und nicht sicherer als Palästina und Damaskus. Er ging durch die Halle (belebt mit Drucken überlebender und verstorbener Lordkanzler) in sein Arbeitszimmer. Sie folgte ihr und atmete schnell.

„Ich habe die Chippinstalls gebeten, nächsten Mittwoch zum Essen zu gehen. Können Sie ihr morgen früh eine Erinnerung schicken?" Er begann seine Pfeife zu stopfen. Sie schloss die Tür und setzte sich auf einen Stuhl vor dem Kamin.

In dieser Werkstatt des Lernens, der Logik und des Ehrgeizes war ihr schon immer etwas Erdrückendes vorgekommen. Heute Abend war die Atmosphäre überwältigend; sie fühlte sich platt, niedergedrückt; Sie schnappte nach Luft. Er hatte seine Pfeife angezündet und blickte sie nun an, verwirrt über ihr Schweigen. „Am Mittwoch ist doch nichts anderes los, oder?"

„Cyril, wir sind nicht glücklich, oder?"

Er schien weder gekränkt noch überrascht über ihren plötzlichen Absturz; Für sie schien er dem Irrationalen gegenüber aggressiv geduldig zu sein.

„Wir haben unsere Schwierigkeiten, wie andere verheiratete Paare wohl auch. Ich hoffe, dass sie mit der Zeit weniger werden.“

„Das bedeutet, dass ich mich Ihnen nicht mehr widersetzen werde?“

„Ich hoffe, dass unsere Geschmäcker und Ansichten harmonieren.“

„Dass meines in Harmonie mit deinem wachsen wird?“

Er lächelte, wenn auch grimmig. Wenigen Männern macht es wirklich etwas aus, wenn man ihnen Despotismus vorwirft, da dieser nach Macht riecht. „Ist das für meine Frau so schrecklich?“

„Wir sind nicht glücklich, Cyril.“

„Die Ehe wurde nicht nur zu dem Zweck gegründet, Menschen Spaß zu machen.“

„Oh, ich weiß nicht, wofür es gegründet wurde!“

„Sie können in Ihrem Gebetbuch nachsehen.“

Ihr Kinn ruhte auf ihren Händen, ihre weißen, spitzen Ellbogen auf ihrem Knie. Der große, starke, selbstbewusste Mann betrachtete ihre zerbrechliche Schönheit. Er war nicht ohne Liebe, nicht ohne Mitleid, aber völlig ohne Verständnis – und Verständnis hätte auch keine Vergebung bedeutet. Ihr impliziter Anspruch widersprach sowohl seinem Instinkt als auch seinen Überzeugungen. Die Liebe und das Mitleid reichten nicht aus, um den Schock zu ertragen.

„Ich wünschte, du würdest Attlebury besuchen“, fuhr er fort. Attlebury war sozusagen der Hüter seines Gewissens, ein bedeutender Geistlicher mit extremen Ansichten der Hochkirche.

„Mr. Attlebury kann nicht verhindern, dass es mir schlecht geht. Immer wenn ich mich über irgendetwas beschwere, wollen Sie mich zu Mr. Attlebury schicken!“

„Ich schäme mich nicht, vorzuschlagen, dass Sie in dem, was er auf Erden repräsentiert, Hilfe finden könnten.“

Sie gab ein leises, klagendes Stöhnen von sich. Sollte der Himmel ebenso wie diese große Welt gegen sie aufgeboten werden, ein armes kleines Geschöpf, das nur darum bittet, frei zu sein? So schien es.

„Oder soll ich vermuten, dass Sie ein Skeptiker geworden sind?“ Der Sarkasmus war stark ausgeprägt. „Hat ein Geist wie Ihr die Unverschämtheit, selbstständig zu denken?“ Also übersetzte sie seine Worte – und tat ihm damit kein wesentliches Unrecht. Wenn sein Intellekt das Knie beugen konnte, sollte sie dann trotzig sein?

„Ich hatte gehofft", fuhr er fort, „dass unser großer Kummer eine Veränderung in dir bewirkt hätte."

Der Vorschlag schien ihr unter die Gürtellinie zu gehen. Sie hatte keine Anzeichen überwältigender Trauer bei ihm gesehen.

"Warum?" sie fragte scharf. „Es hat nichts in dir gemacht, oder?"

„Es ist nicht nötig, frech zu sein."

„Wenn du es mir sagst, ist es Weisheit. Wenn ich es dir sage, ist es Kühnheit! Ja, so ist es immer. Du bist bereits perfekt – ich muss mich ändern!"

„Das wird zum Streit. Haben wir nicht genug davon?"

„Ja, Cyril, genug für ein Leben, denke ich." Schließlich hob sie den Kopf und ließ ihre Hände auf ihren Schoß fallen . „Zumindest habe ich das", fügte sie hinzu und sah ihn fest an.

Er erwiderte ihren Blick für einen Moment, dann wandte er sich ab und setzte sich an seinen Schreibtisch. Mit der späten Post waren mehrere Briefe eingetroffen, und er begann, sie zu öffnen.

Er hatte sie wütend gemacht; Ihre Wut besiegte ihre Ängste.

„Ich wurde dazu erzogen, so zu denken wie Sie", sagte sie. „Zu denken, dass man, wenn man einmal verheiratet ist, für immer verheiratet ist. Ich glaube, das denke ich immer noch; und du weißt, ich habe meine – meine Gelübde respektiert. Aber es gibt Grenzen. Von einer Frau kann nicht verlangt werden, dass sie alles aufgibt. Sie selbst – Was sie sich selbst schuldet, muss an erster Stelle stehen: ihr eigenes Leben, ihre eigenen Gedanken, ihre Freiheit, ihre Rechte als Mensch.

Er las einen Brief und wandte den Blick nicht davon ab.

„Das sind moderne Ansichten, nehme ich an? Altmodische Leute würden sie Vorschläge des Teufels nennen. Aber wir hatten diese Art von Diskussion schon mehrere Male. Warum noch einmal darüber nachdenken? Wir müssen uns darauf einigen, anderer Meinung zu sein."

„Wenn du würdest! Aber du tust es nicht, du kannst es nicht, du wirst es nie tun. Das sagst du heute Abend. Du wirst mich morgen früh wieder in deinen Marsch einarbeiten und mich wieder in dein Muster einarbeiten."

Er antwortete überhaupt nicht. Er las weiterhin Briefe. Er hatte signalisiert, dass die Diskussion beendet sei. Damit war Schluss. Es war seine Art; Wenn er der Meinung war, dass genug gesagt worden sei, sollte sie nichts mehr sagen. So war es hundertmal passiert – und sie hatte innerlich „Inkpat!" gerufen.

Nun, dieses Mal würde sie ihm endlich zeigen, dass das Thema noch nicht erschöpft war. Sie würde wieder sprechen und ihn zum Sprechen bringen. Bosheit besaß sie; Sie lächelte den ernstgesichtigen Mann an, der methodisch seine Korrespondenz erledigte. Zum ersten Mal verspürte sie eine gewisse Befriedigung, als sie die Sache tatsächlich erledigte; Zuvor hatte sie sich davor in ihrem Herzen gefürchtet, so sehr sie sich auch die Freiheit wünschte, die es mit sich bringen würde. Einmal zurückschlagen – einmal nach fünf langen Jahren!

„Oh, was die Chippinstalls angeht", sagte sie. „Du kannst sie natürlich haben, aber ich werde nicht hier sein."

Er drehte seinen Kopf schnell zu ihr herum. "Warum nicht?"

„Ich gehe morgen zu den Stephen Aikenheads."

„Es ist nicht Ihre Angewohnheit, allein Besuche abzustatten oder Besuche zu arrangieren, ohne mich zu befragen. Und die Atmosphäre, die bei Aikenhead herrscht, ist mir ziemlich egal." Er legte seine Briefe nieder und lächelte sie zurückhaltend an. „Aber ich möchte Sie nicht noch einmal beschweren.

Er versuchte freundlich zu sein; Er wollte tatsächlich einen Punkt überdehnen, denn er hatte oft die Praxis verurteilt, dass verheiratete Frauen – junge und hübsche verheiratete Frauen – ohne ihren Ehemann zu Besuch gingen; und er hatte ebenso oft schwere Missbilligung gegenüber ihrem Cousin Stephen Aikenhead zum Ausdruck gebracht. Für ihn eine beachtliche Strecke! Ihre Bosheit war entwaffnet. Sogar ein Stich des Mitleids, das sie als zu Tode erdrückt erklärt hatte, durchdrang ihr Herz. Sie streckte ihre schlanken Arme nach ihm aus, eher als jemand, der um einen großen Segen bittet, denn als Befreier eines tödlichen Widerstands.

„Cyril, ich komme nie zurück."

Eine ganze Minute lang saß er schweigend da und sah sie fest an. Obwohl er nicht in der Lage war, zu begreifen, wie sie zu dieser ungeheuerlichen Entscheidung gekommen war oder wie sie zu dieser monströsen Entscheidung getrieben wurde, verfügte er doch über genug Einsicht und Erfahrung, um zu erkennen, dass sie es ernst meinte und sich darauf einließ; und er wusste, dass sie es in die Tat umsetzen konnte, wenn sie wollte. In dieser Schweigeminute kämpfte er hart mit sich selbst; Er verspürte eine gewaltige Versuchung, zu schelten, eine noch stärkere, sich zu verspotten und zu verspotten, seine schwere Artillerie des Sarkasmus zum Einsatz zu bringen. Er leistete Widerstand und triumphierte.

Er schaute auf die Uhr. Es war Viertel nach zwölf.

„Sie werden kaum erwarten, dass ich mich zu dieser Nachtstunde und ohne gründliche Überlegung mit einer so wichtigen Angelegenheit befasse", sagte er. „Sie müssen wissen, dass solche Trennungen im Widerspruch zu meinen Ansichten stehen, und ich hoffe, Sie wissen, dass ich trotz der entstandenen Spannungen immer noch eine starke Zuneigung zu Ihnen hege."

„Ich werde meine Meinung nicht ändern, Cyril. Ich werde nicht zurückkommen."

Er behielt die Zügel bei sich. „Ich würde es wirklich lieber nicht ohne weitere Überlegung besprechen, Winnie – und ich glaube, ich habe das Recht, dich zu bitten, etwas mehr Zeit zu lassen und mir nach dem Nachdenken anzuhören, was ich zu sagen habe. Ist das unfair? Zumindest du" Ich gebe zu, dass es ein ernster Schritt ist?"

„Ich denke, es ist fair", murmelte sie ungeduldig. Sie hätte die Welt dafür gegeben, es als grob ungerecht bezeichnen zu können. „Aber es nützt nichts", fügte sie hinzu, fast grimmig in ihrer Ablehnung der Vorstellung, dass ihre Entschlossenheit nachlassen könnte.

„Lasst uns beide nachdenken und beten", sagte er ernst. „Ihr Besuch bei den Aikenheads könnte eine gute Sache sein. Er wird Ihnen Zeit zum Nachdenken geben, und es wird keine vorübergehenden Gründe zur Verärgerung geben, die Ihr ruhigeres Urteilsvermögen beeinträchtigen könnten. Lassen Sie uns es als geklärt betrachten, dass Sie dabei bleiben." Sie werden sie vierzehn Tage lang betreuen – aber nichts anderes gilt heute Abend als erledigt. Und noch etwas: Haben Sie irgendjemandem von dieser Idee erzählt?"

„Nur Hobart Gaynor. Ich ging hin und fragte ihn, ob ich es tun könnte, wenn ich wollte. Ich sagte ihm, dass ich es tun wollte."

„Er wird den Mund halten. Erwähnen Sie es bitte niemandem."

„Ich werde nicht, bis – bis es geklärt ist." Sie lächelte. „Wir haben uns tatsächlich auf ein oder zwei Dinge geeinigt! Das ist in unseren Auseinandersetzungen sehr ungewöhnlich, Cyril."

Er kam auf sie zu und küsste sie auf die Stirn. „Um Gottes willen, denken Sie nach! Sie wissen nicht im Geringsten, was es für Sie bedeutet – und auch nicht für mich."

Sie zog ihren Kopf schnell zurück; Eine bittere Erwiderung lag ihr auf der Zunge. „Ja – aber ich weiß, was das Leben mit dir bedeutet!" Sie sprach es nicht aus; In seinem Gesicht lag eine angedeutete Müdigkeit, die sie für einen Moment entwaffnete. Sie seufzte trostlos, wandte sich von ihm ab und verließ das Zimmer, die Schultern gebeugt, als wäre sie von großer Müdigkeit erfüllt.

Sie hatte ein oder zwei vorübergehende Anfälle des Mitleids verspürt; Da sie einen Sturm befürchtet hatte, empfand sie Erleichterung über seine Mäßigung, würdigte ihn aber nicht dafür. Sie verstand nicht, wie schwer es für ihn war. Sie war fast geneigt, es für ein Kunststück zu halten – eine Demonstration (wieder einmal zur Schau gestellt), wie viel weiser, vernünftiger und nachdenklicher er war als das unbekümmerte Wesen, mit dem er gepaart war. Sie trug ihre Beschwerden auf gebeugten Schultern aus dem Zimmer – genauso schwer wie eh und je, genauso unerträglich.

Der gutaussehende, kluge, aufstrebende Mann stand vor dem, was er auf dieser Welt am meisten fürchtete und hasste: einem Versagen. Er hatte sich in den hübschen Körper verliebt; Er hatte nie daran gezweifelt, dass er den formbaren Geist formen und modellieren konnte. Warum nicht? Es war in keiner Weise ein großer oder bemerkenswerter Geist. Sie war weder sehr talentiert, noch besonders willensstark, noch war sie besonders eigensinnig. Weder unregiert, noch überemotional, noch unmoralisch. Sie war eine überdurchschnittlich attraktive Frau, aber in anderer Hinsicht kaum außergewöhnlich. Und als er auf fünf Jahre zurückblickte, wurde ihm klar, welch enorme und ständige Schmerzen er mit ihr gehabt hatte. Es war sowohl eine Frage des Gewissens als auch des Stolzes gewesen; Was bleibt übrig, um sie zu bekämpfen, wenn sich die beiden zusammenschließen? Und sie bilden ständig eine Allianz. Selbst dieser mächtigen Konföderation drohte eine Niederlage – eine Niederlage durch jemanden, den er für kaum mehr als ein charmantes, eigensinniges Kind hielt.

Charmant? Sanftere Emotionen, die der Erinnerung entsprungen waren, erlebten eine Wiederauferstehung, die letztlich nicht von großer wirklicher Bedeutung war. Er gehörte zu den Männern, die Gefühle befriedigen, um sie zu beruhigen; Die Ehe war seiner Ansicht nach – und der Ansicht der Autoritäten, an die er glaubte – sowohl besser als die Verliebtheit als auch etwas anderes. Im Sinne eines Wollustmenschen war er überhaupt nie verliebt gewesen. Was blieb also übrig, um seine tiefe Abneigung und Missbilligung gegenüber allem, was sie jetzt vorbrachte, ihren Ansprüchen, Anmaßungen und Beschwerden, zu bekämpfen? Am Ende zwei unterschiedliche, aber dennoch eng verbundene Kräfte – Loyalität gegenüber einer großen Sache und Hass auf persönliche Niederlagen. Möge er sich zum Verfechter der Sache machen: Die beiden wurden eins. Konnten der Himmel und er gemeinsam einem Ansturm erliegen?

Er stellte sich seiner Theorie logisch und mutig. „Sie ist meine Frau. Ich bin für sie genauso verantwortlich wie für mich selbst. Sie kann das leugnen – ich kann nicht.“

Für Gut oder Böse, für Freude oder Schmerz, ein Fleisch, ein Geist, ein Geist, *usque in æternum* . Es gab die hohe kompromisslose Lehre.

Seine Frau widersprach weder bewusst noch ausdrücklich. Wie sie ihm gesagt hatte, war sie dazu erzogen. Ihr Appell war einfach, dass sie dem nicht gerecht werden könne, sei es richtig oder falsch. Sie konnte die damit verbundenen Verbote einhalten – sie hatte ihre zurückhaltenden Gelübde eingehalten und würde sie auch einhalten –, aber sie konnte die positiven Auflagen nicht mehr erfüllen. Wenn sie überhaupt nach einer intellektuellen oder spekulativen Rechtfertigung suchte, dann als nachträglicher Einfall, als Bitte, einen Freund wie Hobart Gaynor zu versöhnen, oder als Verteidigungswaffe gegen ihren Ehemann. Für sie selbst war ihre Entschuldigung die Notwendigkeit. Hätte sie in dieser Nacht so wahrheitsgetreu geschildert, was sie fühlte, hätte sie gesagt, dass sie Unrecht tat, dass sie aber nichts dagegen tun konnte. Der menschlichen Ausdauer waren Grenzen gesetzt – eine Tatsache, der das göttliche Gesetz in anderen Angelegenheiten als der Ehe nicht in der Praxis (abgesehen von der Lehre) der gesamten Christenheit Rechnung getragen hat, um angemessen Rechnung zu tragen.

KAPITEL III

„IN LÖSUNG"

„Nun, sehen Sie, die Dinge sind im Moment ziemlich in Lösung."

Die meisten Menschen haben ein oder zwei Formeln, mit denen sie versuchen, etwas Ordnung in die Rumpelkammer ihres Geistes zu bringen. So viele Dinge werden dort unten abgeladen, und ohne ein oder zwei Formeln geraten sie so durcheinander. Das Obige war Stephen Aikenheads Favorit. Viele seiner Freunde sagten lieber „im Übergang". Dieser Satz, behauptete er, wirft die Frage auf. Vielleicht würde sich nach all dem Gerede und all der Aufregung nichts ändern; die Innovatoren könnten geschlagen werden; das waren sie oft gewesen; Die Masse der Menschheit war sehr konservativ. Schauen Sie sich das Auf und Ab des menschlichen Denkens an, wie es in der Geschichte aufgezeichnet wurde – die Freiheit Athens und die Zügellosigkeit Roms, gefolgt vom dunklen Mittelalter – die Renaissance, die einerseits durch die Gegenreformation und die Strenge gezähmt, wenn nicht sogar verstümmelt wurde des Puritanismus andererseits. Sicherlich wurden oder sollten die Grundlagen aller Dinge untersucht werden. Aber es ist eine Sache, Stiftungen zu prüfen, eine andere, sie für unhaltbar zu erklären und zu beweisen. Und selbst wenn letzterer Prozess eingetreten ist, stellt sich die Frage: Werden Sie das Gebäude stützen oder abreißen? Die Freunde, die den „Übergang" befürworteten, wurden oft ungeduldig mit diesem unheilbaren Zweifler; Sie waren ebenso davon überzeugt, dass die Zukunft in Ordnung sein und sehr bald kommen würde, wie sie davon überzeugt waren, dass die Gegenwart völlig falsch war und dem Angriff der Vernunft unmöglich noch viele weitere Jahre widerstehen konnte. Sie waren zuversichtliche Menschen, die dazu neigten, das zu vergessen, obwohl sie (ihrer eigenen Meinung nach) zweifellos recht hatten, doch der Engländer unterstützt den Fortschritt zumindest nur unter der festen Voraussetzung, dass er langsam sein wird. „Bremse anziehen!" drängt er und stellt sich Innovation als einen galoppierenden Abstieg vor. Stephens Freunde stellten es sich mitleiderregend als eine mühsame Zustimmung vor – mühsam, aber schnell durch galantes Anstrengen der Pferde zu erreichen. Allerdings sind keine Bremsen nötig! Eine Argumentation mittels Metapher ist in jedem Fall gefährlich.

In diesem Fall wurde die Formel Winnie Maxon innerhalb von zwei Stunden nach ihrer Ankunft in Shaylor's Patch verabreicht. Stephens hübsches Haus in Buckinghamshire – es lag in der Nähe von Beaconsfield – erhielt seinen bescheidenen Namen vermutlich von einem verstorbenen Shaylor und sicherlich von einem kleinen Rasenstück, das etwa hundert Meter auf dem Weg hinunter zum Bahnhof zwischen zwei abzweigenden Straßen lag. Das

Haus war alt, weitläufig und niedrig – eine durch und durch komfortable Behausung. Der Garten war schön anzusehen mit seinen Rosen, seinen Eiben und seiner großen Blutbuche, mit seinem ausgedehnten glatten Rasen und seinem Ausblick über ein weites Tal.

„Ein Zuhause des Friedens!" dachte Winnie und entspannte ihren müden Körper (sie hatte an diesem Morgen für mehr als zwei Wochen Abwesenheit gepackt) und ihren sturmgepeitschten Geist, während sie auf einem langen Stuhl im Schatten der Blutbuche lag.

Stephen saß ihr gegenüber, ein großer Mann von dreiunddreißig Jahren, blond, mit Neigung zum Übergewicht, mit einer Strähne groben , unordentlichen, mausfarbenen Haars; immer und überall trug er eine große Hornbrille. Er hatte eine Kompetenz geerbt, die mehr als nur ausreichend war; Er hatte keinen Beruf, schrieb jedoch Artikel, wenn ihn der Geist bewegte, und ließ sie seltener veröffentlichen. Mit zweiundzwanzig hatte er geheiratet. Es war vor der Zeit, als er anfing zu zweifeln, ob Menschen heiraten sollten oder überhaupt brauchen, und seine Ehe war so glücklich gewesen, dass dieser Zweifel nicht auf persönliche Erfahrungen zurückgeführt werden konnte. Seine Frau war nicht hübsch, hatte aber ein angenehmes Gesicht und war wunderbar gelassen. Sie hatte eine sehr starke eigene Meinung und vertrat diese so stark, dass sie selten stritt und sich nie durch Argumente aus der Fassung bringen ließ. Wenn jemand bei einer Diskussion hitzig wurde, lächelte sie ihn an und reichte ihm eine Blume oder zu gegebener Zeit etwas Leckeres zu essen. Sie hatten ein Kind, ein inzwischen zehnjähriges Mädchen, das sie gerade auf ein Internat geschickt hatten.

Im Zusammenhang mit der Einweisung der kleinen Alice ins Internat erschien die Formel. Winnie hatte das richtige Erstaunen zum Ausdruck gebracht, dass ihre Eltern es „ertragen konnten, sich von ihr zu trennen". Stephen erklärte, dass sie von dem Wunsch angetrieben worden seien, sich dem Kind gegenüber fair zu verhalten.

„Wenn ich sicher wäre, dass ich Recht hatte und dass die Alten Unrecht hatten, würde ich es ihr selbst beibringen – ihr beibringen, zu glauben, was ich glaube, und nicht zu glauben, was sie glauben. Aber bin ich sicher? Was glaube ich? Und angenommen, ich' Wenn ich Recht habe, oder zumindest, dass sie Unrecht haben, werden die meisten Menschen das in den nächsten Jahren nicht glauben. Ist das fair, es sei denn, ich bin der Hammer? Sicher? Nicht jeder kann glücklich sein, wenn die Welt gegen ihn ist. Ich kann ihr nicht beibringen, was ich nicht glauben kann, aber warum sollte sie es nicht von Leuten lernen, die es am Ende selbst regeln können? Es scheint fair, ihr die Chance auf Orthodoxie zu geben, während die Dinge, wie ich schon sagte, in einer Art Übergangsphase sind, wissen Sie nicht?"

„Was meinst du damit, dass die Dinge in Lösung sind – oder im Fluss sind?"

Als Tochter eines Geistlichen, Ehefrau von Cyril Maxon seit ihrem neunzehnten Lebensjahr und gläubiges Mitglied von Attleburys Herde, kam sie ganz frisch auf die Idee. In ihrem Leben und in ihrer Welt schienen die Dinge enorm stabil und erdbebensicher zu sein!

„Ich nehme an, dass es bei denkenden Menschen eigentlich zu allen Zeiten so war, aber jetzt ist es weiter verbreitet, nicht wahr? Es kommt sogar in die Zeitungen! ‚Glauben wir?' „Ist die Ehe ein Misserfolg?" Es sind nicht die Antworten, die am wichtigsten sind, sondern die Fragen."

„Ja, ich glaube, ich verstehe, was du meinst – teilweise." Die Worte kamen in langsamem Grübelton. „Gehst du sehr weit?" sie fuhr mit drolligem, besorgtem Akzent fort.

Er lachte fröhlich. „Es gibt keine Bomben. Ich bin mit Tora verheiratet. Ist es schrecklich, dass ich nicht sehr oft in die Kirche gehe? Niemals, muss ich aufrichtig hinzufügen, wenn ich es vermeiden kann."

„Ich werde gehen, solange ich hier bin. Findest du es lustig, dass ich mich plötzlich für einen Besuch vorschlage?"

„Um die Wahrheit zu sagen, ich hätte nicht gedacht, dass Maxon kommen würde."

„Oder dass ich ohne ihn kommen sollte?"

„Wir haben uns vorgestellt, dass du ziemlich lange verheiratet bist, das gestehe ich."

„ So war ich – so bin ich, meine ich." Sie erinnerte sich an ihr Versprechen; Sie sollte ihre große Entschlossenheit nicht erwähnen. Aber es wurde ihr klar, dass es schwierig sein würde, das Versprechen einzuhalten. Schon die Atmosphäre in Shaylors Patch deutete darauf hin, dass ihre Position hervorragend dazu geeignet war, darüber zu sprechen, sie mit einem aufgeschlossenen, sympathischen Freund zu diskutieren und über sie in all ihren Belangen zu spekulieren.

„Aber Sie dürfen nicht denken, dass ich absolut engstirnig bin", fuhr sie fort. „Ich kann selbst denken und handeln." Sie umging das verbotene Gelände.

„Ich bin froh darüber. Ist Maxon?" Hinter seiner Brille war ein humorvolles Funkeln zu erkennen.

„Warum reden wir über Cyril, wenn ich gerade erst meinen Urlaub begonnen habe?" Doch es gab nichts anderes, worüber sie wirklich reden wollte. Oh, dieses dumme Versprechen! Natürlich hätte sie sich das Recht vorbehalten sollen, den Fall ihren Freunden vorzulegen. Aber ein Versprechen ist ein

Versprechen, so dumm es auch sein mag. Das wäre sicherlich Cyrils Ansicht; und es gehörte ihr. War es, fragte sie sich, die Ansicht von Shaylor's Patch? Oder könnte eine solche ethische Frage einigermaßen „gelöst" sein?

„Er hält mich für einen schrecklichen Verbrecher?" fragte Stephen.

Sie nickte lächelnd.

„ Das tun sie hier unten, aber meine Freunde in London nennen mich ein sehr mildes Exemplar. Ich gehe davon aus, dass einige von ihnen auftauchen werden, während Sie hier sind, und Sie werden es selbst sehen können."

„Stört es dich nicht, dass man hier unten für einen Verdammten gehalten wird?"

„Warum sollte ich? Ich will ihre Gesellschaft nicht mehr, als sie meine wollen. Mir geht es recht gut, und ich habe keine Ambitionen." Er lachte. „Wenn ich möchte, bin ich bestens dafür geeignet, der Welt zu trotzen. Dazu bedarf es überhaupt keines Mutes und würde mir auch keine Märtyrerkrone einbringen."

„Du meinst, es wäre anders, wenn du für deinen Lebensunterhalt arbeiten müsstest?"

„Könnte sein – oder wenn ich ins öffentliche Leben gehen wollte oder irgendetwas in der Art."

„Oder wenn du eine Frau wärst?"

„Nun, wenn ich eine Frau wäre, die sensibel dafür wäre, was die Gesellschaft insgesamt über sie denkt. Das ist einer der Gründe, warum ich meine Ansichten nicht oft predige. Für mich ist das alles sehr gut, aber meine Konvertiten, wenn es welche gibt, könnten das schon tun." endete damit, dass sie dachten, sie würden zu viel bezahlen, während der Prophet umsonst davonkam."

Er hatte ein Buch, sie eine Zeitung. Ohne jegliche Zeremonie begann er zu lesen; Aber sie ließ ihr Papier neben sich auf dem Boden liegen und ließ ihre Gedanken über die große Veränderung schweifen, die in ihrem Leben stattgefunden hatte, und darüber, was es für sie bedeuten würde, wenn sie anhalten würde, denn sie war fest davon überzeugt, dass es so sein sollte.

„Ich kann selbst denken – und handeln", hatte sie gesagt. Vielleicht, aber beides wären neue und seltsame Übungen. Sie war auf sehr klaren Linien gegangen; Sie war auf gebieterisch erteilte Befehle eingegangen. Eine Angst vermischte sich mit der Erleichterung der Emanzipation. Sie sagen, dass Männer, die lange im Gefängnis waren, von der großen, freien, geschäftigen Welt verwirrt sind. Das mag für Gefängnisse des Geistes genauso gelten wie für die Bastille selbst.

Stephen unterbrach seine Lektüre, um noch einmal seine Haltung darzulegen. „Es ist wie mit den beiden Pferden – dem einen im Stallhof und dem wilden. Das eine bekommt Hafer und keine Freiheit, das andere Freiheit und keinen Hafer. Jetzt legen verschiedene Menschen sehr unterschiedliche Werte auf Freiheit und Hafer. Und auf jeden Fall." Schätze, das Wildpferd muss irgendeine Art von Futter haben.

Sein Gesicht verschwand wieder hinter dem Buch und sie hörte, wie er über etwas darin fröhlich kicherte. Wenn er keinen Hafer bekam, schien er mit dem anderen Futter, das er fand, sicherlich hervorragend zu gedeihen. Aber es war nicht zu leugnen, dass es Cyril Maxon genauso gut ging – erfolgreich, aufsteigend, ohne Zweifel an seiner eigenen Meinung oder seinem eigenen Verhalten. Oder hatte ihre Entschlossenheit ihn dazu gebracht, Fragen zu stellen? Als sie sich an diesem Morgen von ihm trennte, hatte er keinerlei Anzeichen von irgendetwas gezeigt. „Ich werde mich freuen, dich am Ende deiner vierzehn Tage wiederzusehen", hatte er gesagt. Die Worte waren ein Befehl.

Tora Aikenhead, auf dem Weg zu den Rosenbeeten, mit einem Korb und einer Schere in der Hand, kam auf sie zu.

„Ausruhen?" sie fragte Winnie mit ihrer leisen, angenehmen Stimme.

In dem Telegramm, in dem sie ihren Besuch vorgeschlagen hatte, hatte Winnie gesagt, dass sie von den Fröhlichkeiten der Stadt ein wenig „überwältigt" sei, aber sie bildete sich ein, dass sich die Frage ihrer Gastgeberin, wenn auch entfernt, auf mehr als diese bezog, die sie erkannt hatte Spuren der Not, der Verwüstung, die ein Sturm angerichtet hat.

"Schön!" Winnie antwortete mit einem dankbaren Lächeln.

„Dick Dennehy macht ein Wochenende mit Godfrey Ledstone, und morgen kommen sie zum Mittagessen und zum Tennisspielen; und Mrs. Lenoir fährt auch zum Mittagessen herunter", fuhr Tora zu ihrem Mann fort.

„Frau Lenoir?" Mit diesem drolligen Augenzwinkern hinter seiner großen Brille blickte er wieder von seinem Buch auf.

„Ja. Schon bald wieder, nicht wahr? Sie muss uns mögen, Stephen."

Stephen lachte. Seine Frau hatte die Ursache des Augenzwinkerns nicht im Geringsten verstanden. Das würde sie nicht tun, überlegte er. Es kam ihr nie in den Sinn, dass irgendein Mensch etwas dagegen haben könnte, sich mit anderen zu treffen, es sei denn, tatsächlich wären tatsächliche Übergriffe und Körperverletzungen zu befürchten. Aber Stephen war sich der Tatsache bewusst, dass es für Winnie Maxon überraschend sein könnte, Mrs. Lenoir kennenzulernen – wenn sie alles über sie wüsste. Selbstverständlich unterstellte er Mrs. Cyril Maxon strenge Maßstäbe, trotz ihres stolzen

Bekenntnisses ihrer Aufgeschlossenheit, was ihm in der Tat eher amüsant als überzeugend vorgekommen war.

„Ledstone ist unser Nachbar", sagte er zu Winnie, „der einzige Nachbar, der uns wirklich gutheißt. Er hat sich hier für den Sommer ein Cottage gemietet. Du wirst ihn mögen; er ist ein lustiger Kerl. Dennehy ist ein irischer London-Korrespondent für die eine oder andere Zeitung." in den Staaten und ein Fenian und so etwas, wissen Sie. Sehr guter Kerl.

„Nun, ich habe keine Fragen zu Ihren Gästen gestellt, aber seit Sie angefangen haben, mich zu posten – wer ist Mrs. Lenoir?"

„Tora, wer ist Frau Lenoir?"

„Wer ist sie? Wer sollte sie sein? Sie ist nur Mrs. Lenoir."

Tora war offensichtlich ziemlich überrascht über die Frage und konnte keine aufschlussreiche Antwort geben. Aber dann gibt es viele Menschen, bei denen es schwierig ist, zu sagen, wer sie sind, es sei denn, die Wiederholung ihres Namens wird als ausreichend angesehen.

„Ich muss damit klarkommen. Frau Lenoir war einmal in einen sehr berühmten Fall verwickelt – sie intervenierte, wie man es nennt – und der Fall ging gegen sie aus. Einige Leute dachten, sie sei in diesem Fall zu Unrecht beschuldigt worden, aber – nun ja, Es lässt sich nicht leugnen, dass sie eine plausible Person war, die man dafür verantwortlich machen konnte – sie muss inzwischen weit über fünfzig sein. Ich hoffe, Sie – ähm – werden es nicht für nötig halten, ein zu langes Gedächtnis zu haben. Winnie?"

„Ich verstehe nicht genau, warum es überhaupt notwendig ist, es zu sagen", bemerkte Tora. „Warum ist es unser Geschäft?"

„Aber Winnie schon?" Die Frage richtete sich an Winnie selbst.

„Ich weiß natürlich, warum du es mir erzählt hast", antwortete sie. Sie zögerte, errötete, lächelte und sagte: „Aber das spielt keine Rolle."

„Natürlich nicht, Liebes", bemerkte Tora, als sie zu ihren Rosen ging.

Es ist schön und gut, „Natürlich nicht" zu sagen, aber für Mrs. Cyril Maxon war es überhaupt kein „Natürlich". Ganz im Gegenteil. Das Zugeständnis, das sie gemacht hatte, war für sie bemerkenswert. Sie hatte beschlossen, sich in allen möglichen und rechtmäßigen Angelegenheiten den Gebräuchen von Shaylor's Patch anzuschließen – und es stand ihr als Gast nicht zu, Schwierigkeiten mit anderen Gästen zu machen, wenn so etwas überhaupt vermieden werden konnte. Dennoch war sie sehr überrascht, dass Frau Lenoir zum Mittagessen kam – das hatte sie tatsächlich verraten. Indem sie keine Schwierigkeiten machte, schien sie einen großen Schritt auf dem Weg zur Emanzipation getan zu haben. Es war ihr erster Akt der Freiheit; denn sicherlich hätte Cyril Maxon es niemals zugelassen. Sie hatte das Gefühl, dass sie sich gnädig verhalten hatte; Sie hatte auch das Gefühl, dass sie ziemlich dreist gewesen war.

Stephen verstand ihre Gefühle besser als seine Frau. Er hatte sich der Atmosphäre, die er jetzt atmete, vorgestellt, Tora war darin von einem frei denkenden Vater aufgewachsen, der nicht die gleichen Skrupel wie Stephen gegenüber seinem Kind hatte. In seinen frühen Tagen hatte er die Luft eingeatmet, die bis gestern Winnies Lungen gefüllt hatte – die Maxon-Luft.

„Ich nehme an, dass diese Dinge bei fast jeder denkbaren Theorie, die auf eine zivilisierte Gemeinschaft anwendbar wäre, völlig falsch sind", bemerkte er, „aber so viele Menschen tun sie und kommen ungeschoren davon, dass ich nie geneigt bin, hart mit den Unglücklichen umzugehen, die das tun." Lassen Sie sich nicht entlarven. Ich muss sagen, dass sich Frau Lenoir nie große Mühe gegeben hat, nicht entdeckt zu werden und sagen: „Du wirst gehängt!" Sie werden feststellen, dass sie eine sehr intelligente Frau ist und wirklich – ja, wirklich – großartige Manieren hat.

„Ich beginne zu verstehen, warum du sie so einfach im Stich gelassen hast", sagte Winnie lächelnd.

Er lachte. „Na ja, vielleicht hast du recht. Ich bin ein Mensch, und ich wage zu behaupten, dass ich ein paar besondere Bitten abgegeben habe. Ich mag sie. Sie ist interessant."

„Und nichts ist wichtig, oder?" sie setzte sich energisch genug ein.

„Oh, Sie beschuldigen mich dieser Einstellung? Ich vermute, dass Sie das durchaus tun könnten.

„Vielleicht läuft es ganz genauso – nun ja, im Verhalten, nicht wahr? Wenn man etwas unbedingt tun wollte, könnte man sich dann nicht immer dazu durchringen zu glauben, dass es zu den Dingen gehört, die keine Rolle spielen." ?"

„Warum gehen wir nicht aufs Ganze und halten es für das einzig Richtige?" er lachte.

Sie wiederholte sein Lachen. „Sie müssen mich genauso einfach im Stich lassen wie Frau Lenoir!"

„Das werde ich, schöne Cousine – und, bei meiner Ehre, aus genauso guten Gründen."

Stephen hatte seinen Vortrag genossen. Es amüsierte und interessierte ihn, zu sehen, wie sie nach und nach schüchtern aus ihr – sollte er es Zuflucht oder Gefängnis nennen ? – herauskam, um zu sehen, wie sie behutsam und ängstlich mit Ideen spielte, die ihm vertraut und alltäglich waren. Er bemerkte, dass sie wachsam war, und bewunderte besonders die ein oder zwei kleinen Stöße, die sie ihm mit ziemlicher Klugheit gegeben hatte. Wie er gesagt hatte, verspürte er keinen Drang, Konvertiten zu gewinnen; Es ging ihm nicht darum, sie zu verunsichern. Aber es widersprach seiner gesamten Denkweise, seine eigenen Ansichten zu verbergen oder den Austausch intelligenter Meinungen zu verweigern, weil sein Gesprächspartner einen anderen Standpunkt vertrat. Bei Shaylor's Patch hatte jeder eine andere Meinung. Sollte die Konversation verboten und zensiert werden?

Winnie selbst hätte aus ganzem Herzen „Nein" geschrien. Sie genoss den Frieden, der sie umgab, die seltsame Freiheit von dem allgegenwärtigen Schrecken von Reibereien und Streitereien, das Gefühl, endlich die Welt mit eigenen Augen sehen zu können, ohne dass ihr jemand Nein sagte, und streckte eifrig die Hand aus Sie ging auf die neuen Dinge ein, obwohl sie zwar nicht glaubte, dass sie ihr Evangelium, ihr Glaube werden könnten, aber mit einer halb schuldbewussten Wertschätzung, einem Gefühl von Mut und Trotz und einer echten Freude an der Ausübung des Verstandes, den sie bescheiden zu besitzen behauptete . Sie war so lange so furchtbar eingeengt gewesen. Sicherlich könnte sie ein bisschen herumspielen? Was schadet das? Es verpflichtete sie zu nichts.

Als sie in ihr Bett stieg, sagte sie wie ein Kind: „Oh, ich werde es hier genießen – ganz bestimmt!"

Deshalb ist es gut, einzuschlafen, mit Dank für den heutigen Tag und einem Willkommenslächeln für morgen.

KAPITEL IV

Ein Versprechen halten

Moderne junge Frauen sind athletisch, zweifellos mit einem ausgewogenen Verhältnis von Vorteilen für sich selbst, für das Rennen und für die allgemeine Freude an den Dingen. Doch nicht alle; Es gibt immer noch einige, deren Stärke darin besteht, still zu sitzen, oder deren Reiz zumindest nicht darin besteht, sich schnell zu bewegen, sondern vielmehr darin, eine träge Anmut zu zeigen und latente Kräfte anzudeuten, die nicht die Aufgabe des ersten Ankömmlings sind, sie zu wecken. In verborgenen Kräften liegt ein Geheimnis; In gelassener Inaktivität liegt eine Herausforderung. Nicht jede Frau, die sich weigert, heiß zu werden, ist bemalt; Nicht jede Frau, die sich weigert, herumzuhüpfen, ist engstirnig. Die Sache geht tiefer. Diese Art ist nicht untätig und faul; es geht um die Sache seiner Frau; es wirkt ruhig, zurückhaltend, schwer aufzuwecken oder zu bewegen – mit welchem Grad an Bewusstsein oder Unbewusstheit, wie weit durch Berechnung, wie weit durch Instinkt, weiß der Himmel! Zu dieser Sorte gehörte auch Winnie Maxon. Obwohl sie keine Schuld an Farbe oder Puder hatte, obwohl ihre magere Figur es sich leisten konnte, über Stäbe zu lachen (obwohl sie damit bekleidet waren), kam es ihr nie in den Sinn, über einen Rasentennisplatz zu huschen und dabei sehr heiß und sehr rot im Gesicht zu werden , wie es Tora Aikenhead tat, um halb elf an einem Sonntagmorgen. (Es sei darauf hingewiesen, dass Winnie trotz ihrer Erklärung vom Vortag nicht in die Kirche gegangen war.)

Toras Partner war ihr Ehemann; Sie war sehr wendig, er war etwas langsam, aber ein guter Platzierer. Gegen sie tobte Dennehy eher, als dass er spielte – ein kleiner, kräftiger Mann von fünfunddreißig Jahren, mit struppigem sandfarbenem Haar und einem Schnurrbart in der gleichen Farbe, dessen kriegerische Aufwärtsbewegung im Moment durch Schweiß gedämpft war. Er konnte nirgendwo spielen – und er würde am Netz spielen. Dennoch war das Spiel knapp, denn sein Partner, Godfrey Ledstone, war wirklich ein Spieler, obwohl er dieses Spiel offensichtlich nicht ernst nahm. Ein brillanter Schuss in kritischen Momenten, mit einer lachenden Entschuldigung für einen solchen Zufall, verriet, dass er in einer anderen Klasse war als seine Kameraden.

Das Spiel endete mit der Niederlage der Aikenheads und die Spieler versammelten sich um Winnie. Dennehy triumphierte gewaltig und tobte erneut, als seine verstorbenen Gegner ihm deutlich sagten, sein Anteil am Sieg sei geringer als nichts. Er erklärte, die „moralische Wirkung" seiner Präsenz im Netz sei unkalkulierbar.

„Diese Eigenschaft besitzen sicherlich Ihre Schläge", gab Stephen zu.

Im Schutz des freundschaftlichen Streits wandte sich Winnie an Ledstone, der sich neben sie gesetzt hatte. Sie bemerkte, dass er sie bereits ansah; das Bewusstsein, dass sie seine Aufmerksamkeit wünschte, ließ sie ein wenig erröten.

„Wie leicht du spielst! Ich meine, du lässt das Spiel so einfach aussehen."

„Nun, wenn ich die Galerie beeindrucken will, ist der alte Dennehy ein ziemlich nützlicher Partner, nicht wahr? Aber ich habe einmal eine gute Rolle gespielt, bevor ich ins Geschäft gegangen bin."

„Keine Zeit? Mir wurde gesagt, dass du bis zu drei Tage in der Woche nach London gehst!"

„Wie ich sehe, hat Mrs. Aikenhead mich verraten. Hat sie Ihnen sonst noch etwas erzählt?"

„Nun, sie hat mir erzählt, wie du aussahst, aber das weiß ich jetzt selbst."

„Ist sie mir gerecht geworden, Frau Maxon?" Er hatte angenehme blaue Augen und nutzte sie, um den Wert seiner Worte zu unterstreichen.

„Ich möchte Sie und sie nicht in Streit bringen", lächelte Winnie.

„Ah, meinst du, sie hat es nicht getan?"

Winnies Lächeln blieb geheimnisvoll. Hier war ein Spiel, das sie spielen konnte, obwohl sie viele, viele Tage lang gezwungenermaßen darauf verzichtet hatte. Es ist nicht zu leugnen, dass sie mit größerem Elan darauf zurückgekommen ist.

„Ich werde Frau Aikenhead fragen, was sie gesagt hat."

„Das sagt dir nicht, was ich darüber denke."

„Wie soll ich es dann herausfinden?"

„Ist es dir so wichtig, das zu wissen?"

„Ich empfinde nur eine Art – nun ja, leichtes Interesse, muss ich zugeben." Es schien Grund zur Annahme zu geben, dass Rasentennis auch nicht das einzige Spiel war, das er gespielt hatte.

„Das bloße gute Aussehen zählt bei einem Mann nicht viel, oder?", sagte Winnie.

„So, wenn du mir mit der einen Hand etwas gegeben hast, hast du es mir mit der anderen wieder weggenommen!"

„Was möchten Sie erledigen, Mr. Ledstone?"

„Ich zeichne Entwürfe – dekorative Entwürfe für Porzellan und Brokat und manchmal Fächer. Ich kann einen Großteil meiner Arbeit hier unten erledigen – wie Mrs. Aikenhead Ihnen vielleicht gesagt hätte, anstatt mich als faulen Hund darzustellen, der vier Tage in der Woche nichts tut.“

„Ich wurde dazu verleitet, dir Unrecht zu tun“, gab Winnie mit viel Ernst zu. „Ist es ein gutes Geschäft?“

„Völlig unterbezahlt“, lachte er.

„Und ich habe vielleicht von einem deiner Teller gegessen?“

„Ja, oder auf einem meiner Kissen gesessen, oder sich mit einem meiner Fächer Luft zugefächelt.“

„Es scheint als Einführung zu dienen, nicht wahr?“

„Oh, mehr als das, bitte! Ich denke, es sollte als eine Freundschaft betrachtet werden.“

Die anderen drei waren zum Haus gegangen. Winnie stand auf, um ihnen zu folgen. Als Ledstone seinen Platz an ihrer Seite einnahm, richtete sie ihren Blick auf ihn.

„Ich habe nicht so viele Freunde, dass ich da sehr schwierig sein müsste“, sagte sie mit einem Anflug von Melancholie in der Stimme.

Der Anflug von Traurigkeit folgte ihrem Spott mit sicherer künstlerischer Wirkung. Dennoch war es echt genug. Die wenigen Minuten des Vergessens – der vertieften Befriedigung über den Witz und die List ihrer Frau – waren vorbei. Nur wenige Freunde hatten sie tatsächlich! Außerhalb von Shaylors Patch selbst konnte sie kaum einen Vertrauten erwarten. Mrs. Cyril Maxon zu sein war ein anspruchsvolles Leben; es wurde begrenzt, gehemmt, fast absorbiert. Ehemänner sind auf ihre Freundinnen manchmal kaum eifersüchtiger als auf Männer. Cyril war einer von ihnen.

Ledstones Eitelkeit war geschmeichelt, seine Neugier geweckt. Der Hauch von Melancholie fügte eine Würze des Mitgefühls hinzu. Sein empfängliches Temperament hatte genug Material, um einen unvergesslichen ersten Eindruck von Mrs. Maxon zu hinterlassen. Obwohl er noch ein junger Mann war – er war erst siebenundzwanzig –, war er kein Neuling, weder in der leichteren noch in der ernsteren Seite des Liebesspiels; er konnte den Eindruck, den er empfing, wertschätzen und den Eindruck erkennen, den er machte.

Es ist Mrs. Maxons instinktiv schlauer Zurückhaltung zu verdanken, dass er, als sie zum Haus zurückgingen , immer noch sicherer war, dass er ihr gefallen wollte, als dass er es bereits in nennenswertem Umfang getan hatte. Die Zurückhaltung lag nicht so sehr in Worten – sie hatte ihre aufrichtige Art deutlich genug zeigen lassen, dass sie ihren Begleiter mochte; es lag vielmehr an der Art und Weise und Haltung. Nur bei einem Anflug von Melancholie – nur dieses eine Mal – hatte sie ihre Augen sinnvoll genutzt. Er war sich bewusst, dass er größere Herausforderungen an ihn gestellt hatte. Das war richtig; er war der Mann, und er war Junggeselle. Man konnte Ledstone keine übertriebene Ehrfurcht vor der Ehe vorwerfen, aber er wusste, dass er einer verheirateten Frau ein schlechtes Kompliment machte, wenn er von vornherein davon ausging, dass sie die Verpflichtung ihres Status unterschätzen würde.

Als sie das lange, niedrige, getäfelte Wohnzimmer betraten, das zum Garten führte, war Frau Lenoir bereits angekommen und thronte in der Mitte des Raumes; Sie hatte die Gabe, jedem Platz, den sie zufällig einnahm, fast königliche Würde zu verleihen. Sie war eine große Frau von auffälligem Aussehen, nicht untersetzt, aber von kräftiger Statur, mit vielen weißen Haaren (unter einem riesigen schwarzen Hut), einem blassen Gesicht, dunklen Augen und sehr geraden dunklen Augenbrauen. Sie hatte lange, schlanke Hände, die sie ständig für dramatische Gesten benutzte. Stephen Aikenhead hatte ihr ein „wirklich großartiges" Auftreten zugeschrieben. Es war möglich, dass man es für etwas zu großartig hielt und darin einen zu starken Beigeschmack von Herablassung und Selbstbewusstsein fand. Es könnte daran liegen, dass sie auf ihre Art fast eine historische Figur gewesen war – und sicherlich mit historischen Menschen in Kontakt gekommen war. Oder man konnte darin einen Selbstschutzinstinkt erkennen, der bis zum Hochmut übertrieben war, eine Eile, Huldigungen zu erzwingen, damit sie nicht einmal an Respekt versagte. Was auch immer sein Ursprung war, es war da, wenn auch nicht in einem Ausmaß, das so stark war, dass es die Wirkung ihrer Schönheit oder die Anziehungskraft ihrer Persönlichkeit auf fatale Weise beeinträchtigt hätte. Bis auf den Hut war sie sehr schlicht gekleidet; ja sogar der Hut erlangte Einfachheit, wenn der Betrachter die Zeit genossen hatte, ihn zu beherrschen. Auf der einen Seite trug sie nur ihren Ehering – sie hatte Mr. Lenoir ziemlich spät geheiratet und war nun seit mehreren Jahren Witwe – auf der anderen Seite einen einzelnen feinen Diamanten, der allgemein als ante-lenoirisches Datum gilt. Lord Hurston war eine wahrscheinliche Zuschreibung.

Winnie war auf See, empfand aber die Brise als berauschend und ließ sich von der Bewegung nicht aus der Fassung bringen. Sie war ein reaktionsfähiges Wesen, das Farbe aus seiner Umgebung aufnahm. Ein wenig weniger Ansprüche seitens ihres Mannes hätten sie für immer zu einer gehorsamen Frau machen können; Was eine größere Freiheit des Denkens, Handelns und der Ausbeutung ihrer selbst bewirken und enden könnte, drängte sich in einer vagen, düsteren Frage an diesem ersten vollständigen Tag der Freiheit auf.

Beim Mittagessen konnte sich Dick Dennehy seinem Sieg im Rasentennis nicht entziehen. Er begann mit einer Darlegung der Spieltheorie. Man hörte ihm schweigend zu, bis Tora Aikenhead mit leidenschaftsloser Stimme bemerkte: „Aber du spielst überhaupt nicht gut, Dick."

"Was?" schrie er empört und versuchte, seinen noch feuchten Schnurrbart hochzuziehen.

„Theorie gegen Praxis – so ist es immer", sagte Stephen.

„Nun, in gewisser Weise haben Sie recht", räumte Dennehy ein. „Es braucht einen Priester, der einem sagt, was man tun soll, und einen Mann, der es tut."

„Lassen Sie uns in der ersten Hälfte des Vorschlags ein ‚nicht' einfügen", sagte Ledstone.

„Und eine Frau in der zweiten Hälfte?" Frau Lenoir fügte hinzu.

„Das muss der Grund sein, warum sie sich so sehr mögen", schlug Dennehy vor. „Jeder liefert eine so gute Rechtfertigung für die Existenz des anderen. Sie halten einander bei der Arbeit!" Er rieb sich mit einem angenehm jungenhaften Lachen die Hände.

„Ich versuche immer, ernst zu sein, obwohl es sehr schwierig ist mit den Leuten, die zu mir nach Hause kommen." Stephen war heuchlerisch ernst.

„Sie meinen es ernst, weil Sie Atheist sind", bemerkte Dennehy.

„Ich bin kein Atheist, Dick."

„Der Papst würde dich so nennen, und das reicht für einen guten Katholiken wie mich. Wie solltest du dich nicht anständig benehmen, wenn du nicht glaubst, dass Buße dir etwas nützen kann?"

„Der Schwachpunkt der Buße", bemerkte Tora, „ist, dass sie der anderen Partei nichts nützt."

Winnie wagte eine bescheidene Frage: „Die andere Partei?"

„Es gibt immer einen", sagte Frau Lenoir.

Stephen lächelte. „Ich suche immer gerne nach einem widersprüchlichen Beispiel. Wenn nun ein Mann sich zu Tode trinkt, kommt ihm das Einkommen zugute, er steigert den Reichtum seiner Erben, fördert den Erfolg seiner Rivalen, befriedigt die Feindschaft seiner Feinde und bereichert Das Gespräch mit seinen Freunden. Was seine Arbeit angeht – falls er welche hat – *ist es nicht nötig* .

„Mir scheint, dass es in Ordnung wäre, wenn niemand Zeit und Mühe damit verschwenden würde, ihn aufzuhalten", sagte Dennehy – ein Abstinenzler, der im nächsten Moment unmäßig Ingwerbier trank.

„Er würde mit Sicherheit jemanden verletzen", sagte Frau Lenoir.

„Und warum nicht jemandem wehtun? Ich bin mir sicher, dass mir immer jemand weh tut", wandte Dennehy heftig ein. „Wie würde es sonst mit der Welt weitergehen? Halte ich mein Quartier nicht nur, bis ein besserer Mann mich rauswerfen kann?"

„Ja", sagte Stephen. „‚Der Priester, der den Jäger getötet hat, und soll selbst getötet werden' – dieses System ist in der modernen Zivilisation keineswegs veraltet."

„Veraltet! Es ist die Seele davon, sein Wesen, sein Evangelium." Es war Frau Lenoir, die sprach.

„Eine Definition von Wettbewerb?" fragte Stephen.

„Ja, und des Fortschritts – wie sie es nennen."

Tora Aikenhead war tröstend, gütig und unbeirrt. „Erschlagen zu werden, wenn man alt und schwach ist – was ist damit?"

„Aber du denkst nicht, dass du alt und schwach bist. Das ist der Schock daran", rief Dennehy.

„Es ist eher ein Schock", stimmte Frau Lenoir zu. „Die Wahrheit über sich selbst ist immer ein Schock – oder sogar die echte Meinung einer anderen Person."

Winnie Maxon erinnerte sich, wie sie ihrem Mann seinen „schrecklichen Gesichtsausdruck" verpasst hatte; Sie erinnerte sich auch ziemlich reumütig daran, dass er es gut aufgenommen hatte. Man muss immer jemanden verletzen, auch wenn man ein so offensichtliches Recht wie die Freiheit will! Eine eindeutige Unvereinbarkeitserklärung muss verletzend sein – jedenfalls dann, wenn sie nicht auf Gegenseitigkeit beruht.

Es ist eine lästige Sache, einen zutreffenden und interessanten Fall zu haben – nein, in der eigenen Person darzustellen – und es verboten zu sein, ihn vorzutragen. Wenn Winnie Maxon nur ihren Fall der Firma vorlegen könnte, während diese noch so gut in der Stimmung war, sich damit zu befassen! Sie hatte nicht nur das Gefühl, dass sie wertvolle Ratschläge erhalten würde (von denen sie nicht bezweifeln konnte, dass sie für ihre Seite günstig sein würden), sondern auch, dass sie selbst einen neuen Rang einnehmen würde; Diesen spekulativen Köpfen einen Fall zu geben, muss ein Beweis für ihre Wertschätzung sein. Sie bereute ihr unglückliches Versprechen zutiefst und begann, die Gerechtigkeit dafür in Frage zu stellen, dass sie sich daran gebunden hielt, und die Beweggründe ihres Mannes für die Erpressung zu beschuldigen. Er muss ihr das vorenthalten wollen, was sie natürlich und richtigerweise suchen würde: den Rat ihrer Freunde. Er musste sie isolieren und sie ihren erbitterten Kampf allein lassen wollen. In der Öffentlichkeit zu plaudern war eine Sache, zwei oder drei gute Freunde zu konsultieren, sicher eine andere? Versprechen sollten gehalten werden; Aber sollten sie nicht auch vernünftig interpretiert werden, insbesondere wenn sie aus solch zweifelhaften Motiven verlangt wurden?

So wurde die abenteuerlustige Novizin, wahrscheinlich zum ersten Mal in ihrem Leben, in den Labyrinthen der Kasuistik mit einer wirklich brillanten Idee belohnt. Warum sollte sie ihren Fall nicht allgemein, als imaginäres Beispiel, hypothetisch darlegen? Das Versprechen würde gehalten werden, doch der Rat und der Trost (denn natürlich wäre der Rat angenehm) würden erhalten bleiben. Kaum gezeugt, schon umgesetzt! Nur leider war die Hinrichtung mit großer Verwirrung und nicht geringem Erröten verbunden – eine Darstellung, die zwar nicht ungebührlich, aber leider kompromittierend war. Es war gut, dass sie auf der Kaffeebühne angekommen waren und das Stubenmädchen den Raum verlassen hatte.

Dennehy hat sie nicht herausgefunden. Er war kein aufmerksamer Mann und interessierte sich mehr für allgemeine Fragen als für einzelne Personen. Daher hatte Winnie den Vorteil, einer gründlichen Kritik an dem Kurs zuzuhören, den sie eingeschlagen hatte und den sie unbedingt beibehalten wollte. Königreiche könnten – und sollten in den meisten Fällen – fallen; das war eine Frage der Politik. Aber Ehe und Familie – das war eine Frage des Glaubens und der Moral. Er befahl Winnies hypothetischer Dame, ihre Leiden zu ertragen und woanders nach ihrer Belohnung zu suchen. Am Ende seiner Ausführungen lächelte Tora Aikenhead und bot ihm eine kandierte Aprikose an. Er hatte sicherlich ziemlich hitzig gesprochen.

Stephen erriet die Wahrheit und sie erklärte, was ihn von Anfang an verwirrt hatte – der plötzliche Besuch seiner Cousine, ohne Begleitung ihres Mannes. Er hatte einen Streit vermutet. Aber einen Bruch hatte er nicht vorhergesehen. Er war überrascht über Winnies Mut; Man muss zugeben, dass er auch ziemlich verblüfft war, als man ihm sagte, dass es unmöglich sei, mit Cyril Maxon zusammenzuleben. Allerdings sollte Winnie darüber am besten Bescheid wissen.

„Oh, komm, Dick, es gibt Grenzen – es muss welche geben. Du bist vielleicht gezwungen, die oberste Linie zu vertreten, aber dem Rest von uns steht es frei, Fälle nach der Sache zu beurteilen. Zu dieser Tageszeit kann man Frauen nicht erwarten." ihr ganzes Leben lang darauf sitzen und zerquetscht werden.

Godfrey Ledstone hatte nicht viel geredet. Jetzt trat er auf Winnies Seite vor.

„Ein Mann muss eine Frau schätzen, oder wie kann er sie bitten, bei ihm zu bleiben?"

„Ich verstehe nicht, warum sie nicht tun sollte, was sie will", sagte Tora. „Besonders wenn du einen Fall anführst, in dem es keine Kinder gibt, Winnie."

Frau Lenoir war zurückhaltender. „Entweder soll sie sich entscheiden, alles zu ertragen oder es überhaupt nicht mehr zu ertragen. Denn so einen Mann wird sie nie ändern."

Nur einer gegenteilig – und er ist zwangsläufig ein voreingenommener Zeuge! Sie forderte Frau Lenoir trotz ihrer Zurückhaltung auf ihrer Seite. Die anderen drei waren offensichtlich für sie. Winnie war froh, dass sie ihren Fall vorgetragen hatte. Sie wurde nicht nur getröstet; irgendwie fühlte sie sich wichtiger. Sie war keine bloße Zuhörerin mehr, sondern hatte zur Debatte beigetragen. Sie hätte sich noch wichtiger gefühlt, wenn sie die Freiheit gehabt hätte, zu erklären, dass sie selbst die Verkörperung der Sache sei.

Auf eine solche zusätzliche Konsequenz musste sie nicht lange warten. Nachdem die Gäste gegangen waren, kam Stephen Aikenhead zu ihr in den Garten.

„Ich möchte nicht in Dinge hineinschnüffeln, die mich nichts angehen, aber ich glaube, einige von uns hatten die Idee, dass – nun ja, dass Sie beim Mittagessen wirklich über sich selbst gesprochen haben. Sagen Sie nichts, wenn Sie nicht wollen." Nur natürlich würden Tora und ich gerne helfen."

Sie sah zu ihm auf und errötete erneut. „Ich habe versprochen, es nicht zu sagen. Aber da du es erraten hast –"

„Es tut mir furchtbar leid."

„Zumindest habe ich versprochen, es nicht zu verraten, bis die Sache geklärt ist. Nun ja – es ist geklärt. Ich habe das Versprechen also nicht wirklich gebrochen."

Stephen hielt es nicht für notwendig – oder vielleicht einfach –, über diesen Punkt ein Urteil zu fällen.

„Auf jeden Fall ist es viel besser, wenn wir es wissen, denke ich. Ich bin mir sicher, dass Tora dir jetzt helfen kann."

Sie dachte nicht an Tora – noch an Dennehys Tirade, noch nicht einmal an Mrs. Lenoirs Zurückhaltung.

„Glauben Sie, dass Mr. Ledstone – es erraten hat?"

Stephen lächelte. „Als Sie Ihr Gleichnis vorgetragen haben, hat er sich ganz klar auf die Seite der Frau gestellt. Ich würde sagen, es ist wahrscheinlich, dass er es erraten hat."

So kam es, dass das Geheimnis ans Licht kam, obwohl das Versprechen gehalten wurde; und Winnie empfand in Shaylor's Patch ein Objekt der Sympathie und ihr Schicksal war eine wichtige Angelegenheit. Es genügt vielleicht zu sagen, dass sie sich ausgesprochen gut benommen hätte, wenn sie im Interesse einer gewissenhaften Interpretation ihres Versprechens auf diese Tröstungen verzichtet hätte. Sie waren sehr real und wertvoll. Sie negierten die traurige Endgültigkeit, die sie ihrem Leben als Frau gesetzt hatte. Sie verwandelten ihren Fall; Statt eines Misserfolgs wurde es zu einem Problem. Ein wenig Kühnheit der Vision, ein Hauch der freien Luft von Shaylor's Patch, ein Schluck vom neuen Wein der Spekulation – und siehe da, das Opfer wurde zum Experimentator!

KAPITEL V

DIE GROSSEN VERBÜNDETEN

Obwohl Reverend Francis Attlebury tief in seinem Innersten zum Zölibat verpflichtet war und seit seinem Abschluss in Oxford vor dreiundzwanzig Jahren nie auch nur einen einzigen Flirt gemacht hatte, verfügte er über mehr Wissen über den Geist der Frau, als die meisten verheirateten Männer auf angenehme oder schmerzliche Weise erreichen. Frauen kamen mit ihren Sorgen, ihren Beschwerden und manchmal sogar ihren Sünden zu ihm; Es war nicht mehr seine Aufgabe, die Beschwerden zu vertuschen, als die Sünden zu mildern; Man trägt ein Kreuz nicht umso fröhlicher und in der Regel weiter, weil ein Umstehender einem versichert, dass es in Wirklichkeit sehr leicht sei.

Er war ein großer, kräftiger Mann – er selbst bedauerte, dass er trotz ständiger Selbstverleugnung schrecklich wohlgenährt aussah – und besaß ein Gesicht von natürlicher und unbesiegbarer Gemütlichkeit. Während er Cyril Maxon zuhörte, wirkte er jetzt ziemlich fröhlich, stimmte zu, dass er schändlich ausgenutzt worden war, und gelangte in Gedanken zu dem Schluss, dass die Verhandlungen, wenn sie in diesem Sinne weitergeführt würden, genauso gut gar nicht erst aufgenommen werden könnten. Es ging nicht darum, zu beweisen, wie falsch sie gehandelt hatte, sondern darum, sie zurückzubekommen. Es war wahrscheinlicher, dass sie zurückkam, wenn ihr zugestanden wurde, dass sie zumindest einen guten Grund hatte, dorthin zu gehen. Würde Cyril Maxon jemals ein solches Zugeständnis machen – oder es jemand für sich machen lassen?

Die beiden Männer waren alte und enge Freunde; Darüber hinaus war Maxon sogar begierig darauf, eine Autorität in Attleburys Büro anzuerkennen und Vertrauen in sein persönliches Urteilsvermögen zu zeigen.

„Du wirst sie nicht denken lassen, dass sie immer Unrecht hatte, indem du beweist, dass du immer Recht hattest, Cyril."

„Soll ich sagen, dass ich falsch lag, obwohl ich weiß, dass ich recht hatte?"

„Du hast wahrscheinlich schon gesagt, dass du Recht hattest. Musst du es wiederholen?"

„Ich bin bereit, ihr zu vergeben – absolut und vorbehaltlos."

„Würden Sie etwas weiter gehen – etwas Schwierigeres tun? Vergebung annehmen?" Der Diplomat lächelte. „Bedingte Vergebung könnten wir es vielleicht nennen. Vergebung für den Fall, dass sie etwas zu vergeben hat?"

Maxon brach angesichts des Unverständlichen in natürliche Ungeduld aus. „Bei meiner Ehre, ich verstehe nicht, worüber sie sich zu beschweren hat. Ich habe sie aus einem armen Elternhaus geholt, ich habe ihr jeden Luxus gegeben, sie teilt meine Karriere – ich brauche dir gegenüber keine gespielte Bescheidenheit an den Tag zu legen, Frank – Ich habe ihr absolute Treue geschenkt …“ Er endete mit einer verzweifelten Handbewegung.

Attlebury widersprach weder, noch tadelte er ihn. „Gibt es jemanden, der Einfluss auf sie hat – den sie mag und auf den sie sich verlassen kann?“

„Ich würde es hassen, wenn irgendjemand da hineingezogen wird – außer dir natürlich. Ich habe sie gebeten, zu dir zu kommen.“

„Oh, ich weiß, dass ich verdächtig bin. Ich sollte nicht gut sein.“ Er lächelte zufrieden. „Keiner, der Ihnen einfällt?“

„Nun, der Mann, den sie dazu konsultierte, war Hobart Gaynor.“ Sein Ton war voller widerwilliger Abneigung gegen eine solche Beratung.

„Hobart Gaynor? Ja, ich kenne ihn. Keine schlechte Wahl von ihr, Cyril, wenn sie das Gefühl hatte, zu jemandem gehen zu müssen. Nicht ganz unsere Art zu denken, aber ein sehr guter Kerl.“

„Warum soll er seine Nase in meine Angelegenheiten stecken?“

„Komm, komm, sie steckte zweifellos ihre hübsche Nase in sein Büro, und wahrscheinlich wäre es ihm viel lieber, wenn sie es nicht getan hätte. Ich habe Erfahrung mit Damen in Not, Cyril. Ich bin tatsächlich wie der Großherzog.“ sagte über Autoren – als er Kanzler von Oxford war, wissen Sie –, die ihnen viel ausgesetzt waren.“

„Ich bin nicht hierher gekommen, um über Hobart Gaynor zu sprechen.“

„Ich hoffe, dass wir manchmal klügere Dinge tun, als wir kommen – oder was nützt ein Gespräch? Lassen Sie uns Hobart Gaynor im Lichte – sagen wir – eines Botschafters oder eines Vermittlers besprechen. Du siehst sehr beeindruckend aus, Cyril . Haben Sie Mrs. Maxon oft so angesehen? Wenn ja, dann hoffe ich, dass sie etwas wirklich Schlimmes getan hat.

In diesem Moment war der Ton von Tadel und Autorität deutlich in seiner Stimme zu hören. Im nächsten Moment war er wieder der Freund, der Berater, der Diplomat.

„Lass Gaynor mit einer Friedensbotschaft zu ihr gehen. Vergangenes ist Vergangenheit, Fehler auf beiden Seiten, ein Neuanfang und so weiter.“

Cyril Maxon hatte die Zurechtweisung gespürt; er neigte den Kopf davor. Aber er machte sich furchtbar Sorgen.

„Ich kann mich nicht dazu durchringen, mit ihm darüber zu sprechen.“

„Lass mich. Sie ist deine Frau, das weißt du. Wenn sie einen Fehler gemacht hätte, hättest du dann nicht das Gefühl, dass eine deiner Anstrengungen – nun ja, den Unterschied gemacht hätte?"

„Was soll ich ihm sagen?"

„Lass mich ihm sagen, was er sagen soll – du versuchst, meinen Entwurf zu respektieren, wenn er vorgelegt wird. Vielleicht – Gott weiß – kämpfen wir um ihre Seele, Cyril, und man wird uns fragen, wie wir uns in dem Kampf geschlagen haben, Shan nicht wahr?"

Cyril Maxon war immer bereit zuzugeben, dass er sich möglicherweise geirrt hatte – es gegenüber Gott oder seinem Stellvertreter einzugestehen; er hasste es, es einem Mitgeschöpf zu gehören, das nicht mit Vorrechten ausgestattet war. Attlebury hatte geschickt den Veranstaltungsort verlegt und das Tribunal verändert. Ein Mann kann sicher sein, dass er gegenüber seiner Frau Recht hat – oder *umgekehrt* . Wer wagt es, vor dem Hohen Himmelsgericht ein uneingeschränktes „Nicht schuldig" einzureichen? Einige Punkte in der Anklage sind sicher gut dargelegt und gut bewiesen.

„Ich glaube, ich kenne meine Fehler", sagte er in selbstgefälliger Demut.

Attleburys Lächeln wurde noch fröhlicher. „O gelehrter Herr!"

Der Schüler hatte den natürlichen Menschen immer noch unter Kontrolle. Maxon lächelte, wenn auch säuerlich.

„Vielleicht war ich anspruchsvoll."

„Du warst vielleicht ein Arsch", sprang es dem Geistlichen über die Lippen, blieb aber unausgesprochen. „Zulagen, Cyril, Zulagen!" murmelte er sanft. „Wir müssen alle Zulagen abarbeiten."

„Machen Sie, was Sie wollen, Frank. Ich möchte, dass die Sache klargestellt wird.

„Willst du es mir nicht mitteilen, wenn du zurückkommst?" Attlebury lächelte. „Eigentlich eher gewaltsam?"

Allein gelassen, gönnte sich der Priester eine seiner Ablenkungen – die Betrachtung der Torheit seiner Jünger. Es war keine Torheit, an ihn und seine Autorität zu glauben – in dieser Hinsicht war er unanfechtbar aufrichtig. Was seine satirische Ader bewegte, war die Tatsache, dass sie alle leichtgläubig sein mussten – und alle leichtgläubig waren. Bevor sie verbessert werden konnten, mussten sie alle davon überzeugt werden, dass sie besser waren, als sie ohnehin schon waren. Schlechte Täter? Sicherlich. Aber mit „Möglichkeiten"? Noch sicherer – und in einem ungewöhnlichen Ausmaß. Es kommt nicht in Frage, das beschädigte Rohr zu zerbrechen – es muss in Splitter zerlegt werden. Und der rauchende Flachs würde mit einem Schuss

Kerosin wiederbelebt. Dieser Papst hatte sich in Bezug auf Tannhäuser völlig geirrt; er hätte ihm sagen sollen, dass seine jüngsten Taten nicht sein wahres Selbst widerspiegelten. Es herrscht Freude über einen Sünder, der Buße tut. Für Attlebury war das vielleicht aufregend. Er wusste es, er tadelte sich selbst dafür; Die Herrlichkeit war weder in ihm noch für ihn. Aber der sportliche Instinkt war tief – ein Grund für bittere Reue und für unnachgiebige, ständige Belustigung über sich selbst.

„Ich möchte diese freidenkenden Bettler besiegen!" AMDG? Er betete auf seinen Knien, dass es so – und so ausschließlich – geschehen möge, dass Reverend Francis Attlebury keinen Aufstieg, kein Lob, nicht einmal das Lob Gottes anstrebt und erlangt, aber dennoch sagen möge: „Ich bin ein unnützer Diener." und glaube es immer noch.

Zu all dem kam – tief in den Tiefen seines Wesens – die ursprüngliche Rivalität von Mensch zu Mensch – hartnäckig im Herzen des zölibatären Priesters. „Der liebe alte Cyril ist ein Idiot, was Frauen angeht. Er weiß nicht das Geringste über sie." Diese Denkphase wurde streng unterdrückt. Es handelt sich nicht um einen Wissenszweig, auf dem es einem Mann – nicht einmal einem Geistlichen – obliegt, sich selbst zu schmeicheln. Erstens ist es falsch; an zweiter oder gleicher Stelle gefährlich.

So begannen große Kräfte, sich gegen die kleine Winnie Maxon aufzustellen und hielten ihre Behauptung der Freiheit für einen schweren Skandal und eine Beleidigung. Da war die Familie, verkörpert in ihrem rechtmäßig angetrauten Ehemann; es gab nichts Geringeres als den Kirchenkatholiken, der unerbittlich in Mr. Attleburys diplomatischen Phrasen sprach; Die Weisheit der Welt, ihre Logik, ihr gesunder Menschenverstand sollten in dem nüchternen Freund, dem klugen Anwalt, dem gemäßigten Mann Hobart Gaynor Ausdruck finden – und wo könnte es einen besseren Ausdruck geben? Konnte sie diesen großen Verbündeten Widerstand entgegenbringen? Wenn sie es täte, könnte sie dann etwas anderes als die völlige und sofortige Niederlage erwarten? Nur eine kleine Frau, nicht sehr stark, nicht sehr weise, mit wirklich keinem Grund außer der sehr nebulösen, verschwommenen Vorstellung, dass es, was auch immer sie alle sagten, schade sei, dass sie ihr ganzes Leben lang unglücklich sein sollte! Die Verbündeten würden ihr sagen, dass es vielen Menschen ihr ganzes Leben lang elend ging, aber (fügten sie hinzu) niemandem so sein müsse. Gemeinsam hatten sie ein vollständiges Heilmittel. Die Schuld lag bei ihr, nicht bei ihnen, wenn sie sie nicht hinnehmen würde.

Während die Sommertage in Shaylor's Patch in Sonnenschein und warmen, nach Blumen duftenden Brisen vorübergingen, wo sie getröstet, gestreichelt und viel aus ihr gemacht wurde, wo ein unendlicher Genuss herrschte, schluckte sie etwas ganz anderes als die Medizin, die die Verbündeten vorgeschlagen hatten ihre Behandlung. Sie trank einen berauschenden neuen Wein. Sie sah mit neuen Augen und reiste durch neue Gedanken- und Gefühlswelten. Ihr Geist freute sich wie über eine große Emanzipation – endlich die Erlaubnis zu haben, sich zu bewegen, zu leben, sich selbst zu finden, seine Mitmenschen zu treffen, einer Welt zu danken, die nicht mehr ihr Zuchtmeister, sondern der Lieferant ihrer Freuden und Freuden ist besser in seinen Freuden. Wovor sollte sie in einer solchen Stimmung Angst haben, wovor sollte sie sich schämen? Bei Shaylor's Patch schien es, dass Rebellion nicht nur bewundernswert sein könnte, wie es oft der Fall ist, sondern auch, dass sie einfach sein würde – was sehr selten der Fall ist.

Für die wirkliche Große Welt – dieses Amalgam aller Kräfte der drei Verbündeten, dieses mächtige Ding, das die meisten Menschen von der Wiege bis zur Bahre so umhüllt, dass ihre Spekulationen nicht mehr – und oft viel weniger – darüber hinausgehen als ihre Taten – dies Dieses große Ding hatte kaum einen Vertreter unter allen, die kamen und gingen. Diese Leute gehörten zu verschiedenen kleinen Welten, die sozusagen von der großen abgespalten waren und eigene kleine Atmosphären und kleine Umlaufbahnen erhalten hatten; Von Zeit zu Zeit kollidierten sie miteinander, aber das störte niemanden – keiner der Planeten schien für die Begegnung besser oder schlechter geeignet zu sein. Jedes wurde von ein paar Lehrern und einer Gruppe von Schülern bewohnt, die manchmal nicht viel zahlreicher waren; Sowohl Lehrer als auch Schüler schienen sehr beschäftigt, sehr glücklich und (um ehrlich zu sein) in vielen Fällen angenehm selbstzufrieden zu sein. Angst vor der großen Welt – davor, dass sie damit in Konflikt gerät und in elende Atome zerschmettert wird? Nicht ein bisschen davon! Denn, sehen Sie, die große Welt war trotz ihrer imposanten und bedrohlichen Erscheinung wirklich dem Untergang geweiht, während sie jung, kräftig und wachsend war. In den Beinen des Riesen hatte eine Lähmung eingesetzt. Er konnte sie nicht fangen. Bald würde die Krankheit sein Herz erreichen. Er würde sterben und sie würden alle seine Besitztümer aufteilen. Würden sie untereinander streiten, diese Kinder des Fortschritts? Wahrscheinlich würden sie es tun, wie sie fröhlich zugaben. Welche Angelegenheit? Solche Streitereien sind anregend, gut für Gehirn und Herz, erhellend. Nein, am Ende gibt es überhaupt keine Streitereien. Der einzige wirklich tödliche Streit war mit dem Riesen. Würde nicht die Gefahr bestehen, dass ein neuer Riese entsteht, der aus der Vereinigung aller hervorgeht und genauso despotisch und lethargisch ist wie der alte? Auf diese ferne Spekulation haben sie sich nicht eingelassen, und ihre diskrete Nachsicht kann hier verzeihlicherweise nachgeahmt werden.

Im Großen und Ganzen waren sie wahrscheinlich zu streng mit dem Riesen; Sie berücksichtigten nicht genug die Schwierigkeiten, die es mit sich bringt, so groß, so schwerfällig und so komplex zu sein. Sie warfen ihm vor, er habe nicht jedes erdenkliche Experiment ausprobiert; Er murrte zurück, dass er keine Explosion im großen Stil riskieren wolle. Sie lachten ihn aus, weil er nicht gerannt war; Ein Lebewesen seiner Größe war im Spaziergang sicherer. Sie boten ihm alle möglichen neuen Zubereitungen an; er hatte große Angst vor Verdauungsstörungen. Einige von ihnen fürchtete und hasste er; manchmal war er sehr amüsiert; Für andere hegte er eine langsame Bewunderung – sie könnten Recht haben, er würde ein oder zwei Generationen brauchen, um darüber nachzudenken, und sie zu gegebener Zeit über seine akkreditierten Kanäle wissen lassen.

Für einige von Stephen Aikenheads Freunden war es ein wenig schwierig, als Menschen zu denken; sie schienen nur verkörperte Meinungen zu sein. Doktor Johnson bemerkte einmal – und nur wenige werden anderer Meinung sein –, dass es ermüdend wäre, mit einer Frau verheiratet zu sein, die ständig von der arianischen Häresie reden würde. Mrs. Danford, eine Frau mit strahlenden Augen und energischen Bewegungen, prangerte stets die Jungenschulen an. Dennis Carriston wollte, dass die Menschheit untergeht, und langweilte die bestehenden Mitglieder der Menschheit konsequenterweise bis zur Ausrottung oder Ermordung. Diese gehörten zu den Faddisten; aber die Mehrheit verdiente diese Beschreibung nicht ganz. Sie waren Arbeiter, Reformer, Fragesteller, alle ernst, viele klug, einige sogar humorvoll (was bei Reformern nicht so häufig vorkommt), einer oder zwei von herausragender Leistung. Aber allesamt Fragesteller und Spekulanten – mit zwei bemerkenswerten Ausnahmen, Mrs. Lenoir und Godfrey Ledstone. Diese beiden hatten nichts gegen die orthodoxe Meinung und hatten großen Respekt vor ihr; Sie wären nie auf die Idee gekommen, ihre Abweichungen von der orthodoxen Praxis zu rechtfertigen. Sie waren bereit, ihre Geldstrafen zu zahlen – falls sie erwischt wurden – und beanstandeten nicht die Zuständigkeit des Richters.

Godfrey Ledstone hätte einen guten „Mann in der Stadt" abgegeben, diesen bedingungslosen, unbesorgten, heidnischen Meister der Künste und des Luxus des Lebens. Kalte Not – knappe Mittel und die Notwendigkeit zu arbeiten – schränkten seine Möglichkeiten ein. In ihnen blieb er dem Typus treu und gehorchte dem Kodex, nutzte dessen Elastizität und achtete sorgfältig darauf, ihn dort zu beobachten, wo er starr war; Jedenfalls konnte er bis heute keinen Verstoß finden, den er sich hätte vorwerfen können.

Er beging jetzt keinen Verstoß dagegen. Hätte er nicht getan, was er tat, hätte er ihn in seinen eigenen Augen als Dummkopf, als Kerl mit ungnädigen Manieren und mangelnder Sensibilität, als prüden und dummen Kerl abgestempelt.

Der Wind bewegte die Bäume; gemächlich, ungebeugt von rauen Wolken, sank die Sonne; Eine träge Ruhe verdeckte den erbitterten Kampf von Tieren und Menschen – die Menschen hörten mit ihrer Arbeit auf, der Löwe suchte sein Fleisch noch nicht bei Gott.

„Ich werde ins Grab gehen und mir nicht sicher sein, ob das Profil oder das ganze Gesicht besser ist.“

Sie rutschte träge auf ihrem Sessel hin und her und gab ihm das Profil, damit er es noch einmal betrachten konnte.

„Wunderschön, aber kalt, distanziert, wirklich entmutigend!“

„Sie reden genauso viel Unsinn wie Mrs. Danford oder Mr. Carriston.“

„Jetzt lass mich den Vergleich anstellen! Volles Gesicht, bitte!“

„Vielleicht malen Sie mein Bild. Sind Sie jetzt zufrieden?“

„Ich bin mehr oder weniger beruhigt – im Moment.“

Stephen Aikenhead lümmelte über den Rasen, die Pfeife im Mund. Er bemerkte die beiden und schüttelte seinen struppigen Kopf – er markierte, stellte Fragen, fand das alles ganz natürlich, erkannte die Schwierigkeiten, die es mit sich bringen könnte, ohne eine Formel, mit der er es versuchen konnte – es sei denn, auch hier wäre eine Lösung gefunden.

Sie lachte leicht. „Sie müssen vorsichtig mit mir sein, Mr. Ledstone. Denken Sie daran, dass ich Schmeicheleien nicht gewohnt bin!“

„Die Dinge, an die du gewöhnt bist! Mein Himmel!“

„Ich wage zu behaupten, dass ich übertreibe.“ Behutsam bat sie um mehr Mitleid, mehr Zustimmung.

„Das glaube ich nicht. Ich glaube, es gibt schlimmere Dinge – Dinge, über die man nicht sprechen kann.“ Man wird sehen, dass das berühmte Versprechen inzwischen – zehn Tage seit Winnies Ankunft – völlig übertrieben war.

„Oh, das glaube ich nicht, wirklich nicht. Ist das nicht ein hübscher Himmel, Mr. Ledstone?“

„ In der Tat ist es das, und es ist auch eine hübsche Welt, Frau Maxon. Haben Sie es nicht so gefunden?“

„Warum redest du weiter über mich?“

„Darf ich nicht über das sprechen, worüber ich nachdenke? Wie kann ich dagegen vorgehen?“

Ihr nachsichtiges Lächeln für ihn flehte auch für sie selbst.

„Es ist furchtbar schwer, es nicht zu tun, nicht wahr? Deshalb habe ich vermutlich alles darüber erzählt."

Stephen Aikenhead war, nachdem er den Kopf geschüttelt hatte, ins Haus geschlendert, auf der Suche nach einer neuen Füllung für seine Pfeife. Er fand die Abendpost und da er nichts anderes zu tun hatte, brachte er einen Brief an Frau Maxon heraus.

„Für dich", sagte er und tauchte plötzlich und etwas beunruhigend neben ihr auf. Er schnaufte ununterbrochen und hielt Winnie den Brief hin, während er seinen Freund Godfrey mit einem freundlichen, wenn auch fragenden Blick ansah.

„Mein Gott, Stephen!"

„Nun, ich mag immer Briefe, die ein ‚Gute Güte' wert sind, Winnie."

„Hobart Gaynor kommt morgen hierher."

„Ich kenne den Herrn nicht. Freund von Ihnen? Ich freue mich sehr, ihn zu sehen."

„Komme von – von Cyril!"

"Oh!" Das kleine Wort wurde deutlich in die Länge gezogen. „Das ist noch ein Paar Schuhe!" es schien zu sagen.

Sie setzte sich aufrecht hin und stellte ihre Füße auf den Boden.

„Damit ich zurückgehe, nehme ich an!"

„Man konnte kaum erwarten, dass er es nicht versucht – Cyril, meine ich."

Ihr Blick war auf Stephen gerichtet. Als sie sie wieder auf ihren Brief senkte, erregte sie unterwegs die Aufmerksamkeit von Godfrey Ledstone. Die Begegnung dauerte ein oder zwei Sekunden. Sie schwang ihren Rock herum – über einen Knöchel, der durch ihre schnelle Bewegung achtlos freigelegt worden war. Ihr Blick fiel auf den Brief. Godfrey blieb auf ihrem Gesicht – so gut sie wusste.

„Ich muss Hobart sehen, aber ich werde nicht zurückgehen. Das werde ich nicht, Stephen."

„In Ordnung, meine Liebe. Bleiben Sie hier – je länger, desto besser für uns. Soll ich Gaynor telegrafieren, dass er kommt?"

"Wirst du?"

Stephens letzter Blick – der vom Tabakrauch deutlich verschwommen war – war eher eine Tatsachenerkenntnis als ein Urteilsspruch. „Ich nehme an, alles, was zählt", überlegte er, als er noch einmal zum Haus zurückging. Es zählte auf jeden Fall. Godfrey Ledstone hat nichts gegen den Kodex unternommen. Dennoch führte er zu einer Komplikation in Winnie Maxons Problem. Am Anfang hatte Freiheit für sie einen negativen Inhalt – es war Freiheit von Dingen – Reibung, Streit, Erdrücken. War das alles, was Freiheit bedeutete? War das nicht eine leere, sterile Sache?

„Sind Sie standhaft, Frau Maxon?“

Godfrey beugte sich in seinem Stuhl vor; Die Änderung seiner Einstellung brachte ihn überraschend nahe zu ihr. Sie sprang schnell auf und zog sich instinktiv zurück.

„Ich muss hören, was Hobart zu sagen hat.“ Sie begegnete seinem Blick noch einmal und lächelte flehend. Er zuckte mit den Schultern und sah mürrisch aus. Ihre Lippen verzogen sich zu einem breiteren Lächeln. „Das ist nur fair gegenüber Cyril. Du kommst nicht zum Abendessen? Dann – gute Nacht.“

KAPITEL VI

FRUCHT DES BAUMS

Hobart Gaynor übernahm seine Botschaft nur widerwillig. Er war mit seinen eigenen Angelegenheiten beschäftigt – er sollte in vierzehn Tagen heiraten – und ließ sich nur widerwillig von Mr. Attleburys höflicher Demonstration seiner Pflichten und den wohlklingenden Versprechungen, die dieser eifrige Diplomat Cyril machte, überzeugen Maxons Name. Attlebury verzichtete auf die Frage, ob in der Vergangenheit alles falsch gelaufen sei, und versprach, dass in Zukunft alles in Ordnung sein werde; alles, was eine vernünftige Frau verlangen kann, mit reichlich Raum für Launen obendrein. Das war das Angebot, kurz gesagt. Gaynor zweifelte, und obwohl er Winnie Maxon alles Gute wünschte, wollte er doch nicht in irgendeiner Weise für sie verantwortlich werden; er wollte weder überreden noch davon abraten. Tatsächlich würde er sich zunächst nur darauf beschränken, Maxons Einladung angemessen zu überreichen. Attlebury blieb hartnäckig; die Frau war jung, hübsch und hatte keinen sehr stabilen Charakter; Ihre einzige Sicherheit bestand darin, mit ihrem Mann zusammen zu sein. Ihre alte Freundin konnte dem Appell nicht widerstehen; er kam in die Reihe. Aber als er Cicely Marshfield um Applaus für seine Tat bat, konnte er sich des Gefühls nicht erwehren, dass sie, um seinen eigenen umgangssprachlichen Ausdruck zu verwenden, ziemlich „schnüffelig" darüber war; Sie schien sich seiner Verpflichtung, Winnie Maxon zu retten, nicht ganz bewusst zu sein.

Er kam vor dem Mittagessen in Shaylor's Patch an. Stephen Aikenhead empfing ihn mit Herzlichkeit, die, wie es dem Besucher schien, leicht mitfühlend klang. Toras Verhalten verstärkte diesen Eindruck; Sie behandelte ihn wie einen guten Mann, der zum Scheitern verurteilt war. „Natürlich müssen Sie mit ihr reden", sagte Stephen. „Du sollst es nach dem Mittagessen haben." Er bezeichnete den Vortrag eher als eine durchzuführende Zeremonie denn als eine Konferenz, die wahrscheinlich zu praktischen Ergebnissen führen würde.

„Ich hoffe, Sie unterstützen mich – und auch Mrs. Aikenhead?" sagte der Botschafter.

Die Aikenheads sahen einander an. Tora lächelte. Stephen rieb sich die Stirn. In diesem Moment wurde das Mittagessen angekündigt, und als nächstes kam Winnie ins Zimmer, dicht gefolgt von Godfrey Ledstone.

Als Hobart sie sah, überkam ihn ein neuer Zweifel – ein Zweifel nicht am Erfolg (daran zweifelte er bereits genug), sondern an den Vorzügen seiner Mission. Sie sah anders aus als die verzweifelte Rebellin, die in Lincoln's Inn Fields zu ihm gekommen war. Ihre Augen leuchteten, ihre Wangen waren rot; Ihr Auftreten war fröhlich und fröhlich, ohne seine anziehende Ruhe und Zurückhaltung zu verlieren. An dem, was sie gesagt hatte, könnte etwas dran sein, dass sie im Haus ihres Mannes „niedergeschlagen" wurde! Möglicherweise handelt es sich dabei nicht nur um eine Floskel weiblicher Rhetorik.

„Das Land hat Wunder für dich getan, Winnie", sagte er, als er ihm die Hand schüttelte.

„Ich erhole mich wunderbar." Zu Hobart schien sie hinzuzufügen: „Warum müssen Sie kommen und es stören?"

Ein weiteres ungünstiges Omen in den Augen der Gesandten war die offensichtliche Freude, die sie an Ledstones Anwesenheit und Unterhaltung empfand; und ein weiterer Grund war die unaufdringliche, aber offensichtliche Gewissheit des jungen Mannes, dass alles, was er sagte und tat, gut aufgenommen werden würde. Wegen Ledstones faszinierenden Aufmerksamkeiten und der liebevollen und nachsichtigen Freundschaft der Aikenheads musste er sie bitten, ihr den Rücken zu kehren. Wofür? Eine Menge Versprechen, die Attlebury im Namen von Maxon gemacht hat! Hatten sie einen viel größeren praktischen Wert als das, was Paten und Patinnen bei der Taufe eines Babys versprechen und schwören? Könnten sie den natürlichen Menschen in Maxon ändern und gegen seine Erbsünde vorgehen? Aber waren andererseits nachsichtige Freundschaften und vor allem charmante Aufmerksamkeiten nicht genau die Gefahren, vor denen er sie gewarnt hatte? Sie war jung, hübsch und hatte keinen sehr stabilen Charakter – Attleburys Worte kamen zurück. Die nachsichtige Freundschaft würde ihre Verteidigung untergraben; dann würden die charmanten Aufmerksamkeiten ihren Angriff ausführen. Nein – Attlebury hatte Recht, seine eigene Mission hatte Recht; Aber es war hart für die arme Winnie Maxon. Als widerstrebender Bote, als Prophet, der sich der anderen Seite des Arguments zu bewusst war (was Propheten niemals sein sollten), war er den Kräften, die Winnie Maxon jetzt bewegten und beherrschten, nicht gewachsen. Sie hatte sich einen Entschluss gefasst, als sie nur nach Freiheit weinte und von ihr träumte. Wäre sie jetzt, nachdem sie es probiert hatte, weniger entschlossen? Und genoss sie es jetzt, nicht unter Stirnrunzeln oder Vorwürfen, sondern mit dem Gesichtsausdruck ihrer Freunde und der allgemein, wenn auch nicht überall, impliziten Zustimmung aller Menschen, denen sie begegnete? Attlebury konnte die Missbilligung der großen Welt da draußen schrecklich klingen lassen; Winnie war in Shaylor's Patch untergebracht und hörte seine Stimme nicht. Attlebury könnte auf schreckliche Gefahren hinweisen; Solche Männer hielten es für „gefährlich", dass eine Frau Freude an ihrem Leben hatte!

Sie hörte Hobart freundlich und geduldig zu, schüttelte aber immer wieder ihren hübschen Kopf. Über einige der Versprechen lachte sie fast – sie unterschieden sich so völlig von dem Cyril Maxon, den sie kannte.

„Es hat keinen Zweck“, erklärte sie. „Was auch immer richtig sein mag, was auch immer falsch sein mag, ich werde nicht zurückgehen. Das Gesetz sollte mich befreien (das war ein Ergebnis von Shaylors Patch!). Da dies nicht der Fall ist, befreie ich mich, das ist alles.“ "

„Aber was wirst du tun?“

„Nehmen Sie entweder ein Cottage hier unten oder eine kleine Wohnung in London.“

„Ich habe nicht gefragt, wo du wohnen wirst, sondern was du tun wirst.“ Hobart war ein geduldiger Mann, aber die Gemüter einiger Menschen sind völlig unbeeinträchtigt von leerem Scheitern und einer gelassenen Missachtung ihrer Argumente.

„Tun Sie das? Oh, ich wage zu behaupten, dass ich etwas unternehmen werde. Ich höre hier unten viel über so etwas und bin ziemlich interessiert.“

„Oh, du bist nicht die Art von Frau, die sich in einer Bewegung vergräbt, wie du es nennst.“

„Ich schätze, ich kann Freunde finden, wie andere Menschen auch. Ich muss mich nicht vergraben.“

„Ja, du kannst schnell genug Freunde finden! Winnie, du gehst dem Kern der Sache aus dem Weg.“

„Oh, du bist wieder in Gefahr! Nun, ich denke, ich kann darauf vertrauen, dass ich mich richtig benehme.“

„Sie sollten sich dessen sicher sein.“

„Bist du höflich?“

„Ach, Höflichkeit! Das ist eine lebenswichtige Frage für Sie.“

Die Farbe stieg in ihre Wangen; Zum ersten Mal zeigte sie Anzeichen von Verlegenheit. Aber die Verlegenheit und die Gefühle, die daraus entstanden waren – diese neuen Gefühle der letzten zwei Wochen – konnten sie nicht ins Wanken bringen. Sie bestärkten ihren Entschluss mit der ganzen Kraft der Emotionen. Sie machten das „Zurückgehen“ noch schrecklicher, einen Verzicht jetzt ebenso wie eine Sklaverei. Ihre Augen, wenn auch nicht ihre Worte, hatten Godfrey Ledstone versprochen, dass sie nicht zurückkehren würde. Was sollte sie dann tun, wie Hobart Gaynor fragte? Die Zeit, diese Frage zu stellen, war noch nicht gekommen. Da war jetzt das Vergnügen – noch nicht die Verwirrung.

Sie lachte genervt. „Ob es lebenswichtig ist oder nicht, auf jeden Fall ist es eine Frage für mich, wie Sie selbst sagen, und nur für mich. Und ich muss es riskieren, Hobart. Schließlich gibt es zu dieser Art von Thema unterschiedliche – nun ja, Ideen.“ , nicht wahr?“ Hier zeigte Shaylors Patch erneut seinen Einfluss.

„Ich wünschte eher, du wärst nicht in dieses Haus gekommen“, sagte er langsam.

„Ich bin hier glücklicher als irgendwo auf der Welt. Was haben Sie dagegen?“

„Nun, ich kann nicht behaupten, viel darüber zu wissen, aber kommen nicht auch ein paar queere Leute?“

"Eine Menge!" Sie lachte. „Es ist sehr amüsant.“

Er lächelte, runzelte die Stirn, sah ein wenig albern aus und kam sich tatsächlich auch so vor – wie es der Durchschnittsmensch tut, wenn er aufgefordert wird, die moralische Linie zu vertreten.

„Eher – ähm – beunruhigend?“ er riskierte lahm.

„Sehr anregend.“

„Nun, mehr kann ich nicht sagen. Ich habe meinen Job gemacht. Pass auf dich auf, Winnie.“

„Oh ja, das werde ich; da können Sie sicher sein. Hobart, würden Sie Cyril sagen, dass es mir sehr, sehr leidtut und dass ich hoffe, dass er glücklich sein wird und ihm großartigen Erfolg und Wohlstand wünsche?“

„Ich werde es ihm sagen – wenn du nicht selbst schreibst.“

„Das konnte ich nicht. Das würde alles wieder öffnen. Ich schreibe Ihnen, wenn es irgendwelche Angelegenheiten zu klären gibt.“

Als Hobart Gaynor auf dem Rückweg in die Stadt über das Gespräch nachdachte, kam er zu dem Schluss, dass Winnie schnell vorangekommen war. Nun, wenn sie sich dafür entscheidet, ihr Leben selbst in die Hand zu nehmen, muss sie selbst das Beste daraus machen. Er gab nicht vor, sich ganz wohl zu fühlen – Godfrey Ledstone ging ihm nicht aus dem Kopf –, aber er sagte nichts über solche Befürchtungen, als er vom Scheitern seiner Mission berichtete. Er überbrachte Winnies Nachricht auch ihrem Mann. Cyril Maxons Lippen legten sich hart, fast wild darauf. „Wir werden sehen“, sagte er. Er konnte sie nicht daran hindern, das zu tun, was sie getan hatte, aber er wollte nicht anerkennen, dass dadurch ein dauerhafter oder anerkannter Zustand geschaffen wurde. Für die Zeit, in der er ungehorsam war, war Winnie immer noch seine Frau. Er würde ihre Wertschätzung nicht akzeptieren. Sein Haus stand ihr immer noch offen und nach einer anständigen Zeit der Buße auch sein Herz.

Ein klarer Fall von Stephen Aikenheads „In Lösung"! Was für Cyril eine unauflösliche Beziehung war (und darüber hinaus), die nicht einmal vorübergehend ausgesetzt, sondern vielmehr herausgefordert und verletzt wurde, war für seine Frau nun endlich – durch ihre endgültige Entscheidung – erledigt und erledigt, soweit es sie betraf Position gegenüber Cyril selbst. Er war endlich aus ihrem Leben verschwunden. Sie hatte endlich ihr Leben. Nicht ganz frei, dieses Leben hatte sie durch ihren kühnen Widerstand gewonnen. Sie erkannte immer noch die Grenzen an, selbst während sie an der Frucht des Baumes der Erkenntnis knabberte, der auf Shaylors Patch wuchs. Doch wie unvergleichlich freier als das alte Leben! Sie war verblüfft, als sie feststellte, mit wie wenig Mühe, wie leichtem Schmerz und mit welch großer Befriedigung sie das Band gebrochen hatte – oder Grenzen gebrochen hatte, denn sie fühlte sich bemerkenswert wie ein Schuljunge auf einem verbotenen Ausflug. Was für großartige Dinge ein wenig Mut bewirken kann ! Wie verschwinden die Schwierigkeiten, wenn man ihnen gegenübersteht! Warum hatte sie fünf Jahre lang nicht gesehen, dass die Tür offen stand, und war nicht hinausgegangen? Da war sie – raus! Und es schien nichts Schreckliches zu passieren.

„Nun, ich habe es jetzt endgültig getan", sagte sie zu Stephen Aikenhead.

„Oh ja, du hast es geschafft. Und was wirst du als nächstes tun?"

„Genau das, was Hobart mich gefragt hat! Warum sollte er – oder warum sollten Sie? Wenn eine Frau nicht heiratet oder Witwe wird, fragen Sie sie nicht, was sie als nächstes tun wird! Betrachten Sie mich als unverheiratet, oder, wenn Sie so etwas wie eine Witwe.

„Das ist alles sehr gut – hervorragend ausgedrückt. Ich werde zurechtgewiesen!" Stephen lächelte freundlich und breit. „Ihr Frauen drückt die Dinge wirklich gut aus. Aber darf ich anmerken, dass ihr, wenn ihr die Art von Frau wärt, an die ich denken soll, wahrscheinlich ziemlich zufrieden mit Cyril Maxon leben würde?"

Der Punkt wurde ihr deutlich genug dargelegt. Sie lächelte nachdenklich. „Ich glaube, ich verstehe. Ja!"

„Menschen unterscheiden sich ebenso wie Fälle."

Sie setzte sich sehr interessiert zu ihm. Sie wollten offenbar über sich selbst reden.

„Hobart Gaynor ist mir gegenüber ziemlich unruhig, glaube ich."

„Und du über dich selbst?"

„Nein, ich bin nur ziemlich aufgeregt, Stephen.“

„Du bist ein kleines Boot – und es ist ein großes Meer.“

„Das ist das Spannende daran. Ich bin seit Jahren – vom Land umschlossen –. Oh, gestrandet – was ist Ihre beste Metapher dafür, dass jemand dieses schöne Leben verschwendet!“

„Glauben Sie, Sie haben Ihren Mann glücklich gemacht?“

Die Frage kam unerwartet. Aber es gab keine Seite der Situation, die für Stephens Aufmerksamkeit zu verlassen war.

„Ich weiß es wirklich nicht“, sagte Winnie. „Ich schien immer eher – na ja, eher ein Nebeninteressent zu sein.“

„Ich erwarte nicht – ich erwarte wirklich nicht, wissen Sie.“

„Angenommen, ich wäre es, oder angenommen, ich wäre es nicht – was bedeutet das?“

„Ich habe es nur eine Minute lang aus seiner Sicht betrachtet.“

„Hat er mich glücklich gemacht?“

„Oh, sicherlich war die Sache nicht rundherum erfolgreich“, räumte Stephen hastig ein.

„Er sagte, die Ehe sei nicht nur erfunden worden, um Menschen glücklich zu machen.“

„Nun, ich nehme an, er hat da ein Argument. Aber Sie dachten wahrscheinlich, dass die Institution nebenbei noch etwas mehr von dieser Zutat hinzufügen würde?“

„Eher mein Gefühl – ja. Du bringst die Dinge auch ab und zu gut auf den Punkt, Stephen.“

„Sie leiden unter dem Nachteil, eine sehr attraktive Frau zu sein.“

„Wir müssen unsere Gebrechen mit Geduld ertragen, nicht wahr?“

Sie war an diesem Abend in einer seltenen Art aufgeregter Freude, fröhlich, herausfordernd, bewundernswert provozierend, frohlockend über ihre Freiheit und ließ vor ihren eigenen geblendeten Augen alle Möglichkeiten baumeln. Stephen kicherte tief.

„Ich denke, ich gehe hinein und sage Tora, dass ich höllisch in dich verliebt bin“, bemerkte er und erhob sich von seinem Stuhl.

„Es wäre furchtbar amüsant zu hören, was sie sagt. Aber – bist du?“

Ein rollendes Lachen, voller Applaus, aber nicht ohne Mitleid, grollte über den Rasen, als Stephen zurück zum Haus ging.

Nein, Stephen war nicht in sie verliebt; das war sicher. Er ließ jeden erdenklichen Zweifel an seiner Pflicht zu, hegte aber keinen Zweifel an seiner Neigung. Dieser Zug seiner Macht wäre für Winnies gegenwärtige Stimmung ärgerlich gewesen, wenn er zufällig der einzige Mann auf der Welt gewesen wäre, oder auch nur der einzige in oder in der Nähe von Shaylor's Patch. Winnie saß in der Dämmerung und lächelte verschmitzt. Sie hatte keine Ängste um sich selbst; noch viel weniger hatte sie irgendwelche Pläne gemacht. Sie erholte sich einfach freudig von der langen Unterdrückung. Ihr Geist verlangte nach viel Spaß, vielleicht mit einer Prise Unfug – Unfug, der eigentlich harmlos war. So vieles schien ihr eine längst überfällige Schuld gegenüber dem Leben und der Welt zu sein. Dennoch war die Gefahr da, die sie selbst nicht sah. Denn es besteht eine Gefahr, wenn sich die Sehnsucht nach Spaß und Unheil ständig um eine Figur dreht und in ihr, und nur in ihr, ihre eingebildete Verwirklichung findet.

Aber war Gefahr das richtige Wort – war es das Wort, das man in Shaylor's Patch verwenden sollte? Da er kein Dummkopf war, erkannte Stephen Aikenhead deutlich genug die Möglichkeit, dass etwas Bestimmtes passieren würde – oder geschah. Doch wie ist diese Chance zu bewerten? Das Gesetz – das durch diesen und jenen historischen, sozialen und religiösen Einfluss entstanden war – hatte dieser jungen Frau eine Last auferlegt, die schwerer war, als sie tragen konnte. Also begann Stephen mit der Prüfung des Falles. Erwiderung – sie hätte stärker sein sollen! Es schien keine sehr hilfreiche Erwiderung zu sein; es mag wahr sein, aber es führte nirgendwo hin. Das Gesetz sei damals bei der jungen Frau gescheitert. Nun hieß es: „Nun, wenn du das nicht tust, sollst du mit meiner Sanktion zumindest nichts anderes tun – und meine Sanktion ist für dein Wohlergehen, ganz gewiss hier, und, wie sehr viele Menschen glauben, äußerst notwendig. Jenseits." Das könnte richtig sein, denn es war schwierig, die allgemeine Aussage zu leugnen, dass Gesetze unter Androhung von Strafen eingehalten werden sollten. Doch in diesem besonderen Fall schien es etwas ziemlich Rachsüchtiges zu sein. Es war nicht so, dass die junge Frau Kirchen ausrauben oder Taschendiebstahl betreiben wollte – offensichtlich beleidigende und verletzende Dinge für ihre Nachbarn. Alles, was sie wollte (vorausgesetzt, das Ding passierte), wäre, sich vollkommen natürlich und normal zu verhalten. Alles, wogegen sie Einwände hätte, wäre eine gesetzlich vorgeschriebene Sterilisierung einer großen Seite ihres Wesens. Sie würde ihrem Mann Unrecht tun? Wenn es Unrecht gab, dann lag das wesentliche Unrecht doch sicherlich darin, ihn im Stich zu lassen, und nicht darin, danach das Beste aus ihrem eigenen Leben zu machen? Sie könnte Kinder haben – würden sie leiden? Stephen lebte in der sozialen Welt, in der er lebte, und konnte nicht erkennen, dass sie nennenswert leiden mussten; und sie waren schließlich hypothetisch – der logischen Vollständigkeit halber wurden sie in die Argumentation eingefügt. Sie würde die Überzeugungen und Gefühle anderer Menschen verletzen? Kein Zweifel, aber dieses Argument ging zu weit. Jeder Erneuerer, jeder Reformer, ja jeder kämpfende Politiker tut das Gleiche. Die Zeit, in der Meinungen abgeschirmt und Eindringlingen mit Strafverfolgung gedroht wurde, war mit Sicherheit vorbei.

Würde sie sich dann verletzen? Das Argument verlagerte sich abrupt vom Allgemeinen zum Besonderen. Sie verließ das Prinzip und kam zur Klugheit, indem sie nicht mehr fragte, wozu sie ein Recht hatte, sondern was sie in ihrem eigenen Interesse tun sollte. Ein Mann mag etwas für nicht falsch halten und dennoch ein Narr sein, wenn er es an einem Ort tut, wo die Nachbarn sich seiner Ungerechtigkeit so sicher sind, dass sie ihn in den Pferdeteich ducken. Aber nehmen wir an, er wäre ein mächtiger, tapferer Mann, gegen den niemand antreten möchte! Er kann mit den Fingern nach den Nachbarn schnippen und seinem eigenen Gewissen oder seiner Neigung folgen, frei von Angst und ohne Rücksicht auf Missbilligung.
„Das ist alles, was ich erreichen kann“, schloss Stephen und rieb sich die Stirn, wie es seine Gewohnheit in Momenten der Meditation war. Die Schlussfolgerung schien nicht ganz moralisch oder ganz logisch zu sein, aber sie könnte in der Praxis ziemlich gut funktionieren; Regierung nach dem Gesetz – das heißt nach der Meinung der Mehrheit – für die Schwachen (die selbst die Mehrheit sind), Regierung nach ihrem eigenen Gewissen und ihren eigenen Neigungen für die Starken. Wahrscheinlich handelte es sich dabei um eine grobe Darstellung dessen, was im Allgemeinen geschah, wenn man die Begriffe „schwach“ und „stark“ als Zusammenfassung des komplexen Ganzen der Umstände und des Charakters eines Menschen auffassen könnte; Beides muss unbedingt berücksichtigt werden.
Aber wer sind die Starken? Wie können sie ihre Fähigkeiten einschätzen, bevor sie mitten im Getümmel sind? Wenn es ihnen dann nicht gelingt, ist es zu spät – und ab zum Pferdeteich! Sie erweisen einem Freund einen schlechten Dienst, wenn Sie ihm in dieser Angelegenheit schmeicheln. Wenn er sich im Teich wiederfindet, wird er für Ihre gute Meinung nicht so dankbar sein.

Winnie kam herein, mit strahlenden Augen, leise singend, und ging hastig nach oben.

„Ich werde zu spät zum Abendessen kommen!“ Sie weinte. „Ich habe Mr. Ledstone getroffen und er hat mich zu einem kleinen Spaziergang eingeladen.“

"Hast du es genossen?" fragte Stephen höflich.

„Ja, vielen Dank, Stephen.“

Sie war gegangen. Stephen seufzte. Sie hatte nur ein Leben – das war die unausgesprochene Bitte um ihre Jugend, ihre Schönheit und ihre neugeborene Lebensfreude. Sagen Sie, was Sie wollen, die Bitte war überzeugend.

Kapitel VII

Ein Code und eine Theorie

Wenn man Godfrey Ledstones Geist erforschen würde, würde man auf das seltsame Bündel von Ideen stoßen, das die Alltagsmoral eines durchschnittlichen jungen Mannes ausmacht – den oben erwähnten Kodex. Diese Ansammlung von Regeln, Ausnahmen, Kompromissen, Strengen und Elastizitäten kann verurteilt werden; Es kann nicht verspottet oder leichtfertig abgetan werden. Im Großen und Ganzen hat es Jahrhunderte befriedigt; Nur in seltenen Fällen kam es zu ernsthaften Eingriffen der Machthaber, der Kirche, des Staates oder eines von der Kirche regierten Staates.

Sich ernsthaft in sie einzumischen bedeutet, einen Schwarm von Fragen aufzuwerfen, die groß, schwierig und so zutiefst unangenehm sind, dass sie Staatsmänner, ob Laien oder Geistliche, abschrecken – Fragen nicht nur moralischer und religiöser, sondern auch sozialer und wirtschaftlicher Art. Formale Verurteilung und praktische Toleranz lassen diese Fragen ruhen. Der Kodex geht weiter und übt seine halbgeheime Untergrund-Gerichtsbarkeit aus – ein Gesetz, das nie verkündet, aber weithin befolgt wird, eine Religion mit Millionen von Anhängern und keinem einzigen Prediger. Eher eine queere Art, die Welt zu leben? Eher ein verzweifelter Versuch, ein Gleichgewicht zwischen Natur und Zivilisation herzustellen? Kein Zweifel. Aber dann ist es natürlich nur vorübergehend. Eines Tages wird es uns allen gut gehen. Uns allen gut zu machen, es uns allen zu ermöglichen, sofort gut zu sein – nun, man kann nicht sagen, was das mit einer radikalen Neukonstitution der Gesellschaft bedeuten könnte. Und würde selbst das der Wende dienen?

Der Kodex hatte nie einen bedingungsloseren und zufriedeneren Anhänger als Godfrey. Ohne zu theoretisieren – er mochte Theorien nicht und hatte ein gutmütiges Misstrauen gegenüber ihnen –, fand er genau das Gleichgewicht des Verhaltens, das der Kodex billigt; Wenn er überhaupt über die Angelegenheit gesprochen hätte (der Kodex befürwortet nicht zu viel Reden), hätte er vielleicht gesagt, dass er „kein Heiliger" sei, sondern dass er „das Spiel gespielt" habe. Seine Anhänger würden vollkommen verstehen, was er meinte. Und das Letzte auf der Welt, woran er dachte oder was er wollte, war, akzeptierte Standards anzugreifen oder offen zu missachten. Der Kodex ermutigt einen Mann niemals dazu. Außerdem hatte er einen Vater, eine Mutter und eine Schwester, orthodox denkende Menschen, die ihn sehr liebten und stolz auf ihn waren; er würde nicht freiwillig etwas tun oder sagen, was sie schockieren könnte. Selbst aus professioneller Sicht – aber wenn die höheren Motive ausreichen, um die Angelegenheit zu entscheiden, warum müssen sie sich dann auf die etwas kompromittierende Allianz mit anderen rein klugen Gründen berufen?

Mittlerweile war er sehr in Winnie Maxon verliebt, aber er war auch zutiefst verärgert über sie und über all die liebenswürdigen Theoretiker in Shaylor's Patch. Die Gelegenheit schien perfekt für das zu sein, was er wollte, und was er wollte, schien genau einer der erlaubten Kompromisse zu sein – eine ideale Elastizität! Wem würde es schaden? Sicherlich nicht Cyril Maxon? Er war außergerichtlich. Wen würde es beleidigen? Es gäbe niemanden zu beleidigen, wenn die Angelegenheit im Stillen gehandhabt würde – wie es hier auf dem Land der Fall sein könnte. Und sie mochte ihn; Obwohl er noch keine Erklärung abgegeben hatte, konnte er nicht daran zweifeln, dass sie ihn sehr mochte.

Aber die Theoretiker hatten es auf sie abgesehen. Als er sich behutsam vortastete und über ihre Position oder angeblich die Position von Frauen im Allgemeinen, deren Ehen gescheitert waren, sprach, lehnte sie sich zurück, sah bezaubernd hübsch aus und brachte ruhig eine Bemerkung von zutiefst beunruhigender Natur hervor.

„Wenn ich mich jemals dazu entschließen sollte, mein Leben wieder mit dem eines Mannes zu verbinden, sollte ich es ganz offen tun. Ich sollte es meinem Mann und meinen Freunden sagen. Ich sollte davon ausgehen, dass ich genau das Gleiche tue, als würde ich erneut heiraten. Ich Ich habe neulich Abend alles mit Tora besprochen, und sie stimmte mir voll und ganz zu.

Einverstanden mit ihr! Tora hatte es sich natürlich in den Kopf gesetzt, dachte Godfrey wütend. Die Idee prägte Toras Markenzeichen durch ihre heitere, geradlinige Irrationalität.

„Aber das würde einen schrecklichen Krach bedeuten und – einen Fall und so!"

„Das hoffe ich. Aber Cyril ist mit einer Scheidung nicht einverstanden."

„Dann würdest du nie in der Lage sein, normal zu werden, solange er lebt."

„Ich denke, ich sollte regelmäßig sein, ohne regelmäßig zu werden", antwortete sie lächelnd.

„Was nützt es, der Welt zu trotzen?"

„Ist das nicht die einzige Möglichkeit, schlechte Dinge zu ändern?"

„Es braucht eine gehörige Portion Mut, solche Dinge zu tun – ob richtig oder falsch."

„Ich sollte mich darauf verlassen, dass der Mann, den ich liebte, mir den Mut gibt."

Godfrey wollte nicht zugeben, dass es dem Mann, den sie (wie er hoffte) liebte, an Mut mangelte. Die Antwort irritierte ihn; Er saß mit gerunzelter Stirn da, seine übliche Fröhlichkeit war traurig getrübt. Winnies Augen suchten einen Moment lang sein Gesicht ab; dann schaute sie seufzend über den Rasen ins Tal hinunter. Sie war enttäuscht über die Resonanz auf ihre großartige Idee. „ Natürlich müssten die beiden Menschen sehr ineinander verliebt sein", fügte sie mit etwas stockender Stimme hinzu.

Er fand einen Ausweg aus seiner Schwierigkeit. „Je mehr ein Mann eine Frau liebt, desto unwahrscheinlicher ist es, dass er zustimmt, sie in eine solche Lage zu bringen", argumentierte er. Sein Gesicht klärte sich; er war mit seinem Standpunkt zufrieden; Laut Code war es gut.

„Es wäre die einzig ehrenvolle Position für sie", erwiderte Winnie.

Er erhob sich wütend; es war alles so unvernünftig. "Ich muss gehen."

„Kommst du morgen zu irgendetwas?"

„Nein, ich werde morgen in der Stadt sein. Ich wage zu behaupten, dass ich ein oder zwei Nächte bleiben werde." Dies geschah aus Rache — oder Bestrafung. Zeigen Sie ihr, wie sehr ihr Shaylor's Patch ohne ihn gefiel!

Sie drehte sich zu ihm um und streckte ihre Hand aus; in ihren Augen lag ein Spott, halb vorwurfsvoll, halb fröhlich. „Kommen Sie besser gelaunt zurück!" Sie sagte.

„Ich bin ein Narr, überhaupt zurückzukommen." Er küsste ihre Hand und sah ihr fest in die Augen, bevor er ging.

Obwohl Godfrey gleichzeitig ein armer und vergnügungsliebender Mann war, hatte er das Glück, einen wohlhabenden und hingebungsvollen Freund zu haben, der sich immer darüber freute, ihn „unterzubringen" und ihm die beste Gastfreundschaft zu gewähren. Bob Purnett und er waren alte Schulkameraden und hatten einander nie aus den Augen verloren. Bob verfügte über ein eigenes Einkommen von viertausend Dollar pro Jahr (obwohl er es nicht selbst verdiente), und im Sommer hatte er keine Arbeit zu erledigen; im Winter jagte er. Er war ein fröhliches Wesen und sehr beliebt, außer beim Ausschuss des Repräsentantenhauses und beim Koch seines Clubs; Für diese unglücklichen Beamten war er ein ewiges Schwurgericht, dem ein „hängender Richter" vorstand.

Er schenkte Godfrey ein wunderschönes Abendessen und eine Magnumflasche feinen Rotweins; Es sei ihm zu verdanken, dass er bei kleinen Abendessen feinen Rotwein trank und gab. Er wusste es besser, als maßlos zu sein. Wollte er nicht so lange wie möglich auf die Jagd gehen? Godfrey neigte auch nicht zu exzessivem Weintrinken. Dennoch taten das

Abendessen, der Rotwein, die alte Freundschaft, der Likör, die gute Zigarre ihre Wirkung. Godfrey stellte den Fall dar. Bob Purnett kam es seltsam vor.

„Aber es ist Fäulnis", stellte er fest. „Du bist verheiratet oder nicht – was?" Er selbst war es nicht – ganz eindeutig. „Muss sehr hübsch sein, sonst würde sie nicht erwarten, dass du das aushältst?"

Godfrey lachte. Purnetts Gespräch hatte eine primitive Wahrhaftigkeit. Er war weder gedanklich gebildet noch in Theorien verstrickt – ganz anders als die Leute in Shaylor's Patch.

„Sie ist sehr hübsch und absolut eine Dame – und heterosexuell und so."

„Dann lassen Sie es sein", riet Bob Purnett.

„Ich kann nicht anders, alter Junge." Wieder der primitive Ton – der Schrei, dass es Grenzen der menschlichen Ausdauer gibt! Godfrey hatte es nicht aussprechen wollen. Das zu sagen war für ihn eine Erleuchtung. Bislang hatte er geglaubt, er könne etwas dagegen tun – und würde es auch tun, wenn er mit Theorien und Irrationalität konfrontiert würde.

„Lass uns in eine Halle gehen?" Bob schlug vor.

„Ich wünsche mir einen ruhigen Abend und nur ein bisschen Spaß."

Bob wirkte ernst und mitfühlend. „Oh, du hast es im Nacken!" sagte er mit einem Hauch ehrfürchtiger Verwunderung in seiner Stimme – so etwas wie die Ehrfurcht, die Verrückte bei unseren Vorfahren hervorriefen. Godfrey war besessen!

„Ja, das habe ich – und ich weiß nicht, was zum Teufel ich tun soll."

„Nun, was zum Teufel sollst du tun?" fragte Purnett. Sein gesundes, rötliches, faltenfreies Gesicht drückte eine ehrliche Ratlosigkeit aus. „Muss eine kleine Rumkarte sein, nicht wahr?"

„Ich kann nicht anders, Bob."

„Peinlich gestürzt!"

Tatsächlich waren diese beiden Anhänger des Kodex – mögen es geschrieben ehrliche Anhänger sein, denn sie haben ihn weder erfunden noch verteidigt, sondern lediglich geerbt? – offen gesagt verwirrt. In der Logik gibt es einen Begriff – Dichotomie – eine scharfe Trennung, ein Durchschneiden, ein Gegenüberstellen von Widersprüchen. Du bist ehrlich oder nicht ehrlich, nüchtern oder nicht nüchtern. Grobe Begründung, aber daran müssen die Polizeigerichte arbeiten. Sie sind also regelmäßig oder unregelmäßig. Aber Leute, die das Unregelmäßige zum Regelmäßigen machen wollen – das ist für die Anhänger des Kodex ein ebenso großer Schock wie ihre Grundsätze für die Verfechter eines anderen Gesetzes. Die Verleugnung der eigenen

Voraussetzungen ist immer ein Schock – denn man muss irgendwo anfangen. Es ist ein „Schock für die Kreditwürdigkeit" – irgendeine Art von Kredit – und wie soll jemand von uns ohne Kredit auskommen?

„Bringen Sie noch zwei alte Brandys mit, Walter", befahl Mr. Purnett. Es war der einzige unmittelbare und praktische Schritt.

„Nichts für mich, alter Junge."

Bob nickte Walter entsprechend zu. Sein Gesicht war unvorstellbar ernst.

„Manchmal habe ich Lust, das Ganze abzubrechen", sagte Godfrey verärgert.

„Na ja, es gibt noch andere Frauen auf der Welt, nicht wahr?"

„Nein, nein. Ich meine die ganze Sache. Was soll das?" Das frische Gesicht des jungen Mannes sah im Moment müde und alt aus; Er warf seine gute Zigarre, kaum halb geraucht, in den Kamin.

Bob Purnett wusste es besser, als gegen eine solche Stimmung zu argumentieren; man könnte genauso gut gegen Zahnschmerzen argumentieren.

„Lass uns nach Hause gehen und früh zu Bett gehen", schlug er vor. Er gähnte und versuchte, die Aktion zu verbergen. Er war seinem Freund ergeben, aber dieser hatte ihm ein Rätsel ausgedacht, und Rätsel ermüdeten ihn bald – mit Ausnahme von kleinen Rätseln aus Holz, für die er eine Vorliebe hatte.

Drei Tage lang kämpfte Godfrey Ledstone; Er versuchte wirklich, „das Ganze zu beenden", die Gefühle, die ihn beherrscht hatten, wieder zu beherrschen, und nicht, zu Shaylors Patch zurückzukehren. Eines Tages besuchte er seine Leute, den Vater, die Mutter und die Schwester, die orthodox dachten und ihn so sehr liebten und stolz auf ihn waren. Sie lebten am Woburn Square. Der alte Herr war ein Buchhalter mit mäßig gutem Geschäftssinn gewesen und mit mäßig guten Fähigkeiten in den Ruhestand gegangen; Zumindest war er nicht wirklich alt, aber wie manche Männer nahm er das Alter bereitwillig, sogar vorzeitig, in Kauf. Alles im Haus schien Godfrey unnatürlich geregelt; Es schien sogar irgendwie geklärt zu sein, dass Amy nicht heiraten würde. Und es war seltsam, sich vorzustellen, dass Mr. und Mrs. Ledstone einst geheiratet hatten, (wie man annehmen muss) unter diesen schrecklichen Gefühlen gelitten hatten, vielleicht gezweifelt, gefürchtet, gekämpft und genossen hatten. Heute war alles so ruhig am Woburn Square; Die einzige wirklich akute Frage war die Einkommenssteuer – das war für Herrn Ledstone sicherlich ein Ärgernis. Godfrey schätzte die wenigen Stunden der Ruhe, die Zärtlichkeit und den Stolz. Damals schien es durchaus möglich, „das Ganze herauszuschneiden" – ja, das Ganze.

Bob Purnett machte einen kurzen Besuch und überließ seinem Freund seine gemütliche Wohnung. Warum nicht in London bleiben, bei der Arbeit eine gute Figur machen und noch mehr seiner Leute am Woburn Square treffen? Ein gutes und kluges Programm. Doch am vierten Tag kam ein Windstoß, der das gute und weise Programm zunichte machte – ein Gefühlsstoß wie ein Schluck starken Weins, berauschend und überwältigend. Er warf seinen Bleistift hin und schrie laut: „Das hat keinen Zweck!"

Er wurde über seine Kräfte hinaus auf die Probe gestellt. Er erhob eine vage und formlose Anklage gegen die allgemeine Ordnung der Dinge, gegen das, was einen Menschen zur Torheit zwang, und brandmarkte ihn dann mit zischend heißen Eisen als „Narren". Der alte Protest, der Schrei der Kreatur gegen die Ungerechtigkeit der Schöpfung! Eine Stunde später war er auf dem Weg aufs Land – zurück nach Shaylor's Patch. Für ihn war die Sache geklärt. Er könnte es nicht bemerken; Er ging, nicht von Absicht geleitet, sondern von Verlangen getrieben. Aber „Zu meinen Bedingungen, wenn ich kann, zu ihren, wenn ich muss", interpretiert das verwirrte und unruhige Summen seines Gehirns.

Für einen Menschen in einem solchen Fall erscheinen die Menschen, denen er auf seinem Weg begegnet, seltsam ruhig, unvorstellbar friedlich. Der alte Mann mit seiner Pfeife, der junge Angestellte mit seiner Sportzeitung, der Feldarbeiter, das Kleinkind mit seinem Spielzeug – sie alle stellen die Illusion eines unbeschwerten Daseins dar, auf die der Mann mit der Bremse neidisch und verächtlich blickt. Sie besitzen ihre Seelen – er ist besessen. Vielleicht trägt Bob Purnett diesen Ausdruck der Ehrfurcht! Eines Tages muss der normale Mann den Besitz wieder übernehmen, und er wird möglicherweise feststellen, dass der vorübergehende Mieter die seltsamsten Streiche gespielt hat – zertrümmerte Möbel, Schulden gemacht und was noch alles, für all diese Verfälle und Verbindlichkeiten wird er, die unglückliche Seele, festgehalten verantwortlich! Glücklicherweise kommt es, schließlich nicht so selten, vor, dass der vorübergehende Mieter Schönheit und nicht Chaos angerichtet und großzügige Geschenke hinterlassen hat, um das Leben zu bereichern, bis das Leben selbst vergeht.

Stephen Aikenhead saß mit seiner kleinen Tochter Alice, die gerade über die Feiertage nach Hause gekommen war, auf dem Rasen. Sie las ihm vor; er rauchte seine Pfeife, und ab und zu strich seine große Hand liebkosend über das kleine gesenkte Köpfchen mit dem weichen braunen Haar. Die Geschichte handelte von einer gewissen Prinzessin, der eine Fee die Gabe der ewigen Jugend geschenkt hatte, unter der Bedingung, dass sie weder vor Angst noch vor Freude in Ohnmacht fiel. Es lief sehr viele Jahre lang alles gut . Generationen wurden geboren und starben, und die Prinzessin war immer noch siebzehn. Sie überlebte 77 Premierminister. Doch schließlich wurde ein sehr hübscher Bräutigam, der ziemlich geheimnisvoll vor den

Toren des Schlosses aufgetaucht war und ohne (wie es schien) ohne „Charakter" in die Dienste der Prinzessin aufgenommen worden war, von seinem Pferd geworfen, während er seiner königlichen Herrin zur Seite stand Und siehe da, die Prinzessin fiel in Ohnmacht aus Angst, dass er tot sein könnte, und fiel erneut in Ohnmacht vor Freude, als sie feststellte, dass er nicht tot war! So offenbarte er sich als König des benachbarten Königreichs, und sie heirateten einander und lebten seitdem glücklich. Nur verlor die Prinzessin natürlich die Gabe der ewigen Jugend.

„Ich liebe diese Geschichten über Prinzessinnen, Alice", sagte Stephen. „Lies mir noch eins vor. Ich wünschte, es gäbe viel mehr Prinzessinnen. Heutzutage gibt es nicht mehr halb genug davon. Sie sind so malerisch und ihnen passieren so lustige Dinge. Hallo, Godfrey, bist du wieder da?"

Godfrey hatte das Taxi mit seinem Gepäck weitergeschickt und war durch das Gartentor eingetreten. Er kam gerade rechtzeitig, um das Ende der Geschichte zu hören. Leser und Zuhörer befanden sich in der Nähe der Salontür. Als sein Name ausgesprochen wurde, hörte Godfrey eine kleine Bewegung von innen – das Geräusch der Bewegung der Röcke einer Frau. Seine beeinflussbare Natur reagierte auf einen neuen Reiz, seine bereitwilligen Augen erblickten eine neue Vision. Als er den großen Mann und sein kleines Mädchen ansah, die so glücklich miteinander waren, so friedlich und doch nie in Langeweile, wünschte er sich, dass es – seine Affäre – weder zu seinen noch zu ihren Bedingungen verlaufen könnte, weder eine Täuschung noch eine Täuschung sein könnte ein Trotz, könnte aber auch das ganz Normale sein, das gute, altmodische Ding, das den meisten Menschen schließlich gute Dienste leistete. Es gab Misserfolge, aber es war im Großen und Ganzen naturgemäß und im Großen und Ganzen erfolgreich. Wer hat wirklich Einwände dagegen erhoben oder es in Frage gestellt? Für wen war die Institution abstoßend? „Rips and Cranks", antwortete er in seiner prägnanten Umgangssprache; Im Grunde war es für alle anderen gut genug – zweifellos mit einigen Zugeständnissen hier und da.

Das leise Rascheln ertönte erneut aus dem Wohnzimmer. Dann stand Winnie Maxon mit leuchtenden, einladenden Augen in der Tür.

„Na, würde dir die Geschichte von der Prinzessin mit dem gebrochenen Herzen gefallen?" fragte Alice.

„Alles über eine Prinzessin!" sagte Stephen mit ansehnlicher Großzügigkeit.

„Es klingt traurig, Alice. Wenn es traurig ist, lass es uns nicht haben", flehte Winnie.

„Oh, nachdem all die alten Ärzte versucht hatten, es zu heilen, kam einer, der viel älter und viel faltiger aussah als alle anderen –"

„Ich werde diesen Praktizierenden trotzdem im Auge behalten", warf Stephen ein. „Ich fange an, mich auszukennen!"

„Und er reparierte es mit einem riesigen Goldring, den er vom kleinen Finger eines Riesen abgeschnitten hatte, den er einmal auf einem Spaziergang getötet hatte."

„Was für ein Kerl!" sagte Stephen. „Prinz in Verkleidung, Alice?"

„Ja, Vater, natürlich war er das!"

Stephen schüttelte seinen großen Kopf und richtete seine große Brille gen Himmel. „Und dieser Dennehy wagt es, sich einen Republikaner zu nennen! Nun, wer – wer, frage ich Sie – würde sich für einen verkleideten Präsidenten interessieren? Lesen Sie mir noch ein paar Prinzessinnen vor, Alice."

Sie alle genossen die Prinzessinnen. Manchmal führt uns ein kleines Kind für eine Stunde in den Frieden.

KAPITEL VIII

SUBVERSIV

Eingebettet in seine eigenen Vorstellungen wie in einen Felsen, weigerte sich Cyril Maxon zu glauben, dass seine Frau nicht bald „genug davon haben würde". Er weigerte sich, das Scheitern des Gesandten hinzunehmen, durch dessen Mund er zu solch großen Zugeständnissen und so großzügigen Versprechungen bewegt worden war. Könnte es ihnen am Ende nicht gelingen, sie zu bewegen?

Seine Pflicht ihr gegenüber – diese unerbittliche Pflicht, von der ihn keine ihrer Taten befreien konnte – verlangte von ihm eine weitere Anstrengung. Attlebury war in dieser Ansicht mit ihm einverstanden, wenn auch jetzt mit weniger Hoffnung auf einen günstigen Ausgang; Er erkannte die Tatsache, dass der Wunsch seines Schülers nach Selbstrechtfertigung nicht weniger stark war als seine Hoffnung, Frau Maxon zu retten, und fürchtete um das Ergebnis dieser Vermischung von Objekten. Er wagte eine Erinnerung.

„ Natürlich möchten Sie das Gefühl haben, alles getan zu haben, was Sie konnten, aber das Tolle ist, es erfolgreich zu tun. Aus unserer Sicht steht für sie mehr auf dem Spiel als für Sie."

„Ich glaube, ich kann sie überzeugen, wenn ich sie besuche."

Wollte er wirklich überzeugen – oder wollte er erschrecken? Attlebury zweifelte, und weil er daran zweifelte, zweifelte er noch mehr an der Sache. Der Schüler gab der Sache kein faires Spiel; Darüber muss sich ein Lehrer oft beschweren.

Wie auch immer Cyril Maxon das von ihm vorgeschlagene Interview in seinem Kopf vorhergesehen haben mag, es stand außer Frage, wie Winnie die Nachricht von seiner Absicht erhielt, sie in ihrer Anstalt in Shaylor's Patch aufzusuchen. Es erfüllte sie mit purer Panik; es trieb sie zu dem, was jetzt ihre einzige Zuflucht schien. Ihr Schrecken muss sicherlich eine unwiderstehliche Anziehungskraft auf die Begeisterung und die Ritterlichkeit ihres Geliebten ausüben? Oder er war kein Liebhaber. Tora und sie waren sich in diesem Punkt einig, auch wenn es zwischen ihnen nicht allzu deutlich zum Ausdruck kam.

„Ich kann ihn nicht sehen, das werde ich nicht", erklärte sie Stephen Aikenhead und rannte schließlich zu dem Mann des Hauses, der sich gegen die männliche Herrschaft auflehnte, wie sie war.

„Eher schwer abzulehnen, wenn er hierher kommt!"

„Dann werde ich nicht hier sein, wenn er kommt, das ist alles." Ihre Angst machte sie ungerecht. „Wenn Sie mich nicht beschützen wollen oder können, muss ich für mich selbst handeln." Sie stürzte aus dem Raum und ließ Stephen keine Gelegenheit, zu protestieren, dass die Riegel und Riegel von Shaylor's Patch zu ihren Diensten stünden und dass eine Belagerung durch einen wütenden Anwalt alles zur Tagesordnung gehörte.

Sie hatte Angst vor sich selbst; sie misstraute ihrem Mut. Sie wollte ein zwingendes Motiv in seiner Kraft haben; Ihr Instinkt war, etwas zu tun, das eine Rückkehr nach Hause unwiderruflich unmöglich machen würde. Das Beharren ihres Mannes beschleunigte die Krise, obwohl seine Geduld sie kaum hätte abwenden können.

Godfrey Ledstone überbrachte die Nachricht zuerst von Tora Aikenhead. Ihre ruhigen Augen fragten ihn deutlich, welche Rolle er spielen sollte. Tora war ihrer Linie gefolgt und hielt Zögern sofort für unmöglich. Seine ursprüngliche Idee wäre es gewesen, sie zu trösten, bevor Maxon kam, und noch einmal, nachdem er gegangen war, und sich in einem gemütlichen Versteck zu verstecken, wenn er dort war. So lautete der Code, diskret und elastisch. Mittlerweile wusste er nur zu gut, dass dies nicht das war, was diese kompromisslosen Menschen von ihm erwarteten. Ihrer seltsamen Ansicht nach war er für dieses bequeme Mittel bereits zu weit gegangen. Soziale Freiheit könnte, so schien es, anspruchsvoller sein als soziale Knechtschaft. Denn wenn man immer die Freiheit hatte, zu tun, was man wollte, musste man natürlich sehr vorsichtig sein und nicht zu vorbehaltlos andeuten, was man tun möchte; denn es könne keine Einrede der Unmöglichkeit zur Verteidigung eines unerfüllten Versprechens geben.

„Sie ist schrecklich unglücklich. Sie erklärt, dass sie weg sein muss, bevor er kommt. Sie wagt es nicht, ihn zu treffen."

"Warum nicht?" fragte er scharf. Ein anderes Gefühl erwachte in ihm.

„Nun, er hat sie immer dominiert. Er könnte ihren Willen wieder brechen."

„Du meinst, sie könnte zurückgehen? Nachgeben und zurückgehen?"

„Das scheint es zu sein, wovor sie selbst Angst hat."

Tora hegte ebenso wenig Zweifel an der Richtigkeit ihrer Ideen wie Cyril Maxon an seinen. Warum sollte sie, hätte sie gefragt, nur weil ihre neu waren, während seine alt waren? Für sie war Neuheit eine Vermutung für die Qualität einer Ansicht, da die alten Ansichten eine Welt hervorgebracht hatten, die insgesamt offensichtlich so unvollkommen war. Sie hielt an ihrer Meinung fest und zögerte nicht, die Waffen einzusetzen, die am besten geeignet waren, um ihren Sieg zu sichern. Wenn Godfreys Eifersucht zu diesem Zweck beigetragen hat, warum war es dann illegitim, sie eine Rolle spielen zu lassen? Noch nie hatte eine Frau weniger Angst vor dem, was Männer Verantwortung nennen.

„Es ist einfach schrecklich, sich vorzustellen, dass die arme kleine Dame zu diesem brutalen Kerl zurückkehrt", sagte er.

„Oh, beleidige ihn nicht. Ich wage zu behaupten, dass er genauso unglücklich ist wie sie. Und er glaubt, dass er Recht hat. Tora lächelte über ihren klugen Stoß. „ Du bist also die letzte Person, die ihn beschimpfen sollte."

„Oh, was spielt es für eine Rolle, was ich denke?" er weinte ungeduldig.

Es waren immer noch genug von seiner alten Stimmung und seinen alten Ideen in ihm, um einen Groll gegen Tora zu schüren, um ihm das Gefühl zu geben, dass sie ihn zum Handeln zwang und ihn dazu zwang, eine größere Verantwortung zu übernehmen, als er erwartet hatte. Dem müssen Theoretiker immer gewachsen sein! Es scheint ihnen geradezu Freude zu bereiten, zu beweisen, dass man alles tun muss – alles Mögliche! Dass der bequeme Halbweg niemals genügen wird! Vielleicht spiegeln sie nicht ausreichend wider, dass der Durchschnittsmensch dadurch überhaupt nicht dazu ermutigt wird, damit anzufangen.

Aber Winnie selbst hatte die echte Kraft, sein Herz zu bewegen – und zwar jetzt wie nie zuvor, da sie außer ihm hilflos und hoffnungslos schien, außer in ihm, und doch in und durch ihn sowohl mutig als auch zuversichtlich – am tiefsten, am tiefsten kraftvoll, Schmeichelei von Sex zu Sex. Bloße Freunde konnten jetzt nicht helfen; Bloße Überzeugungen, das bloße Gefühl, im Recht zu sein, würden nichts nützen. Diese hatte sie, aber sie musste auch Liebe haben. Auf diese Stimmung reagierte der ganze Mann in ihm.

„Es brauchte nur diese letzte Mühe, um mich zum Sprechen zu bringen."

„Ich glaube nicht, dass ich etwas sagen muss", flüsterte sie mit ihrem zart zitternden Lächeln. „Du weißt alles – wie großartig es ist. Ich schäme mich nicht dafür, Godfrey. Und du wirst dich meiner nicht schämen, oder?"

Die Frage beunruhigte ihn jetzt nicht. Für eine Weile hatte er die Zukunftsvision verloren, die ihn einst beunruhigt und beunruhigt hatte. Seine Worte mögen abgedroschen sein, aber sie waren von Herzen aufrichtig, als er ihr sagte, dass er der Welt entgegentreten würde, wenn sie nur an seiner Seite wäre.

„Es wird alles so sein, wie du es dir gewünscht hast, wenn du jemals wieder dein Leben mit dem eines Mannes vereinen würdest." Er zitierte fast verbal und vermisste nur ihren poetischen „Link".

Winnie küsste ihn in warmer und hübscher Dankbarkeit. „Das nimmt mir den letzten Zweifel", sagte sie ihm. „Ich werde jetzt stolz sein, so stolz wie jede Frau! Und heute – nur für ein paar Stunden – vergessen wir alles, außer dass wir verliebte Liebende sind." Sie legte ihren Arm um seinen. „Du wirst den Riesen töten, seinen Ring nehmen und das gebrochene Herz der Prinzessin heilen!"

„Ich sage, machst du mich zu einem verkleideten Prinzen, Winnie?"

„Na, fühlst du dich jetzt nicht wie ein Prinz?" fragte sie mit der süßen Kühnheit einer Frau, die weiß, dass sie geliebt wird, und die sich für ihren Geliebten mutig auf die Wertschätzung ihres Geliebten einlässt.

Ihrem Wunsch gehorchend, veranlasste die Außenwelt eines ihrer Verschwindenlassen – sehr entgegenkommend, wenn auch nicht von langer Dauer. Sogar Woburn Square zog sich taktvoll zurück, ohne die Frage zu stellen, wie seine Meinung zu dem Verfahren wohl aussehen würde. Natürlich könnte dieser Punkt zumindest vorerst als unerheblich angesehen werden.

Zum zweiten Mal, in Winnie Maxons jüngster Erfahrung, erwies sich die Sache mit ein wenig Mut als einfach; Schwierigkeiten verschwanden, wenn sie konfrontiert wurden; Sie haben getan, wozu Sie Ihrer Meinung nach ein Recht hatten, und es ist nichts Schlimmes passiert. Bestimmt ist an diesem Abend in Shaylor's Patch nichts Schlimmes passiert. Es gab eine romantische, idyllische Art des Werbens, mit dem Mann feurig und galant, der Frau fröhlich, aber schüchtern; Es war alles im orthodoxen Sinne, wirklich konventionell. Er hatte sich verpflichtet, die Angelegenheit nach Winnies Vorbild durchzuführen; Dies war sein großes und schönes Zugeständnis – oder seine Bekehrung. Er hat es aufs ehrenvollste beobachtet; sie wurde immer dankbarer und zärtlicher.

„Ein anderer Mann als du – ja, sogar ein anderer Mann, den ich liebte – hätte mich heute Abend vielleicht verletzt", murmelte sie, als sie sich nach dem Abendessen an der Tür trennten.

„Ich könnte dich niemals verletzen – selbst mit meiner Liebe."

Sie nahm seine Hand und küsste sie. „Ich vertraue dir um jeden Preis, Godfrey."

„Du darfst mir vertrauen."

Ihr Herz sang, selbst als ihr Geliebter sie verließ.

Für das, was in den zwei oder drei Tagen folgte, in denen sie sich noch in Shaylor's Patch aufhielt , werden die Leute finden, welche Namen sie wollen, da ihre Geschichte zwangsläufig etwas mit umstrittenen Angelegenheiten zu tun hat. Manche mögen von unziemlicher Travestie sprechen, manche von nutzloser Farce; andere finden vielleicht einen Protest, der nicht ohne Pathos ist – ein Protest, dass sie mit der alten Ordnung nur deshalb gebrochen hat, weil sie es musste, dass sie gerne in ihr neues Unternehmen übernehmen würde, was im alten Geist gut war, dass ihr Unternehmen für sie etwas Feierliches war und hohes Ding. Sie sollten zusammen Mann und Frau sein; er musste ihr den Ring kaufen, der die Vereinigung symbolisierte; Sie mussten gute und wahre Zeugen haben – nichts sollte geheim bleiben, alles sollte ehrlich und unverschämt sein. Es muss sogar eine kleine Zeremonie stattfinden, ein Geben und Nehmen vor mitfühlenden Freunden, eine Erklärung, dass sie sich selbst und ihn ihr angehört, in aller Liebe und Vertrauen und unter Ausschluss aller anderen Menschen auf der Welt. Für immer? Bis der Tod sie trennte? Nein – die Prämissen verbot diese altehrwürdige Schlussfolgerung strikt. Aber solange die Liebe, die sie jetzt miteinander verband, noch das Band heiligte, das sie gefestigt hatte. In ihrem Herzen zufrieden, dass die Liebe niemals sterben konnte, definierte sie ohne Bestürzung die Folgen ihres Todes. Auf jeden Fall, hätte sie einem Einwanderer geantwortet, hätten sie schlimmer sein können als das, was ihr widerfahren war, als ihre Liebe zu Cyril Maxon einen gewaltsamen Tod durch Erschlagen starb – starb und ihr doch im Namen von allem, was heilig ist, die Anständigkeit verweigert wurde Beerdigung?

Und doch gab es Bedenken. „Werden die Leute es verstehen?" war ihre große Frage.

Tora – kompromisslos, besonnen – antwortete, dass die meisten von ihnen es nicht einmal versuchen würden, und fügte hinzu: „Was ist los?" Stephen fragte: „Na, solange es deine Freunde tun?" Ihr Geliebter schwor, dass keine Zunge gegen ihre Ehre oder ihre Beweggründe vorgehen dürfe, ganz gleich, ob ihr Vorgehen gebilligt werde oder nicht.

Der letzte Tag kam – der Tag, an dem die beiden gemeinsam aufbrechen sollten: Godfrey von seinem Sommerhaus im Dorf Nether End in der Nähe von Shaylor's Patch, Winnie von ihrem Zufluchtsort unter dem freundlichen Dach der Aikenheads. In London wurde ein Haus übernommen, aber zunächst sollten sie einen einwöchigen Ausflug – eine Hochzeitsreise - in Nordwales machen. Winnie gab ihren Vorbereitungen nun den letzten Schliff, indem sie Etiketten auf ihr Gepäck schrieb. Der Name, den sie schrieb, schien glücklich die persönliche Unabhängigkeit mit einer Vereinigung von Herzen und Schicksalen in Einklang zu bringen – Mrs. Winifred Ledstone.

Das Geräusch der Schritte eines Mannes ließ sie aufblicken. Sie sah Dick Dennehy vor sich. Er war aus dem Garten gekommen und war gerade dabei, seinen Hut vom Kopf zu nehmen, als er sie sah.

„Mr. Dennehy! Ich wusste nicht, dass Sie heute hierher kommen."

„Das habe ich bis vor ein paar Stunden nicht mehr getan, Frau Maxon. Ich habe festgestellt, dass ich nichts zu tun hatte, also bin ich hinuntergelaufen, um zu sehen, wie es Ihnen allen geht.“

„Einige von uns steigen gerade aus“, lächelte Winnie. „Sie kommen gerade rechtzeitig, um sich zu verabschieden.“

„Warum, wohin gehst du? Es tut mir leid, dass du gehst.“

Mit einem frechen Blick schob Winnie ihm einen Gepäckanhänger über den Tisch zu. Er nahm es auf, studierte es und legte es wortlos wieder hin.

"Also?" sagte Winnie.

Er breitete ein Paar pummeliger Hände mit gespreizten Fingern aus und schüttelte in aufrichtiger, wenn auch humorvoller Verzweiflung seinen schockhaarigen Kopf.

„Ihr seid hier alle Heiden, und es nützt nichts, mit euch zu reden, als wärt ihr etwas anderes.“

„Ich bin kein Heide, aber wenn die Kirche den Staat durch ungerechte Gesetze unterstützt –“

Er wedelte mit dem breiten Zeigefinger. „Sogar ein heidnischer Stamm hat seine Bräuche. Bräuche sind besser als keine! Man kann nicht umsonst gegen die Bräuche des Stammes verstoßen. Ich spreche von Heide zu Heide.“

„Können Bräuche nie geändert werden?“ Winnie war wieder an ihrem alten Punkt.

„Sie sind nicht stark genug für den Job, Mrs. Maxon.“ Seine Stimme war voller Mitleid.

Aber Winnie war nicht in der Stimmung, Mitleid anzunehmen. „Du nennst mich einen Heiden. Angenommen, es wäre 50 oder 100 n. Chr. und nicht 1909 n. Chr Märtyrer."

Er räumte einen Treffer ein. „Oh, ihr seid alle sehr schlau!“ er grummelte. „Ich wette, Stephen hat dir das beigebracht. Das ist von seiner Münze, wenn ich die Briefmarke kenne! Nehmen Sie es, wie Sie sagen – freuen Sie sich auf Ihr Martyrium?“

Vielleicht war sie es, und zwar in einem, wie man zugeben muss, richtigen Geist – sie dachte mehr an die Krone als an den Pfahl. „Ich sehe nicht sehr unglücklich aus, oder?“ fragte sie strahlend.

„Gehen Sie heute mit ihm weg, nicht wahr?“ Sie nickte fröhlich. In Dennehy setzte sich plötzlich der natürliche Mensch durch. Er lächelte. „Das ist mehr, als der junge Hund verdient, ganz klar!“

„Na ja, jetzt bist du ein Heide!" lachte Winnie, sichtlich erfreut.

„Ich frage mich, was Frau Lenoir dazu sagen wird."

Winnies Vergnügen erlitt einen leichten Schock.

„Warum sollte Frau Lenoir Richterin in einem Fall wie meinem sein?" fragte sie ziemlich kühl.

„Oh, ich mache keine Vergleiche", murmelte er vage. Dennoch gab es in seinem Kopf einen Vergleichspunkt. Auch Frau Lenoir war eine Rebellin gegen die Sitten des Stammes, und obwohl die Motive der Rebellion unterschiedlich sind, könnten die Ergebnisse dieselben sein. „Nun, ich wünsche dir trotzdem Glück", fuhr er fort und streckte seine Hand aus. „Ich hoffe, er wird dich glücklich machen, denn du gibst ihm viel, bei all deinen Kräften, das tust du!"

„Ich hoffe, dass ich annähernd so viel gebe, wie ich bekomme."

Er grummelte etwas Unartikuliertes, als er an ihr vorbei und durch die Tür in den Garten ging. Winnie sah ihm immer noch mit einem Lächeln auf den Lippen nach. Wenn dies das Schlimmste war, was sie zu erwarten hatte, dann war es nichts besonders Schlimmes. Es war sogar ziemlich amüsant; Sie konnte sich nicht vorstellen, dass sie in dieser Begegnung irgendwie als Zweitbeste abgeschnitten hatte.

Stephen kam einen Moment später herein und machte sich auf die Suche nach seinem Freund im Garten, nachdem sie ihm von Dennehys Ankunft berichtet hatte. Aber Dennehy war nirgends zu finden; er wurde an diesem Tag nicht mehr gesehen. Er ging direkt zurück nach London; er konnte die Tat nicht verhindern, aber er würde kein Komplize sein.

„Nun, wenn er mit dem, was wir tun, nicht einverstanden ist, hat er meiner Meinung nach Recht, nicht zu bleiben", sagte Tora. Dennoch fühlte sich Winnie ein wenig verletzt.

Dann kam die Travestie oder die Farce oder der Protest oder wie auch immer man es nennen mag, in der Winnie in Anwesenheit ihrer Zeugen formell – für ein feindliches Auge vielleicht eher theatralisch – das tat, was die Mächte tun Er würde nichts für sie tun – erklärte ihre Verbindung mit Cyril Maxon für beendet und schwörte Godfrey Ledstone den Treu. Godfrey hätte diese kleine Zeremonie (wenn sie überhaupt durchgeführt werden müsste) lieber privat stattfinden lassen, aber er spielte seine Rolle dabei mit Anstand. Es würde bald vorbei sein – und bald würden er und sie gemeinsam aufbrechen.

Was ist mit der kleinen Alice während all dem? Man hatte sie geschickt, um mit der Tochter des Gärtners zu spielen. Es wäre in der Tat eine bedeutsame Theorie, die ein Kind dazu zwingen würde, über das Ehe- und

Scheidungsrecht nachzudenken, bevor es elf Jahre alt ist. Sogar Tora Aikenhead ging nicht so weit, und wie wir gesehen haben, wurden Stephens theoretisierende Tendenzen im Fall seines Kindes unter Kontrolle gehalten.

Dann machten sie sich auf den Weg, und bei ihrer Ankunft in London wurden sie von Bob Purnett empfangen, der sie herzlich willkommen hieß und ihnen ein Champagner-Mittagessen gab, bei dem alles sehr fröhlich und fröhlich war. In Bob Purnetts Augen lag tatsächlich ein schelmisches Funkeln, aber vielleicht war es nicht mehr, als es der Brauch selbst bei den orthodoxesten Ehen erlaubte – und Bob Purnett gehörte auf jeden Fall nicht zu der Meinungsschicht, die Winnies Ansichten am natürlichsten ansprechen konnten mit einer Berufung zu rechnen. Er behandelte Winnie äußerst höflich und nannte sie Mrs. Ledstone. Sie wusste nicht, dass er genau das Gleiche getan hätte, wenn – nun ja, im Fall einer Dame, für die ein Freund die Behandlung und den Titel beansprucht hätte.

Am nächsten Morgen erreichten zwei Briefe ordnungsgemäß und pünktlich ihre jeweiligen Bestimmungsorte. Alles sollte offen sein, alles in Ordnung! Winnie hatte es nicht schwer gefunden, ihres zu schreiben, und Godfrey hatte ihr nicht gesagt, wie außerordentlich schwierig es ihm gewesen sei. Einer war an Cyril Maxon, Esquire, KC, im Temple gerichtet; der andere an William J. Ledstone, Esquire, am Woburn Square. An keinem dieser Orte dürften die Ansichten von Shaylor's Patch Akzeptanz oder gar Toleranz finden. Nein, auch nicht bei Bob Purnett. Wenn allerdings tatsächlich eine Wahl getroffen werden müsste, wäre letztere vielleicht nicht moralischer, aber zumindest weniger subversiv in ihrer Tendenz erschienen. Eine Sache, die subversiv unmoralisch ist, muss doch schlimmer sein als eine Sache, die lediglich unmoralisch ist? Wenn man in beiden Fällen die Unmoral zugibt, haben die subversiven Menschen kein Standbein, auf dem sie stehen können. Sie werden dazu getrieben, zu argumentieren, dass sie überhaupt nicht unmoralisch sind – was sie nur noch subversiver macht.

Und das Wörterbuch definiert „Subversion" mit diesen Begriffen: „Der Akt des Umsturzes oder der Zustand des Umsturzes; vollständiger Umsturz; ein Umsturz von Grund auf; völliger Ruin; Zerstörung" – jedenfalls eindeutig eine ernste Angelegenheit, und zwar für uns kann es für den Moment belassen.

KAPITEL IX

KEIN VERFAHREN!

In Cyril Maxons Gemächern im Tempel – es waren sehr angenehme Gemächer mit Blick über einen weiten Flusslauf – begann der Tag auf die übliche Art und Weise. Um halb zehn traf Mr. Gibbons, der Angestellte, ein; Um Viertel vor zehn erschien der fleißige Junior, der das kleine Zimmer besetzte und sich um den Rat des Königs bemühte, pünktlich. Um zehn, pünktlich zum Schlag der Uhr, kam Maxon selbst herein. Seine Bewegungen waren gemächlich; Er hatte einen Fall in der Zeitung – eine wichtige Frage des Liegegeldes –, aber es war unwahrscheinlich, dass er vor dem Mittagessen geklärt werden würde. Er wünschte Mr. Gibbons einen guten Morgen, wies ihn an, den Fortschritt des Gerichts, dem sein Fall zugewiesen wurde, im Auge zu behalten, ging in sein eigenes Zimmer und setzte sich, um seine Briefe zu öffnen. Nachdem er diese erledigt hatte, musste er noch ein paar Meinungen verfassen und hatte noch Zeit, sein Briefing noch einmal durchzugehen, unterstützt durch die Notiz des fleißigen Juniors.

Eine halbe Stunde später öffnete Mr. Gibbons die Tür. Maxon winkte ihn ungeduldig zurück.

„Ich bin beschäftigt, Gibbons. Stören Sie mich nicht. Wir können noch nicht vor Gericht sein?"

„Nein, Sir. Es ist ein Gentleman, Sie zu sehen. Eine sehr dringende Angelegenheit, sagt er."

„Nein, nein, ich sage dir, ich bin beschäftigt."

„Er hat es zu einem besonderen Gefallen gemacht. Tatsächlich scheint er sehr verärgert zu sein – er sagt, es sei eine Privatsache." Er warf einen Blick auf eine Karte, die er bei sich trug. „Es ist ein Mr. Ledstone, Sir."

„Oh", sagte Maxon. Seine Lippen schlossen sich etwas fester, als er einen Brief aufnahm, der neben den juristischen Dokumenten vor ihm lag. „Ledstone?" Der Brief war mit „Winifred Ledstone" unterzeichnet.

"Jawohl."

„Welcher alter Mann?"

„Oh, ziemlich alt, Sir. Stout und graues Aussehen."

Die Antwort zerstreute eine exzentrische Idee, die Maxon in den Sinn gekommen war. Wenn dieses Paar ihn so höflich über ihre Taten informieren würde, wären sie vielleicht sogar in der Lage, ihn anzurufen!

„Nun, führe ihn herein." Er zuckte angewidert mit den Schultern.

Herr Ledstone war stämmig und grauhaarig (wie Mr. Gibbons bemerkt hatte), hatte aber eine deutliche Ähnlichkeit mit seinem hübschen Sohn und trat sehr entschuldigend und sehr nervös auf. Maxon verneigte sich, ohne aufzustehen; Gibbons stellte einen Stuhl hin und zog sich zurück.

„Ich muss tausendmal um Verzeihung bitten, Mr. Maxon, aber heute Morgen habe ich – ich habe einen Brief erhalten – als ich beim Frühstück saß, Mr. Maxon, mit Mrs. Ledstone und meiner Tochter. Es ist schrecklich!"

„Sind Sie der Vater von Mr. Godfrey Ledstone?"

„Ja, Sir. Mein Junge Godfrey – ich habe einen Brief von ihm bekommen. Hier ist er."

„Danke, aber ich bin bereits im Besitz dessen, was Ihr Sohn getan hat. Ich habe von Frau Maxon gehört. Ich habe ihren Brief hier."

„Sie sind verrückt, Mr. Maxon! Wollen das alles öffentlich machen! Was sollen wir tun? Was soll ich Mrs. Ledstone und meiner Tochter sagen?"

„Da müssen Sie wirklich Ihren eigenen Weg gehen."

„Und mein armer Junge! Er war ein guter Sohn, und seine Mutter ist ihm ergeben, und –"

Cyril Maxons Zorn fand in einer dieser Reden Luft, für die seine Frau einen Kosenamen hatte. „Ich verstehe nicht, wie die Tatsache, dass Ihr Sohn mit meiner Frau durchgebrannt ist, mich dazu verpflichtet oder überhaupt berechtigt, mich in Ihre Familienangelegenheiten einzumischen, Mr. Ledstone."

Akute Not ist für Satire einigermaßen unempfindlich.

„Natürlich nicht, Sir", sagte Mr. Ledstone und wischte sich verlassen das Gesicht ab. „Aber was ist zu tun? Der Junge ist nicht wirklich verletzt. Er ist jung –"

„Wenn Sie andeuten wollen, dass die Hauptschuld meiner Frau zuzuschreiben ist, können Sie und Ihre Familie sich gerne mit dieser Annahme trösten."

Ledstone legte seine Hände auf den Tisch zwischen ihnen und sah Maxon klagend an. Er war verwirrt und verwirrt; er bildete sich ein, dass er sich selbst oder die Situation nicht vollständig verstanden hatte. Er brachte seine stärkste Artillerie zum Einsatz – das Außergewöhnlichste in diesem Fall.

„Der Junge schlägt tatsächlich vor, dass er Ihre – dass er Mrs. mitbringen soll – dass er die Dame mitbringen soll, um Mrs. Ledstone und meine Tochter zu sehen!" Mit schnellen Atemzügen stieß er diese krönende Gräueltat aus und wischte sich erneut das Gesicht ab.

„Sie sind der Herr in Ihrem eigenen Haus, nehme ich an? Sie können entscheiden, wen Sie empfangen, Mr. Ledstone." Er schob seinen Stuhl ein wenig zurück; Die Bewegung war eindeutig ein Hinweis darauf, dass sein Besucher seinen Besuch beenden sollte. Mr. Ledstone verstand den Hinweis nicht.

„Ich nehme an, Sie werden – Sie werden ein Verfahren einleiten, Mr. Maxon?"

„Ich glaube nicht an eine Scheidung."

„Das wirst du nicht?"

„Ich sagte, ich glaube nicht an eine Scheidung." Wachsende, hart unterdrückte Verzweiflung klang in seiner Stimme mit.

Eine sichtbare Erleichterung erhellte Mr. Ledstones Gesicht. „Das wirst du nicht?" er wiederholte. „Na ja, das ist schon was. Das gibt uns auf jeden Fall Zeit."

Maxon lächelte – nicht freundlich. „Ich glaube nicht, dass Sie davon ausgehen müssen, dass Ihr Sohn und die Dame, die sich jetzt Mrs. Ledstone nennt, so zufrieden sein werden, wie Sie zu sein scheinen."

„Oh, aber wenn es kein Verfahren gibt!" murmelte Ledstone. Dann wagte er einen Vorschlag. „Könnte privater Einfluss zum Tragen kommen?"

„Nicht meins", sagte Cyril Maxon grimmig.

„Trotzdem haben Sie nicht vor, ein Verfahren einzuleiten!" Er kaute den Krümel des Trostes fast liebevoll.

Cyril Maxon suchte Zuflucht im Schweigen; Dem Mann nicht zu antworten war wahrscheinlich der beste Weg, ihn loszuwerden – und er hatte seine Einstellung bereits zweimal definiert. Für ein oder zwei Minuten herrschte Stille.

„Ich nehme an, meine Frau und meine Tochter müssen es wissen. Aber was den Rest der Familie betrifft –" Mr. Ledstone besprach seine persönlichen Schwierigkeiten. Maxon saß still und still wie eine Statue. „Vielleicht lässt sich alles wieder in Ordnung bringen. Er wird schon zur Vernunft kommen." Er blickte Maxon an. „Aber ich darf Sie nicht aufhalten, Mr. Maxon." Er stand auf. „Wenn es kein Verfahren gibt –" Maxon schlug scharf auf die Glocke auf seinem Tisch; Gibbons öffnete die Tür. „Vielen Dank. Guten Morgen, Herr Maxon." Maxons Schweigen blieb ungebrochen, als sein Besucher hinausschlurfte.

Maxons Natur, hart und stolz, nicht zärtlich in der Zuneigung, sehr hartnäckig in Bezug auf Würde, fand jetzt keinen Raum für ein anderes

Gefühl als Ekel – einen doppelten Ekel vor der Bosheit und vor der Absurdität – vor der Sache selbst und vor dem verabscheuungswürdigen Vorwand, in dem sie steckte das Paar versuchte es zu verschleiern. Ledstones Einmischung – so empfand er den Besuch von Godfreys Vater – verstärkte seine empörte Abneigung gegen die ganze Angelegenheit. Mit so einem Mann darüber reden zu müssen! Er soll aufgefordert werden, seinen Einfluss geltend zu machen! Er lächelte grimmig, als er versuchte, sich vorzustellen, wie er das tun würde. Es muss angenommen werden, dass er seine Frau anfleht; dem jungen Mann vielleicht einen klugen Rat geben? Er verlangte jetzt nichts weiter, als sich von ihnen beiden und der Familie Ledstone die Hände waschen zu dürfen. Wirklich, vor allem von der Ledstone-Familie! Wie sehr ihm der Gedanke daran auf die Nerven ging! Mr. Attleburys Lehre über die Pflicht, eine Seele zu retten, geriet außer Sicht. Hatte er seinerseits nicht das Recht, sich auf die Lehre von den Grenzen der menschlichen Belastbarkeit zu berufen? Ist es nur für Sünder gemacht – oder nur für Ehefrauen? Maxon war der Ansicht, dass dies mit überwältigender Wirkung auf jeden weiteren Verkehr mit der Familie Ledstone zutraf – und er wies Mr. Gibbons an, im Bedarfsfall entsprechend zu handeln. Mr. Gibbons hatte Winnies Handschrift auf ihrem Brief bemerkt, die er natürlich kannte, und fragte sich, ob es irgendeinen Zusammenhang zwischen ihr und dem gelegentlichen Besuch und der zwingenden Anordnung geben könnte. Er wusste seit etwa zwei oder drei Wochen, dass Mrs. Maxon nicht mehr in der Devonshire Street war; Er hatte ein sehr freundschaftliches Verhältnis zu dem Kutscher, der Cyril Maxons Brougham fuhr.

Herr Ledstone, der glücklicherweise nicht wusste, welchen Aspekt er in Maxons Gedanken annahm, ging vorsichtig und besorgt über viele Dinge nach Hause zum Woburn Square. Obwohl er ein guter Mann war und orthodoxe Ansichten vertrat, kann man nicht sagen, dass er in erster Linie mit der Pflicht, Seelen zu retten, beschäftigt war; Die Rettung eines Skandals war zwar zweifellos nicht so wichtig, aber wesentlich dringlicher. Tatsächlich ging er die Namen aller seiner Verwandten und Freunde durch, die er nichts von der Angelegenheit wissen wollte und die nichts darüber wissen müssten, wenn die Dinge richtig gehandhabt würden und wenn Godfrey vernünftig wäre. Er wollte diese Liste zum Trost für seinen engsten Familienkreis fertig haben. Sie – Mrs. Ledstone und seine Tochter – das muss man ihm sagen. Es wäre sicher, dass man sie irgendwie „erwischt", und Mrs. Ledstone genoss den Ruf, ein schwaches Herz zu haben; Ohne die entsprechenden Vorsichtsmaßnahmen würde es ihr niemals gelingen, so etwas zu erreichen. So wütend er auch auf seinen Sohn war, er wollte nicht, dass der Junge das Risiko einging, das auf seinem Gewissen zu haben! Tatsächlich ist die Art und Weise, wie Dinge an die Menschen gelangen , oft äußerst beunruhigend. Das ist ein Punkt, den Shaylor's Patch hätte berücksichtigen sollen.

Angesichts des schwachen Herzens – Frau Ledstone setzte es nie der skeptischen Prüfung eines Mediziners aus – er erzählte es zuerst Amy, Amy, von der offenbar feststand, dass sie nie heiraten würde, obwohl sie gerade erst fünfundzwanzig geworden war. Er zeigte Amy den Brief von Godfrey, seinem Sohn; mit anklagendem Zeigefinger deutete er auf die krönende Gräueltat.

„Oh, sie hat ihn dazu gebracht, das einzufügen", sagte Amy mit verächtlicher Gleichgültigkeit – und einem absoluten Urteilsvermögen für die Wahrheit.

Mr. Ledstone kochte über. „Was für eine Unverschämtheit!"

Amy schaute auf ihre Füße – in guten, festen Schuhen, vernünftig, aber nicht hässlich; Sie war eine großartige Wandererin und keine schlechte Hockeyspielerin. „Ich frage mich, wie sie ist", sagte Amy. „Ich habe Mr. Maxons Namen ziemlich oft in der *Post gesehen* . Was hältst du von ihm, Papa?" Sie hatte immer den alten Namen für ihren Vater beibehalten.

Mr. Ledstone suchte nach einer Beschreibung seiner Eindrücke. „Er kam mir nicht sehr sympathisch vor. Er schien nicht viel mit uns zu fühlen, Amy."

„Ich schätze, er hasst schon die bloße Vorstellung von uns", bemerkte Amy. Sie wandte sich erneut Godfreys Brief zu; ein schwaches Lächeln erschien auf ihren Lippen. „Er scheint wirklich verliebt zu sein!"

„Die Frage ist: Wie wird Mutter es aufnehmen?"

„Ja, natürlich, Liebling", stimmte Amy ein wenig geistesabwesend zu. Doch allgemein betrachtet ist es eine große Frage; sie hat in der Menschheitsgeschichte eine große Rolle gespielt, im Guten wie im Bösen.

Mrs. Ledstone – eine Frau von fünfundfünfzig Jahren, aber immer noch hübsch und mit einem hübschen Ausdruck ihrer Schönheit (es ist angenehm zu sehen, wie verblasst ihre Anmut ist, wie die Blütenblätter einer Blume, die in einem dicken Buch zusammengedrückt sind) – nahm es kaum hin, aber nicht ganz und gar mit der leeren Trauer und Bestürzung oder mit dem Krampf des Herzens, den ihr Mann um sie befürchtet hatte. Sie sagte tatsächlich: „Die Idee!" als die krönende Gräueltat erwähnt wurde – der Vorschlag, Winnie zu ihr zu bringen; und sie unterstützte herzlich die Liste der Verwandten und Freunde, die nichts darüber zu wissen brauchten. Außerdem erwies sie empörten Anstandsweisen eine gebührende und vollkommen aufrichtige Anerkennung. Aber hinter all dem steckte das gleiche Interesse, das in den Kommentaren ihrer Tochter zum Ausdruck gekommen war – und noch deutlicher in den Gedanken ihrer Tochter vorhanden war. Diese Maxons – diese Mrs. Maxon, denn der Ehemann war eine untergeordnete Figur, wenn auch mit eigenem Interesse – waren plötzlich in das geordnete Leben von Woburn Square eingedrungen, hatten nicht nur dessen Überzeugungen in Frage gestellt, sondern auch seine Neugier geweckt und es plötzlich in Kontakt gebracht mit Dingen und Gedanken, die es nur in den Zeitungen oder (in Amys Fall) hin und wieder im Theater gesehen hatte, wo Dramen „von Ideen" aufgeführt wurden. Natürlich wussten sie, dass solche Dinge passierten; Man kann das über eine Sache wissen und es dennoch sehr seltsam finden, wenn es einem selbst passiert.

„Dieser Junge hatte schon immer etwas an sich", sagte Mrs. Ledstone. Die Unbestimmtheit war extrem, aber in der Bemerkung lauerte Stolz wie eine Zwiebel im Salat.

Und die Nachricht, dass es kein Verfahren geben würde, tröstete sie ebenso wie ihren Mann ungemein. „Seine Karriere wird nicht darunter leiden, Vater." Sie schien sich aufzuraffen, als stünde sie am Rande moralischer Laxheit. „Aber natürlich muss dem sofort ein Ende gesetzt werden." Sie las noch einmal eine Passage in Godfreys Brief. „Oh, was für eine Gans der Junge ist! Er hat den Kopf gedreht, das sieht man. Ich nehme an, sie ist hübsch – oder vielleicht das, was man klug nennt."

„Das Ganze ist bedauerlich, aber das Schlimmste ist die Unverschämtheit der Frau." Die Unverschämtheit war allein die Sache der Frau – eine unfreundliche Ansicht, aber in diesem Fall vielleicht eher unfreundlich als ungerecht. „Wie konnte sie dir ins Gesicht sehen, Mutter?" Mr. Ledstone drückte mitfühlend die Hand seiner Frau.

„Nun, wir müssen ihn so schnell wie möglich von ihr wegbringen."

Ein Pessimist – einer jener leicht entmutigten Sterblichen, die sich darüber ärgern, dass in der kurzen Zeitspanne ihrer eigenen Generation nichts erreicht wurde – könnte die Welt mit einem schweren Ball vergleichen, an dem fünftausend Fäden befestigt sind. Am Ende jedes Fadens zieht jemand heftig, aber alle ziehen in verschiedene Richtungen. Allgemeine Anstrengung, allgemeine Erschöpfung – und der große Ball bleibt genau dort, wo er war! Hier war Winnie, die mit Leib und Seele bei ihrem Kreuzzug war und ihn für groß, fast heilig hielt. Aber die einzige Idee in Woburn Square war, dem so schnell wie möglich ein Ende zu bereiten! – Und es in der Zwischenzeit zu vertuschen, ruhig zu halten, die Möglichkeit zu wahren, nichts mehr darüber sagen zu können, sobald es glücklich vorbei war. Keine Verhandlungen! Welch ein Trost!

„ Natürlich können wir nichts mit ihr zu tun haben. Aber was ist mit ihm – solange es dauert, meine ich?" Herr Ledstone stellte die Frage. „Wir sollten unseren – unseren Schrecken markieren."

„Ja, Vater, aber wir können den armen Jungen nicht im Stich lassen, weil er getäuscht wurde. Was denkst du, Amy? Schließlich bist du jetzt eine erwachsene Frau." (Mrs. Ledstone wehrte sich gegen ein inneres Gefühl der Unhöflichkeit, als sie die Angelegenheit vor ihrer unverheirateten Tochter ansprach.)

„Oh, je öfter wir ihn hierher bringen können, desto besser", war Amys Meinung. „Dann wird er merken, was wir davon halten."

„Amy hat recht", erklärte der Vater mit Nachdruck. „Und du auch, Mutter. Wir dürfen ihn nicht im Stich lassen. Wir müssen unseren Einfluss geltend machen."

„Ich möchte die Geschichte des armen Jungen selbst hören – keinen Brief, den er mit der Frau an seiner Seite geschrieben hat", sagte Mrs. Ledstone.

„Wird er ohne sie kommen?" Fragte Amy.

„Ohne sie – oder überhaupt nicht! Es ist meine Pflicht, dich und deine Mutter zu beschützen, Amy. Und jetzt muss ich wirklich meine Zeitung lesen." In der Aufregung des Morgens, in seiner Eile, Cyril Maxon zu finden, in seiner Angst vor dem Verfahren hatte er den Ritus unterlassen.

„Ich habe die Wäsche noch nicht durchgemacht", sagte Mrs. Ledstone.

„Es ist Zeit für Snips Spaziergang", fügte Amy hinzu.

Das Leben musste trotz Winnie Maxon weitergehen – genauso wie wir lesen, dass einige Menschen während der Französischen Revolution ihren gewohnten Alltag lebten.

Snip war Amy Ledstones Aberdeen-Terrier – und, das muss man gleich sagen, ein äußerst attraktiver und versierter Hund; er „starb" für den König und jammerte, wenn jemand den Schatzkanzler erwähnte. Amy überschüttete ihn mit ihrem Übermaß an Zuneigung – dem, was von ihrer Liebe zu Mutter, Vater und Bruder, ihrer Zuneigung zu Onkeln, Tanten und Cousins und den ein oder anderen verirrten Freundschaften, die aus der Schulzeit überlebt hatten, übrig geblieben war. Manchmal kommen Hunde wegen dieser Glücksfälle herein. Aber heute waren ihre Gedanken – während sie die Euston Road entlang und in den Regent's Park ging – weniger mit Snip beschäftigt, als es normalerweise der Fall war. Hartnäckig klammerten sie sich an Winnie Maxon; über mehr als nur Winnie Maxon – über schlecht regulierte Zuneigungen im Allgemeinen. Sie hatte in Romanen (die sich so weitgehend mit ihnen befassen) darüber gelesen, sie in Theaterstücken gesehen und in Zeitungen ihre Lippen darüber geschürzt. Das alles war nicht dasselbe – genauso wenig wie ein Erdbeben in China dasselbe ist wie ein Einbruch im eigenen Haus. Da waren sie – tatsächlich im Familienkreis! Nicht bloße „Ausschweifung", sondern die feste Entschlossenheit, die Regeln außer Kraft zu setzen. Was für eine Frau war diese Frau Maxon? Was hatte sie dazu getrieben? Sie habe „mehr ertragen, als irgendein Mensch verkraften könnte" – so heißt es in Godfreys Brief. Sie habe nun „ein bisschen Glück für sich beansprucht", was „niemandem Unrecht getan" habe. Sie „nahm nur, was das Gesetz ihr geben sollte – Freiheit von unerträglicher Knechtschaft." Die Sätze des Briefes waren Amy noch lebhaft in Erinnerung. Eine Frau, die sich gegen das Gesetz auflehnte – sollte ihre Klage dagegen nicht verhandelt werden? Hatte sie nicht zumindest ein Recht auf Anhörung? Schließlich hatte sie nach dem Stand der Dinge nichts mit der Herstellung zu tun – jedenfalls nichts Direktes. Das klang für Mrs. Maxon wie ein plausibler Appell. Aber andererseits, weil ihr Unrecht widerfahren war, sie misshandelt worden war oder Pech hatte, musste sie weitermachen und das tun, was aufgrund von Amys Ausbildung und Voreingenommenheit das Einzige war, was absolut unverzeihlich war, die Sache, die kaum zu benennen war – „Ich verstehe nicht, wie sie das könnte, was auch immer sie denkt!" rief Amy aus, als sie den Broad Walk betrat.

Menschen werden, wenn es ihnen erlaubt ist, gehen, um zu sehen, wie andere Menschen gehängt werden, oder um Mörder in ihren Zellen zu sehen, oder um einer Frau zuzusehen, wie sie vor Gericht um ihren Ruhm und um ihr Leben kämpft. Es war etwas in dieser Art von Interesse, das Amys Gedanken an Winnie Maxon lenkte. In diesem Gefühl liegt eine gewisse Bewunderung, ein gewisses Mitleid – und sicherlich eine große Neugier gegenüber solchen Menschen im Durchschnittsgeist, im Gesetzestreuen, im nichtspekulativen Geist, im Geist, der darauf trainiert ist, Konventionen als Ewigkeiten und nationale Bräuche als göttliche Gesetze zu betrachten .

Plötzlich erschien ein Lächeln auf ihren Lippen. Wäre es sehr falsch? Sie und Godfrey seien schon immer „furchtbar gute Freunde" gewesen. So ruhig möchte sie sein. Was für eine furchtbar gute Freundin würde er sie finden, wenn – wenn sie Mrs. Maxon nicht wie Dreck behandeln würde! Wenn sie – Amy zitterte intellektuell, als sich die Spekulationen entwickelten –, ohne zu Hause etwas darüber zu sagen, sie besuchte, Freunde fand, versuchte, ihren Standpunkt zu verstehen, sie „Winnie" nannte! Sie „Winnie" zu nennen schien der wichtigste Punkt zu sein, der Dreh- und Angelpunkt ihrer Einstellung.

Dann kam ein kalter Zweifel. „Wird es ihr gefallen, Winnie genannt zu werden?" „Wird es ihr etwas ausmachen, mich zu sehen?" „Sie ist hübsch, sie ist klug, sie war in der Gesellschaft." Sich in einen Mann zu verlieben bedeutet möglicherweise nicht, sich Gedanken über die Meinung seiner jungfräulichen Schwester zu machen. Wie hübsch war Mrs. Maxon, wie klug?

Das Interesse an Winnie Maxon wuchs von Quelle zu Quelle. Ja, und auch Amy Ledstones Interesse an sich selbst wuchs, vermischt mit einem leichten Unbehagen. Sie schien in ihren Betrachtungen weit gereist zu sein – und sie hatte Snip fast vergessen. Doch es war kaum wahrscheinlich, dass diese

Spekulationen am Ende viel bringen würden. Amy selbst war sich dessen bewusst. Sie würden wahrscheinlich nichts hervorbringen, außer einem Hauch von Sympathie, die für ihr Zuhause verräterisch war, in Bezug auf Winnie, unfruchtbar und unausgesprochen. Sie konnten sie nicht davon abhalten, gegen Winnie zu sein; sie konnten ihr nur bedauern lassen, dass sie es sein musste. Trotzdem war das ein Sieg – hart erkämpft gegen die Vorurteile ihres Geistes und die Regeln ihres Lebens.

KAPITEL X

MAUVE-UMSCHLÄGE

Die erste Voraussetzung, um sich selbst zufrieden zu stellen, ist, genug zum Leben zu haben. Stephen Aikenhead hatte damit völlig recht. Sparsamkeit, die man selbst oder durch einen gütigen Vorreiter an den Tag legt, verleiht Unabhängigkeit; Sie können von der Welt leben und sie dennoch missachten. (Natürlich innerhalb der Grenzen des Strafrechts, aber warum sollte man ein Krimineller sein, wenn man genug zum Leben hat? Ihnen fehlt die eine wirklich gute Ausrede.) Stellen Sie sich vor, wie es wäre, wenn es nicht so wäre – wenn Banken, Eisenbahnen, Docks und Brauereien könnten Ihnen Ihre Dividenden aufgrund von Unregelmäßigkeiten in Ihrem Privatleben verweigern! Was für eine plötzliche und tiefgreifende vierteltägige Reform der Manieren unter den wohlhabenden Klassen beginnt vor unserer fantastischen Vision! Wirklich genug, um die Geistlichen und Geistlichen aller Konfessionen vor Neid erblassen zu lassen!

Diese wirtschaftliche Bedingung war für Godfrey Ledstones Gründung erfüllt – nur erfüllt nach Winnies Vorstellungen und nicht mehr. Sie hatte 150 Pfund pro Jahr; Godfreys Verdienst betrug durchschnittlich etwa zweihundert oder etwas mehr. Sein Vater hatte ihm zu Weihnachten einen Scheck über fünfzig geschenkt – aber auf diesen Zusatz konnte man sich jetzt kaum mehr verlassen. Es ging nicht um Reichtum; Für jemanden, der an die Devonshire Street und das steigende Einkommen des King's Counsel gewöhnt war, war es keineswegs Reichtum. Aber es war genug; Mit Bedacht würde es die kleine Unterkunft unterstützen, die sie in der Nähe der Baron's Court Station in West Kensington bezogen hatten – ein Studio, ein kleines Esszimmer, zwei Schlafzimmer, ein Badezimmer und „die üblichen Büros" (ungewöhnlich beengte „die üblichen Büros"). Kein Raum für Erweiterung! Aber sie hatten derzeit nicht die Absicht, zu expandieren.

Hier setzte sich Winnie nieder, um der Welt zu trotzen oder sie zu bekehren. Sie musste den Prozess mit ihrer Köchin und ihrem Hausmädchen beginnen. Trotz, nicht Bekehrung, war hier sicherlich das richtige Wort, und Godfrey war sichtlich verärgert darüber, dass Winnie die Angelegenheit gegenüber der Köchin und dem Hausmädchen eröffnete. Musste die gute Frau überhaupt darüber informiert werden, da es kein Verfahren geben sollte?

Der Anlass für diesen – ihren ersten – Streit war klein, aber keineswegs unbedeutend. Winnie hielt Godfrey an seinem Versprechen fest, dass er sich ihrer nicht schämen würde.

„Unter unseren Freunden meinte ich natürlich", erklärte Godfrey. „Unter gebildeten, denkenden Menschen, die Ihre Position und unseren Standpunkt zu schätzen wissen. Aber diese Frau wird einfach denken, dass Sie – nun ja, dass Sie das sind, was Sie nicht sind, wissen Sie.“

„Wie kann sie das, wenn ich ihr alles erzählt habe?“

Er zuckte mit den Schultern. „Warten Sie, bis Sie sie wegen irgendetwas zur Rede stellen; Sie werden verstehen, was ich meine“, sagte er.

„Dann werde ich sie entlassen.“ Winnies stolzes kleines Gesicht war sehr gerötet.

Es gab Seiten des Lebens, die Godfrey beobachtet hatte. Sie hatten kurz hintereinander drei Hausmädchen als Köchinnen und waren der Verzweiflung nahe, als Dick Dennehy eine alte Irin in ihnen entdeckte, die überhaupt nicht kochen konnte, aber völlig barmherzig war. Dick hatte ihr zuvor von der Situation erzählt; Es gab keinen Anlass für Winnie, sich darauf zu berufen. Winnie tat es nicht und versuchte, sich nicht erleichtert zu fühlen. Sie erzählte auch nicht mehr den gelegentlichen Putzfrauen, die „tageweise“ hereinkamen. Vielleicht hatte Godfrey recht, als er das für überflüssig hielt. Dennehy kam oft, und sie hatten auch andere Besucher, einige Junggesellenfreunde von Godfrey, andere gehörten zu den Stammgästen von Shaylor's Patch – Mrs. Danford und Mr. Carriston zum Beispiel. Auch Frau Lenoir kam – nicht aus eigenem Antrieb (das tat sie nie), sondern auf Einladung von Winnie. Godfrey schien von dieser Einladung nicht sehr begeistert zu sein.

„Aber du schienst sie bei Shaylor's Patch so sehr zu mögen“, sagte Winnie überrascht.

„Oh ja! Dann frag sie, wenn du möchtest.“ Er erhob keinen Einwand; Aber in seinem Kopf herrschte der Gedanke, dass Winnie nicht ganz wusste, wie vorsichtig sie sein sollte – in ihrer Position.

Das waren die kleinen vorbeiziehenden Wolken, die für einen Moment das Glück des einen oder anderen von ihnen verdunkelten.

Dennoch waren sie sehr glücklich. Godfrey war aufrichtig verliebt; Winnie war es auch, und für sie gab es die zusätzliche Freude – das neue Wunder – frei zu sein. Frei und doch nicht einsam. Sie hatte einen Gefährten und doch keinen Herrn. Sie war die bessere der beiden. Sie war sich dessen nicht bewusst, aber unbewusst und instinktiv übernahm sie bei den meisten ihrer Beschäftigungen und Vergnügungen die Führung. Ihr Geschmack bestimmte ihre Interessen und Freizeitaktivitäten – die Bücher, die sie lasen, die Konzerte und Theaterbesuche, die sie aus ihrem nicht allzu großen Geldspielraum „herausquetschten“. Diese Initiative war für die ehemalige Mrs. Maxon unsäglich erfreulich, eine absolut neue Sache in ihrem Leben und absolut befriedigend. Diese Freiheit, diese Freiheit, sich auszudehnen, zu wachsen, sich zu entwickeln, war das, wonach sich ihre Natur gesehnt hatte. Selbst wenn sie ihre Liebe ganz auf die Seite schob – und wie sollte sie das tun? –, schien dies an sich schon ihre Weigerung zu rechtfertigen, weiterhin Mrs. Maxon zu sein und stattdessen Mrs. Winifred Ledstone zu werden. Tatsächlich hing es mit ihrer Liebe zusammen, denn die Hälfte der Freude an diesen neuen Reisen und Abenteuern des Geistes lag darin, sie mit Godfrey zu teilen .

Noch immer schien es, als wäre mit etwas Mut alles möglich, als würden alle Schwierigkeiten verschwinden, wenn man sich mutig stellt. Hätte es eine größere Schwierigkeit als Cyril Maxon geben können? Er war im Weltraum verschwunden!

Nach etwa sechs Wochen dieses angenehmen Daseins – in denen die Schwierigkeiten zumindest taktvoll verschwanden, abgesehen von Kleinigkeiten, die nur oberflächlich angedeutet wurden – drängte sich Winnie ein Phänomen auf. Godfrey war kein Mann mit viel Korrespondenz; Er erledigte die meisten seiner Geschäfte persönlich und führte andere notwendige Kommunikationen hauptsächlich per Telefon durch (dies war ein Luxus, den sie sich auf Kosten eines anderen, nicht näher bezeichneten Luxus leisten mussten, auf den sie verzichten mussten). Jetzt erhielt er ziemlich oft eine bestimmte Art von Umschlag – vielleicht dreimal pro Woche. Es war ein lila Umschlag, etwas größer als der gewöhnliche. Winnie achtete darauf, diese Umschläge nicht genau zu prüfen – sie untersuchte nicht einmal die Poststempel –, konnte aber nicht umhin, zu bemerken, dass die Umschläge zwar immer gleich waren, die Handschrift der Adresse jedoch unterschiedlich war. Tatsächlich bemerkte sie drei Sorten. Da sie eine recht scharfsinnige Frau war, brauchte sie nicht unbedingt einen Blick auf die Poststempel zu werfen. Godfrey hatte einen Vater, eine Mutter, eine Schwester. Sie schrieben ihm, ziemlich umfangreiche Briefe, die er nicht in Gesellschaft las, sondern in der Tasche verstaute; Sie tauchten nie wieder auf und wurden vermutlich heimlich auf dem Gelände oder außerhalb des Geländes entsorgt. Sie bemerkte ihn auch nie, als er antwortete; aber im Laufe seiner Arbeit verbrachte er viele Stunden außer Haus und gehörte einem bescheidenen kleinen Club in der Nähe von Covent Garden an; zweifellos hatte es Schreibpapier.

Diese lila Umschläge begannen den Frieden oder zumindest das Glück des kleinen Haushalts zu beeinträchtigen. Die Morgen, an denen sie kamen, waren weniger fröhlich als andere Morgen; in der Begrüßung und Verabschiedung zeigte sich ein Zwang. Sie waren Erinnerungen – bedrohliche Erinnerungen – an die große Welt da draußen, die Welt, der man sich widersetzte. Seine Familie war in Godfrey Ledstone – drei seiner Familie und einer von ihnen hatte ein schwaches Herz.

Drei Wochen lang haben die lila Umschläge ihren Dienst getan. Einer war am Samstag gekommen; Am Sonntagmorgen entschuldigte sich Godfrey bei Winnie. Er würde nicht in der Lage sein, sie bei ihrem üblichen Nachmittagsausflug zu begleiten – zu einem Spaziergang, in eine Gemäldegalerie und so weiter.

„Meiner Mutter geht es nicht sehr gut – sie ist nicht stark, wissen Sie. Ich muss zu meinen Leuten gehen."

„ Natürlich musst du das, Godfrey. Aber – ohne mich?"

"Ja." Als er auf dem Weg zum Kaminsims an ihr vorbeikam, drückte er für einen Moment ihre Hand. Dann stand er mit dem Rücken zu ihr und füllte mit ungewöhnlich ungeschickten Fingern seine Pfeife. „Oh, ich habe es versucht! Sie sind schon seit Wochen auf mich los – Sie haben es wahrscheinlich erraten – und ich bin wieder bei ihnen gewesen – Brief für Brief. Es hat keinen Zweck! Und gestern hat Vater geschrieben, dass Mutter wirklich sehr verärgert sei." Er drehte sich um und sprach fast heftig. „Siehst du nicht, dass ich gehen muss, Winnie?"

„ Natürlich musst du", sagte sie noch einmal. „Und ich kann nicht kommen, wenn sie – wenn sie mich nicht reinlassen!" Sie brachte ein Lächeln zustande. „Es ist alles in Ordnung. Ich werde alleine spazieren gehen."

Er versuchte, eine positive Seite der Situation zu finden. „Vielleicht habe ich eine bessere Chance, sie zu überzeugen, wenn ich gehe. Ich bin nicht gut im Schreiben. Und Mutter liebt mich sehr."

„ Natürlich musst du gehen", wiederholte Winnie noch einmal. Was hätte Winnie sonst noch sagen können – da Mrs. Ledstone nicht stark genug und wirklich ernsthaft verärgert war?

„Ich habe seit – oh, es muss drei Monate her sein – keines von ihnen gesehen und bin jeden Sonntag hingegangen, wenn ich in der Stadt war."

„Nun, du gehst heute, Liebes. Das ist alles geklärt!" Sie ging auf ihn zu und küsste ihn zärtlich. „Und wir werden nicht an ihnen verzweifeln, oder? Wann gehst du?"

„Ich – ich ging normalerweise zum Mittagessen. Sie wollen, dass ich das tue. Und nach dem Tee wegkam."

„Nun, machen Sie einfach das, was Sie früher getan haben. Ich hoffe, ich werde es in ein paar Wochen mit Ihnen tun."

„Oh, das hoffe ich, Liebste."

Er hatte nicht den Funken einer solchen Hoffnung. Ihn zu fragen, ob er überhaupt den Wunsch verspürte, wäre eine unangenehme Frage gewesen.

Der Code, in dem er Bob Purnetts Schüler war, erkennt eine recht strikte Einteilung des Lebens in Abschnitte an. Er war mit Sicherheit Winnies Liebhaber; Es bestand kein Zweifel, dass er ihr Konvertit war. Ihr Liebhaber zu sein hieße, das Gesetz zu brechen; Ihr Konvertit zu sein bedeutete, es zu leugnen. Bevor er sie traf, gehörte er zu den Menschen, die immer darüber nachdenken, sich an das Gesetz zu halten – eines Tages; zum richtigen Zeitpunkt des Lebens oder zum richtigen Zeitpunkt vor dem Tod – je nachdem, wie man es genauer ausdrückt. Er war bereit, dem Tribunal zu sagen: „Ich habe Unrecht getan", aber nicht zu sagen: „Sie – oder Ihre Dolmetscher – haben sich geirrt." Ein ganz gewöhnlicher Mann war Godfrey Ledstone.

Nach einem einsamen Mittagessen (eine kalte Wurst vom Frühstück und einer Kanne Tee) begab sich Winnie also auf eine einsame Expedition. Sie fuhr mit dem Zug von Baron's Court nach Hyde Park Corner, mit der Idee, die „Herbstfarben" entlang der Rotten Row und der Serpentine zu genießen. Aber während sie ging, dachten sie nicht so sehr an die Farben des Herbstes, sondern vielmehr an den Woburn Square – an die Familie, die so eng mit ihrem Leben verbunden und doch so unaussprechlich fern war und für die sie mehr als eine Bedrohung war – sie war eine präsente und aktive Person Fluch – der für sie etwas Verrücktes, fast Lächerliches und doch äußerst Furchtbares war – in Wirklichkeit die konkrete Verkörperung all dessen, wogegen sie zu kämpfen hatte, das Ding, durch das die große Welt höchstwahrscheinlich auf sie einschlagen, sie verwunden und töten würde wenn es könnte. Und sowohl die Familie als auch Winnie hielten sich für absolut und nachweislich im Recht! Richtig oder falsch, als sie auf die Serpentine zuging, wusste sie ganz genau, dass sie jetzt – in diesem Moment – auf dem Woburn Square versuchten, ihren Mann von ihr wegzubringen; um ihn dazu zu bringen, sich ihrer zu schämen (er hatte geschworen, es niemals zu tun), um ihn dazu zu bringen, sie umzuwerfen, um sie stranden zu lassen, zum Spott und zum Scheitern ihres Experiments. Mit einem plötzlichen Atemstillstand fügte sie hinzu: „Und das Brechen meines Herzens!"

Gerade als sie sich dem See näherte, sah sie – unter den Spaziergängern, die ihrem beschäftigten Geist bisher wie substanzlose Schatten erschienen waren – eine vertraute Gestalt, Hobart Gaynor! Ihr Herz hüpfte vor plötzlicher Freude; Hier war ein alter, mitfühlender Freund, der Mann, der verstand, warum sie getan hatte, was sie getan hatte. Aber Hobart Gaynor war nicht allein. Sein strahlendes und selbstzufriedenes Auftreten wurde durch die schöne Schönheit des Mädchens gerechtfertigt, das neben ihm ging – seiner Braut, die er vor einem Monat geheiratet hatte, Cicely Marshfield. Winnie hatte ihm Glückwünsche, gute Wünsche und ein Geschenk geschickt; All dies wurde in einem Brief, der drei Tage vor der Hochzeit geschrieben wurde, herzlich gewürdigt. Die Zeremonie fand auf dem Land und im Stillen statt (wegen des Todes einer Tante); Es stellte sich keine Frage, wer zur Teilnahme eingeladen werden sollte und wer nicht.

Ihr Herz war bei Hobart. Er hatte sie geliebt; sie hatte ihn immer sehr gemocht. In ihrer tristen, ereignislosen Kindheit hatte er für Momente der Freude gesorgt; In diesem schrecklichen Eheleben war er ab und zu eine Zuflucht gewesen. Sie kannte Cicely nicht, aber Hobart hätte sich sicherlich ein nettes Mädchen ausgesucht, eines, das eine Freundin wäre, das alles verstehen würde, mit dem man über alles reden könnte? Mit einem glücklichen Lächeln und einer hübschen Röte traf sie Hobart und seine Braut Cicely. Sie sah, wie er mit einem schnellen, hastigen Wort zu ihr sprach. Cicely antwortete: Winnie sah die schnelle Drehung ihres Kopfes und die Bewegung ihrer Lippen. Er sprach noch einmal – gerade als Winnie nickte und ihn anlächelte und er seine Hand an seinen Hut hob. Dann kam die Begegnung. Doch bevor es richtig angefangen hatte, wandte sich Winnies Herz der Führung zu. Hobarts Gesicht war gerötet; Seine Hand streckte sich widerstrebend nach ihrer. Das große, blonde Mädchen stand so groß, so aufrecht, blickte nach unten, verneigte sich, streckte überhaupt keine Hand aus und ignorierte den erbärmlich komischen Appell in den Augen ihres verlegenen Mannes.

Winnies eifrige Worte der Glückwünsche, der Herzlichkeit und der Freundschaft wurden mit einem kühlen „Dankeschön" beantwortet, das aus offensichtlichem Protest, aus Gründen *höherer Gewalt geäußert wurde* . Winnie richtete ihren Blick auf Hobarts, doch seine Augen wurden abgewendet; ein starres Lächeln auf seinen Lippen war eine gespenstische Hommage an die Höflichkeit.

Winnie führte die Sache so kurz wie möglich durch. Sie zögerte nicht, ein Zeichen zu verstehen.

„Nun, ich bin froh, dich getroffen zu haben", sagte sie, „und wenn du dich eingelebt hast, muss ich dich besuchen kommen. Du wirst dich jetzt noch nicht belästigen lassen wollen."

Wieder appellierte Hobarts Blick verzweifelt an seine Frau. Aber seine Frau überließ ihm die Antwort.

„Wir sind immer noch ein bisschen chaotisch", stolperte er. „Aber bald, hoffe ich, Winnie –"

„Ich gebe dir Bescheid. Hab keine Angst! Jetzt muss ich mich beeilen – auf Wiedersehen."

„Auf Wiedersehen“, sagte Cicely mit einer weiteren Neigung ihres Kopfes –
er schien so hoch über Winnies Kopf zu liegen, als würde er aus so großer
Höhe herabblicken.

„Auf Wiedersehen, Winnie.“ Eine Freundlichkeit, die sich seltsam schämte,
bemühte sich, in Hobarts Stimme Ausdruck zu finden.

Als das Paar vorbeigekommen war – nach einer sicheren Pause – drehte sich
Winnie um und betrachtete ihre sich zurückziehenden Gestalten, das
hochmütige, aufrechte Mädchen, den breiten, kräftigen Rücken des guten
alten Hobart, etwas gebeugt von der vielen Büroarbeit. Winnie lächelte;
Manchmal ist es das Einzige, was man tun kann.

„Das ist nicht mein Glückstag.“ Also formulierte sie ihre Gedanken für sich
selbst und verknüpfte die Begegnung im Hyde Park mit dem, was jetzt – in
diesem Moment – am Woburn Square vor sich ging; denn es war noch nicht
Teezeit, und Godfreys Besuch würde, wie es Brauch war, bis nach dem Tee
dauern.

Sie kam nach Hause und wartete in der Dämmerung des Herbstabends auf
ihn. Eine Besorgnis erfasste sie; Sie wusste nicht, welchen Einfluss Woburn
Square auf ihn gehabt haben könnte. Aber er war ungefähr sechs Jahre alt,
fröhlich, liebevoll, unverändert. Zum Thema seines Hausbesuchs äußerte er
sich jedoch eher zurückhaltend.

„Sie waren alle sehr nett – und ich glaube wirklich nicht, dass es der Mutter
schlechter geht als sonst. Über ihre Gebrechlichkeit hinaus.“ Er schien
geneigt zu sein, die Angelegenheit mit dieser kurzen Zusammenfassung
abzutun. „Und was hast du mit dir gemacht?“

„Ich bin mit der U-Bahn in den Park gefahren und habe einen Spaziergang
gemacht.“ Sie hielt inne. „Ich habe Hobart und Cicely Gaynor getroffen.“

„Oh, das glückliche Paar! Wie ging es ihnen gut?“

„Sie – nun ja, sie haben mich gewarnt, Godfrey. Zumindest hat sie es getan
– und er musste natürlich ihrem Beispiel folgen.“

Godfrey hatte sich Whisky und Sodawasser gegönnt; Mit einem Glas in der
Hand ging er durch das Studio und wieder zurück.

„Hobart ist einer der ganz wenigen Menschen auf der Welt, die ich wirklich
mag.“

„Nun, weißt du, Winnie, du wolltest es so. Ich versichere dir, ich finde es
auch nicht ganz bequem.“ Er leerte das Glas in einem langen Zug und stellte
es auf den Tisch.

Sie sprang schnell auf, kam zu ihm und schlang ihre Arme um seinen Hals; sie konnte ihn nur gerade noch erreichen, denn er war groß.

„Und sie haben mich wohl alle am Woburn Square angegriffen – und wegen mir auch gegen Sie?"

„Bei meiner Ehre, du wurdest die ganze Zeit kein einziges Mal erwähnt, Winnie. Sie waren alle drei einfach schrecklich nett und froh, mich zu sehen."

Winnies Gesicht zeigte fast das gleiche Lächeln wie damals, als sie Cicely Gaynors aufrechten Rücken betrachtete, der sich von ihr zurückzog.

„Das war ziemlich klug von ihnen", bemerkte sie. „Mich nie erwähnt zu haben!"

„Sind Sie ganz gerecht?" Er sprach sanft und küsste sie.

„Nein, Liebes", sagte sie und brach in Tränen aus. „Wie kann ich gerecht sein, wenn sie versuchen, dich mir wegzunehmen?"

„Das können weder sie noch sonst jemand."

Und dann – wieder für eine Weile – glaubte sie ihrem Geliebten und vergaß den Rest.

Aber am Montagmorgen kamen zwei lila Umschläge. Winnie war als Erste unten – und dieses Mal blickte sie auf die Poststempel. Beide trugen den Aufdruck „WC", der eindeutig auf Bloomsbury hinweist. Winnie lächelte und bot sich einen Vorwand für ihre detektivischen Ermittlungen an.

„Sehen Sie, ich dachte, einer davon könnte von Cicely Gaynor stammen. Ich bin mir ziemlich sicher, dass sie auch malvenfarbene Umschläge verwendet."

Die Welt des Anstands schien sich in Lila zu hüllen – schließlich keine sehr fröhliche Farbe.

Godfrey kam herein, warf einen Blick auf die beiden lila Umschläge, blickte zu Winnie hinüber und steckte die Umschläge in seine Tasche. Nach einer Weile bemerkte er, dass der Speck sehr gut sei.

***

KAPITEL XI

Ein nicht erwähnter Name

Als der Herbst in den Winter überging, etablierten sich Godfreys Sonntage am Woburn Square wieder fest als wöchentlicher Brauch. Winnie konnte kaum leugnen, dass sie unter den gegebenen Umständen einen fairen Kompromiss darstellten. Woburn Square hatte ein Recht auf seine Überzeugungen, nicht weniger als Shaylor's Patch; es war nicht ihre Aufgabe, dies zu leugnen, so eng sie auch die Überzeugungen hielt; und es wäre weder gerecht noch freundlich von ihr, selbst wenn es möglich wäre, Godfrey von seiner Familie zu trennen. Auf jeden Fall kamen die malvenfarbenen Umschläge seltener an, als die Besuche regelmäßiger wurden; Darin lag ein gewisser Trost, da ein gesundes Buffet vielleicht hundert Prisen vorzuziehen ist. Sie versuchte, sich damit abzufinden, ihre eigenen Vergnügungen für den Sonntag zu finden, und Godfrey widmete ihr stattdessen aus Loyalität, vielleicht aus Reue, den halben Feiertag am Samstag. Dennoch lastete eine Last auf ihrem Geist; Sie fürchtete den ständigen, unerbittlichen Druck des Woburn Square, die familiären Bindungen, die familiäre Atmosphäre und Mrs. Ledstones schwaches Herz. In Wahrheit hatte sie mehr Grund zur Angst, als ihr bewusst war, und mehr Feinde, als ihr bewusst war. Da war die angeborene und tief verwurzelte Sichtweise ihres Geliebten, ganz anders als die Art und Weise, zu der sie ihn gezwungen oder überredet hatte. Hinzu kam, dass es nicht immer nur die Familienmitglieder waren, die er am Woburn Square traf.

Trotz Godfreys Abwesenheit und Hobart Gaynors Abwanderung war Winnie an ihren Sonntagen nicht ohne Freunde und Ablenkungen. Manchmal kam Dick Dennehy, völlig unerschütterlich in seiner Missbilligung, aber auch fest in seiner Zuneigung und offen verächtlich gegenüber Woburn Square. „Da würdest du dich zu Tode langweilen", sagte er ihr. „Und was das Prinzip der Sache betrifft: Wenn Sie gegenüber der katholischen Kirche die Nase rümpfen können, dann denke ich, dass Sie es auch gegenüber der Ledstone-Familie rümpfen könnten."

Vielleicht ein vernünftiger Vorschlag, aber für Winnie nicht überzeugend. Die katholische Kirche nahm ihr nicht jeden Sonntag ihren Geliebten weg oder erfüllte sie mit Ängsten um ihn.

Manchmal kam Frau Lenoir oder lud Winnie zum Tee ein. Mit der Würde ihres Auftretens vermischte sich jetzt ein verhaltenes Mitleid. Für sie war Winnie eine sehr unwissende kleine Frau, die eine Aufgabe nur für viel stärkere Hände zu bewältigen versuchte und einen viel größeren Mut brauchte – nein, eine Kühnheit, die Winnie nicht zur Schau stellte. Wenn ihre erste Leidenschaft nachgelassen hatte, würde zu ihr zurückkehren, was sie hatte und was sie verloren hatte. Es war nur allzu wahrscheinlich, dass sie feststellen musste, dass sie nichts hatte; und sie hatte sicherlich viel verloren – denn Mrs. Lenoir neigte dazu, Cyril Maxons „Niederschlag" geringzuschätzen. Sie war sich völlig darüber im Klaren, dass sie nicht zerschmettert worden wäre, und schätzte Winnies Widerstandskraft weniger ein. Aber da sie eine vernünftige Frau war, sagte sie nichts zu all dem – es war entweder zu spät oder zu früh. Ihre Meinung zeigte sich nur in dem Anflug von Mitgefühl in ihrem Verhalten – dem Mitleid des abgedroschenen Reisenden für den Jugendlichen, der seine Reise so unbekümmert antritt.

Winnie fand Trost und Vergnügen darin, ihre Angelegenheiten mit diesen beiden Freunden zu besprechen. Ein anderer Besucher verschaffte ihr eine heilsame Erleichterung von dem Thema. Godfrey hatte Bob Purnett eines Tages ins Studio gebracht. Sein erster Besuch war keineswegs sein letzter. Seine Arbeitssaison hatte begonnen; er jagte fünf Tage die Woche; aber es war seine Gewohnheit, am Samstagabend in die Stadt zurückzukehren und den Sonntag dort zu verbringen. So stellte sich ganz natürlich und ohne böse Absicht heraus, dass seine Anrufe im Allgemeinen an Sonntagnachmittagen stattfanden, wenn Godfrey abwesend war; manchmal blieb er und teilte ihr einfaches Abendessen, oft ging er mit den beiden in ein Restaurant essen und kam vielleicht noch einmal mit ihnen zurück – um zu reden und zu rauchen und so nüchtern, ordentlich und rechtzeitig nach Hause zu gehen – bereit für die Arbeit von morgen.

Winnie und er waren füreinander verträglich. Sie vergaß ihre Theorien; er hatte mehr Gesellschaft als sonst. Sie wurden gute Kameraden und großartige Freunde. Godfrey war begeistert; seine Abwesenheiten am Sonntag schienen in gewisser Weise geduldet zu sein; Das Bild einer einsamen Winnie verfolgte ihn nicht. Er hörte auf, sich selbst Vorwürfe zu machen, weil er den Aufenthalt am Woburn Square genoss und ihn deshalb umso mehr und freier genoss. Zu froh zu sein, dass Ihr Geliebter in Ihrer Abwesenheit glücklich sein kann, ist ein gutes und großzügiges Gefühl – ob es sich dabei um den Höhepunkt der Leidenschaft handelt, ist eine andere Frage.

Bob war eher an Verschwendung als an sparsame Raffinesse gewöhnt und staunte über die Anmut von Winnies bescheidenem Etablissement. Er bewunderte – und bedauerte seinerseits. Die Umstände seines Freundes waren für ihn kein Geheimnis.

„Ich frage mich, wie du das machst!" er würde ausrufen. „Muss man furchtbar hart arbeiten?"

„Na ja, manchmal scheint es schwer zu sein, weil ich es früher nicht tun musste. Tatsächlich wurde ich früher beschimpft, wenn ich es tat." Sie lachte. „Ich gebe nicht vor, dass es mir gefällt, arm zu sein."

„Aber Sie haben es schnell genug angenommen, Mrs. Ledstone. Sie wussten es, meine ich?"

„Oh ja, ich wusste es, und ich habe es angenommen, wie du es nennst. Also beschwere ich mich nicht."

„Ich sag dir was – eines Tages musst du und Godfrey mit mir auf einen Ausflug kommen. Geht nach Monte Carlo oder irgendwohin und habt eine schöne Zeit!"

„Ich glaube nicht, dass mir Monte Carlo ein bisschen gefallen sollte."

„Gefällt mir nicht? Oh, ich sage, ich wette, du würdest es tun."

„Ich nehme an, es ist ein Vorurteil, sogar Monte Carlo zu verurteilen, ohne es gesehen zu haben. Vielleicht schaffen wir es eines Tages dorthin. Ich denke, Godfrey würde es mögen."

„Oh, ich habe ihn ja einmal mitgenommen, mit – mit ein paar anderen Freunden."

„Und ihr Männer habt alle wie irgendetwas gespielt, nehme ich an?"

„Ja, wir haben ein bisschen gemacht." Bob war innerlich amüsiert über ihre Vermutung über die Art der Party – amüsiert, aber dennoch verhaftet von einem plötzlichen Interesse, Respekt und einem Anflug von Mrs. Lenoirs Mitleid. Wenn er nur sich selbst gestanden hätte, hätte er gestanden.

„Sie wollen für Ordnung sorgen, Mr. Purnett", sagte sie lächelnd. „Sie sollten heiraten und verpflichtet sein, Ihr Geld für Ihre Frau auszugeben."

Sie verwirrte Bob. Denn hier war sie, nicht selbst verheiratet! Er konnte seiner starren und logischen Trennung nicht entkommen – und die vieler anderer Leute, wie Dennehy und dergleichen.

„Ich heirate nicht. Der Himmel helfe der Frau, die mich geheiratet hat!" sagte er in skurriler Aufrichtigkeit.

Sie sah die Aufrichtigkeit und antwortete mit einem plumpen „Warum?"

Bob war nicht gut darin, sich selbst oder andere zu analysieren (obwohl er bei Winnie nur rudimentäre Anstrengungen unternahm). „So wie ein Kerl gebaut ist, nehme ich an."

„Was für eine sehr schlüssige Argumentation!" Sie lachte. „Wie ist Godfrey gebaut, Mr. Purnett?"

„Godfrey geht es gut. Er würde sesshaft werden, wenn er jemals heiraten würde."

Die Theorien strömten durch die offene Tür herein. Feige Theorien, hätten sie eine solche Eröffnung abgelehnt!

„Nun, nicht wahr?" fragte Winnie mit gefährlich steigender Farbe.

Bob Purnett war ein Bild der Scham und Verwirrung.

„Ich könnte mir die Zunge herausbeißen, Mrs. Ledstone – seien Sie ruhig, Sie denken nicht, dass ich – ähm – das bin, was Sie einen störenden Kerl nennen würden? Es ist mir egal, wie meine Freunde sich dafür entscheiden, die Dinge untereinander zu regeln Tatsache ist, dass ich einfach nicht nachgedacht habe. Er – nun ja, er fühlt sich doch verheiratet – weißt du nicht? Ende, nicht wahr? Ja, das stimmt natürlich."

Der arme Mann war furchtbar nervös. Doch hinter all seiner Bestürzung über seinen Fehler, hinter seiner überwältigenden Reue verbarg sich die hartnäckige Frage: Konnte sie wirklich glauben, dass es keinen Unterschied machte? Kein Unterschied zu einem Mann wie Godfrey Ledstone, den er so gut kannte? Er war von Reue überwältigt, weil er sie verletzt hatte, und doch schwebte die Frage tief in seinem Kopf. Menschen, die weder regelmäßig noch unregelmäßig sind, Menschen, die die Grenzen verschieben (wirklich so gut geregelt!) – wie rätselhaft sie waren! Welche Fallen legten sie dem rücksichtslosen Gesprächspartner, dem traditionellen Moralisten – oder Immoralisten!

„Oh, ich erwarte nicht, dass du es verstehst!" rief Winnie gereizt aus. „Ich frage mich, dass du hierher kommst!"

„Ich wundere mich, dass ich hierher komme! Mein Gott!" Er dachte über einige andere Orte nach, an denen er gewesen war – und die er vielleicht noch einmal besuchen wollte.

„Du bist ein hoffnungsloser Mensch, aber du bist sehr nett und nett." Die Farbe verblasste allmählich und Winnie lächelte wieder, ziemlich zitternd. „Darüber reden wir nicht mehr. Sag mir, wie sich die Fuchsstute entwickelt?"

Doch als sie von der Stute hörte, schien sie nicht mehr als leidlich interessiert zu sein, und ausnahmsweise war Bob sprachlos bei dem einzigen Thema, über das er sonst eloquent zu sein pflegte. Er konnte sich seinen abscheulichen, unerklärlichen Ausrutscher nicht verzeihen; denn er hatte sich geschworen, immer daran zu denken, dass Mrs. Ledstone sich für so gut wie verheiratet hielt. Aber so stellen unsere Denkgewohnheiten von Zeit zu Zeit unsere gerechten Vorsätze zunichte; Ein Mann kann sich nicht immer daran erinnern, das zu sagen, was er nicht denkt, so wichtig die Leistung in der Gesellschaft auch ist.

Winnie erlangte ihre eigene Gelassenheit zurück, konnte seine jedoch nicht wiederherstellen. Sie sah es und leistete aus Mitleid keinen Widerstand, als er aufstand, um zu gehen. Aber sie war gnädig, begleitete ihn zur Tür und öffnete sie ihm selbst. Er hatte gerade die Hände geschüttelt und seinen Hut aufgesetzt, als er überrascht ausrief: „Hallo, wer ist das?"

Das Atelier lag etwas zurück von der Straße; ein kleiner, mit Steinplatten versehener Vorplatz ermöglichte den Zugang; Der Eingang war schmal und auf beiden Seiten ragte ein Haus hervor. Für einen Fremden war der Ort nicht sofort leicht zu erkennen. Direkt gegenüber stand nun eine Frau und sah sich zweifelnd um. Als sich die Tür öffnete und das Licht des Gasstrahls aus dem Flur strömte, kam sie schnell durch das Tor des Vorhofs und hinauf zum Haus.

Bob Purnett stieß nur den Hauch eines Pfiffs aus, aber Winnie hörte es und sah ihn schnell an. Es blieb keine Zeit zum Reden, bevor der Besucher auftauchte.

„Ist das Mrs. Godfrey Ledstones?" Sie begann. Dann brach sie mit einem Anflug von Überraschung ab und rief: „Oh, Sie, Mr. Purnett!" Es war keine Überraschung, dass er überhaupt da war, sondern nur, dass sie zufällig vorbeikam, als er dort war.

„Ja, ähm – wie geht es dir?" sagte Bob. „Ich – ich gehe einfach."

„Wenn Sie diese Dame kennen, können Sie mich vorstellen", schlug Winnie lächelnd vor. „Obwohl ich fürchte, dass ich Sie eher informell empfange", fügte sie dem Besucher hinzu. „Ich bin Frau Ledstone."

„Ja", sagte der Besucher. Sie wandte sich schnell an Bob. „Mr. Purnett, bitte sagen Sie nichts davon – Godfrey."

„Es ist seine Schwester." Bob gestaltete die Einführung so kurz wie möglich und auch so umständlich.

„Sie wissen nicht, dass ich gekommen bin." Amy Ledstone sprach ruckartig.

„Oh, das ist in Ordnung, Miss Ledstone. Natürlich bin ich in Sicherheit." Er sah Winnie verzweifelt an. „Ich – ich sollte besser gehen."

„Ja, das denke ich. Auf Wiedersehen. Kommen Sie doch herein, Miss Ledstone." Sie lachte sanft. „Sie haben uns beide überrascht, aber ich freue mich sehr, Sie zu sehen, auch wenn sie nicht wissen, dass Sie gekommen sind. Auf Wiedersehen, Mr. Purnett."

Sie trat beiseite, während Amy Ledstone das Haus betrat, schloss dann langsam die Tür und lächelte Bob Purnett an. Nachdem die Tür geschlossen war, blieb er einige Sekunden stehen, wo er war, und entfernte sich dann mit einem bedeutungsvollen Kopfschütteln. Er war fast außer sich vor Erstaunen. Godfreys Schwester! Komme heimlich! Wozu? Noch mehr Grenzverwirrung! Er glaubte, dass er Woburn Square tatsächlich besser gekannt hatte. Die Erinnerung an seinen schrecklichen Ausrutscher, der fünf Minuten zuvor so gnadenlos akut gewesen war, wurde von einer Flut des Erstaunens überschwemmt. Den ganzen Abend über schüttelte er ab und zu den Kopf, bis sein Begleiter beim Abendessen mit gespielter Besorgnis erkundigte, wo er sich den St.-Veits-Tanz angeschaut hatte, und ob er ihn fesselte?

Amy Ledstone war in großer Aufregung. Sie atmete schnell, als sie sich auf den Stuhl setzte, den Winnie nach vorne rollte. Winnie selbst stand ihrem Besucher gegenüber, ganz still, und lächelte schwach.

„Ich bin heute hierher gekommen, weil ich wusste, dass Godfrey nicht hier sein würde. Bitte sag ihm nicht, dass ich gekommen bin. Er wird noch nicht zurück sein, oder?"

„In der Regel erst eine Stunde später."

„Ich habe ihn am Woburn Square zurückgelassen, wissen Sie."

Winnie nickte.

„Und machte mich auf den Weg hierher."

„Nach dem, was Sie sagen, gehe ich nicht davon aus, dass Sie nur gekommen sind, um mich zu besuchen, Miss Ledstone?"

"NEIN." Sie hielt inne und brachte dann mit einer Art Anstrengung heraus: „Aber ich wollte dich schon immer kennenlernen. Nun ja, ich hatte von dir gehört und – aber das ist es nicht."

„Bitte seien Sie nicht aufgeregt oder – verzweifelt. Und es besteht keine Eile."

„Ich frage mich, ob Sie etwas darüber wissen, was Papa – mein Vater – und meine Mutter tun – und was zu Hause – am Woburn Square – vor sich geht?"

„Ich schätze, ich kann es erraten." Sie lächelte. „Zuerst die Briefe, dann die Besuche! Hast du keinen der Briefe geschrieben?"

"Ja ein paar." Sie bewegte sich unruhig. „Warum sollte ich nicht?"

„Ich habe Ihnen keine Vorwürfe gemacht. Zweifellos ist es natürlich, dass Sie das tun sollten. Aber warum kommen Sie dann hierher, Miss Ledstone?"

"Wie schön du bist!" Ihr Blick war fest auf Winnies Gesicht gerichtet. „Oh, es ist nicht fair, nicht fair! Es ist nicht fair gegenüber – irgendjemandem gegenüber, denke ich. Weißt du, dass dein Name zu Hause nie erwähnt wird – niemals – nicht einmal, wenn wir alleine sind?"

„Dieser Teil davon wird wohl in den Briefen erledigt? Wie heiße ich? Die Verstrickung oder der beklagenswerte Zustand – oder was? Ich weiß es nicht, wissen Sie. Wenn Sie nicht über mich sprechen, Wir reden hier auch nicht viel über dich.

„Na ja, es ist – schlimm. Aber das habe ich nicht gemeint – zumindest nicht alles, was ich gemeint habe." Sie beugte sich plötzlich in ihrem Stuhl nach vorne. „Spricht Godfrey außer uns jemals über die Menschen, die er trifft?"

„Nein, niemals. Ich sollte nichts über sie wissen, oder?"

„Hat er jemals Mabel Thurseley erwähnt?"

„Mabel Thurseley? Nein. Wer ist sie?"

„Sie wohnen in unserer Nähe – am Torrington Square. Ihre Mutter ist eine Witwe, eine alte Freundin von uns."

„Nein, Godfrey hat nie etwas über Miss Thurseley gesagt."

„Sie ist ziemlich hübsch – nicht sehr, glaube ich. Es geht ihnen gut. Ich meine, so wie wir es finden. Nicht das, was man als reich bezeichnen würde, nehme ich an." Sie erinnerte sich an Frau Maxon.

„Meine Vorstellung von Reichtum ist heutzutage nicht extravagant. Aber sagen Sie mir bitte, warum Sie mit mir über Miss Thurseley sprechen. Sind Sie hergekommen, um das zu tun?"

„Ja, das habe ich. Du wirst ihr gegenüber auch nie erwähnt. Das ist es."

Winnie kam während des Gesprächs nie weiter. Ihre schlanke Figur, gekleidet in eng anliegendes Schwarz, zeichnete sich vor der grauen Wand des Ateliers ab.

„Oh, das ist es! Ich verstehe."

„ Also musste ich kommen. Denn wie ist es richtig? Wie ist es anständig, Frau Maxon?"

Winnie ließ den Namen fallen, bemerkte ihn jedoch kaum. „Würden Ihre Ideen nicht als eher exzentrisch gelten?" fragte sie mit einem Lächeln.

„Oh, ich habe das Gefühl – ich habe keine Ideen", murmelte Amy Ledstone.

„Bei Ihnen zu Hause gilt ich als das Ding, das existiert, über das aber nicht gesprochen wird – das ist erledigt und überstanden."

Wieder war Amys starrer Blick auf ihre Begleiterin gerichtet. „Ja", sagte sie und stimmte Winnies Selbstbeschreibung mehr als zur Hälfte zu, hatte jedoch Zweifel, ob „Ding" wirklich das richtige Wort war , ob, wenn „Ding" nicht das richtige Wort wäre, die Hauslehre völlig richtig sein könnte.

„Was ist dann mit ihr?" Sie machte weiter.

"Wie wäre es mit--?"

„Warum, Mabel – Mabel Thurseley."

„Oh ja! Nun, ich nehme an, sie – sie weiß, was jeder weiß – sie weiß, was oft passiert."

„Oh, aber während es hier wirklich los ist! Sie hätten auf jeden Fall ein wenig warten können."

„Du meinst, dass – es passiert?"

Amys Gestalt richtete sich in ihrem Stuhl wieder auf.

„Versuchen Sie, ihn dazu zu bringen, Ihnen Mabels Namen auszusprechen!"

Winnie war von dem Vorschlag beeindruckt. Ihr Interesse an ihrem Besucher wurde plötzlich weniger abgeleitet, sondern persönlicher. Sie betrachtete Amys einigermaßen wohlgeformte Gesichtszüge und ihren robusten Körperbau. Es gab wirklich nichts an ihr, was auf exzentrische Ideen hindeutete.

„Oh, setzen Sie sich bitte! Stehen Sie nicht da, als wären Sie in Stein verwandelt!" Amys Appell klang fast wie ein Wehklagen. Die schlanke Gestalt war so regungslos; es schien in seinem Leben gefangen zu sein.

„Ich mag dich. Das ist sehr nett von dir. Ich – ich versuche zu denken … Ich kann mich nicht auf dein Wort verlassen, weißt du. Ich liebe ihn – ich vertraue ihm."

Amy zappelte erneut unbehaglich herum. „Vater und Mutter sind immer bei ihm. Sie denken, dass es eine Erlösung für ihn sein wird, verstehen Sie?"

„Ja, das glaube ich – Erlösung!" Plötzlich bewegte sie sich und trat zwei Schritte näher an Amy heran, sodass diese fast über ihr stand. "Und du denkst--?"

Amy sah mit Tränen in den Augen zu ihr auf. „Oh, ich weiß nicht! Was soll ich denken? Warum hast du es getan? Warum hast du so oder so alles unmöglich gemacht? Irgendjemand muss jetzt unglücklich sein!"

„Jemandem ging es vorher schlecht – mir ging es. Und ich war eine Zeit lang glücklich.

Die Uhr schlug sechs. Amy sprang alarmiert auf.

„Vielleicht kommt er etwas früher zurück als sonst – wir beenden den Tee gegen halb fünf. Bei der U-Bahn –" Sie knöpfte nervös ihre Jacke zu. „Wenn er mich erwischt hat!" sie murmelte.

„Hast du dich hier erwischt?"

„Oh, wie kann ich gegen sie vorgehen? Ich bin nicht verheiratet – ich muss dort leben.“

Winnie streckte ihre dünnen Arme aus. „Würdest du bei mir sein, wenn du könntest? Würdest du, Amy? Ich hatte so eine schlimme Zeit! Und er gehörte zuerst mir, weißt du?“

Amy zog sich ein wenig zurück. "Nicht!" sie schnappte nach Luft. „Ich muss wirklich gehen, Frau – oh, ich muss wirklich gehen!“

„Ja, du musst gehen. Er könnte jetzt bald zurückkommen. Werden wir uns jemals wiedersehen, frage ich mich?“

„Oh, warum hast du das getan?“

„Es ist nicht das, was ich getan habe. Es ist das, was du darüber denkst.“

„Weil du mir wunderbar vorkommst. Du bist – du bist so viel über ihm, weißt du.“

„Das hilft nicht, auch wenn es wahr ist. Ich würde es hassen, es zu glauben.“

„Auf Wiedersehen. Du willst niemanden wissen lassen, dass ich gekommen bin? Oh, nicht Godfrey?“

„Sie können mir vertrauen – und Mr. Purnett auch, denke ich.“

„Oh ja, ich kann ihm vertrauen. Auf Wiedersehen!“

Ohne ihre Hand anzubieten, geschweige denn mit der Andeutung eines emotionaleren Abschieds, schlenderte Amy Ledstone zur Tür. Diesmal begleitete Winnie ihren Gast nicht und folgte ihm auch nicht. Sie blieb stehen und sah ihrem Weggang zu. Sie wusste wirklich nicht, was sie ihr sagen sollte; Amys Haltung war so ausgeglichen – oder besser gesagt nicht ausgeglichen, sondern verwirrt. Doch kurz bevor der Gast verschwand, rief sie: „Ich bin dankbar, wissen Sie. Denn so wie Sie über mich denken –“

Amy drehte für einen Moment den Kopf. „Ja, aber ich weiß nicht, dass du das Schlimmste daraus machen wirst“, sagte sie.

Dann wurde Winnie allein gelassen, um auf Godfrey zu warten – und um zu sehen, ob er Mabel Thurseleys Namen erwähnen würde, dieses völlig neue und furchtbar bedeutsame Phänomen.

KAPITEL XII

WEIHNACHTEN AM WOBURN SQUARE

Wenn die Ferienzeit näher rückt, fragen wohlhabende Menschen: „Wohin sollen wir gehen?"; Enge Leute: „Können wir irgendwohin gehen?" Das bevorstehende Weihnachtsfest ließ Winnie diesen Unterschied erkennen (keine Frage mehr, wie in früheren Zeiten, von Palästina und Damaskus); Aber die Sache wurde durch eine herzliche Einladung, Freitag bis Dienstag (Samstag war Weihnachtstag) in Shaylor's Patch zu verbringen, gewendet. Ihre Augen leuchteten; Ihr alter Zufluchtsort wirkte wieder friedlich und tröstlich. Sie legte Godfrey freudig den Vorschlag vor. Er war weniger erfreut; er sah ziemlich verärgert aus, sogar ein wenig verlegen.

„Das sind sie echt", wandte er ein. „Tag und Nacht über alles streiten! Das langweilt einen Kerl."

„Als man im Sommer dort war, hat man sich nicht gelangweilt."

„Na ja, das war anders. Und ich fürchte, Mutter wird enttäuscht sein."

„Über den Sonntag, meinst du? Könntest du nicht für den Tag rauflaufen?"

Er legte seine Hand auf ihre Schulter. „Ich sage, ich überlasse es dir, Winnie. Ich überlasse es absolut dir – aber Mutter hat es sich in den Kopf gesetzt, dass ich Weihnachten mit ihnen verbringe. Ich habe in meinem ganzen Leben noch nie ein Weihnachtsfest verpasst, und – nun ja, ihr geht es nicht sehr gut , und hat eine Vorliebe dafür, verstehen Sie?

„Tu es natürlich, Godfrey. Und komm am Sonntag zu mir." Winnie war nun entschlossen, dass Woburn Square keine Beschwerden haben sollte, außer dem großen, unvermeidlichen, unüberwindlichen.

„Du bist ein guter Kerl, Winnie." Er küsste sie auf die Wange.

„Aber ich weiß nicht, wie du dich hier bewegen wirst!"

„Oh, ich werde ein paar Abende am Woburn Square verbringen und am Freitag vielleicht ein Theaterstück aufführen."

So wurde es geklärt, mit einiger Verlegenheit auf Godfreys Seite und einem schwachen Lächeln auf Winnies Seite. Er würde zwei Nächte und einen ganzen Tag am Woburn Square verbringen; und er hatte Mabel Thurseleys Namen nie erwähnt, nicht einmal, obwohl Winnie ihm Öffnungen gemacht und sich mit etwas heiklem „Pumpen" versucht hatte. Und mit wem kam er am Freitagabend auf die Idee, „Theater zu machen"?

Godfrey Ledstone – mit dem alles reibungslos und reibungslos verlaufen sollte – wurde mit einem doppelten Geheimnis belastet. Er brachte es nicht über sich, Winnie von Mabel Thurseley zu erzählen. In den ersten Tagen seines erneuten Geschlechtsverkehrs mit Mabel hatte er seiner Mutter halbherzig vorgeschlagen, das Mädchen über seine Situation zu informieren; Man hatte ihn unter Tränen gebeten, die Schande seiner Familie nicht öffentlich zur Schau zu stellen. Er hatte inzwischen jegliche Lust verloren, Werbung dafür zu machen. Er konnte sich jetzt nicht vorstellen, mit Mabel darüber zu sprechen und ihr direkt zu sagen, dass er mit einer Frau zusammenlebte und leben wollte, die nicht seine Schwiegerfrau war; Ehefrauen anderer Art lagen völlig außerhalb von Mabels Zuständigkeitsbereich. Dass er ein ziemlicher Lebemann gewesen war – das würde sie verstehen, und vielleicht mochte sie es in ihrem Herzen nicht ablehnen; aber sie würde es nicht verstehen und würde Winnie Maxon überhaupt nicht mögen. Jedenfalls war es inzwischen zu spät; Er hatte zu lange den Junggesellen gespielt – und, wie eine schmeichelhafte, wenn auch reuige innere Stimme flüsterte, zu erfolgreich – an jenen Sonntagen am Woburn Square, wohin Mabel oft kam und von wo aus man leicht zum Torrington Square schlüpfen konnte. Mr. und Mrs. Ledstone gönnten ihm nie eine Urlaubsstunde, wenn er sie damit verbrachte, Mrs. Thurseley, ihre geschätzte Freundin und Nachbarin, zu besuchen.

Es war nicht so, dass er eine leidenschaftliche Liebe zu Mabel gespürt hätte. Ein liebenswürdiges, beständiges, eher farbloses Mädchen und (wie Amy Ledstone sagte) nicht sehr hübsch, das würde sie wohl kaum hervorbringen. Er hatte für sie nicht die Gefühlsflut, die ihn in Shaylor's Patch umgehauen hatte und die ihn aufgrund von Winnies Bitte alles wagen ließ – und wahrscheinlich auch nie hätte haben können. Und er mochte Winnie selbst immer noch sehr. Aber die Anziehungskraft der Welt – seiner alten Welt – lastete stark auf ihm; Mabel verkörperte es. Bob Purnett hatte mit ihm recht gehabt; In seinem Lebensplan kam nach den Fröhlichkeiten der Jugend das „Beruhigen". Und wenn es darum ging, die Dinge so zu sehen, wie sie waren, als sich die verschwommenen Nebel der Leidenschaft lichteten, konnte er nicht spüren, dass sich das Leben mit Winnie überhaupt beruhigte. War das Leben mit Winnie ein geregeltes, ruhiges, gelassenes Leben, bereit, jemandem ins Gesicht zu schauen? Nein, es bedeutete immer noch, unregelmäßig zu sein, Geheimnisse zu haben und den Leuten nicht sagen zu können, mit wem man seine Zeit verbrachte. Es war weder das eine noch das andere; Es war das Band des Dienens ohne Guerdon, es war Trotz ohne die Freuden der Gesetzlosigkeit.

Verborgen, beharrlich, um ehrlich zu sein, liebevoll, arbeiteten seine Eltern an ihm. Das alte Paar zeigte Diplomatie; Sie griffen weder Winnie noch seine gegenwärtige Lebensweise direkt an; Sie versuchten nur, ihn erkennen zu lassen, welch viel angenehmeres Leben ihm offen stand und welche Freude er denjenigen bereiten würde, die ihn am meisten liebten, wenn er sie nur annehmen würde. Graue Haare vor Kummer mit ins Grab zu bringen – das ist für einen Sohn keine angenehme Sache! Ohne Skrupel nutzten sie Mabel Thurseley für ihr Spiel; ohne Skrupel riskierten sie das Glück des Mädchens; Ihre Pflicht galt ihrer Ansicht nach ihrem Sohn, und sie dachten nur an ihn. Mabel hatte keine Schar von Verehrern und keine koketten Künste. Der gutaussehende junge Mann machte schnell Eindruck und erkannte bald, dass er es geschafft hatte. Alles sah einfach aus und dieses Mal war es wirklich unkompliziert. Es war ein gewaltiger Angriff, dem er sich aussetzte, als er erneut begann, den Woburn Square zu besuchen.

Amy Ledstone sah gereizt, verärgert und verächtlich zu und bezeichnete sich selbst als Verräterin, weil sie Winnie von Mabel erzählt hatte, und als Feigling, weil sie es nicht wagte, Mabel von Winnie zu erzählen. Aber sie wagte es nicht. Eine lebenslange Angewohnheit des Gehorsams, eine lebenslange Gewohnheit, die Weisheit der Eltern zu akzeptieren, auch wenn sie darunter litt, die Tyrannei dieses schwachen Herzens, waren zu viel für sie. Ihr fehlte der Mut, sich zu lösen und den Familienplan zu durchkreuzen. Und für Winnie aktiv zu arbeiten war sicherlich eine furchtbare Verantwortung, so sehr sie sie auch bemitleiden mochte? Für Winnie zu arbeiten bedeutete letztlich, sich auf die Seite der Unmoral zu stellen. Lass Winnie für sich selbst arbeiten! Sie war jetzt gewarnt – das war genug und mehr als genug. Doch Amys Mitgefühl machte sie ihrem Bruder gegenüber kalt und gereizt. Er interpretierte den Grund für ihre Haltung falsch und führte sie auf eine heftige Missbilligung von Winnie und eine Vorliebe für Mabel Thurseley zurück. Die alten Leute streichelten ihn, Amy hielt ihn auf Distanz, aber für Godfrey schienen ihr Ziel und ihre Absicht dasselbe zu sein.

„Winnie merkt nicht, was ich für sie durchmache", dachte er oft bei sich, wenn seine Schwester wütend war, wenn seine Mutter sich mit Tränen in den Augen von ihm verabschiedete, wenn sein Vater in ausdrucksvollem Schweigen die Hand rang , als er sich gegenüber Mabel Thurseley mannhaft weniger angenehm machte, als er zu sein vermochte.

Und doch – und das war bedeutsam – trotz allem hatte er, nachdem er Winnie zu Shaylor's Patch begleitet hatte, seine Tasche gepackt und sich auf den Weg nach Hause gemacht hatte, mit einem Urlaubsgefühl an Woburn Square gedacht, als sei er sein Zuhause. Er wurde mit großer Freude begrüßt.

„Ich freue mich, dich zwei ganze Tage bei uns zu haben!" sagte seine Mutter.

"Wie alte Zeiten!" rief sein Vater strahlend lächelnd auf dem Kaminvorleger.

Für das Theater war gesorgt. Der Gesundheitszustand von Frau Ledstone verbot es ihr, der Partei beizutreten, aber Herr Ledstone war zu einem Ausflug bereit. Amy würde gehen; und Mabel Thurseley war eingeladen worden, das Quartett zu vervollständigen. Amy kümmerte sich um ihren

Vater, und Godfrey fiel die Aufgabe zu, Miss Thurseley als Knappe zu betreuen. Sie hatten gute Plätze im Dressurkreis; Mr. Ledstone, Amy, Mabel, Godfrey – das war die Reihenfolge der Sitzungen. Das Stück war eine große Farce. Sie waren alle in Hochstimmung, sogar Amy vergaß, sich selbst zu tadeln und gab sich damit zufrieden, glücklich zu sein. Mabels Leben war nicht reich an Fröhlichkeit; sie reagierte bereitwillig auf seinen Reiz. Ihre Wangen strahlten, ihre Augen leuchteten herausfordernd. Sie wandte sich erneut an Godfrey.

„Ich kann nicht zulassen, dass sie mich für einen Idioten hält." Also entschuldigte er seine Aufmerksamkeit und seine Freude daran.

„Ich nehme an, du gehst oft ins Theater, nicht wahr?" Sie fragte. „Ich gehe davon aus, dass du *gleichgültig bist* !"

„Nein, ich gehe nicht viel."

„Warum nicht? Ist es dir egal, alleine zu gehen?"

„Warum gehst du nun davon aus, dass ich alleine gehen muss?"

„Nein, das brauchen Sie natürlich nicht! Wie dumm von mir! Nehmen Sie jemals – meine Damen?" Sie war bei dieser Frage schelmisch.

„Ja, ab und zu."

„Mama ließ mich nicht alleine mit einem Mann gehen."

„Oh, wir fragen Mama nicht. Wir gehen einfach."

„Gehst du jeden Abend irgendwo aus?"

„Oh nein. Ich bleibe oft zu Hause und lese – oder arbeite."

Er hatte nichts Unwahres gesagt, aber alles, was er sagte, war eine große Lüge – eine kolossale Fehldarstellung seines gegenwärtigen Lebens. Das Bild, das seine letzte Antwort in ihrem Kopf hervorrief – der Mann allein in seinem einsamen Zimmer, lesend oder arbeitend! Armer Mann, ganz allein!

„Wir Mädchen denken immer, dass Junggesellen immer schwul sind, aber ich nehme an, das sind sie nicht?"

„ In der Tat sind sie es nicht." Godfreys Antwort war entschieden und ziemlich düster.

„Sonst", lachte sie, „würden sie nie heiraten wollen, oder?"

„Jedenfalls wird man der Fröhlichkeit überdrüssig und will etwas Besseres." Sein Blick ruhte für einen Moment auf ihrem. Sie errötete ein wenig; und der Vorhang öffnete sich zum zweiten Akt.

„Wie deine Mutter dich vergöttert!" Sie begann in der nächsten Pause. „Sie würde für dich sterben, denke ich. Sie sagt, du bist der beste Sohn der Welt und hast ihr nie Ärger gemacht."

Godfreys Gewissen litt unter einem Stich – nicht weniger für seine Mutter als für ihn selbst.

„Ich fürchte, Mütter wissen nicht immer alles über ihre Söhne."

„Nein, das glaube ich nicht. Aber es gibt einige Leute, von denen Sie wissen, dass Sie ihnen vertrauen können."

„Komm, sage ich, du machst mich um die Hälfte zu perfekt!"

Sie lachte. „Oh, ich beschuldige Sie nicht, ein Melker zu sein. Ich mag keine Melker, Mr. Godfrey."

Also machte sie weiter, zeigte unschuldig ihr Interesse und ihre Vorliebe und vermittelte Godfrey dabei das Gefühl, dass seine Familie und er selbst Komplizen einer großen und abscheulichen Verschwörung waren. Aber es war noch Zeit, da rauszukommen, dem ein Ende zu setzen. Es gab zwei Auswege, nur zwei und nicht mehr, dachte Godfrey. Entweder muss man es ihr sagen, oder es muss aufhören, ihr etwas zu sagen.

Aber der strengste Moralist würde kaum verlangen, dass am Weihnachtstag folgenschwere Entscheidungen und herzzerreißende Bekenntnisse getroffen werden. Das ist sicher ein knapper Zeitpunkt? So dachte Godfrey Ledstone, und nachdem die religiösen Bräuche des Tages von der ganzen Familie gewürdigt worden waren, verlief der Rest fröhlich auf dem Woburn Square. Die Thurseleys, Mutter und Tochter, kamen, um den Nachmittag zu verbringen, und kamen noch einmal zum Abendessen.

„Es ist so schön, dass Sie Mitleid mit uns haben", sagte Mrs. Thurseley, eine angenehme Frau mit sanfter Stimme, die ruhig und gelassen war und das Richtige sagte. Sie würde eine ausgezeichnete Schwiegermutter abgeben – für irgendeinen Mann.

Wie die altmodischen Leute, die sie waren, hatten sie ein Löwenmäulchen und jede Menge Misteln und jede Menge der üblichen Witze über beides. Da es niemanden gab, auf den sich die Witze glaubwürdigerweise beziehen ließen (Mr. Ledstones Erinnerungen an sein eigenes Werben neigten eher zum Sentimentalen, während das Thema im Fall der verwitweten Mrs. Thurseley natürlich zu heikel war), wurden sie natürlich gezielt angesprochen Mabel und Godfrey. Mabel lachte und errötete. Godfrey musste wirklich seine Rolle spielen; Er konnte nicht wie ein Idiot aussehen, der nicht wusste, wie man flirtet. Am Ende flirtete er ziemlich heftig. Er hatte seine Belohnung in den Strahlen des ganzen Kreises – außer Amy. Sie schien an diesem Weihnachten ziemlich deprimiert zu sein; Sie entschuldigte sich mit

Kopfschmerzen. Als Mrs. Ledstone ihrem Sohn gute Nacht sagte, umarmte sie ihn mit aufgeregter Zuneigung und flüsterte: „Ich fühle mich glücklicher als seit langem, Godfrey, Liebling."

Das war der Druck, der Angriff der Liebe – dringende und nun hoffnungsvoll gewordene Liebe. Aber sein Weihnachtsfest sollte nicht in diesem Sinne enden. Hinzu kam der Druck der Missbilligung und der Verachtung. Keiner von beiden war leicht zu ertragen, da er zugleich liebevoll und geschmeidig war.

Die alten Leute gingen zu Bett. Amy blieb und sah zu, wie ihr Bruder seine Pfeife anzündete.

„Gehst du nicht ins Bett, Amy? Eine Pfeife und ich bin weg!"

"Was denkst du eigentlich, was Du hier machst?"

Er wandte sich vom Feuer ab und lächelte auf seine entwaffnende Art. „Ich habe den ganzen Abend gewusst, dass ich es von dir mitbekommen würde, Amy. Ich habe es in deinen Augen gesehen. Aber was kann ein Kerl tun? Er muss ein bisschen aufspielen. Ich habe eigentlich nichts gesagt."

„Was denkt Mabel?" Sie hatte eine beeindruckende Direktheit. Aber er hatte seine Antwort, seine Verteidigung auf die angebliche ganze Anklage.

„Kommen Sie jetzt, seien Sie fair. Ich wollte es ihr sagen – nun ja, ich wollte, dass ihr ein Hinweis gegeben wird. Ich habe es der Mutter gesagt, aber die Mutter wollte nichts davon hören. Die bloße Idee schickte ihr alles – nun ja, hat sie absolut verärgert.

Die Ereignisse des Tages und der beiden Abende hatten Auswirkungen auf Amy Ledstone.

„Du wolltest es ihr sagen? Ihr? Welchem?"

„Guter Gott, Amy!" Er wurde bewusstlos. Was für eine Frage kann man am Woburn Square stellen! "Welche?" Hatten sie beide Rechte? In der Tat eine seltsame Doktrin für Woburn Square.

„Ich habe von Miss Thurseley gesprochen, und ich denke, Sie wussten es."

„Oh, ich wusste es."

„Alles andere geht dich überhaupt nichts an. Ich habe nie verstanden, warum der Pater es dir gesagt hat."

„Es gibt nur zwei gute Dinge, die du tun kannst, Godfrey – Mabel in Ruhe lassen oder Mrs. Maxon fallen lassen."

Seine eigenen Gefühle, am prägnantesten ausgedrückt, am treffendsten interpretiert! Sein vages Bewusstsein, dass es soweit kommen würde, kristallisierte sich in einem Ultimatum heraus. Dagegen konnte er seinen verärgerten Groll über die Einmischung seiner Schwester oder seine angebliche Prüde darüber, dass sie über Winnie gesprochen hatte, nicht aufrechterhalten. Der Vorwand der Schande reichte nicht aus, und seine schwache Natur wandte sich hilfesuchend an einen Stärkeren. Sie saß starr am Tisch und blickte geradeaus. Er setzte sich neben sie und legte seine Pfeife auf den Tisch.

„Bei Gott, du hast recht! Ich stecke in einem schrecklichen Schlamassel. Welches soll es sein, Amy?"

„Oh, das geht mich nichts an. Aber du musst doch nicht hinter den beiden her sein, oder?"

Er legte seine Hand auf ihre, aber sie zog ihre abrupt weg. „Du verstehst nicht, wie ich dazu verleitet wurde. Ich sage, du wirst mich doch nicht an Mabel verraten, oder?"

„Nein. Ich habe Angst vor Vater und Mutter. Ich glaube, ich sollte es tun, aber ich traue mich nicht."

„Ich sage vor allem: Um Himmels willen, denken Sie nicht daran!"

„Aber Sie sagen, Sie hätten es selbst vorgeschlagen, Godfrey."

Voller Unruhe sprang er von seinem Stuhl auf. Er hatte es vorgeschlagen, aber nur als etwas, das abgelehnt werden sollte. Er hatte es vorgeschlagen, aber das war vor Wochen – als er schon sehr lange nicht mehr am Woburn Square gewesen war und nicht so viel von Mabel Thurseley gesehen hatte. Die Idee schien jetzt ganz anders zu sein. Er starrte Amy reumütig an. Seine Bitte und ihre Antwort warfen ein kaltes, grausames Licht auf die jüngsten Vorgänge in seinem Geist. Er erkannte jetzt, wohin er ging, wohin er geführt und getrieben wurde, von Liebe, von Verachtung, von der Welt, von der er sich überzeugt hatte, dass er stark genug sei, sich zu widersetzen – seiner Welt, die nur einen Namen für Winnie Maxon hatte.

Er war verärgert. Warum trennten ihn die beiden Dinge wie wilde Pferde?

„Nun, was soll es sein, Amy?" fragte er noch einmal.

Die jungfräuliche Schwester saß ungerührt auf ihrem Stuhl, den Blick auf das hässliche braune Papier an der gegenüberliegenden Wand gerichtet. Ihre Stimme klang ruhig, leidenschaftslos, mit einem Hauch dumpfer Verzweiflung.

„Was hat es für einen Sinn, mich zu fragen, Godfrey? Was weiß ich darüber? Niemand hat mich jemals geliebt. Ich war selbst noch nie verliebt. Ich weiß nicht, was Menschen tun, wenn sie verliebt sind. Ich weiß es nicht." „Ich weiß nicht, wie sie sich fühlen. Ich glaube, ich war furchtbar unfreundlich zu dir?"

„Natürlich ist ein Kerl nicht er selbst." Er drehte sich scharf zu ihr um. „Es sollte nur so lange dauern, wie wir beide wollten – so lange, wie wir beide einander wollten. O Herr, wie kann ich darüber reden, selbst mit dir?"

„Das braucht dich nicht zu stören. Ich habe sie gesehen. Ich habe sie besucht. Ich habe sie gefragt, ob sie etwas über Mabel weiß. Das wusste sie nicht. Tut sie das jetzt? Ich finde sie wunderbar. Meilen über dir oder mir, Oh, ich weiß, sie ist – wie auch immer Papa und Mutter sie nennen würden – und du kannst genauso gut fair bleiben, Godfrey.

„Ich verstehe dich nicht, Amy. Ich dachte, ausgerechnet du – Wie um alles in der Welt bist du dazu gekommen, sie zu besuchen? Wann?"

„Eines Sonntags, als ich wusste, dass du hier bist."

„Sie hat mir gegenüber nie ein Wort über – über Mabel Thurseley gesagt."

„Das würde sie nie tun. Ich stimme nicht mit ihr überein. Aber ich möchte, dass mein Bruder ein Mann ist."

„Sie hat mir nie gesagt, dass du gekommen bist. Ich kann dein Kommen nicht verstehen."

Er stand ihr jetzt gegenüber. Sie blickte ihn an und lächelte bitter.

„Versuchen Sie es nicht. Trotzdem ist sie eine Frau und die – Freundin meines Bruders."

„Oh, du weißt überhaupt nichts davon!"

„Ich habe es gesagt. Ich weiß es. So ist es mit Mädchen wie mir. Mädchen! Na ja! Wenn ich es wüsste, könnte ich vielleicht helfen. Ich bin wirklich nicht dein Feind, Godfrey."

„Jeder macht es mir furchtbar schwer. Ich – ich möchte den Glauben behalten, Amy."

„Das tust du nicht."

Er warf sich in den großen Sessel, der neben dem Kamin und dem erlöschenden Feuer stand. Er brach in schwacher Verärgerung gegen Winnie aus: „Warum hat sie mich dazu gebracht? Jeder Idiot hätte sehen können, dass es niemals funktionieren würde!"

„Das hättest du nicht tun müssen", erwiderte sie gnadenlos.

„Hätte es nicht tun müssen? Oh, du weißt nichts darüber, wie du sagst. Was könntest du wissen? Wenn du es wüsstest, würdest du verstehen, wie Männer

– ja, und bei George, auch Frauen – es tun Dinge, die sie nicht hinnehmen können und die sie dennoch wollen, Dinge, die unmöglich sind und dennoch getan wurden und mit denen man rechnen muss.

Voller Verzweiflung hatte seine Stimme einen neuen Ton der Aufrichtigkeit. Amy blickte ihn mit einem langen, prüfenden Blick über den Tisch hinweg an.

„Ich schätze, ich habe nicht alles zugelassen", sagte sie schließlich. „Ich schätze, ich weiß nicht, wie schwierig es ist." Sie stand auf, ging um den Tisch herum und setzte sich auf die Armlehne des großen Stuhls neben ihm. „Es tut mir leid, wenn ich unfreundlich gewesen bin, Liebes. Aber" – sie streichelte sein Haar – „sei nicht unfreundlich zu ihr – nicht mehr, als du helfen kannst."

„Zu Mabel?" Er sah jetzt zu ihr auf und flüsterte.

„Oh nein", lächelte sie. „Du wirst Mabel heiraten. Du bist nicht mit Mrs. Maxon verheiratet, siehst du?" Sie küsste seine Stirn. „Mach es Winnie so einfach wie möglich."

„Bei Gott, ich liebe Winnie!"

Wieder strich und streichelte ihre Hand sein Haar. „Ja, aber das kannst du nicht", sagte sie. „Ich glaube nicht, dass ich das könnte. Aber könntest du ihr nicht sagen, dass du das nicht kannst? Sie hat mehr Mut, als du denkst, Godfrey." Sie stand ziemlich abrupt auf. „Siehst du, wenn sie die Wahrheit über dich erfährt, wird es ihr vielleicht egal sein."

Ihr Bruder gab ihr keine Antwort; Er lehnte sich in dem großen Stuhl zurück und starrte auf das erloschene Feuer. Sie schien ihm auch nichts mehr zu sagen zu haben. Sie hatte während des gesamten Gesprächs viel gesagt und einen großen Teil davon in ihrem letzten Satz zusammengefasst. Wenn Winnie alles über ihn wüsste, würde es ihr vielleicht egal sein! War das wahr – oder war es das Urteil der jungfräulichen Schwester, die glaubte, dass Liebe von Wertschätzung abhängt?

„Ich gehe ins Bett. Ich war dieses Weihnachten eine nasse Decke, Godfrey."

„Mein Herr, was für ein Weihnachten!"

Für die kapitale Farce und das fröhliche Abendessen waren Löwenmaul, Mistelzweig und Witze vergessen. Die Frau, die nichts von der Sache wusste, hatte die Sache ins richtige Licht gerückt. Mit einem weiteren Kuss, einem halb artikulierten „Mein Schatz!" und ein plötzliches Schluchzen, sie überließ ihn der Betrachtung darüber.

KAPITEL XIII

WEIHNACHTEN BEI SHAYLOR'S PATCH

Am Heiligabend hatte Winnie ihren alten Zufluchtsort in Shaylor's Patch wiedererlangt. Es schien so erholsam und friedlich wie eh und je, ja sogar in ungewöhnlichem Maße, denn der einzige andere Gast war Dennehy, und Dennehy und Alice (die wieder in den Ferien zu Hause waren) übten eine gewisse Zurückhaltung bei skeptischen Argumenten aus. Sowohl Vater als auch Mutter waren darauf bedacht, dem Kind „eine schöne Zeit" zu bereiten, und Stephen konnte sich zumindest mit ebenso viel Elan in ein Spiel stürzen wie in einen Streit oder eine Spekulation. Auch hier gab es Stechpalmen und Misteln; und, wenn schon kein Löwenmäulchen, so doch ein Weihnachtsbaum und eine schöne Auswahl an Geschenken, sorgfältig versteckt bis zum nächsten Morgen. So wie sie dem Glauben vorausgegangen waren, so überlebten die alten Bräuche alle Zweifel daran.

Doch obwohl der Hafen derselbe war, befand sich der Seemann in einem anderen Fall. Als sie zuvor hierhergekommen war, schien Shaylor's Patch das letzte Ende einer stürmischen Reise zu sein; jetzt war es nur noch ein Hafen, in dem ihre Bark im Laufe einer noch beschwerlicheren Reise, die kaum mehr als begonnen hatte, für ein paar Stunden anlegte; Das Beste, was sie sich wünschen konnte, waren ein paar Stunden Ruhe, eine kurze Gelegenheit, sich auszuruhen und wieder fit zu werden. Ihr Verhältnis zu ihren Freunden und Gastgebern hatte sich, wie es ihr schien, tiefgreifend verändert; Sie sah Stephen und Tora Aikenhead mit neuen Augen an. Die Position zwischen ihnen und ihr war für sie fast umgekehrt. Sie waren nicht mehr die unerschrockenen Reisenden, deren Geschichten ihre Unwissenheit so bewundernd anhörte. Tatsächlich hatten sie, wie sich nun neu herausstellte, keine Reisen unternommen; Aus den sicheren Winkeln des Hafens redeten sie nur über die Gefahren des unbekannten Meeres. Sie war jetzt die Entdeckerin; Sie machte die Entdeckungen, über die sie nur schwatzten und spekulierten. Sie erinnerte sich an Mrs. Lenoirs freundliches, wenn auch halb verächtliches Lächeln über Stephens oberflächliche Theorien und an die lockere Gewissheit, dass seine Theorien problemlos triumphieren würden. Aufgrund ihrer vielen Jahre und ihres großen Wissens war sie nicht wie Mrs. Lenoir; denn Mrs. Lenoir hatte immer noch dasselbe Lächeln für sie übrig. Nichtsdestotrotz war etwas von diesem Geist in ihr zu spüren, als sie das zweite Mal nach Shaylor's Patch kam.

Aber sie beschloss, sich kurz auszuruhen und für ihre Ruhepause dankbar zu sein. Toras wohlwollende Ruhe, Stephens jungenhafte Fröhlichkeit, die Einfachheit des Kindes, Dennehys treue Freundschaft — das waren Anodynes. Im Moment konnte nichts getan werden; Warum sollte man sich dann Sorgen machen und darüber nachdenken, was man tun soll? Und wenn sie von Schwierigkeiten sprach oder andeutete, könnte es dann nicht in gewisser Weise so wirken, als würde sie ihren Gastgebern eine Verantwortung zuschieben? Dennoch stellte sie bei diesem Entschluss große Anforderungen an sich selbst. Sie konnte ihren Mund halten, aber sie konnte ihre Gedanken nicht binden.

Am Morgen machte sich Dennehy früh auf den fünf Meilen langen Spaziergang in die nächste Stadt, um der Messe zuzuhören. Die Frage, ob Stephen in die Kirche gehen sollte, bezog sich auf Alices Entscheidung; sie bejahte die Entscheidung.

"Wer ist dran?" fragte Stephanus seine Frau.

„Meins", sagte Tora mit einem Ausdruck der Unzufriedenheit, den Winnie jemals auf ihrem Gesicht gesehen hatte.

Winnie sprang in die Bresche. „Oh, du siehst ziemlich müde aus und wir haben einen anstrengenden Tag vor uns! Lass mich Alice mitnehmen." Also wurde vereinbart und Alice rannte los, um sich fertig zu machen.

„Überlassen Sie die Frage immer ihr?"

„Was könnten wir sonst tun? Wir sagen nichts dagegen, aber wie könnten wir sie zwingen?"

„Sie wird in der Schule gezwungen, nehme ich an?"

„Ich glaube nicht, dass irgendwelche Zweifel aufkommen. Es ist nur ein Teil der Disziplin. Tatsächlich glaube ich, dass das Kind von Natur aus religiös ist. Wenn ja –" Er wedelte tolerant mit den Händen.

Winnie lachte. „Wenn ja, wird sie bald ziemlich schockiert über ihre Eltern sein."

„Es lässt sich durchaus argumentieren, Winnie, dass es für Kinder gut ist, zu sehen, wie ihre Eltern einige Dinge tun, die sie von Natur aus für falsch halten – oder ihnen zumindest das Denken beigebracht bekommen. Sie wissen aus Erfahrung, dass die Eltern im Großen und Ganzen a Sie sind eine anständige Art – freundlich und so weiter – und sie lernen, andere Menschen nicht pauschal aufgrund von ein oder zwei zweifelhaften oder exzentrischen Praktiken zu verurteilen. Verstehen Sie, was ich meine?

„Ich wage zu sagen, dass es fraglich ist – die meisten Dinge sind hier –, aber ich werde es nicht bestreiten, sonst kommen wir zu spät zur Kirche."

Als Godfrey Ledstone am selben Tag mit seiner Familie in die Kirche ging, ging er ohne Fragen, ohne sich einer Besonderheit in seiner Haltung gegenüber der Kirche bewusst zu sein, obwohl er sich durchaus darüber im

Klaren war, wie die Kirche sich ihm gegenüber verhalten würde, wenn sie zufällig darauf aufmerksam gemacht würde zu den Tatsachen gerufen. Was ist damit? Man ging mit der Kirche ebenso Kompromisse ein wie mit der Welt; Der Kodex enthielt Bestimmungen, die sowohl für die eine als auch für die andere Verhandlung galten. Er ging nicht regelmäßig in die Kirche, aber wenn er es doch tat, nahm er mit ungetrübter Befriedigung, wenn auch nicht mit besonderem spirituellen Nutzen, am Gottesdienst teil. Bei dieser Gelegenheit erlangte er angesichts der Sorgen, die ihn bedrückten, ein sehr beachtliches Maß an Aufmerksamkeit.

Auch Winnie wurde – in der kleinen Kirche am Nether End – nicht wegen Sünde verurteilt; Das ist schließlich nicht die besondere Note, die ein Weihnachtsgottesdienst vermitteln soll – die Kirche hat ihre Jahreszeiten. Aber sie wurde von einem beunruhigenden Gefühl der Bedeutungslosigkeit überwältigt. Die Predigt befasste sich mit dem vertrauten, aber stets eindrucksvollen Thema, dass auf der ganzen Welt und in nahezu jeder Sprache dieser Gottesdienst zu Ehren und als Dank für das große Ereignis dieses Tages abgehalten wurde. Es schien eine enorme Sache zu sein, sich dagegen zu wehren. In großen Organisationen, ob geistlich oder weltlich, liegt Majestät. Sollen unbedeutende Atome sie missachten? Oder kann das Argument von der Bedeutungslosigkeit abgelenkt werden und der Rebell behaupten, er sei so klein, dass es keine Rolle spiele, was er tue? Die Organisationen werden der Bitte nicht stattgeben. So unbedeutend Sie auch sind, antworten sie, so wenig Ihre kümmerliche Meinungsverschiedenheit uns berührt, so ist sie dennoch ein schlechtes Beispiel, und wenn Sie darauf beharren , werden wir Sie auf unsere Weise unglücklich und unbehaglich machen. Nun war die Menschheit im Laufe ihrer wechselvollen Geschichte von Zeit zu Zeit davon überzeugt, dass viele Dinge wichtig sind und andere nicht, und die Meinungen waren unterschiedlich und werden daher unterschiedlich sein. Aber es ist niemandem wirklich gelungen, die Menschheit davon zu überzeugen, dass es auf die Dauer egal ist, ob sie glücklich ist oder nicht. Die Menschheit vertritt hartnäckig die gegenteilige Meinung.

An der Kirchentür wartete Dennehy auf sie und Alice – er hatte die Messe gehört und gut zehn Meilen Landstraße hinter sich; geistig und körperlich gestärkt. Er war nicht gutaussehend, aber als das mittlere Alter näher rückte, fand er ihn sauber in Körper und Körper – gemäßigt, freundlich (außerhalb der Politik) und wirklich überaus glücklich.

„Es ist ein Zugeständnis für mich, bis zur Tür dieses Ortes zu kommen“, sagte er lächelnd. Winnie warf Alice einen warnenden Blick zu. „Sie brauchen sich nicht um sie zu kümmern – das arme Kind hört alles! Aber ich glaube, dass der Himmel sie zu einer guten alten Tory gemacht hat, und sie können ihr nichts tun.“

„Sie befürworten die Tories! Mr. Dennehy!" Sie wandte sich dem Kind zu. „Es hat dir gefallen, Alice?"

„Hast du mich nicht singen gehört?" Es schien eine gute Erwiderung zu sein. Alice hatte kräftig gesungen. Sie schien nicht zum Reden geneigt zu sein. Sie ging mit zurückhaltender und abwesender Ernsthaftigkeit neben ihnen her. Über ihren Kopf hinweg sahen sie einander an; Das Kind dachte an die Geschichte vom Kind und fand sie nicht seltsam, sondern natürlich und schön, die großartigste aller ihrer geliebten Märchen – und doch wahr.

Dennehy klopfte Alice sanft auf die Schulter. „Zu Gottes willen!" er murmelte.

"Wie meinst du das?" fragte Winnie mit leiser Stimme.

„Wahre Menschen werden die Wahrheit finden und süße Menschen tun süße Dinge", antwortete er. Dann lachte er und schnippte mit den Fingern. „Und die Divvle nehmen sich den Rest der Menschheit!"

„Alle außer den Iren, meinst du?"

„Ich darf Ulster nicht hereinlassen", warnte er sie mit einem Augenzwinkern. „Aber es gibt ein oder zwei englische Seelen, die ich retten würde, Mrs. Ledstone."

„Mir gefällt es nicht, dass du deinen Überzeugungen verfälschst. Ich habe einen Namen, den ich nicht geleugnet habe und den mich niemand leugnet. Es ist Winnie."

„Winnie, das soll von nun an auch auf meinen Lippen sein", antwortete er. „Und ich danke dir."

Respekt vor seinen Überzeugungen? Ja. Aber hinter ihrer Erlaubnis, ihrer Bitte steckte mehr. Es herrschte eine große Freundlichkeit und damit ein neues Gefühl, dass „Mrs. „Winifred Ledstone" könnte sich als ein vorübergehendes Wesen erweisen, da der Titel prekär gehalten wurde. Warum müssen ihre auserwählten Freunde an die Nutzung gebunden sein?

Richard Dennehy gehörte inzwischen zu dieser kleinen Band. Er war so loyal und mitfühlend, obwohl er bei seinen Verurteilungen auch sehr selbstsicher war und furchtbar sicher war, dass er und seine Organisation allein das richtige Ende des Stocks in der Hand hatten. Doch die Selbstsicherheit galt eigentlich nur der Organisation; es hinterließ ihn in sich selbst als einen bescheidenen Mann, der sich nicht für so klug hielt wie die emanzipierten Menschen, unter denen er sich bewegte, sondern vielmehr bedauerte, dass solch fähige Geister so in die Irre geführt werden sollten. Er hatte tatsächlich eine Angewohnheit, über die sich Stephen Aikenhead humorvoll beklagte; Er nutzte Emotionen als Argumentationswaffe. Es gibt Wörter und Phrasen, die unabhängig von der Gültigkeit der Idee, die sie zum Ausdruck bringen, eine Anziehungskraft haben, eine Stärke, die aus Erinnerung und Assoziation entsteht. Sie können einem Mann das Gefühl geben, wieder ein Kind zu sein, oder ihm das Gefühl geben, ein Verräter zu sein, und beides gegen seine Vernunft.

„Zaubersprüche und Beschwörungsformeln nenne ich sie", sagte Stephen, „und ich protestiere förmlich gegen ihre Verwendung in ernsthaften Diskussionen."

„Und warum nennst du sie so?"

„Weil ihre Wirkung von einer bestimmten Form von Wörtern abhängt — entweder einer besonders vertrauten oder einer besonders schönen Formel. Wenn Sie dieselbe Idee in einer anderen Sprache ausdrücken würden, wäre ihre Kraft verloren; zumindest scheint sie genauso berechtigterweise offen dafür zu sein." Nun ist es meiner Meinung nach das genaue Merkmal eines Zauberspruchs, eines Zaubers oder einer Beschwörung, dass ich mich bei der Wirksamkeit auf die genaue Formel und nicht auf die Kraft der Idee verlasse. "

„Ich wage zu behaupten, dass die heiligen Worte dir Unbehagen bereiten, mein Junge!"

„Genau! Und ist es fair? Warum fühle ich mich als aufrichtiger Fragesteller unwohl? Beweisen Sie mir das Gegenteil, überzeugen Sie mich, wenn Sie können, aber warum sollten Sie mir Unbehagen bereiten?"

Winnie, eine Zuhörerin des Gesprächs, lachte sanft. „Ich glaube, das ist es, was du versucht hast, mir anzutun, als du aus der Kirche zurückgekommen bist – als du von ‚Gottes guter Zeit' gesprochen hast, meine ich."

Dennehy kratzte sich am Kopf. „Ich mache es nicht mit Absicht. Sie kommen mir einfach über die Lippen. Und wer weiß? – Es könnte gut für dich sein!"

Alice rannte herein und verkündete, dass es Zeit für den Weihnachtsbaum sei. Sogar bei Shaylor's Patch blieb die Diskussion den Rest des Tages aus, und Winnie hatte ihre Stunden der Ruhe.

Tatsächlich war es nur eine Frage von Stunden; Der Friede sollte für sie nicht einmal am Sonntag anhalten. Am frühen Morgen überbrachte ihr das Dienstmädchen ein Telegramm von Godfrey Ledstone: „Leichte Erkältung. Denken Sie besser nicht an die Reise. Unterbrechen Sie den Besuch nicht. Bleiben Sie am Woburn Square . – GODFREY ."

Es war bezeichnend, wie weit ihr Verstand die Wahrscheinlichkeiten vorhergesagt hatte, dass sie die Ausrede ohne einen Moment des Zögerns beiseite schob. Macht eine einstündige Fahrt an einem milden Morgen einem starken Mann Angst, wenn er wirklich gehen will? Jedenfalls war Winnie nicht geneigt, Godfrey von diesem Zweifel profitieren zu lassen. Er wollte am Woburn Square bleiben, oder er wollte nicht nach Shaylor's Patch kommen. Wie auch immer man es ausdrückte, es kam im Großen und Ganzen auf das Gleiche hinaus. Es war eine weitere Niederlage für sie, ein weiterer Sieg für die Familie. Und für Mabel Thurseley? Auch das schien sehr wahrscheinlich. Ihr Herz bebte vor Kummer und Besorgnis, als es in eine verlassene und trostlose Zukunft blickte; aber sie dachte keinen Augenblick daran, den Kampf aufzugeben. Stattdessen würde sie entschlossener und grimmiger kämpfen. Dies war nicht der übliche Fall, dass die Zuneigung eines Mannes von einer Frau zur anderen wechselte. Sie wusste, dass es sein Mut war, der zuerst versagt hatte und der durch sein Versagen die Bastion seiner Liebe untergrub. Zuerst hatte er sich für sie geschämt; Wenn er nun aufgehört hatte – oder damit begonnen hatte, sie zu lieben –, dann deshalb, weil sie ihn vor seiner Familie und seinen Freunden beschämte, weil sie ihn „in eine falsche Lage" brachte und alles unangenehm und unangenehm machte. Dass er sich so fühlte, war zum Teil – nein, größtenteils – ihre eigene Schuld. Entweder aus falschem Selbstvertrauen, aus Ritterlichkeit, aus Skrupel oder aus einer Mischung dieser drei hatte sie ihn ohne jegliche Unterstützung dem größten Angriff auf den Woburn Square und alles, was er darstellte, ausgesetzt. Sie hatte sich geirrt; Sie hätte zu ihrem Recht stehen und ihm verbieten sollen, dorthin zu gehen, wenn sie nicht ebenfalls empfangen worden wäre. Am Anfang hätte sie es schaffen können; sie hätte es tun sollen. War es jetzt zu spät, es zu tun?

Sie erstellte einen Kampagnenplan. Sie würde ihn mitnehmen, das Meer zwischen ihn und sein Volk bringen, das Meer zwischen ihn und Mabel Thurseley. In der Kasse war genug Geld für einen Urlaub. Gerade seine Schwäche und seine Reaktionsfähigkeit gegenüber seiner Umgebung begünstigten den Erfolg. Er würde seinen Mut wiederfinden, und von nun an sollte ein Verbot auf seiner Familie ruhen, bis seine Familie das Verbot von ihr aufhob.

An diesem Morgen gab es für sie keine Kirche; sie war nicht in der Stimmung. Stephen musste gehen, da Tora sophistisch behauptete, sie sei am Tag zuvor durch eine Stellvertreterin anwesend gewesen. Winnie spazierte mit Dick Dennehy spazieren, als dieser von seiner ersten Expedition zurückkam.

„Es ist lustig, dass wir so befreundet sind, wenn du mich für so böse hältst", sagte sie.

„Du bist nicht böse, auch wenn du etwas Böses tun kannst – aus Unsinn."

„Sie können nicht verstehen, dass ich mich mein ganzes Leben lang oder sein ganzes Leben lang als Godfreys Frau betrachte."

„Haben Sie nicht einmal dasselbe über Mr. Maxon gedacht?“

„Oh, das bist du wirklich ——!“ Winnie lachte gereizt.

„Und du bist vor ihm weggelaufen. Was passiert, wenn Meister Godfrey vor dir wegläuft?“

Winnie warf ihm einen scharfen Blick zu. Ziemlich seltsam, dass er diese Frage stellte! Gab es irgendeinen Verdacht bei ihren Freunden, bei Shaylor's Patch?

„Weil“, fuhr Dennehy fort, „Sie doch nicht von Mann zu Mann wechseln und mit jedem von ihnen vorübergehend ein Leben lang verheiratet wären, oder?“

Winnie lachte, wenn auch widerwillig. Aber es gibt kaum etwas, was ein bereitwilliger Disputant nicht lächerlich machen könnte.

„Wie du versuchst, Leute festzunageln!“ Sie hat sich beschwert. „Sie und Ihre Prinzipien! Ich weiß, was ich gerne sehen würde, Mr. Dennehy.“

„Ah, jetzt – ‚Dick‘ – nur der Fairness halber, Winnie!“

„Nun, Dick, was ich einfach gerne sehen würde, ist, dass du in jemanden verliebt bist, der verheiratet oder geschieden war oder so etwas in der Art, und zu sehen, wie dir deine Prinzipien selbst gefallen würden.“ Sie sah schelmisch und sehr hübsch aus.

Dennehy schüttelte den Kopf. „Wir sind alle elende Sünder. Aber ich glaube nicht, dass ich es tun würde.“

„Was, sich verlieben oder ihr nachgeben?“

„Letzteres. Ersteres liegt außerhalb der Macht eines Mannes, denke ich.“

"Was würden Sie tun?"

„Nach Amerika auswandern.“

„Aus der Bratpfanne ins Feuer! Da wimmelt es nur so von Geschiedenen, oder?“

„Nicht die beste irische Gesellschaft.“ Er lachte. „Nun, du ärgerst mich.“

„Oh nein, das bin ich nicht. Ich meine es ernst. Ich würde das Experiment gerne sehen. Dick, wenn Godfrey wegläuft, wie Sie freundlicherweise vorschlagen, machen Sie einen weiten Bogen um mich! Oh, ist das ganz unmöglich, wenn? Ich habe es versucht, ich könnte... dich unglücklich machen?“

„Wenn du jedes Mal, wenn wir uns treffen, auf diese Weise mit mir flirtest, wird es mir nicht schlecht gehen – ich werde sehr glücklich sein.“

„Ah, aber das ist erst der Anfang! Der Anfang ist immer glücklich."

Die Traurigkeit in ihrer Stimme traf ihn. „Du armer Schatz! Du hattest Pech und bist unter böse Ratgeber geraten. In diesem Begriff, Gott vergib mir, schließe ich meine lieben Freunde hier in Shaylor's Patch ein."

„Ich werde deine Prinzipien auf eine andere Art ausprobieren. Wenn du Godfrey wärst, würdest du mich verlassen – jetzt?"

Er drehte seinen Schnurrbart und zögerte. „Nun, da bin ich", gab er schließlich zu. „Wenn ein Mann tut, was er getan hat, muss er als Gentleman dafür verurteilt werden."

„Godfrey kann natürlich gehen – das ist unser Geschäft. Aber Sie hätten so ein Geschäft nicht gemacht?"

„Das würde ich nicht, Winnie. Um mir gerecht zu werden, glaube ich, dass es ausreicht, eine Frau zu ruinieren, ohne mir die Freiheit zu geben, eine andere zu ruinieren, sobald ich es wollte."

Winnie legte für einen Moment ihre Hand auf seinen Arm. „Wie angenehm streiten wir uns!" Sie sagte.

„Und warum sollten wir es nicht tun?" fragte er mit angeborener Überraschung, dass ein Streit als etwas grundsätzlich Unangenehmes angesehen werden sollte. „Ah, hier kommen Stephen und Alice, zurück aus der Kirche! Ich werde mit ihr Rennen laufen und mir Appetit auf das Mittagessen machen."

Stephen saß da, seine Pfeife in voller Lautstärke.

„Stephen, wie kommt es, dass diese alte Welt überhaupt zurechtkommt, wo jeder mit jedem im Streit liegt?"

„Ich habe oft darüber nachgedacht. Die Lösung ist ökonomischer Natur – rein ökonomischer Natur, Winnie. Du siehst, die Leute müssen essen."

„Bis jetzt ist das Gericht auf Ihrer Seite, Stephen."

„Und in allem, außer in einem rudimentären Zustand der Gesellschaft, müssen sie sich gegenseitig ernähren. Denn kein Mensch hat das Genie, alles selbst herzustellen, was er essen möchte. Folglich – ich fasse das Argument zusammen – werden Sie im Großen und Ganzen feststellen, dass Alles Verbrennen, Prügeln und Kämpfen, kurz gesagt, alles Töten und gleichermaßen auch das Unterlassen des Tötens werden letztendlich von der Überlegung bestimmt, ob Ihre Handlung auf die eine oder andere Weise Ihre Nahrungsversorgung ernsthaft beeinträchtigen wird – was in In der zivilisierten Gesellschaft kann man Kleidung hinzufügen und so weiter.

„Gilt das auch für die Meinungsverfolgung?"

„ Gewiss ist dies der Fall – normalerweise, um das Töten einzuschränken, obwohl bei Menschenopfern eine Ausnahme gemacht werden muss. Es gab vorübergehende Fehlurteile, aber im Allgemeinen töteten sie nie mehr als ein anständiges Minimum an nützlichen Ketzern – nein Jedenfalls hatten säkulare Staatsmänner das letzte Wort. Sie mussten natürlich eine Art Show abliefern, um, wie sie vermuteten, ihre Vorgesetzten zufrieden zu stellen – sie ließen eine Menge Juden zurück, Winnie!

„War das nicht die Ausbreitung der Toleranz?“

„Sicherlich – ursprünglich auf Nahrung basierende Toleranz, die später vielleicht durch Zweifel verstärkt wurde.“ Er brach in Gelächter aus. „Aber auch heute noch werde ich gehängt, wenn ich ohne das Essen dem Zweifel vertrauen würde!“ Er strahlte sie an. „Ich verrate dir ein Geheimnis – Religion ist alles Essen, Winnie.“

Winnie hatte um die Ausstellung gebeten – aber sie hatte genug davon. Selbst Stephens letzte – und ziemlich verblüffende – These löste keine weiteren Nachforschungen aus.

„Daraus scheint sich zu ergeben, dass wir das Mittagessen nicht warten lassen sollten“, sagte sie lachend und legte ihren Arm um seinen. „Ich liebe Shaylor's Patch“, fuhr sie fort und tätschelte sanft seinen Arm. „Du kannst dich und deine Sorgen immer vergessen, indem du Unsinn – oder Sinn – über irgendetwas redest. Wenn ich noch einmal in die Krise komme“ – ihre Stimme zitterte für einen Moment – „gebst du mir einen Schuppen, in dem ich liegen kann, gewonnen.“ nicht wahr, Stephen?“

„Mein armes Haus gehört dir und alles, was darin ist“, antwortete er orientalisch.

„Ja, in gewisser Weise weiß ich das – und deshalb muss ich nicht ganz verhungern“, sagte Winnie.

KAPITEL XIV

EIN RAT DER PERFEKTION

Für Winnies wenige, aber treue Anhänger war Cyril Maxon kein Mann, sondern ein Monster, eine Art Tyrannei, das verkörperte Symbol einer unerträglichen Knechtschaft; Selbst Dick Dennehy, überzeugter Verfechter der Institution, hatte keine Wohltätigkeit für den Einzelnen. Unnötig zu erwähnen , dass dies keineswegs die Ansicht war, die Herr Maxon von sich selbst hatte, und nicht ganz das Urteil, das ein unparteiischer Beobachter über ihn bilden würde. Es gab viele Frauen, mit denen er sehr gut ausgekommen wäre, Frauen von unterwürfigem Temperament, sanftmütige Frauen, eingeschränkte Frauen, schlaue Frauen, die unter dem Vorwand vollkommenen Gehorsams täuschten. Es wäre nicht schwer gewesen, ihn zu täuschen, wenn Winnie sich damit zufrieden gegeben hätte, ihr Problem auf diese altmodische Art anzugehen. Oder wiederum eine äußerst kluge und diplomatische Frau – aber sie kann aus dem rohesten Rohmaterial, aus bloßem Fleisch und Knochen, einen guten Ehemann machen, mit (wie Stephen Aikenhead sicherlich hinzugefügt hätte) den wirtschaftlichen Voraussetzungen.

Von dem Moment an, als seine Frau sich mit der Familie Ledstone identifiziert hatte – seine Erinnerung an Mr. Ledstone war lebendig und schrecklich –, hatte er den Gedanken verworfen, dass sie bald „genug davon haben würde". Es lag nicht länger in seiner Macht, an dieser Schlussfolgerung festzuhalten. Nun war er es selbst, der mehr als genug davon hatte. Sie war fertig. Er begann sein Leben alleine. Zunächst versuchte er, die Einsamkeit durch ständige Arbeit zu mildern . Es war kein voller Erfolg. Dann brachte er eine unverheiratete Schwester in sein Haus. Sie war älter als er, ihr Temperament ähnelte seinem; Das Experiment dauerte nur einen Monat, danach kehrte Miss Maxon nach Broadstairs zurück. Dann begann er nach und nach wieder die Gesellschaft zu suchen, sich in seinen alten Ferienorten zu zeigen, die Frauen zu treffen, die ihn bewunderten, die von ihm als interessant, klug und aufstrebend schwärmten. Sie schwärmten jetzt noch mehr und deuteten jeweils mit welchem Maß an Zartheit die Natur sie angesprochen hatte, ihr Mitgefühl für ihn und ihr grenzenloses Erstaunen über die Torheit und Perversität von Mrs. Maxon. Er empfand dies als das wirksamste Mittel, das er je ausprobiert hatte.

Es wäre unverzeihlich voreilig, zu verallgemeinern, aber es besteht die Gefahr, dass in manchen Fällen der Mann, der seine Frau am schlechtesten behandelt, sie am meisten vermisst. Ein Kamerad kann vielleicht ersetzt werden, ein neuer Sklave ist schwer zu finden. Außerdem verbot Cyril Maxons Grundsätze die Suche nach einem solchen, und nun musste er seine

Grundsätze auf seinen eigenen Fall anwenden. Vor einem Jahr wäre nichts auf der Welt so unwahrscheinlich erschienen – das Schicksal spielt wieder seine Streiche! Es lässt uns für Sünden und Prinzipien gleichermaßen bezahlen – vielleicht die beste Art (mit Rücksicht auf die Philosophen *a priori*), beides bewerten zu lernen.

Cyril Maxon war mittlerweile sehr aufstrebend; man nannte ihn einen sicheren Richterposten in etwa zehn Jahren (er war erst achtunddreißig); und die Damen waren sehr sympathisch. Einige von ihnen waren Mitglieder der Gemeinde von Herrn Attlebury und persönliche Freunde dieses freundlichen, aber anspruchsvollen Apostels. Einige der Damen fragten sich, wie Mr. Attlebury so reaktionsfreudig und doch so eingeschränkt in seiner Reaktionsfähigkeit sein konnte; Sie betrachteten sein Verhalten als eine okkulte Kunst und hätten vielleicht Recht gehabt, wenn sie es nicht mehr als esoterisch bezeichnet hätten. Attlebury selbst verspürte keine Schwierigkeiten, nicht einmal das Bewusstsein einer Anstrengung. Er begegnete ihnen in absoluter Intimität von Seele zu Seele. Glücklicherweise gibt es in allen Glaubensbekenntnissen – und Religionsgemeinschaften – Männer und Frauen, die das können.

Cyril Maxon hatte sich zunächst geweigert, über sein Unglück zu sprechen, das natürlich bald öffentliches Eigentum wurde, und die Andeutungen darüber mussten fast unglaublich heikel sein. Aber mit der Zeit fand er zwei oder drei Freunde, denen er mehr oder weniger sein Herz öffnen konnte. Da war Mrs. Ladd, eine ältere Frau mit herzlichem, freundlichem Wesen und einem klugen Verstand, der den Tatsachen treu bleibt. Da war Miss Fortescue, eine von Attleburys besten „Arbeiterinnen", eine gütige, vernünftige Jungfer von fünfundvierzig Jahren. Da war auch Lady Rosaline Deering, Tochter eines schottischen Adligen und Witwe eines Kolonialverwalters. Sie war eine Frau von etwa dreiunddreißig Jahren, groß und von anmutiger Haltung; Ihre Nase war zu lang und ihr Kinn auch, aber sie hatte hübsches Haar und schöne Augen. Sie war eine Art Blaustrumpf und beschäftigte sich mit Theologie und Philosophie. „Keine Angst davor, selbst zu denken", war die Art und Weise, wie sie ihre Haltung definierte, im Gegensatz (wie sie andeutete) zur Haltung der meisten Frauen, die Herrn Attlebury zu Füßen saßen. Sie bewunderte Attlebury, dachte aber selbst nach.

„Man kann seine Vernunft nicht ganz aufgeben", sagte sie mit einem gewinnenden Lächeln. „Außerdem bin ich in der Kirche von Schottland aufgewachsen, wissen Sie." Diese kirchliche Herkunft schien ihr Unabhängigkeit zu verleihen; Sie zahlte Attlebury und seiner Kirche nur so viel freiwillige Treue, wie sie wollte; sie konnte im Bedarfsfall auf ihre Herkunftskirche zurückgreifen, als wäre sie ein nie endgültig verwirktes Domizil. Auch zu Lebzeiten ihres Mannes hatte sie die Städte der Männer gesehen und ihre Gedanken kennengelernt. Tatsächlich könnte man sie als emanzipiert betrachten, und ihr Festhalten an Mr. Attleburys Schule war eher ästhetisch als dogmatisch; Sie war der Meinung, dass Religion mit Schönheit ausgestattet sein sollte, scheute sich jedoch nicht davor, einige ihrer Lehren als möglicherweise „symbolisch" zu bezeichnen.

Alle drei Damen zeigten großes Interesse an Maxon, aber im gegenseitigen Einvernehmen wurde Lady Rosaline der erste Platz überlassen. Mrs. Ladd konnte ihn stärken, Miss Fortescue konnte ihn aufmuntern; Sie erkannten beide, dass Lady Rosaline etwas anderes tun konnte, eine subtile Sache, in die die Weiblichkeit spezifischer eindrang; eines der Dinge, die Mrs. Maxon ihm hätte geben sollen, es aber offensichtlich nicht getan hatte; vielleicht so etwas wie das, was Lady Rosaline selbst aus Attleburys Gottesdiensten zog, eine Mischung aus intellektueller und ästhetischer Befriedigung. Mrs. Ladd und Miss Fortescue waren im ästhetischen Element schwach. Darüber hinaus bestand eine besondere Sympathie zwischen Lady Rosaline und Maxon. Der verstorbene Kolonialverwalter war keineswegs das, was er als Ehemann hätte sein sollen, und als der Tod die Verbindung trennte, war es nur ein sehr dünnes Seil, das seine Schere durchtrennte.

Mrs. Ladd und Miss Fortescue hatten diese traurige Geschichte angedeutet; Lady Rosaline selbst erzählte es Cyril eines Abends im November, wenn auch nur in zurückhaltenden Umrissen, als er zufällig Zeit hatte, mit ihr in ihrer Wohnung in Hans Place zum Tee zu gehen.

„Es ist schrecklich, das sagen zu müssen, aber sein Tod – armer Kerl! – beendete wirklich eine Situation, die für jede Frau mit guten Gefühlen fast unerträglich geworden war. Er war nie unhöflich oder unfreundlich zu mir, sondern mein Stolz! Und die Einsamkeit." der Seele, Mr. Maxon!"

„ Trotzdem hast du es tapfer ertragen." Sein Ton verlangte subtil nach Mitgefühl, während seine Worte es verrieten.

„Ich frage mich, ob ich hätte weitermachen können! Ich schätze, ich hätte Mr. Attlebury schockieren sollen, aber ich habe mehr als einmal an eine Scheidung gedacht. Unser Zuhause – als wir zu Hause waren – war immer in Schottland gewesen. Das hätte es einfacher gemacht , und es hätte seiner Karriere nicht allzu sehr schaden können. Er hätte mich einfach verlassen und die nötige Zeit wegbleiben können, wissen Sie? Nach dem letzten – dem letzten Ärger – hat er mir das angeboten, wenn ich es gewollt hätte.

„Sie müssen einer erheblichen Versuchung ausgesetzt gewesen sein."

„Ja. Aber dann begann sein Gesundheitszustand zu versagen, und – und die Dinge kamen anders. Ich musste bleiben und mich um ihn kümmern; und so wurden wir am Ende bessere Freunde. Ich ertrage jetzt wirklich keine Bosheit mehr."

„Ich denke, in dieser Frage bin ich mit Attlebury einverstanden, wissen Sie.“

„Ja, das nehme ich an. Aber gibt es denn nicht Raum für Zweifel?“

„Das glaube ich kaum, Lady Rosaline.“

„Oh, aber dann ist es manchmal schwer!“ murmelte sie und blickte ins Feuer. „Glauben Sie, dass nichts daran liegt, dass die Straftat selbst eine Auflösung darstellt? – Dass es der Täter selbst – oder sie selbst – ist, der trennt, und nicht der Richter, der sich lediglich um die rechtlichen Konsequenzen kümmert?“

„Nein, das kann ich nicht sehen.“ Er hielt inne, runzelte die Stirn und fuhr dann fort: „Ich kann verstehen, dass ein Mann behauptet, es sei ein Rat zur Perfektion und nicht eine absolut verbindliche Regel – ich meine, dass ein Mann es versuchen sollte, aber wenn es sich als über seine Kräfte hinaus erweist, er könnte nicht absolut verurteilt werden.

„Tut es dir weh, darüber zu reden?“

„Nicht für Leute, die es verstehen.“

„Wie seltsam, dass sie dich nicht besser verstanden hat! Stört es dich, wenn ich das sage?“

„Hätte ich jemals Zweifel an der inhaltlichen Berechtigung der Sache gehabt, hätte ihr späteres Verfahren diese vollständig ausgeräumt.“

„Ja, sie werfen ein Licht zurück, nicht wahr?“

Cyril Maxon brachte mehr Licht ins Dunkel, indem er die absurden Anschuldigungen darlegte, die seine Frau vor ihrer Abreise gegen ihn erhoben hatte. Er äußerte sie so ehrlich er konnte; Sie waren für ihn so unvernünftig, dass er nicht im Geringsten davor zurückschreckte, sie einem unparteiischen Richter vorzulegen. Sie schienen Lady Rosaline ebenso unvernünftig zu sein. Sie war sich ihrer selbst ebenso sicher wie Frau Lenoir; Sie hatte keine Angst, „zerquetscht“ zu werden. (Vielleicht hat es ihr dabei ein wenig geholfen, „Lady Rosaline“ zu sein.) Und Winnies angebliche Beschwerden blieben so weit hinter ihrer eigenen Geschichte von Unrecht zurück, dass sie wie eine lächerlich unzureichende Ausrede wirkten.

„Ich kann sie genauso wenig verstehen wie du“, sagte sie.

„Es hat wirklich keinen Sinn, mehr über sie zu sagen, Lady Rosaline. Es ist eine Frage des Charakters.“

„Und sie ist jetzt tatsächlich mit diesem Mann Ledstone zusammen?“

Er breitete die Hände aus und senkte den Kopf. Es war sowohl Antwort als auch Kommentar genug.

„Sie würden wohl heiraten, wenn sie könnten?"

Cyril Maxon war nicht schnell darin, die zarten Stimmungsnuancen einer Frau zu erkennen; Da hatte Winnie zumindest recht. Er konnte den unterschwelligen Mitleidsklang in Lady Rosalines Stimme nicht erkennen. Es war tatsächlich nur eine Andeutung. Er machte eine weitere Geste – diesmal voller ausgeprägter Ungeduld und Abscheu. Lady Rosaline lächelte schwach und wechselte das Thema.

Als er sie verlassen hatte, saß sie nachdenklich am Feuer. Sie war eine Witwe mit wenigen schönen Erinnerungen und keinem liebevollen Bedauern; sie war kinderlos; Trotz ihrer guten Verbindungen war sie keineswegs reich; Sie konnte es sich nicht leisten, viel in der von ihr gewünschten Art zu reisen oder viele Gäste zu unterhalten. Und sie war dreiunddreißig. Als sie ihre Lage als Ganzes betrachtete, hatte sie keine rosige Sicht darauf. „In ein paar Jahren werde ich bestimmt aussteigen" – so fasste sie ihre Aussichten zusammen – keine heitere Zusammenfassung, das muss man zugeben. Sie hatte weder die Zufriedenheit einer Mrs. Ladd noch den philanthropischen Eifer einer Miss Fortescue. Sie hatte eine Menge Ehrgeiz, eine Vorliebe für Luxus und (wie gesagt) ein lobenswertes Selbstvertrauen. Trotz all ihrer anmutigen Sanftmut war sie selbst meisterhaft und mochte herrschaftliche Männer eher, als dass sie sie fürchtete. Cyril Maxon zog sie trotzdem an, weil er Winnie „vernichtet" hatte. „So ein armes kleines Ding!" So lautete ihr Urteil über Winnie, die sie ein halbes Dutzend Mal getroffen hatte. Und er war sehr aufstrebend. Sie erinnerte sich an die genauen Worte, die er über „einen Rat zur Vollkommenheit" gesagt hatte.

Es bedarf wenig Scharfsinn, um eine Übereinstimmung zwischen der Interpretation einer Regel als Ratschlag zur Vollkommenheit und der Lehre von den Grenzen menschlicher Ausdauer festzustellen. Tatsächlich kommen sie auf ziemlich dasselbe hinaus und werden, zu Recht oder zu Unrecht, plausibel oder unplausibel, bei fast denselben Gelegenheiten und unter sehr ähnlichen Umständen herangezogen . Wenn dir ein Mann leicht auf die eine Wange schlägt, drehst du die andere um. Aber wenn er die erste Wange sehr hart trifft? Wenn er dich zwingt, eine Meile mit ihm zu gehen, wirst du dann zwei mit ihm gehen? Macht die Annehmlichkeit der Straße keinen Unterschied? Wenn er deinen Mantel nimmt, soll er dann auch deinen Mantel nehmen? Etwas könnte sich auf den relativen Wert der beiden Kleidungsstücke auswirken. In solchen Fällen trifft die Menschheit Anpassungen; und Anpassungen sind nicht auf eine bestimmte Klasse von Denkern beschränkt.

Cyril Maxon hatte dem Vorschlag von Lady Rosaline, der Täter selbst solle die Krawatte durchtrennen, kaum Beachtung geschenkt. Sie hatte es einem Artikel mit katholischer Gesinnung entnommen, in dem die Behörden darauf hingewiesen wurden, nur um sie zu widerlegen. Sein logischer Verstand erkannte, dass die Situation ziemlich verblüffende Konsequenzen mit sich brachte; Denn wenn eine Handlung trennen kann, kann eine Handlung binden. Aber er lehnte seine eigene Vorstellung vom Rat der Vollkommenheit nicht so leicht oder bereitwillig ab. Als er vor Gericht argumentierte, hätte er dafür gute Argumente vorbringen können. Er argumentierte im Forum seines eigenen Gewissens und fand Argumente und Präzedenzfälle. Doch erst nach und nach erlangte es überhaupt Gehör beim Richter, und das nur durch geschicktes Plädoyer; Denn auf den ersten Blick waren die Autoritäten, vor denen er sich beugte, allesamt dagegen. An dem Morgen, als Mr. Ledstone im Tempel vorsprach, schienen sie absolut und sofort schlüssig gewesen zu sein. „Kein Verfahren!" Außer als Ausdruck seiner eigenen Haltung maß Maxon der Äußerung, die für den Zuhörer so eine Erleichterung darstellte, keine Bedeutung bei. Es war in keiner Weise ein Versprechen; es war lediglich ein Ausdruck der gegenwärtigen Absicht. Nach welcher denkbaren Theorie hatte die Ledstone-Familie das Recht, von ihm Pfand zu verlangen? Wenn es überhaupt ein Versprechen war, dann galt es ihm selbst und der Denkschule, der er angehörte. Zu den Ledstones? Niemals!

So begann sich der langsame, verborgene Strom seiner Gefühle einen neuen Kanal zu bahnen – einen Weg um den Fels der Prinzipien herum, der ein direktes Vorankommen versperrte. Es gab eine weitere Veränderung in ihm. Eine Frau – seine Frau – hatte ihn als einen Mann bezeichnet, mit dem man unmöglich zusammenleben konnte. Er hatte insgeheim, fast unbewusst, Angst davor, dass die Welt ihr zustimmen würde. Er suchte Mitgefühl und versuchte es zu zeigen; Aus Angst, missverstanden zu werden, bemühte er sich um Verständnis. Er hat einen ziemlichen Erfolg daraus gemacht. Die Leute sagten, er sei doch ein Mensch und Mrs. Maxon hätte es sehen sollen. Die Arbeit, die Winnie geleistet hatte, brachte sie noch mehr in Verruf; es ist kein ungewöhnlicher Fall. Die Rebellen werden erschossen, ausgepeitscht oder müssen aus dem Königreich fliehen. Aber in der Verwaltung werden Reformen eingeführt, und diese lassen die Rebellen noch schuldiger erscheinen – denn natürlich würden die Reformen sowieso eingeführt, wenn die Rebellen nur ein wenig Vertrauen und ein wenig Geduld gehabt hätten. Wer hat es nicht schon unzählige Male in der Zeitung gelesen?

„Seine kleine Frau kann nicht gewusst haben, wie man mit einem Mann umgeht", sagte die alte Frau Ladd, die zwei Ehemänner hatte, von denen der erste eine überfeierliche Seele und der zweite ein Hypochonder war.

„Der Pfarrer hat die höchste Meinung von ihm", bemerkte Miss Fortescue.

Frau Ladd lächelte. „Er wird keine so hohe Meinung von ihm haben, wenn er hinter Rosaline Deering her ist."

Miss Fortescue war schockiert und interessiert. „Meine Liebe, besteht dafür eine Chance?"

Mrs. Ladd schürzte die Lippen. „Ich selbst sehe darin keinen großen Schaden", sagte sie.

„Oh, Frau Ladd! Wenn der Pfarrer Sie gehört hätte!"

„Wenn Sie nach dem Tod Ihres Mannes wieder heiraten dürfen –"

„Es ist erlaubt, aber es ist nicht unbedingt empfehlenswert, oder?"

„Nun, nach der Theorie des Pfarrers sehe ich letztlich keinen Unterschied zwischen den beiden Fällen – oder zumindest keinen großen." Mrs. Ladd zerstörte ihre Logik, indem sie zur schmerzlichen Überraschung ihrer Freundin ein Zugeständnis machte. Sie hätte dabei bleiben sollen, dass es überhaupt keinen Unterschied gab. Dann hatte sie einen Streit über Attleburys Theorie; „nicht viel" kam der Sache gefährlich nahe.

Spekulationen über Mr. Attleburys Haltung beschränkten sich nicht nur auf diese guten Mitglieder seiner Herde. Es hatte einen festen Platz in Cyril Maxons eigenen Gedanken, sobald er über die Idee nachzudenken begann, sich von der rechtlichen Bindung der Ehe zu befreien – und danach seine Situation zu überdenken. Aber hier kam die Eigenart des Mannes ins Spiel und beeinträchtigte die Loyalität des Kirchenmanns. Er hatte Attlebury eine freiwillige Loyalität gegeben. Aber wenn Attlebury versuchte, einen erzwungenen Gehorsam zu erpressen? Cyrils Gesicht verhärtete sich bei dem Gedanken. Winnies größtes Vergehen bestand darin, dass sie sich nicht „anpassen" wollte. In seinem Herzen forderte er, dass auch der Priester und die Kirche sich anpassen, seine Dienste und seinen Wert anerkennen und gegebenenfalls einen Ausweg für ihn finden sollten. Die Theorie des „Ratschlags zur Vollkommenheit" schien bei näherer Betrachtung immer mehr ein möglicher Ausweg zu sein, und schon begann er in Vorfreude einen Groll gegen den Mann oder die Institution zu verspüren, die das Gegenteil sagen sollte. Er ärgerte sich im Voraus über solch ein Diktat, solch einen Eingriff in eine Ansicht, die gewissenhaft von einem Mann vertreten wurde, von dem alle zugeben müssen, dass er aufrichtig und fromm ist – und darüber hinaus ein sehr wertvoller Anhänger.

Unter den verschiedenen Einflüssen, die dafür sorgten, dass das Projekt, sich zu befreien, in seinem Kopf konkrete Formen annahm, war zweifellos zuerst Rosaline Deering zu nennen, aber sie war nicht die einzige Frau, die zählte. So wie sie erledigt war, aus seinem Leben, hatte auch Winnie Maxon ihren Anteil an der Arbeit. Er verspürte den ursprünglichen Wunsch, ihr „zu zeigen", wie Kinder sagen – ihr zu zeigen, dass sie nicht die Macht hatte, sein Leben zu zerstören, dass es Frauen gab, die klüger waren als sie, Frauen, die es nicht für unmöglich hielten, mit ihm zusammenzuleben, es aber tun würden Ich halte es für ein großes Glück, seine Frau zu werden. Sobald er an Rosaline Deering zu denken begann, dachte er häufiger an seine Frau, stellte die beiden Frauen sozusagen in Opposition und verlieh Rosaline alle Tugenden, die Winnie so offensichtlich gefehlt hatten. Sogar eine so zufällige Sache wie Rosalines Höflichkeitstitel zählte in diesem Zusammenhang; Es würde helfen, Winnie von ihrer eigenen Bedeutungslosigkeit zu überzeugen, von der viel größeren Karriere als ihrer eigenen, die sie vergeblich zu zerstören versucht hatte. Als sie kaum mehr als eine Vagabundin war – er hat die Dinge nicht gnädig ausgedrückt –, hat Mr. Justice und Lady Rosaline Maxon unterhalten sich möglicherweise in der Devonshire Street – oder vielleicht am Berkeley Square.

Als die Gerichtshöfe zu den Weihnachtsferien aufstanden, reiste er nach Paris, und Lady Rosaline war so gnädig, keinen Hehl daraus zu machen, dass seine Anwesenheit dort dazu beitrug, dass sie auch zu einem kurzen Besuch kam. Einige der Sehenswürdigkeiten machten sie zusammen, sie führten viele Gespräche am Feuer, und dort – am selben Weihnachtsabend, an dem Winnie zu Shaylor's Patch und Godfrey Ledstone zum Woburn Square gegangen waren – erzählte er ihr, dass er sich sein Glück ausgedacht hatte Ich denke daran, die rechtliche Auflösung seiner unglücklichen Ehe anzustreben.

„Ich habe die Frage von allen Seiten betrachtet und mein Gewissen beruhigt", sagte er. „Jetzt muss ich eigenverantwortlich handeln."

In den letzten Worten klang erwartungsvoller Trotz gegen Mr. Attlebury – ein Trotz, der andeutete, dass die Befriedigung seines Gewissens noch nicht ganz vollständig war. Vielmehr hatte sich sein Gewissen mit den anderen Einflüssen abgefunden und unter ihrem Druck den Ausweg akzeptiert.

„Ich denke, ich kann mit Fug und Recht behaupten, dass die Umstände außergewöhnlich sind." Er beugte sich zu ihr vor und fragte: „Du verurteilst mich nicht?"

„Was ist meine Meinung wert? Du weißt viel mehr darüber, kannst dir viel besser ein Urteil bilden."

„Aber ich möchte wissen, dass ich Ihre gute Meinung, Ihre Wertschätzung nicht eingebüßt habe, wenn ich hoffen darf, dass ich sie jemals erlangt habe."

„Nein, ich verurteile Sie nicht, wenn Ihr eigenes Gewissen es nicht tut, Mr. Maxon." Sie stand auf und stützte sich mit dem Ellenbogen auf den Kaminsims, den Rücken ihm halb zugewandt. Die Pose brachte die Anmut ihrer großen Figur gut zur Geltung; Sein Blick ruhte zufrieden auf ihr.

„Danke", sagte er. „Das – das bedeutet mir sehr viel, Lady Rosaline."

Ihr Ellbogen ruhte auf dem Kaminsims, ihr Gesicht auf ihrer Hand; ihr Mund war verborgen. Doch ohne dass er es bemerkte, verzog sich ein Lächeln über ihre Lippen. Seine Worte waren völlig anständig – von einem Mann, der noch verheiratet war –, aber sie waren deutlich genug. „Ich kann ihn haben, wenn ich ihn will“, fasst die angenehme Schlussfolgerung der Dame wahrscheinlich ziemlich treffend zusammen.

Kapitel XV

FRAU. NIEMAND

Trotz des unangenehmen Telegramms ermutigte ihr Besuch in Shaylor's Patch Winnie in zweierlei Hinsicht. Es bremste die Gewissenserforschung, die die natürliche und häufige Folge drohenden Scheiterns ist; Durch den Beweis, den es ihr von Stephens Zuneigung und Dick Dennehys treuer Bewunderung lieferte, stärkte es das Vertrauen ihrer Frau in ihre Macht, ihren Mann zu halten. Schließlich war Mabel Thurseley nicht sehr hübsch; Mit dem Meer zwischen Godfrey und Woburn Square gäbe es allen Grund zur Hoffnung. Sie träumte vom italienischen Himmel. Sie erinnerte sich zwar daran und erkannte seine Freiheit an, sie im Rahmen ihrer Vereinbarung zu verlassen, doch dies stand für sie nicht im Vordergrund. Die natürliche Frau kämpfte – und sie kämpft, so könnte man annehmen, ganz gleich, unabhängig von ihrem gesetzlichen Status oder ihren vertraglichen Rechten.

Sie hatte Godfrey die geplante Ankunftszeit im Atelier telegrafiert und erwartete, ihn dort anzutreffen; Denn sicherlich wäre die leichte Kälte mittlerweile besser? Er war nicht da; doch anscheinend war die Kälte besser, denn er war früher am Tag dort gewesen. Der alte irische Diener überbrachte ihr diese Neuigkeiten und sah sie auf eine Weise an, die Winnie für etwas seltsam hielt. Die Frau blieb eine Minute lang an der Tür stehen und blickte sich im Zimmer um. Sie schien halb im Gedanken, noch etwas zu sagen, und halb im Gedanken, es nicht zu sagen. Am Ende sagte sie nichts und ging schweigend hinaus – in der Regel war sie geschwätzig –, als ihre Herrin ihr sagte, dass sie nach dem Auspacken alle notwendigen Befehle erteilen würde. Winnies Gedanken waren noch in derselben Nacht bei der Idee, Godfrey zu entführen.

So kurz ihre Abwesenheit auch gewesen war, das Studio wirkte irgendwie fremd; Es hatte weniger den „bewohnten" Look, den sie als angenehmes Merkmal damit assoziierte. Sie überflog es mit erwachender Neugier. Die Tafel, auf der er sein Zeichenpapier ausspannte – was war daraus geworden? Sein Tabakglas stand nicht an seinem gewohnten Platz; Seine technischen Bücher fehlten in dem dafür vorgesehenen Regal. Er musste trotz der Kälte Lust auf Arbeit gehabt haben und kam, um sie zu holen; das würde zumindest die Tafel und die Bücher erklären, wenn nicht auch das Tabakglas. Sie ging in Richtung Küche, um sich nach dem Diener zu erkundigen, blieb aber plötzlich mitten im Raum stehen. Sie blieb einen Moment stehen, dann drehte sie sich scharf um und ging die Treppe hinauf, die zu den Schlafzimmern führte – nicht zum Auspacken, denn sie ließ ihren eigenen Koffer und ihre Ankleidetasche auf dem Boden des Ateliers liegen.

Sie ging langsam die Treppe hinauf, entschlossen ruhig, aber mit klopfendem Herzen und einem Hauch lebhafter Farbe auf ihren Wangen. Die Tür seines Schlafzimmers stand weit offen. Die Möbel waren alle an ihrem Platz; der Toilettentisch war nicht leerer, als sein Besuch am Woburn Square ausmachte; Die kleine Uhr, die sie ihm geschenkt hatte, tickte auf dem Kaminsims. Aber Winnie ging direkt zur Kommode und öffnete und schloss schnell eine nach der anderen. Sie waren alle leer. Die Garderobe ergab das gleiche Ergebnis. Alle seine Kleider waren verschwunden und seine Stiefel – alle. Sie ging zurück zum Treppenabsatz und öffnete die Tür eines Schranks, in dem normalerweise sein Koffer verstaut war; Es war weg. Vorbereitung für einen längeren Aufenthalt – irgendwo! Doch die Kälte war so viel besser, dass er an diesem Morgen das Atelier besuchen konnte, wo er zweifellos all diese Dinge mitgenommen hatte – alle, nicht nur Zeichenbrett, Bücher und Tabakdose.

Sie zog schnell in ihr eigenes Zimmer. Es war alles wie immer; aber sie hatte gedacht, dass es vielleicht einen Brief geben würde. Keiner war sichtbar. Eine merkwürdige Stille, fast eine Trostlosigkeit, schien über dem kleinen Zimmer zu herrschen; Auch es bekam plötzlich etwas Unbewohntes. Sie ließ sich in einen Korbsessel sinken und saß dort einige Minuten lang ganz still. Dann sprang sie schnell wieder auf und rief: „Oh, aber Unsinn!"

Sie versuchte empört, die Überzeugung abzuwehren, die ihren Geist beherrschte. Sicherlich würde und könnte er es nicht so machen? In ihren seltenen Überlegungen zu ihrem möglichen Abschied, den sie ausgehandelt hatten, hatte es immer keinen Streit gegeben, geschweige denn Vorwürfe, sondern viel freundschaftliche Diskussion, einen ruhigen Überblick über die Situation, wahrscheinlich eine Vereinbarung, es für eine längere oder längere Zeit noch einmal zu versuchen Es dauert kürzer, bis eine reife und weise Entscheidung getroffen wird, die der Vernunft, wenn nicht sogar den Gefühlen beider, zufriedenstellend ist. Aber das wäre pures Weglaufen – im wahrsten Sinne des Wortes vor ihr, vor dem Problem, vor der Situation. Es könnte nicht sein. Es muss eine Erklärung geben.

In der kleinen, schäbigen Behausung waren Geräusche gut zu hören. Sie hörte, wie es an der Haustür klingelte – und saß da und lauschte auf seine Stimme, die sie rief, auf seinen Schritt über den Studioboden und darauf, wie er die Treppe hinaufkam. Es kam weder eine Stimme noch ein Schritt; außerdem hätte er – seltsamerweise hatte sie sich vorher nicht daran erinnert – natürlich seinen Hausschlüssel benutzt. Sie stand auf, zog ihre Jacke aus, nahm ihren Hut ab, legte ihn auf das Bett, blickte auf ihr Haar und ging dann langsam wieder die Treppe hinunter.

Amy Ledstone stand mitten im Studio; Das Klopfen war von ihr gewesen. Dann wusste Winnie sofort Bescheid, und im nächsten Moment legte sie ihre

Rüstung an. Ihr Ton war kühl und ihr Auftreten selbstbeherrscht; Sie müssen nicht beide Feiglinge sein – sie und Godfrey!

„Wie geht es Ihnen, Miss Ledstone? Sie sind gekommen, um mir etwas zu sagen?"

"Ja." Amy Ledstone war weder cool noch selbstbeherrscht. Ihre Stimme zitterte heftig; Es war eine offensichtliche Anstrengung für sie, nicht ins Schluchzen auszubrechen. „Er – er liebt dich immer noch; er hat mir gesagt, ich soll dir das sagen."

„Ich habe dir gesagt, du sollst es mir sagen! Ist das nicht ziemlich seltsam ? Sie setzte sich, während sie sprach.

„Nein, danke. Aber er kann es nicht ertragen, dich zu sehen; er kann sich selbst nicht vertrauen. Er sagte mir, ich solle das sagen. Er sagte, du würdest verstehen – dass du ein – Verständnis hättest. Aber er konnte es nicht ertragen es, sich zu verabschieden.

„Er kommt nicht zurück?"

„Er war am Sonntag wirklich ziemlich schäbig – also blieb er. Und – und am Sonntagabend hatte Mutter einen schlimmen Anfall; wir waren wirklich beunruhigt."

Winnie nickte. Immer von Anfang an ein gefährlicher Feind – das schwache Herz der Mutter!

„Mutter war den ganzen Tag bei ihm gewesen – sie wollte ihn nicht verlassen. Ich nehme an, sie wurde übermüdet, und da war die Anspannung der Situation; und Papa – mein Vater – brach am nächsten Morgen bei Godfrey aus; und Ich war in der Weihnachtsnacht bei ihm ausgebrochen.

"Du?" In der Frage lag ein Anflug von Vorwurf.

„Ja, ich habe ihm gesagt, dass er sich entscheiden muss. Er hat wirklich die ganze Zeit mit Mabel geschlafen. Also habe ich ihm gesagt –"

"Ich verstehe." Sie lächelte schwach. „Der arme Junge kann kein schönes Weihnachtsfest gehabt haben, Miss Ledstone!"

„Wir waren alle bei ihm, alle drei!" Sie streckte plötzlich ihre Hände aus. „Versuchen Sie zu verstehen, dass er auch etwas zu ertragen hatte. Und das hatten wir – wenn wir so darüber nachdenken. Für andere Menschen außer dir war es schwer. Vater wird alt, und Godfrey ist nur noch Mutter und ich –"

Winnie nickte, da sie den gebrochenen Satz verstand.

„Ich habe kein Wort gegen ihn oder einen von euch gesagt. Er hatte das Recht, das zu tun, was er getan hat, obwohl er es auf eine Weise getan hat, von der ich nicht gedacht hätte, dass er es tun würde."

„Er traut sich selbst nicht und Mutter – oh!" Ihr verlorenes Gemurmel endete hoffnungslos im Nichts.

„Mutter! Ja! Wie viele Dinge gibt es da zu bedenken! Ich hatte mir gerade vorgenommen, ihn euch allen wegzunehmen, ihn ins Ausland zu bringen. Ich hätte es tun können, wenn ich ihn hier gefunden hätte." . Vielleicht könnte ich es noch tun – ich frage mich?"

Amy zitterte unbehaglich unter dem nachdenklichen Blick ihrer Begleiterin.

„Vielleicht schreibe ich auch Briefe – wie Sie es früher getan haben – und arrangiere geheime Treffen. Er hat mir gegenüber nichts über Miss Thurseley gesagt – ich nehme nicht an, dass er Miss Thurseley etwas über mich sagen würde. Aber er hat mich die ganze Zeit getroffen." Ich glaube, das ist auch seine Art; nur vor deinem letzten Besuch wusste ich es nicht."

„ Tatsächlich wird er nicht lange an Mabel denken. Er ist so – so zerbrochen."

Winnie hob leicht die Brauen; Sie fing an, sich darüber eine eigene Meinung zu bilden – eine Meinung, die Godfrey gegenüber wahrscheinlich nicht allzu großzügig sein würde.

Amy sprach mit offensichtlicher Anstrengung und einem Hauch von Scham. „Mutter hat mich angefleht und gebetet, dass ich versuche, dich zu überreden –" Sie brach erneut ab.

„Um ihn in Ruhe zu lassen? Ich nehme an, sie würde es tun. Sie denkt, dass ich den ganzen Schaden angerichtet habe? Was ihn betrifft, nehme ich an, dass ich das getan habe. Wenn wir es auf die übliche Art und Weise angegangen wären, hätte er das wirklich nicht getan." überhaupt gelitten.

Wieder überkam Amys unangenehmes Schaudern; Sie war nicht damit vertraut, ständig über die Laufbahn der Welt nachzudenken; Es war ihr ebenso wenig in den Weg gekommen wie das Liebesspiel.

„Du kannst deiner Mutter sagen, dass ich ihn in Ruhe lasse. Dann hoffe ich, dass es ihr besser geht."

„Oh, ich verstehe dich nicht!"

„Nein? Na ja, ich habe Godfrey nicht verstanden. Aber in deinem Fall spielt es keine Rolle. Warum solltest du das wollen? Ihr könnt mich alle von heute an aus euren Gedanken verbannen."

„Ich kann nicht!" rief Amy; „Das werde ich nie schaffen!" Plötzlich kam sie zu Winnie, und als sie ziemlich unbeholfen vor ihr stand, brach sie in Tränen aus. „Wie kannst du so hart sein?" sie stöhnte. „Sehen Sie nicht, dass ich furchtbar unglücklich für Sie bin? Aber es ist aussichtslos, es Ihnen sagen zu wollen. Sie sind so – so hart. Und ich muss nach Hause, wo sie sein werden –"

Winnie lieferte das Wort: „Jubelnd? Ja." Sie runzelte die Stirn. „Du weinst, und ich nicht – es ist ziemlich lustig. Ich frage mich, ob ich weinen werde, wenn du weg bist!"

„Oh, liebst du ihn oder nicht?"

Winnies Brauen hoben sich erneut. Angesichts dessen, was an diesem Tag geschehen war, der plötzlichen Offenbarung Godfreys und der abrupten Veränderung, die seine Tat in ihren Beziehungen zu ihm hervorgerufen hatte, schien die Frage eine unwirkliche Einfachheit der Gefühle zu implizieren, einen scheinbar unkomplizierten Kontrast zwischen zwei Zuständen Gefühl, distanziert einander gegenüberzustehen. Eine solche Vorstellung entsprach in keiner Weise ihren gegenwärtigen Gefühlen gegenüber Godfrey Ledstone. Der Mann, den sie liebte, hatte das getan, was sie nicht verzeihen konnte – liebte sie ihn? Doch wenn sie ihn nicht liebte, warum konnte sie ihm dann nicht vergeben? Wenn sie ihn nicht liebte, war es eine Kleinigkeit, dass er sich schämte und weglief. Aber wenn er sich schämte und weglief, wie könnte sie dann lieben? Liebe und Verachtung, Zärtlichkeit und Abstoßung schienen in einem Gewebe aus komplizierten, fast unauffindbaren Mustern verwoben zu sein. Wie konnte sie das Amy Ledstone beschreiben?

„Ich schätze, ich liebe meinen Godfrey, aber er scheint nicht derselbe zu sein wie deiner. Ich kann es nicht besser ausdrücken. Und du liebst deinen und nicht meinen. Ich denke, das ist alles, was wir dazu sagen können."

Auch Amy hatte ihre Gefühlskomplikationen. Sie trocknete ihre Augen und sagte traurig: „Das stimmt nicht über mich. Deines gefällt mir am besten – wenn ich weiß, was du meinst. Er war jedenfalls ein Mann. Aber ich weiß auch, dass es böse ist, sich so zu fühlen."

Winnie sah zu ihr auf. „ Natürlich müssen Sie es für böse halten – das verstehe ich durchaus –, aber Sie verstehen mehr, als ich dachte", sagte sie. „Und du glaubst nicht, dass ich ihn missbrauche? Es käme mir überhaupt nicht böse vor – wenn ich den richtigen Mann getroffen hätte. Aber ich habe es nicht getan. Das ist alles. Und diese Art des Endes scheint es zu sein." Irgendwie verunreinigt das Ende alles. Er hatte das Recht zu gehen, aber er schämt sich und ich könnte es auch Ich hasse ihn fast dafür.

„Wir haben ihn beschämt. Du musst uns hassen."

„Ich mag dich. Und – nein – wie könnte ich deinen Vater und deine Mutter hassen? Sie haben mir kein Versprechen gegeben; ich habe ihnen aufgrund eines Versprechens nichts gegeben. Aber ihm habe ich alles gegeben, was ich hatte; nicht viel, ich weiß, aber trotzdem – alles.“

Amy legte ihre behandschuhten Hände umeinander. Sie war jetzt ruhiger, aber ihr Gesicht war schmerzverzerrt. „Ja, das stimmt“, sagte sie. Dann kam sie abrupt zum Vorschein und erzählte, was in den letzten zehn Minuten hinter ihren gesprochenen Worten steckte, was sie zu sagen hatte, bevor sie sich dazu durchringen konnte, Winnie zu verlassen. „Auf jeden Fall hast du Mut . Godfrey ist ein Feigling.“

Winnies Lippen verzogen sich zu einem seltsamen Lächeln. „Nicht! Wo bleibt mir das übrig? Oh ja, es stimmt mit ihm, nehme ich an. Das ist mein Fehler.“

Amy ging zurück zum Kaminsims; sie hatte ihren Muff darauf gelassen. Sie nahm es und ging zur Tür. „Ich gehe. Ihr habt bestimmt genug von uns allen!“

Winnie hatte den ehrlichen Wunsch, gerecht zu sein, ja, freundlich zu sein und die Freundlichkeit zu erwidern, die ihr offensichtlich entgegengebracht wurde, und zwar trotz einer tiefsitzenden Missbilligung. Aber diese Grenzen der Belastbarkeit waren wieder einmal erreicht. Sie hatte tatsächlich genug von den Ledstones; nicht einmal ihr Mann hätte stärker unter diesem Gefühl leiden können. Sie hat sich Mühe gegeben.

„Oh, du und ich trennen uns, Freunde“, rief sie der sich zurückziehenden Gestalt ihres Besuchers hinterher. Ohne sich umzudrehen, schüttelte Amy traurig den Kopf und wurde ohnmächtig. Ihre Mission wurde erfüllt.

Fast unmittelbar nachdem Amy gegangen war, kam die Dienerin, Dennehys alte Irin, mit Tee und Buttertoast herein. Sie stellte einen Stuhl an den Gasherd und einen kleinen Tisch.

„Machen Sie es sich bequem, mein Lieber“, sagte sie.

„Hat er Ihnen etwas gesagt, Mrs. O’Leary?“

„Er sagte, er würde seine Verwandten im Norden für eine Weile besuchen.“ Dann, nach einer Pause: „Kopf hoch, Mama. Es gibt genauso guten Fisch – —!“ Und die alte Frau schlurfte hinaus.

Das war eine lustige Aussage! „Es gibt genauso guten Fisch ——!“ Aber Winnies taubes Gehirn war auf einem anderen Weg; Sie ging den Implikationen von Mrs. O'Learys Bemerkung nicht nach. Es kam auch nicht die zärtliche Stimmung an, über deren Beginn sie spekuliert hatte, als sie sagte: „Ich frage mich, ob ich weinen werde, wenn du gegangen bist.“ Sie wehrte sich auch nicht mehr gegen die Ledstones und den Woburn Square. Ihre Gedanken wanderten zurück zu ihrem eigenen Abschied von ihrem Mann. „Jedenfalls stand ich Cyril gegenüber – wir hatten es raus", war der Refrain ihrer Gedanken, seltsam beharrlich, als sie vor dem Herd saß, ihren Tee trank und ihren Toast aß und die Wärme genoss, wirklich (obwohl es seltsam schien) nicht so sehr elend wie äußerst kämpferisch, ohne Muße, sich dem Elend hinzugeben, mit dem Rücken zur Wand und der Welt – dem Riesen –, die bedrohlich gegen sie vorrückt. Weil ihr spezieller kleiner Wall völlig eingestürzt war, wurde das Dach von ihrem Unterschlupf weggeblasen, ihr Lebensplan lag in Trümmern – eine Situation, die Mrs. O'Learys sprichwörtliches Sprichwort fröhlich bekämpfte, die aber in Wirklichkeit nicht leicht zu bewältigen war. Ihr Boot war nicht zum Angeln unterwegs; Es war hoch und trocken an einem kargen Strand gestrandet. „Ich habe Cyril gegenübergestanden!" Immer wieder kam es zu Stolz und bitterem Groll. Hier wurde sie mit einer für einen schwachen Geist typischen *Auflösung* konfrontiert – plötzlich, gewalttätig und feige zugleich.

Sie rauchte zwei oder drei Zigaretten – Ledstone hatte ihr diese Gewohnheit beigebracht, von der sie in ihren Maxon-Tagen nicht einmal geträumt hätte – und die Zeiger der Uhr drehten sich. Es schlug halb sieben. Es diente als praktische Erinnerung an unmittelbare Ergebnisse. Sie hatte kein Abendessen bestellt; Wenn ja, gab es niemanden, mit dem man es essen konnte. Es gab niemanden, mit dem man den Abend verbringen konnte. Sie würde allein im Haus schlafen müssen; Mrs. O'Leary musste sich um ihre Familie kümmern und kam um neun Uhr nach Hause, um zu Abend zu essen und zu Bett zu gehen. Sie muss nicht essen, aber sie muss den Abend verbringen und schlafen, ohne Gesellschaft, ohne schützende Anwesenheit im ganzen Haus. Das kam mir wirklich ziemlich schrecklich vor.

Ihr Gepäck lag noch ausgepackt auf dem Boden des Studios. Sie hatte keinen weiteren Gedanken darüber verschwendet; sie tat es jetzt. „Soll ich heute Abend zu Shaylors Patch zurückkehren?" Es war eine sehr verlockende Idee. Sie stand auf, fast entschlossen; sie würde dort Mitgefühl finden; sogar die Tränen könnten kommen. Sie wollte gerade in ihr Schlafzimmer gehen, um Hut und Jacke wieder anzuziehen, als es erneut klingelte. Einen Moment später hörte sie eine fröhliche Stimme fragen: „Mrs. Ledstone zu Hause?"

„Aber ich bin nicht mehr Mrs. Ledstone. Und auch nicht Mrs. Maxon! Ich sehe nicht ein, dass ich irgendjemand bin."

Der Gedanke ging ihr gerade noch durch den Kopf, bevor Bob Purnett von Mrs. O'Leary hereingeführt wurde.

„Mr. Purnett, Mama. Den Whiskey finden Sie an der gewohnten Stelle, und die Limonade." Es war bekannt, dass Bob keinen Einfluss auf den Nachmittagstee hatte.

„Ich dachte, Sie würden zurückkommen, Mrs. Ledstone. Wo ist Godfrey? Ich habe eine freie Nacht und ich möchte, dass Sie und er zum Essen kommen und in eine Halle gehen. Sagen Sie jetzt nicht nein! Ich bin „So einsam! Macht Ihnen diese Zigarre nichts aus, oder, Frau Ledstone?"

Es schien eine Menge „Mrs. Ledstone' darüber; aber sie wusste, dass das Bobs gute Manieren waren. Außerdem war es ein kleiner Punkt. Wie viel Offenheit war im Moment erforderlich? Auch das war nicht der Hauptpunkt. Der Hauptpunkt war: „Hier ist ein freundlicher Mensch; Wie muss ich ihn aufgrund der Situation behandeln?

Es war ein Punkt, der in der Theorie schwierig zu berücksichtigen war; in der Praxis brauchte es überhaupt nichts. Winnie klammerte sich in ihrem Meer der Verzweiflung an die Planke.

„Godfrey bleibt über Nacht bei seinen Leuten; er hat einen Schnupfen. Ich wusste es nicht, also bin ich trotzdem von den Aikenheads zurückgekommen." – Wie oberflächlich! – „Und ich bin auch ziemlich einsam, Mr . Purnett.

Er setzte sich neben sie an den Ofen. „Nun – ähm – der alte Godfrey hätte nichts dagegen, oder?"

„Du meinst – dass ich alleine kommen soll? Mit dir?"

„Häng auf, wenn er Schüttelfrost bekommt, und bleib am Woburn Square! Das kommt einem nicht besonders festlich vor!" Er blickte sich im Studio um und schüttelte sich ironisch.

„Ist es nicht!" sagte Winnie. „Soll ich Sie überraschen, Mr. Purnett, wenn ich Ihnen sage, dass ich noch nie in meinem Leben mit einem Mann außer Mr. Maxon und Godfrey allein auswärts gegessen oder ins Theater gegangen bin?"

Sie verwirrte Bob bis zur Verzweiflung, oder besser gesagt, sie hätte es getan, wenn er das Problem nicht schon vor langer Zeit aufgegeben hätte. „Ich glaube es, wenn Sie es sagen, Mrs. Ledstone", erwiderte er unterwürfig. „Aber Godfrey und ich sind so gute Freunde. Warum solltest du das nicht tun?"

„Das werde ich", sagte Winnie.

Er erhob sich mit heiterem Eifer. „In Ordnung. Wir treffen uns um Punkt acht im Café Royal . Ich bin froh, dass ich reingeschaut habe! Er lachte fröhlich.

„Das tut Godfrey völlig recht", sagte sie mit ihrem leicht flackernden Lächeln.

Mrs. O'Leary freute sich über die Aufgabe, eines von Winnies beiden Abendkleidern zu schnüren – das bessere von beiden, wie man am Rande bemerken darf.

„Du hättest hier ganz alleine Moped fahren können, meine Liebe!" sagte sie, und es schien sicherlich eine mögliche Vermutung zu sein.

An Bob Purnetts Verhalten beim Abendessen im Café Royal gab es nur einen Fehler. Es war recht freundlich und fröhlich; es war nicht weit entfernt; aber es war eher überwältigend respektvoll. Es erkannte und betonte die Tatsache, dass Godfrey Ledstone Eigentum an ihr hatte (die Sache lässt sich kaum anders ausdrücken) und dass Bob vollkommen damit einverstanden war. Es wurde beteuert, dass in diesem kleinen Ausflug keine Spur von Verrat lauerte. Er äußerte sogar immer wieder den Wunsch, dass Godfrey bei ihnen wäre. Und er nannte sie „Mrs." Ledstone' jeden zweiten Satz. Es gab nie jemanden, der die strengsten Regeln des Kodex religiöser befolgte als Bob Purnett.

Doch er befand sich in einer Situation, die er nicht kannte und deren Natur er (wie ihm nur zu gut bewusst war) nur sehr wenig verstand. Winnie sah sehr hübsch aus, aber sie lächelte unergründlich. Zumindest lächelte sie zunächst. Plötzlich schlich sich ein Anflug von Verärgerung in ihr Verhalten. Sie gab ihm reichlich „Mr." zurück. Purnett's' als Gegenleistung für seine 'Mrs. Ledstones.' Das Gespräch wurde für Bob tatsächlich förmlich, eher langweilig. Er verstand sie immer weniger.

Nach Winnies äußerst grober und nicht weniger irritierter Berechnung war es das einhundertvierte „Mrs." „Ledstone" des Abends – der zum Ausdruck kam, als sie in einem Taxi vom Restaurant zum ausgewählten Vergnügungsort fuhren –, dass ihre Geduld wie im Handumdrehen nachließ und ihr bitterer Humor sich durchsetzte.

„Um Himmels Willen, nennen Sie mich heute Abend nicht mehr ‚Mrs. Ledstone'!"

„Äh?" sagte Bob und nahm seine Zigarre aus dem Mund. „Was haben Sie gesagt, Frau Led – Oh, ich bitte um Verzeihung!"

„Ich sagte: ‚Nennen Sie mich nicht', Mrs. Ledstone" – sonst werde ich verrückt."

„Wie soll ich dich dann nennen?" Er versuchte, sie nicht anzustarren, warf aber einen scharfen Blick aus dem Augenwinkel.

„Gehen wir auf Nummer sicher – nennen Sie mich Mrs. Smith", sagte Winnie.

Mit welchen Worten kamen sie im Musiksaal an.

Kapitel XVI

Ein Wort mit Freude

Die hervorragende Unterhaltung, die ihnen geboten wurde, linderte Winnies Verärgerung und Bob Purnetts große Neugier. In Musikhallen gibt es keine „Intervalle". sie wechselten zu schnell von Ablenkung zu Ablenkung, als dass sich viel Gelegenheit zum Gespräch bot; und während des „Orchesterzwischenspiels", mitten im Programm, verließ Bob seinen Platz auf der Suche nach Erfrischung. Als sie herauskamen, war das Thema „Mrs. Smith war zwischen ihnen nicht weiter vorgerückt.

Winnie lehnte das Abendessen ihrer Eskorte ab. Mittlerweile war sie erschöpft und verspürte, obwohl sie es nicht wahrhaben wollte, einen kindischen Instinkt – da sie in diesem verlassenen Haus schlafen musste –, ihren Kopf vor Mitternacht zwischen den Laken zu verstecken. Dieses Ziel könnte ihr ein schnelles Taxi vielleicht ermöglichen.

Auch beim Anfahren des Taxis kam die Versuchsperson nicht schnell voran. Winnie lehnte sich in träger Müdigkeit in die Kissen zurück und war nicht bereit, an diesem Abend noch mehr über ihre Angelegenheiten nachzudenken. Bob saß ihr gegenüber und nicht neben ihr, aus Angst, sein Zigarrenrauch könnte sie stören. Sie schloss oft die Augen; Dann gönnte er sich einen vorsichtigen Blick auf ihr Gesicht, während die Straßenlaternen es bei ihrem schnellen Vorbeigehen erleuchteten. Sie sah überaus hübsch aus und würde mit nur ein wenig Make-up noch hübscher aussehen – tatsächlich „umwerfend"; denn sie war sehr blass, und das Leben hatte bereits drei oder vier zarte, aber unverkennbare Falten um Augen und Mund gezeichnet. Bob erlaubte sich, sie mit größerer Aufmerksamkeit zu betrachten, als er ihr jemals zuvor entgegengebracht hatte, und mit einer neuen Art von Aufmerksamkeit – aus eigener Sicht als Mann, nicht nur als respektvoller Kritiker von Godfrey Ledstones Geschmack. Denn diese Bemerkung von ihr, dass man sie nicht „Mrs. „Ledstone" – unter Androhung des Wahnsinns – machte einen Unterschied. Vielleicht bedeutete es nur einen Streit – oder, wie er es nannte, einen „Streit". Vielleicht bedeutete es mehr; vielleicht war zwischen ihr und Godfrey „alles aus" – eine endgültige Trennung.

Was auch immer die Bemerkung bedeutete, der Stand der Dinge, den sie andeutete, rückte Winnie stärker in den mentalen Horizont ihrer jetzigen Begleiterin. Streitereien und Trennungen waren für ihn durchaus vertraute Phänomene. Die Wahrheit könnte höher gestellt werden; Streitigkeiten waren die notwendige Begleiterscheinung und Trennungen das unvermeidliche Ende sentimentaler Freundschaften. Sie kamen früher oder später mehr oder weniger häufig; aber sie kamen. Die zunehmende Häufigkeit von Streitereien kündigte in der Regel eine Trennung an. Aber manchmal kam der „große Krach" ganz plötzlich – ein Sturm aus heiterem Himmel, ein plötzlicher Hurrikan, bei dem die Konsortialschiffe den Kontakt zueinander verloren – oder eines ging unter, während das andere davonsegelte. Für Bob Purnett war das alles vertrautes Terrain; er hatte es oft gesehen, er hatte es erlebt, er hatte darüber gescherzt und auf seine Weise philosophiert. Was er nicht verstanden hatte – obwohl er gewissenhaft vorgetäuscht hatte, es zu akzeptieren –, war die Heiligkeit und Dauerhaftigkeit eines Bandes, das, wie wirklich jeder wissen musste, weder heilig war noch von Dauer sein würde. Da war er überfordert; Als es zu Streitigkeiten und Trennungen kam, spürte Bob, wie seine Füße den Boden berührten. Und tief in seinem Herzen war er immer davon überzeugt gewesen, dass Godfrey Ledstone, ganz gleich, was Winnie glauben mochte, genauso empfand wie er. Natürlich musste Godfrey etwas anderes vortäuschen – nun ja, das Gesicht gegenüber von Bob im Taxi war eine kleine Vortäuschung wert.

Winnie sprach zwei- oder dreimal kurz über die Aufführung, die sie gesehen hatten, sagte aber nichts mehr über sich selbst. Als sie an ihrer Tür ankamen, sagte sie ihm, er solle das Taxi behalten.

„Weil ich nichts für Sie zu essen habe, und ich glaube, Sie haben sogar den Whisky ausgetrunken! Danke für meinen Abend, Mr. Purnett."

Er ging mit ihr durch den kleinen Hof bis zur Tür. „Und Sie sehen müde aus wie ein Hund", bemerkte er – mit einer gelungenen Unterdrückung von „Mrs." Ledstone.' „Was du willst, ist ein guter Schlaf, und – und am Morgen wird alles heller aussehen. Darf ich dich bald besuchen?"

„Wenn ich hier bin, kannst du das natürlich. Aber ich habe mich noch nicht entschieden. Vielleicht gehe ich zurück aufs Land, zu den Aikenheads, meinen Cousins – wo ich Godfrey kennengelernt habe, wissen Sie."

Er konnte einer Frage nicht widerstehen. „Ich sage, gibt es Ärger? Du weißt, wie ich euch beide mag. Gab es einen Streit?"

Sie lächelte ihn an. „Godfrey ist jeder Gefahr aus dem Weg gegangen. Ich möchte nicht darüber reden, aber Sie können es genauso gut wissen. Godfrey ist weggegangen."

„Oh, aber er wird zurückkommen, Mrs. – Er wird zurückkommen, ich meine, wissen Sie."

„Niemals. Und ich will ihn nicht. Frag mich nicht mehr – jedenfalls heute Abend." Mit freundlichem Druck reichte sie ihm die Hand. "Gute Nacht."

„Guter Gott! Nun, es tut mir leid. Ich sage, du wirst mich jetzt nicht schneiden, oder?"

„Ich habe nicht so viele Freunde, dass ich einen guten schneiden müsste. Wenn du jetzt sofort losfährst, bist du rechtzeitig zurück, um woanders etwas zu Abend zu essen.“ Sie lächelte erneut, und in der Sehnsucht nach Trost gestand sie ihm – und ihr selbst – ihre kindlichen Ängste ein. „Und ich möchte es mir im Bett gemütlich machen, bevor die Gespenster herauskommen! Ich fühle mich ziemlich einsam. Also nochmal gute Nacht.“ Er hatte eine letzte Vision ihres kleinen, blassen Gesichtes, als sie langsam und widerstrebend, wie es ihm vorkam, die Tür schloss. Es folgte ein lautes Bolzenrasseln.

„Nun, ich bleibe jedenfalls draußen“, überlegte Bob philosophisch, als er zurück zum Taxi ging. Aber seine Gedanken waren mit dem Bild der stolzen, verlassenen Frau beschäftigt, die allein in dem leeren Haus war, sehr allein auf der Welt und ziemlich Angst vor „Gespenstern“. Seine ganze natürliche Herzensgüte wurde in Mitleid und Mitgefühl für sie geweckt. „Ich möchte ihr eine wirklich schöne Zeit bereiten“, dachte er. In dieser Hinsicht war sein Impuls ehrlich gesagt selbstlos. Aber auch das Bild des blassen, zarten Gesichts blieb bei ihm. Die beiden Aspekte seines Impulses vermischten sich; Er sah keinen Grund, warum sie das nicht tun sollten, wenn zwischen ihr und Godfrey Ledstone wirklich alles in Ordnung wäre. „Ich denke, sie mag mich ganz gut – ich frage mich, ob sie das tut!“ Um ihm gerecht zu werden, verlangte er nicht ein übertriebenes Maß an Hingabe als Gegenleistung für „gute Zeiten“, die er vielleicht bieten konnte. Wenn es für zwei Menschen mit guter Laune, gesunder Verdauung und viel Geld so einfach ist, sich zu amüsieren, warum sollte man sich dann alles verderben, indem man zu viel verlangt? Sicherlich könnten er und Winnie sich amüsieren? Die Idee blieb ihm im Gedächtnis hängen. Noch einmal: Warum sollte es für ihn nicht so sein? Sein bisheriges gewissenhaftes Verhalten beruhte auf der Loyalität gegenüber Godfrey Ledstone. Offenbar wurde er durch die Tat seines Freundes von der Verpflichtung entbunden. „Er kann nicht sagen, dass ich das Spiel nicht gespielt habe, solange das Ding gedauert hat“, dachte Bob mit berechtigter Selbstzufriedenheit.

Das Morgen einer Katastrophe ist vielleicht schwerer zu ertragen als die Stunde, in der sie uns trifft. Die Aufregung, mit dem Schicksal zu kämpfen, ist verschwunden; aber die Wunden schmerzen und die blauen Flecken tun weh. Körperlich erfrischt durch den Schlaf – ein Schlaf, der glücklicherweise nicht durch Angriffe von außen oder gespenstische Besucher im Haus unterbrochen wurde – nahm Winnie ihren Mut zusammen, um dem Ruf nachzukommen. Ihre Aufgabe war nicht einfach, aber dennoch klar. Sie würde nicht um ihren Godfrey Ledstone weinen; Sie würde versuchen, nicht an ihn zu denken und ihre Gedanken auch nicht in die frühen Tage mit ihm zurückschweifen zu lassen. Sie würde und musste an den anderen Godfrey denken, den am Woburn Square. Welche Frau würde um einen solchen

Mann weinen – außer seiner Mutter? Sie würde ihre Gedanken auf ihn richten, bis sie an keinen von ihnen mehr zu denken brauchte. Sie musste an sich selbst denken – an das, was sie getan hatte und was sie jetzt tun sollte. Beim ersten Punkt gab sie einen Fehler zu, aber keine Schande – einen Fehler, der nicht prinzipiell oder theoretisch war, sondern nur ein Fehler ihres Mannes; hinsichtlich des zweiten muss sie eine Entscheidung treffen.

Kurz bevor sie sich einigermaßen an diese Aufgabe gewöhnt hatte, bekam sie Besuch. Um halb elf – für sie noch zu früh, um unterwegs zu sein – traf Mrs. Lenoir erschien.

„Ich habe gestern Abend im Carlton Grill-Room zu Abend gegessen“, erklärte sie, „mit ein paar Mädchen, die ich zum Theaterstück mitgenommen hatte, und Bob Purnett kam herein. Er fuhr mich nach Hause, und – ich nicht.“ Ich weiß, ob er es hätte tun sollen – aber er hat mir von einigen Schwierigkeiten hier erzählt. Da ich also eine alte Frau bin, die sich einmischt, bin ich vorbeigekommen, um zu sehen, ob ich von Nutzen sein könnte. Ihr Benehmen war heute weniger stattlich und herzlicher. Außerdem sprach sie mit einer gewissen Offenheit. „Sehen Sie, ich weiß etwas über so etwas, meine Liebe.“

Winnie unterschied ihre „Art von Sache“ natürlich sehr weit von „der Art von Sache“, auf die sich Mrs. Lenoir vermutlich bezog, aber sie machte kein Geheimnis aus dem Stand des Falles oder ihrer eigenen Einstellung dazu . „Ich akzeptiere es absolut, aber die Art und Weise, wie es gemacht wurde, tut mir bitter weh.“

„Oh, du kannst es so ausdrücken, mein Lieber; aber du bist ein Mensch wie der Rest von uns, und natürlich hasst du es, wenn er dir weggenommen wird. Soll ich jetzt versuchen, was ich tun kann?“

„Nicht für die Welt! Kein Wort, kein Zeichen! Es ist mein Fehler, und ich stehe dazu. Wenn er zurückkäme, wäre es nie mehr dasselbe. Es war wunderschön; jetzt wäre es beschämend.“

Frau Lenoir lächelte zweifelnd; Sie hatte ein unvollständiges Verständnis der Denkweise.

„Sehr gut, das ist geklärt. Und ich für meinen Teil denke, dass Sie ihn gut los sind. Ein schwaches Geschöpf! Lassen Sie ihn ein Mädchen aus Bloomsbury heiraten, und ich hoffe, sie wird ihn in Ordnung halten. Aber was sind Sie? werde ich tun?“

„Ich weiß es nicht genau. Stephen und Tora würden mich so lange nach Shaylor's Patch zurückgehen lassen, wie ich wollte.“

„Oh, Shaylor's Patch! Immer und immer wieder über alles reden!“

Für Winnie war der Anflug von Ungeduld in der Stimme ihrer Freundin amüsant deutlich zu hören. „Du meinst, je weniger ich darüber rede, desto besser?" fragte sie lächelnd.

„Nun, Sie haben damit nicht gerade einen Erfolg gehabt, oder?" Die Art war freundlicher als die Worte.

„Und ich habe meine Ehe auch nicht gerade zu einem Erfolg gemacht", überlegte Winnie verwirrt und traurig. Denn wenn sowohl Orthodoxie als auch Unorthodoxie schief gehen, was soll eine arme Menschenfrau dann tun? „Nun, wenn ich nicht nach Shaylor's Patch gehen darf – zumindest im Moment –, muss ich hier bleiben, Mrs. Lenoir; das ist alles. Das Studio läuft auf meinen Namen, weil ich eine bessere Sicherheit bieten könnte als Godfrey, und ich kann bleiben, wenn Ich möchte."

„Nicht sehr fröhlich – und das kann nur diese dreckige alte Irin für dich tun!"

„Oh, bitte beschimpfen Sie Mrs. O'Leary nicht. Sie ist mein einziger Trost."

Mrs. Lenoir sah sie mit etwas weniger als ihrem üblichen Selbstvertrauen an. In einem ausgesprochen zweifelnden und zögernden Ton stellte sie ihre Frage: „Ich konnte Sie nicht überreden, zu mir zu kommen und sich eine Weile mit mir – im doppelten Sinne – abzufinden?"

Winnie war überrascht und berührt; Für ihre verzweifelte Stimmung war jede Freundlichkeit eine große Freundlichkeit.

„Das ist wirklich nett von dir", sagte sie und drückte für einen Moment Mrs. Lenoirs Hand. „Es ist – barmherzig."

„Ich bin jetzt eine alte Frau, meine Liebe, und die meisten meiner Freunde werden auch alt. Trotzdem schauen ab und zu ein paar junge Leute vorbei. Wir sind überhaupt nicht schwul, aber du wirst dich wohlfühlen, und du Du kannst dich ausruhen, während du dich umsiehst. In Mrs. Lenoirs Skizze ihres Privatlebens lag ein Anflug von Erklärendem, Beruhigendem.

„Was gut genug für dich ist, ist gut genug für mich, weißt du", bemerkte Winnie mit einem Lächeln.

„Oh, ich bin mir nicht so sicher! Oh, ich spreche nicht von leiblichem Komfort und so weiter. Aber mir scheint, du erwartest so viel von – von jedem."

Winnie nahm die Hand, die sie gedrückt hatte, und hielt sie fest. "Und du?" Sie fragte.

„Kümmere dich nicht um mich. Du bist jung und attraktiv. Erwarte nicht zu viel. Sie nehmen, was sie können."

"Die, welche?"

„Männer", sagte Frau Lenoir. Dann blitzte aus diesen fernen, nachdenklichen, nicht mehr sehr hellen Augen für einen Moment das schelmische Funkeln auf, für das sie einst berühmt gewesen war. „Aber ich habe ihnen das Beste gegeben, was ich bekam", sagte sie. „Und jetzt – kommst du?"

Winnie lachte. „Nun, denkst du, ich sollte dieses leere Grab bevorzugen?" Sie fragte. Ja – leer und ein Grab – treffende Worte für das, was das Studio jetzt war. „So nett warst du bei Shaylor's Patch nicht – obwohl du immer Dinge gesagt hast, die mich zum Nachdenken gebracht haben."

„Bei Shaylor's Patch haben sie alle ihre Köpfe in die Luft gesteckt – liebe Kreaturen!"

„Ich werde den Aufenthalt bei dir genießen. Ist das wirklich praktisch?" Frau Lenoir lächelte. „Oh, aber das ist eine dumme Frage, denn ich weiß, dass du es ernst meinst. Wann darf ich kommen?"

„Keinen Moment später als heute Nachmittag."

„Nun, die Wahrheit ist, ich hatte keine Lust, noch einmal hier zu schlafen. Ich schätze, ich hätte zu Shaylor's Patch gehen sollen."

Wieder lächelte Frau Lenoir. „Du bist voller Mut, aber du bist kaum hart genug, meine Liebe. Wenn ich versage, wird Shaylor's Patch später doch reichen, nicht wahr?"

„Ich werde dich blamieren. Ich habe nichts zum Anziehen. Wir waren – ich bin sehr arm, wissen Sie."

„Ich würde jedes Pfund meiner Bank und jeden Fetzen von meinem Rücken für eine Linie Ihrer Figur geben", sagte Frau Lenoir. „Ich war einmal schön, weißt du, meine Liebe." Ihre Stimme klang großzügig und anerkennend. „Dir geht es sehr gut – im *zierlichen* Stil, Winnie." Aber damit meinte sie offenbar etwas anderes als ihr „schön". Nun, es war eine Frage der Geschichte.

An diesem Nachmittag kam es dann zu einer bemerkenswerten Veränderung in Winnies äußeren Bedingungen. Anstelle des trostlosen, ungemütlichen Studios voller Erinnerungen, die zu glücklich oder zu unglücklich waren – es schien nichts zwischen den beiden zu geben, und die Gegensätze trafen aufeinander –, bevölkert und mit „Gespenst"-Potenzial versehen, wenn man es nicht visualisierte, gab es Mrs. Lenoirs luxuriöse Wohnung in Knightsbridge , vollgestopft mit allen modernen Annehmlichkeiten, wie die Auktionatoren sagen. Der Unterschied war mehr als äußerlich. Sie war kein Wrack mehr – sie blieb entweder im Studio zurück oder zog zurück nach Shaylor's Patch. Zweifellos könnte man sagen, dass sie aus Nächstenliebe aufgenommen wurde. Obwohl Winnie die Wohltat voll und ganz anerkennte, besaß sie dennoch genug Verstand, um zu erkennen, dass die

Wohltätigkeitsorganisation diskriminierend war. Nicht für sie war sie unscheinbar gewesen, nicht für sie war sie uninteressant! In gewisser Weise hatte sie es verdient. Und in gewisser Weise hatte sie auch das Gefühl, dass sie sich an Godfrey Ledstone und am Woburn Square rächen würde. Hier könnte eine Parallele zwischen ihren Gefühlen und denen von Cyril Maxon gezogen werden. Sie hatten dafür gesorgt, dass sie nichts zählte; Sie hatte das Gefühl, dass sie bei Mrs. Lenoir noch zählen könnte. Die Trauer und der Schmerz blieben, aber zumindest war dies nicht die Endgültigkeit. Sie hatte unter dem schrecklichen Verdacht gelitten, dass sowohl Shaylor's Patch als auch das einsame Studio auf ihre unterschiedliche Weise waren. Hier hatte sie ein neues Lebensgefühl, eine mögliche Zukunft. Doch auch hier verlor sie zum ersten Mal, seit Godfrey sie verlassen hatte, die Fassung, und die Tränen kamen – ziemlich bald, zehn Minuten nach Mrs. Lenoirs Begrüßung.

Frau Lenoir verstand. „So, du bist nicht mehr so wütend", sagte sie. „Sie beginnen zu begreifen, dass es passiert sein muss – mit diesem Kerl! Jetzt wird Emily es Ihnen bequem machen und Sie bis zum Abendessen ins Bett bringen. Dafür brauchen Sie nicht aufzustehen, es sei denn, Sie möchten. Da ist nur der General." kommt; es ist eine seiner Nächte.

Oh, der Trost einer guten Emily – einer Magd, nicht zu jung und nicht zu alt, nicht zu flatterhaft und nicht zu mürrisch, leichtfüßig, mitfühlend, vollkommen verstehend, dass ihre Dame das Recht hat, sich viel bequemer zu fühlen als je zuvor dachte daran, sie selbst zu sein! Zu Maxons Zeiten hatte Winnie ein Dienstmädchen besessen. Sie schienen weit weg zu sein, und noch nie hatte es eine so gute gegeben wie Mrs. Lenoirs Emily. Sie war ungefähr zur gleichen Zeit wie Herr Lenoir in Mrs. Lenoirs Leben getreten, aber mit einer Wirkung, die ein unparteiischer Beobachter nicht nur als dauerhafter, sondern auch wesentlich wichtiger anerkennen musste – abgesehen davon, dass Lenoir das Geld hinterlassen hatte, das sie hinterlassen hatte machte Emily möglich. Mrs. Lenoir hatte das Geld bezahlt – mit fünf Jahren Treue und Dienst.

Winnie ruhte zwischen herrlich feinen Laken – es war ja wie in der Devonshire Street, ohne Cyril Maxon! – und sah zu, wie Emily geschickt ihre Garderobe aussortierte. Es war nicht ausreichend. Einige der Auswirkungen der Maxon-Tage, die sie auf ihrer eiligen Flucht zurückgelassen hatte; Die meisten anderen waren abgenutzt. Aber es gab Relikte ihrer vergoldeten Sklaverei. Diese bewunderte Emily taktvoll; die bescheideneren Einkäufe von „Mrs. „Ledstone" verstaute sie kommentarlos. Ebenfalls kommentarlos, aber mit außergewöhnlichem Fingerspitzengefühl legte sie das untere von Winnies beiden Abendkleidern hin.

„Es kommt niemand außer dem General, Miss", sagte sie.

„Warum nennt sie mich jetzt ‚Miss‘ – und wer ist der General?" Diese beiden Probleme tauchten in Winnies Kopf auf, erforderten jedoch keine sofortige Lösung. Sie waren nicht wie die Fragen der letzten Tage; Sie ähnelten eher Shaylor's Patch-Rätseln – interessant, aber nicht dringend, bereit, auf eine freie Stunde oder einen regnerischen Tag zu warten und Platz für eine strahlende Sonne oder ein Toben mit Alice zu machen. Sie machten nun Winnies großem körperlichen Trost Platz, ihrem Gefühl der Rettung aus dem trostlosen Studio, ihrer Ruhe vor dem Gefühl der Endgültigkeit und des Scheiterns. Als sie dort lag – in einer ruhigen Stunde zwischen Emilys geschicktem und wohltätigem Auspacken und Emilys Rückkehr, um ihr das minderwertige Kleid anzuziehen (gut genug für diesen unerklärlichen General), wurde ihr mit großer Überraschung klar, dass sie das war, was jeder vernünftig denkende Mensch nennen würde Glücklich. Obwohl das große Experiment gescheitert war, obwohl Godfrey in diesem Moment am Woburn Square war, obwohl Mabel Thurseley existierte! „Na ja, ich war so müde", entschuldigte sie sich beschämt.

Sie betrat rechtzeitig das kleine, aber hübsche Wohnzimmer. Doch Mrs. Lenoir war vor ihr da, in ein Teekleid gekleidet, und sah, wie Winnie auffiel, eher wie Mrs. Siddons aus – eine fröhliche Mrs. Siddons, wie die große Frau tatsächlich im Privatleben gewesen zu sein scheint .

„Ich habe meine Sachen früher ausgepackt, um dich allein zu lassen, Emily", sagte die Gastgeberin. Offensichtlich war sie nicht davon überzeugt, dass ihr etwas zugestoßen war.

„Was für eine Liebe sie ist!" Winnie kam zum Feuer und stand dort, ein schlankes Wesen, und wärmte sich an Kleidungsstücken, die das willkommene Feuer leicht durchdringen konnte.

„Eine ziemliche Entdeckung! Der General hat sie zu mir geschickt. Ihr Mann war Sergeant-Major in seinem Regiment – gefallen in Südafrika."

Wieder der General! Aber Winnie verschob diese Frage. Ihre Lippen verzogen sich amüsiert. „Sie nennt mich ‚Fräulein‘."

„Besser als dieses alberne ‚Mrs.

„Ist das nicht – fast – Mrs. Lenoir?"

„Ganz schnell, mein Lieber!" kommentierte ihre Gastgeberin. „Aber wenn ja, ist es alt. Ich habe Emily erzählt, dass du eine Cousine zweiten Grades bist. Ich weiß nie genau, was es bedeutet, aber meiner Erfahrung nach ist es ziemlich nützlich. Aber bitte dich selbst, Winnie. Wer wirst du sein?"

„Hat Emily geglaubt, was du ihr gesagt hast?"

Das Funkeln kam wieder. „Sie ist eine viel zu gute Dienerin, um diese Frage jemals zu stellen. Wie war Ihr Name?“

„Mein Mädchenname ? Wilkins.“

„Ich finde Namen, die auf ‚kins‘ enden, sehr hässlich“, sagte Frau Lenoir. „Aber eine Modifikation? Was ist mit Wilson? ‚Winnie Wilson‘ ist ziemlich hübsch.“

„‚Miss Winnie Wilson‘? Ist das nicht ziemlich – na ja, ziemlich spät am Tag? Aber ich möchte nicht Ledstone sein – und es ist ziemlich unfair, mich immer noch Maxon zu nennen.“

„Namen“, bemerkte Mrs. Lenoir, „sind wirklich nicht der Mühe wert, solange man den Stolz der Leute nicht verletzt. Früher hatte ich ein fetischartiges Gefühl dabei – als ob man das nicht könnte, meine ich Werde das weg, mit dem du geboren wurdest, oder, mein Lieber, nimm eins, auf das du kein besonderes Recht hattest. Aber eines Abends, vor langer Zeit, brachte jemand – ich weiß wirklich nicht mehr wer – einen Oxford-Don zum Abendessen , und er erzählte mir, dass ein großer Philosoph – wenn ich mich recht erinnere, Dobbs hieß – einen Namen definierte als „ein Wort, das nach Belieben genommen wird, um als Zeichen zu dienen.“ Sie schaute über den Kaminvorleger und erwartete zuversichtlich Winnies Zustimmung. „Es hat mir gefallen und es ist mir im Gedächtnis geblieben.“

„Es macht die Dinge tatsächlich einfacher, Frau Lenoir.“

„Wohlgemerkt, ich würde keinen großartigen Namen annehmen, auf den ich kein Recht hätte. Courtenays und Devereauxes im Refrain sind sehr schlecht in Form. Aber ich verstehe nicht, warum Sie nicht Wilson sein sollten. Und die ‚Miss‘ vermeidet viele Fragen.“

„In Ordnung. Sei es Miss Winnie Wilson! Es klingt wie ein neues Spielzeug. Und nun, Mrs. Lenoir, zu dem anderen Problem, das Emily angesprochen hat. Wer ist der General?“

Frau Lenoir mochte ihre junge Freundin, dachte aber möglicherweise, dass sie ein wenig unverschämt würde. Nicht, dass es ihr etwas ausgemacht hätte; in ihrem Herzen begrüßte sie es als eine Erholung vom Elend; bei jungen Menschen ist dies häufig der Fall.

„Wenn Sie eine Vorliebe für Männer haben – was Sie Ihren Freunden bisher nicht zu denken gegeben haben –, wird Ihnen der General sehr gefallen.“

„Wird er mich mögen?“

„Der einzige Vorteil des Alters ist, dass es mir nichts ausmacht, wenn er es tut, Winnie.“

Winnie stürzte auf sie zu. „Wie lieb warst du heute für mich!"

„Still, ich glaube, ich höre die Schritte des Generals."

Das Stubenmädchen – nicht Emily, sondern eine junge Frau, klug und ein wenig verächtlich – verkündete: „Sir Hugh Merriam, Ma'am – und das Abendessen ist serviert."

Kapitel XVII

DIE SPUR DES RAIDER

Der General war altmodisch; er mochte es, nach dem Abendessen eine Viertelstunde lang mit dem Portwein – oder sagen wir Portwein, wie er es immer tat – allein gelassen zu werden; dann gesellte er sich wieder zu den Damen, um Kaffee zu trinken und, mit deren nie angenommener, aber stets erbetener Erlaubnis, eine Zigarre im Salon zu trinken. So hatte Winnie Gelegenheit, ihre lebhafte Neugier auf den gutaussehenden alten Mann mit sanften Manieren zu befriedigen, der so viel gesehen und getan hatte, der so viel über seine Söhne sprach und zweimal in der Woche zum Essen bei Mrs. Lenoir kam.

„Ich habe mich in Ihren General verliebt. Erzählen Sie mir bitte von ihm", flehte sie ihre Gastgeberin an.

„Oh, er ist sehr angesehen. Er hat an vielen Kämpfen teilgenommen – in Indien, Ägypten, Südafrika. Er machte sich erstmals einen Namen bei der Kala-Kin-Expedition als Kommandeur der Fliegenden Kolonne. Und er erfand eine große Verbesserung der Geschützlafetten ..." er ist ein Schütze, wissen Sie – und –"

„Ich glaube", unterbrach Winnie mit einer frechen Miene des Zweifels, „dass ich etwas über ihn – und Sie, Mrs. Lenoir – gemeint habe."

„Es gibt nichts zu sagen. Wir sind nur Freunde und wir waren nie etwas anderes."

Winnie saß auf einem Hocker vor dem Feuer und rauchte ihre von Ledstone erlernte Zigarette (die offenbar das einzige sichtbare Erbe dieser Episode sein sollte). Sie sah zu Mrs. Lenoir auf, immer noch mit dieser Miene des Zweifels.

„Nun, warum sollte ich es dir nicht sagen?" sagte die Dame. „Er wollte etwas anderes und ich nicht."

„Warst du in jemand anderen verliebt?"

„Nein, aber er hatte diese Jungen – sie waren damals noch Schuljungen – mitgebracht, um mich zu sehen, und es – es schien eine Schande. Er wusste, dass es auch eine Schande war, aber – nun, Sie wissen, was manchmal passiert. Aber, durchaus Bald darauf wurde seine Frau krank und starb innerhalb von vier oder fünf Tagen an einer Lungenentzündung. Aber er ging direkt ins Ausland – ohne mich zu sehen – und blieb viele Jahre im Ausland Unfall, und er hat um Erlaubnis gebeten, anzurufen – und ich bin es auch – und er mag Abwechslung im Club. Und wie Sie sicher bemerkt haben, haben wir alle die gleichen Leute gekannt früher, und es gibt immer viel Gesprächsstoff, das ist die Geschichte, Winnie.

„Mir gefällt es. Siehst du die Söhne jemals?"

„Sie kommen alle zu mir, wenn sie auf Urlaub zu Hause sind; aber das kommt nicht oft vor."

„Aber der Major kommt nächste Woche. Der General hat es gesagt. Mal sehen, ob ich recht habe. Da ist der Major – er ist der Älteste – in Ägypten. Aber der zweite ist klüger und ist zuerst Oberst geworden; er ist es Und derjenige in Indien hat gerade erst seine Truppe bekommen, er hätte sie schon früher haben sollen, aber sie dachten, er habe zu viel Zeit für Polo, Pferderennen und private Theateraufführungen aufgewendet.

„Das ist Georgie – mein Favorit", sagte Frau Lenoir.

„Ich bin für den Major – weil ich es für eine Schande halte, dass sein jüngerer Bruder vor ihm zum Oberst ernannt wird. Ich bin froh, dass es der Major ist, der nächsten Monat auf Urlaub nach Hause kommt."

Mrs. Lenoir sah Winnie an und klopfte sich selbst auf die Schulter. Das alles war für Winnie viel besser als das leere Studio. Sie wusste, dass die Animation zum Teil eine Anstrengung war, die Fröhlichkeit war in gewissem Maße vorausgesetzt – und mutig angenommen. Aber jeder Augenblick, der vor dem Grübeln bewahrt wurde, war für Frau Lenoir sehr gut. Anderen Denkweisen zufolge hätte ein wenig Grübeln Winnie natürlich gutgetan und wäre mit Sicherheit nicht mehr gewesen, als sie verdient hätte.

Der Kaffee kam herein und kurz darauf der General. Er holte seine Zigarre hervor und brachte seine ausnahmslos entschuldigende Bitte vor.

„Bitte tun Sie es. Es macht uns beiden nichts aus, oder, Winnie?" sagte Frau Lenoir. Es gab wirklich mehr Grund, den General zu fragen, ob ihm Winnies Zigarette etwas ausmachte, die aus dem Studio stammte und kein sehr feines Aroma hatte.

Winnie blieb an ihrem Stuhl hängen und lauschte, den Blick auf das Feuer gerichtet. Zuerst drehte sich das Gespräch noch um die drei Söhne – offensichtlich war das Leben des alten Soldaten in ihnen versunken –, doch bald darauf kehrten die Freunde in alte Zeiten zurück, zu den Menschen, die sie beide gekannt hatten. Winnies Ohren fingen Namen auf, die ihr bekannt waren, Anspielungen auf Männer und Geschichten über Männer, die Cyril Maxon und seine juristischen Gäste oft erwähnt hatten. Aber heute Abend bekam sie einen neuen Blick auf sie. Es waren nicht ihre öffentlichen Leistungen, die den General und Frau Lenoir beschäftigten und amüsierten. Sie hatten sie als Vertraute gekannt und freuten sich nun daran, sich an ihre Verhaltensweisen und Schwächen zu erinnern, wie sie in den fröhlichen, gedankenlosen Tagen ihrer Jugend in Schwierigkeiten geraten waren und daraus wieder herauskamen. Zusammengenommen schienen sie fast jeden gekannt zu haben, der vor dreißig Jahren bis vor einem Vierteljahrhundert „im Schwimmen" war; Wenn der General zufällig sagte: „Sie sagten mir, ich habe ihn selbst nie getroffen", sagte Frau Lenoir immer: „Oh, das habe ich" – und *umgekehrt* .

„Es war kurz bevor meine liebe Frau starb", sagte der General einmal in einer Erinnerung.

Es herrschte einen Moment Stille. Winnie blickte nicht auf. Dann fuhr der General mit seiner Geschichte fort. Aber er brach es etwas ab und endete mit: „Ich fürchte, unsere Garne müssen dieser jungen Dame, Clara, langweilig sein."

Offensichtlich akzeptierte er Winnie völlig für bare Münze – als Miss Winnie Wilson. Die Anekdoten und Erinnerungen waren zwar vertraulich, aber äußerst anständig gewesen, in ein oder zwei Fällen sogar unwahrscheinlich; und jetzt fürchtete er, dass sie gelangweilt war von dem, was sicherlich jede intelligente Frau dieser Welt interessieren würde. Winnie war amüsiert, aber auch verärgert und wünschte, sie wäre nicht Miss Wilson geworden. Aber sie hatte einen guten Eindruck hinterlassen; Das ging aus den Worten des Generals hervor, als er sich verabschiedete.

„Bertie wird dich besuchen kommen, sobald er nach Hause kommt, Clara. Ich gehe davon aus, dass es in etwa sechs Wochen sein wird." Er wandte sich an Winnie. „Ich hoffe, du bist nett zu meinem Jungen. Er kennt nicht viele Damen in London und ich möchte, dass er einen angenehmen Urlaub hat."

„Das werde ich. Und ich wünschte, sie würden alle drei kommen, Sir Hugh."

„Das könnte in einem Familienstreit enden", sagte er mit einer höflichen kleinen Verbeugung und einem Blick aus seinen Augen, die ihre Fähigkeit, ein Kompliment zu unterstützen, nicht verloren hatten.

„Nun, ich denke, Sie haben einen positiven Eindruck hinterlassen, obwohl Sie nicht viel gesagt haben", bemerkte Mrs. Lenoir, als er weg war.

Winnie stand jetzt mit einem Fuß auf ihrem Hocker. Sie runzelte ein wenig die Stirn.

„Ich wünschte, du würdest ihm von mir erzählen", sagte sie.

Es entstand eine Pause; Frau Lenoir dachte gelassen über den Vorschlag nach.

„Ich sehe keinen großen Sinn darin, einen falschen Namen anzunehmen, wenn man es allen erzählen will, die man trifft."

„Er ist so ein Freund von dir."

„Das hat nichts damit zu tun. Wenn es nun ein Mann wäre, der Sie heiraten wollte – nun, das müsste man ihm wahrscheinlich sagen, weil Sie nicht heiraten können. Aber der General wird das nicht wollen." Das."

„Es scheint irgendwie quadratischer zu sein."

„Soll ich dann Mrs. Maxon oder Mrs. Ledstone sagen?"

Da war es! Winnie brach in ein verärgertes Lachen aus. „Oh, ich denke, wir sollten es besser lassen."

So begann Winnies Heilung durch Liebe und Zorn und durch Godfrey Ledstone. Eine veränderte Umgebung, neue Interessen, Freundlichkeit und vielleicht vor allem Wertschätzung – es war eine gute Behandlung. Auch der Lebenseinstellung von Frau Lenoir ist etwas zu verdanken. Sie hatte nichts von dem Knurren des Zynikers; Sie dachte große Dinge vom Leben. Aber sie erkannte ganz offen einige seiner Grenzen an: Wenn man einige Dinge tut, gibt es andere Dinge, die man aufgeben muss; dass von der Mehrheit erwartet werden muss, dass sie unter Androhung von Strafen Gehorsam gegenüber ihren Ansichten einfordert; Wenn Ihnen die Strafen nichts ausmachen, brauchen Sie sich auch nicht um die Aussicht zu kümmern; vor allem vielleicht, dass es sinnloser Unsinn ist, sich über die vorgesehenen Konsequenzen zu beklagen, wenn man eine bestimmte Linie eingeschlagen hat. Sie war keine Reformerin – Winnie machte das dafür verantwortlich –, aber sie war eindeutig gut darin, das Beste aus ihrer Welt zu machen, wie sie sie vorfand oder für sich selbst geschaffen hatte; und das war das Evangelium, das sie Winnie anbot, um es anzunehmen. Da es keinerlei Bußgefühle gibt, könnte man es doch fast als eine praktische Form der Buße bezeichnen.

Winnie hörte nichts von oder vom Woburn Square; Außer vielleicht Bob Purnett gab es niemanden, der ihr Neuigkeiten aus dieser Gegend mitteilen konnte, und er war verreist, da er einer Einladung zu einer zweiwöchigen Jagdreise nach Irland gefolgt war. Aber ein Echo der Vergangenheit kam von woanders – in einem Brief, der an sie in Shaylor's Patch gerichtet war, von dort an das Studio weitergeleitet wurde (sie hatte den Aikenheads noch nichts von ihrem Umzug erzählt) und nach zwei oder drei Tagen Verspätung dort zugestellt wurde Knightsbridge von Mrs. O'Leary persönlich. Es stammte von den Anwälten ihres Mannes; Sie informierten sie über seine Absicht, ein Verfahren einzuleiten, und schlugen vor, ihnen den Namen einer Firma zu nennen, die für sie handeln würde.

Winnie nahm die Andeutung mit großer Erleichterung, großer Überraschung, einiger Neugier und, das muss hinzugefügt werden, einem Anflug von böswilliger Belustigung auf. Die Erleichterung galt nicht nur ihr selbst. Ehrlich gesagt war es das auch für Cyril Maxon. Warum muss er mit seinen eigenen Händen einen lebenslangen Mühlstein um seinen eigenen Hals richten? Jetzt wollte er es wie ein vernünftiger Mann ausziehen. Aber es war ihm so unähnlich, seine Mühlsteine abzunehmen; Er war so stolz auf die üppigen Ornamente. „Was hatte ihn dazu bewogen?" fragte die Neugier; und die boshafte Belustigung deutete darauf hin, dass auch er, im Gegensatz zu allen Vorurteilen von ihr, im Gegensatz zu allem, was er ihr gezeigt hatte, seine Schwächen haben musste – in welche Richtung, war noch ungewiss. Der Schritt, den er jetzt unternahm, könnte lediglich das Ergebnis eines angesammelten Grolls gegen sie sein, oder er könnte für einen eigenen Plan oder Wunsch von wesentlicher Bedeutung sein. Man kann es Winnie verzeihen, wenn sie nicht den Gedanken hegt, dass ihr Mann aus Rücksichtnahme auf sie handelte; Sie hatte die besten Ausreden – die, völlig recht zu haben.

Im Übrigen war es nicht gerade angenehm. Aber sie schien so völlig aufgehört zu haben, Mrs. Maxon zu sein, dass es ihr im Grunde kaum etwas ausmachte, was die Leute über Mrs. Maxon sagten. Sie – ihr Maxon-Kreis, die Anwaltschaft, die Öffentlichkeit – würden ihre Provokation, ihre Prinzipien oder ihre Motive nicht verstehen; sie würden harte und verächtliche Dinge sagen. Sie war in einem sicheren Versteck; sie wollte die Dinge nicht hören. Es wäre wie das, was man von einem Mann sagt, nachdem er den Raum verlassen hat und (wie es Sir Peter Teazle in dem Stück so freundlich tat) seine Figur hinter sich gelassen hat. Davon nehmen kluge Leute keine Notiz.

Aber Godfrey? Man muss zugeben, dass der Gedanke an ihn an zweiter Stelle stand; tatsächlich drittens – nach dem Aspekt, der ihren Mann betraf, und dem, der sie selbst berührte. Aber als es dazu kam, löste es in ihr Verärgerung, Bedauern und Mitleid aus, das sogar einen Hauch der alten Zärtlichkeit in sich trug. Denn diese Entwicklung war genau das, wovor der arme Godfrey sich immer so sehr gefürchtet hatte, genau das, was er hasste, etwas, das der Situation entsprach, die er am Ende nicht ertragen konnte. Und der arme Woburn Square! Oh, und vielleicht auch die arme Mabel Thurseley! Wie viele Leute sind im Netz gefangen! Die Nachricht von der Aktion ihres Mannes trug viel dazu bei, ihr Herz gegenüber Godfrey und Woburn Square zu erweichen. „Ich wollte sie wirklich nicht noch mehr unglücklich machen oder beschämen", seufzte sie; denn hatte ihre Handlung am Ende nicht die von Cyril hervorgerufen? Aber wie Mrs. Lenoir zweifellos betonen würde, gab es keine Hilfe – abgesehen von Winnies Selbstmord, der ein äußerstes Heilmittel zu sein schien oder es getan hätte, wenn es ihr jemals in den Sinn gekommen wäre: Das war nicht der Fall.

Ihre Fürsorge war nicht fehl am Platz. Die hohen Moralisten sagen *Esse quam videri* – es kommt darauf an, was Sie sind und tun, nicht darauf, was die Leute über Sie denken oder was sie vielleicht entdecken, dass Sie etwas tun. Eine harte, hohe Lehre! „Wer es empfangen kann, der soll es empfangen." Auch Herr Cyril Maxon hatte Gelegenheit, über diese Worte nachzudenken.

Denn Winnie hatte recht gehabt. Am Woburn Square herrschte Jubel, vorläufig, als Godfrey seinen Koffer aus dem Atelier holte, und endlich und sicher (wie es schien), als Amy das Ergebnis ihrer Mission bekannt gab. Vater las seine Zeitung noch einmal in Ruhe; Die Krämpfe der Mutter ließen nach. Es herrschte Freude über den Sünder; und der Sünder selbst war nicht halb so unglücklich, wie er es erwartet – darf man sagen, gehofft? – hatte. Gnadenlose Kommentare sind fehl am Platz. Er war über seine Kräfte hinaus auf die Probe gestellt worden. Doch wenn es Sünde gewesen war, dann war es nicht die Sünde, die er bereute. Auf der Grundlage, die sie definiert und erpresst hatte, war es seiner Meinung nach von Anfang an wirklich unmöglich gewesen. Mit der Zeit musste er das erkennen. Aber er wirkte verhalten und hatte die Anmut, wenig von Miss Thurseleys Gesellschaft zu erwarten. Er nahm ein anderes Studio in einer Straße am Fitzroy Square, aß sein Abendessen und schlief im Haus seines Vaters.

Dann beruhigten sich die Dinge am Woburn Square. Dadurch, dass sie ignoriert wird, könnten Winnie und ihr Angriff auf den Ruf der Familie bald vergessen werden. Die Angelegenheit war sehr geheim gehalten worden; Das war das Tolle. (Hier scheinen Woburn Square und die hohen Moralisten beklagenswert uneins zu sein, aber die hohen Moralisten fordern auch das Sprechen und Schreiben der Wahrheit.) Es war vorbei. Es galt nicht mehr als Trotz; es wurde zu einer bloßen Indiskretion – etwas, was junge Männer hin und wieder tun werden, wenn sie von der Gestaltung von Frauen beeinflusst werden. Der Jubel war wirklich groß – wenn Amy nur etwas weniger düster ausgesehen hätte und ihrem Bruder gegenüber etwas herzlicher gewesen wäre.

„Ich verstehe das Mädchen nicht", beschwerte sich Mr. Ledstone. „Unser Ziel ist es, es ihm angenehm zu machen."

„Es ist diese Frau. Sie muss eine außergewöhnliche Macht haben", flehte seine Frau. Winnies außergewöhnliche Kraft machte es umso einfacher, ihrem Sohn Godfrey zu vergeben. Wahrscheinlich hätten nur wenige junge Männer Widerstand geleistet, und (so tief im Herzen der Mutter) hatten nicht so viele Gelegenheit, Widerstand zu leisten.

Dann kam der Donnerschlag, aus dem Jubelschrei hervorbrach. Wer hat es geschleudert? Menschliche Natur, Winnie, Lady Rosaline Deering – so wenig hatte sie auch nur vorgehabt, dem Haushalt am Woburn Square etwas Unfreundliches anzutun? Sicherlich hätten selbst die hohen Moralisten – oder sollten wir sagen die hohen Götter, die sicherlich nicht weniger und vielleicht mehr Zugeständnisse machen können? – Mitleid mit Herrn

Ledstone gehabt. Über all die Enttäuschung und Bestürzung hinaus fühlte er sich als Opfer eines groben Vertrauensbruchs. Er rauchte im Hinterzimmer im Erdgeschoss, das sein Arbeitszimmer hieß – dem Ort, an dem er die Zeitungen las und in dem er nach dem Mittagessen schlief –, auf und ab.

„Aber er sagte, es gäbe kein Verfahren. Er sagte, er glaube nicht daran. Er hat es mehr als einmal deutlich gesagt."

Mrs. Ledstone war in ihr Zimmer gegangen. Der Sünder war in sein Atelier geflohen und hatte es Amy überlassen, Mr. Ledstone die Neuigkeit zu überbringen; Amy gewöhnte sich zunehmend an dieses Büro.

„Ich nehme an, er hat es sich anders überlegt", sagte Amy mit müder Lustlosigkeit.

„Aber er hat es gesagt. Ich erinnere mich noch gut. ‚Ich glaube nicht an eine Scheidung.' Und du erinnerst dich, dass ich nach Hause kam und dir sagte, dass es kein Verfahren geben würde? Bei einem Mann in seiner Position sollte man sich auf sein Wort verlassen können! Ein Ausruf folgte einem Ausruf wie Schüsse aus einem Revolver – aber ein Revolver, der nicht ganz reibungslos funktionierte.

„Das muss wohl durch, Daddy."

„Wie kannst du das so ertragen? Was wird dein Onkel Martin sagen? Und Tante Lena – und die Winfreys? Es wird eine Aufgabe sein, das auszuleben! Und mein Sohn – ein Mann mit meiner Vergangenheit!", sagte er deutlich Sollte es zu keinem Verfahren kommen, habe ich ihn auf dieser Grundlage verlassen. Was wird Mrs. Thurseley denken? Von allen Sündern stand Herr Maxon heute auf dem Woburn Square an erster Stelle – sogar deutlich vor seiner Frau.

„Ich erwarte nicht, dass das etwas nützt."

„Amy, du bist wirklich – Na ja, Kind, ich bin halb verrückt. Ein Mann hat kein Recht, so etwas zu sagen, es sei denn, er meint es ernst. Kein Verfahren, sagte er!"

„Ich gehe davon aus, dass er es ernst gemeint hat. Ich nehme an, dass ihn etwas verändert hat."

Irgendetwas war geschehen – und Cyril Maxon kam nie in den Sinn, dass die Familie Ledstone in dieser Angelegenheit ein Mitspracherecht hatte. Er wäre erstaunt gewesen, die Interpretation zu hören, die Herr Ledstone dem Interview gegeben hatte, an das er sich nur mit lebhaftem Abscheu erinnerte, mit dem Groll, der auf ein völlig ungerechtfertigtes Eindringen zurückzuführen war. So musste der arme alte Herr zurückbleiben, der auf und ab tobte, ganz vergeblich und nutzlos gegen das Unvermeidliche schimpfte, ein Objekt des Mitleids, obwohl er mehr an die Thurseleys, an Onkel Martin, Tante Lena und die Winfreys dachte als an das Wie Sein Sohn stand auf der einen Seite gegenüber dem göttlichen oder sozialen Gesetz und auf der anderen Seite gegenüber einer verlassenen Frau? Seriosität ist im Großen und Ganzen ein guter Diener der Moral, aber manchmal sitzt der Diener auf dem Stuhl des Herrn.

Der Zustand des Täters war nicht beneidenswerter als der seines Vaters; in der Tat kam es ihm so viel schlimmer vor, dass er geneigt war, seiner Familie die Bestürzung, die sie so verschwenderisch an den Tag legten, zu gönnen und darin eine ungerechtfertigte Verschärfung einer ohnehin schon viel zu schweren Last zu finden. Nichts gibt einem Menschen vielleicht das Gefühl, schlecht behandelt zu werden, als etwas Gemeines zu tun und dann von dem Ziel abgehalten zu werden, um dessentwillen er es getan hat. Es war zweifellos eine gemeine Sache, auch wenn es in den Augen vieler Menschen das Richtige gewesen wäre – denn manchmal können wir durch unsere eigenen Handlungen in so unglückliche Situationen geraten, dass es in Wirklichkeit nichts gibt, wozu man sowohl Recht als auch Recht haben kann Tun; und es war auf gemeine und feige Weise geschehen. Doch jetzt war es nicht gut. Die Dinge schienen sich einfach ruhig zu beruhigen; Er wurde durch die tröstenden Streicheleinheiten seiner Mutter und seines Vaters beruhigt. Nun geschah es – und alles war verloren. Sein anständiger Schleier der Dunkelheit riss in zwei Teile; Er war den unhöflichen Blicken der Welt ausgesetzt, den schockierten Augen von Tante Lena und den anderen. Er hatte wahrscheinlich das Mädchen verloren, an das er als bequeme und zufriedenstellende Lösung all seiner Schwierigkeiten gedacht hatte; und er hatte die Wahrnehmung zu wissen, dass er Winnie endgültig und unwiederbringlich verloren hatte, ob er nun Mabel verloren hatte oder nicht. Jeder würde jetzt gegen ihn sein, sowohl die Männer des Gesetzes als auch die Männer des Kodex; er war den Maßstäben von keinem von beiden treu geblieben.

Er hatte nicht die Gnade, sich selbst zu hassen; das wäre ein vielversprechender Geisteszustand gewesen. Doch als er in seinem Studio am Fitzroy Square auf und ab tobte (genau wie sein Vater im Hinterzimmer am Woburn Square) und sich in ohnmächtige Wut verfiel, begann er zu spüren, dass er alle anderen hasste. Sie alle waren an seinem Verderben beteiligt – Bob Purnett und seine Leute mit ihren lockeren Moralvorstellungen, Shaylor's Patch und seine Leute mit ihren albernen Spekulationen und Aussprüchen über Dinge, von denen sie nichts wussten, Cyril Maxon, der nicht zu seinen Worten stand noch durch das, was er glaubte, Winnie mit lächerlich anspruchsvollen Theorien, Mabel Thurseley (arme, tadellose Mabel!), indem sie seine irrenden Blicke auf sich zog und ihn zum Flirten verführte, seine Eltern, indem sie sich benahmen, als wäre das

Ende der Welt gekommen, seine Schwester, weil sie verachtete ihn und hatte Mitleid mit der verlassenen Frau. Er war in einem traurigen Fall. Niemand hatte sich ihm gegenüber anständig verhalten oder verhielt sich anständig , niemand dachte von Anfang bis Ende über die enormen – die unmöglichen – Schwierigkeiten seiner Situation nach. Gab es auf der Welt keine Gerechtigkeit – und auch keine Wohltätigkeit? Was für ein Ende – was für ein Ende – dieser angenehmen Tage voller Tändelei in Shaylor's Patch! Was tief in seinem Herzen war: „Und ich hätte alles auf meine Art hinbekommen können, wenn sie mich nur gelassen hätte!"

An diesem Abend ging er nicht zum Abendessen nach Hause. Er schlich sich spät abends zurück und hoffte, dass seine ganze Familie im Bett sein würde. Doch als er die anklagende Schwester allein im Wohnzimmer sitzen sah, begründete er seine Beschwerde mit ihrer Einsamkeit. Sie nähte – und sie nähte zielstrebig und in ungebrochenem Schweigen weiter.

„Nun, wo sind alle? Haben Sie nichts zu sagen? Ich werde nach Coventry geschickt, nehme ich an?"

„ Mutter ist im Bett. Oh, ihr geht es jetzt ziemlich ruhig, du brauchst dir keine Sorgen zu machen. Papa ist in seinem Arbeitszimmer; er war müde und ich gehe davon aus, dass er eingeschlafen ist. Ich bin durchaus bereit, mit dir zu reden, Godfrey."

Vielleicht – aber ihr Ton ließ nicht auf ein fröhliches Gespräch schließen.

Er stand von dem Stuhl auf, in den er sich beim Eintreten gesetzt hatte.

„Ziemlich schwul hier, nicht wahr? Oh, ihr alle wisst doch, wie man es unter einen Hut bringt! Ich sollte mir vorstellen, dass das Leben in diesem Haus jeden Mann in zwei Wochen zum Trinken und zum Verderben treiben würde."

Amy hat angenäht. Sie hatte ein Gespräch angeboten, aber was er sagte, schien keinen Kommentar zu verlangen. Er ging zur Tür und öffnete sie gewaltsam. "Ich gehe schlafen."

„Gute Nacht, Godfrey", sagte Amy; Ihre Rede wurde durch das Klopfen der Tür erstickt.

Armer Sünder! Armes Geschöpf! Winnie Maxon könnte tatsächlich argumentieren, dass ihre Theorie nicht angemessen geprüft worden sei; Sie hatte den falschen Mann für das Experiment ausgewählt.

Hier trennten sich also – abgesehen von der einen Formalität, auf der Cyril Maxon jetzt bestand – die Wege zwischen Winnie und der Ledstone-Familie. Ihr Einverständnis war zufällig gewesen – es war seltsam, was für Menschen sich auf Shaylor's Patch trafen, Stephens Appetit auf Menschlichkeit war so unersättlich – zufällig und für alle Beteiligten unter einem schlechten Stern. Sie ließen sie nicht in ihr Leben; Sie würden nicht ruhen, bis sie sie aus ihrer verdorbenen Verbindung damit herausgeworfen hätten. Jetzt gingen sie aus ihrem heraus. Sie erinnerte sich an Godfrey als ihre große Enttäuschung, ihre verlorene Illusion, ihren Fehler; Amy streckte sozusagen freundlich die Hände über einen unpassierbaren Abgrund hinweg; Sie begegneten den alten Leuten mit Verständnis und Duldung – denn sie taten nichts anderes als das, was man ihnen und ihr selbst beigebracht hatte, es für richtig zu halten. Wie könnten die Alten ihre Vorstellungen vom Recht ändern?

Ihre Erinnerung an sie war viel schwieriger – natürlich vielleicht. Sie war eine Räuberin, eine Räuberin, eine traurig verstörende und zerstörerische Eindringerin. Schließlich war sie vertrieben worden, doch hinter ihren zurückweichenden Schritten breitete sich eine Spur der Verzweiflung aus . Tatsächlich gab es Stellen, an denen das Gras nie wieder wuchs. Die alten Leute verziehen ihrem Sohn und sind erneut stolz auf ihn. Aber Amy Ledstone hatte ihren Bruder mit einer Genauigkeit eingeschätzt, die die Liebe zerstörte; und innerhalb von zwölf Monaten heiratete Mabel Thurseley einen Börsenmakler, einen hervorragenden Kerl mit einem wachsenden Unternehmen. Sie wusste es nie, aber sie hatte zumindest Grund, Winnie Maxon gegenüber dankbar zu sein.

Godfrey kehrte zum Gehorsam gegenüber dem Kodex zurück. Dort war er zu Hause. Es war eine Luft, die er atmen konnte. Die Atmosphäre von Shaylor's Patch war nicht so – und auch nicht die des Kensington-Studios.

Kapitel XVIII

ES IST NICHTS SCHLIMMES

„Durch das Gesetz kam die Sünde –", zitierte Stephen Aikenhead.

„Er meinte nur das jüdische Gesetz. Mann, du bist hoffnungslos." Dennehy zerzauste sein Haar.

Der Februarnachmittag war mild; Stephen war ein Fan von Open-Air, vor allem von nichts anderem. Die vier saßen gut eingepackt auf dem Rasen von Shaylor's Patch – Stephen, Tora und Dennehy in rauen Landmänteln, Winnie in einem stattlichen Mantel aus Robbenfell, ein Geschenk von Mrs. Lenoir. Sie hatte begonnen, Winnie anzuziehen, trotz halbherziger Einwände und mit bemerkenswertem Erfolg.

„Aber die Sache ist", fuhr Stephen fort – dieses Mal auf eigene Faust und daher weniger maßgebend – „dass die Sünde nicht verschwindet, wenn man das Gesetz wegnimmt."

Winnies Geschichte war diesen drei guten Freunden mittlerweile bekannt. Schon jetzt wurde es eher als Problem denn als Tragödie diskutiert. Eine Entschuldigung könnte in Winnies Miene und Verhalten zu finden sein. Sie sah gut aus und war gut gelaunt, interessiert und wachsam, deutlich widerstandsfähig gegenüber den Schicksalsschlägen und dem Scheitern theoretischer Experimente. So viel Zeit und Veränderung hatten für sie getan.

„Und es scheint genauso auf alle anderen Gesetze zuzutreffen, selbst wenn er das jüdische Gesetz meinte, Dick", endete Stephen.

„Sind nicht viele Ehemänner, die genauso fest gefesselt sind wie irgendetwas oder irgendjemand sie fesseln kann, losgerissen und trotzdem weggelaufen?" fragte Tora.

„Und Ehefrauen", fügte Winnie hinzu – die es getan hatte und das Recht hatte, zu sprechen.

„Es ist wie der alte Streit um das Wahlrecht und den Landarbeiter. Ich erinnere mich, dass mein Vater mir irgendwann in den Achtzigern davon erzählte – als ich noch ein ganz kleiner Junge war. Die eine Seite sagte, der Arbeiter sollte das Wahlrecht nicht haben, bis er es war." fit dafür, der andere sagte, er würde nie fit dafür sein, bis er es hätte.

„Na ja, das ähnelt in gewisser Weise der Frauenfrage", bemerkte Tora.

„Sollen wir zuerst das Gesetz oder zuerst die Menschen ändern? Hoffen wir, dass ein besseres Gesetz bessere Menschen hervorbringt, oder sagen wir den

Menschen, dass sie kein besseres Gesetz haben können, bis sie selbst besser sind?"

„Stephen, du hast heute Nachmittag einen Funken Vernunft in dir."

„Nun, Dick, wir wollen nicht damit enden, dass wir es den Bestien und Schurken – ob männlich oder weiblich – einfacher machen."

„Ich denke, dass du heute im Großen und Ganzen etwas zu kurz kommst, Stephen. Du fühlst dich zu sehr von Winnies speziellem Fall betroffen. Ist es nicht sowieso besser, die Kerle und Schurken loszuwerden? Je schneller und einfacher, desto …" besser." Tora war wie immer kompromisslos.

„Jeder scheint einen guten Punkt dargelegt zu haben. Das ist das Rätsel", sagte Stephen, der das Rätseln offensichtlich sehr genoss.

„Oh, du bist heute nicht einmal logisch, Tora", beschwerte sich Dennehy, „was ich zugeben muss, dass du es manchmal bist, wenn du deinen falschen Grundsätzen nachläufst. Du nennst den Mann einen Rohling oder einen Schurken und dies und das." – Oh, du meintest Godfrey! Was hat der Mann getan, wozu er vielleicht nicht das Recht hatte, wenn du es siehst?

„Es ist unser eigener Beweis, den wir jetzt untersuchen, wenn Sie uns erlauben, Dick", erwiderte Stephen unbeirrt. „Wenn ein Mann darüber nachdenkt, ob er sich geirrt hat, ist es schade, ihn zu schelten; denn diese Praxis ist sowohl selten als auch lobenswert."

„Oh, du darfst gar nicht darüber nachdenken, ob ich mich geirrt habe, Stephen", rief Winnie. „Im Prinzip falsch, meine ich. Was die konkrete Person betrifft – aber ich möchte ihn nicht beschimpfen, der arme Kerl. Seine Umgebung –"

„Das ist ein verdammtes Wort, das deine Anwesenheit rettet", unterbrach Dennehy. „Wenn heutzutage ein Schurke einen schmutzigen Trick macht, schiebt er ihn seiner Umgebung zu Lasten."

„Aber genau das habe ich gemeint, Dick."

„Sag den Teufel, und du bist dem Ziel näher, Winnie."

„Das Umfeld ist hoffnungsvoller", schlug Stephen vor. „Sehen Sie, vielleicht können wir das ändern. Für Ihren *Schützling* haben wir keine Zuständigkeit."

„Vielleicht hat er dich aber eines Tages überwältigt! Oh, ich gehe spazieren und befreie meinen Kopf von all deinem Unsinn."

„Vergiss nicht, dass du versprochen hast, mich nach dem Tee zum Bahnhof zu bringen", sagte Winnie.

"Vergiss es!" rief Dick Dennehy in unbeschreiblicher Verachtung aus. „Jetzt werde ich es vergessen – ist es wahrscheinlich, Winnie?" Er ging ins Haus, um seinen Spazierstock zu holen.

Tora Aikenhead schüttelte geduldig und vorwurfsvoll den Kopf. Keine Vernunft bei Dick's, überhaupt keine Hoffnung darauf! Es war nur Dicks Meinung über sie.

Nach Dennehys Weggang herrschte kurzes Schweigen. Dann sprach erneut Stephen Aikenhead.

„Du hattest eine harte Zeit, Winnie. Tut es dir leid, dass du dich jemals darauf eingelassen hast?"

„Nein, es war das Einzige, was ich versuchen konnte; und es hat dazu geführt – oder wird es gerade –, dass ich frei bin. Aber in einer Sache habe ich versagt. Ich war viel wütender auf Godfrey, als ich hätte sein dürfen. Ich war wütend – ja, wütend, nicht nur traurig –, weil er mich verlassen hat, und weil er Angst hatte, es auf direkte Weise zu tun. Ich habe meinen Theorien dort nicht gerecht geworden.

„Ich weiß nicht, ob es meiner Meinung nach leicht ist, einer Theorie gerecht zu werden", sagte Tora. „Ist es auch leicht, der gewöhnlichen Theorie der Ehe gerecht zu werden?"

„Es ist immer wieder interessant zu sehen, wie wenige Menschen ihren Theorien gerecht werden." Stephen lächelte. „Mir scheint, dass Ihr Mann seinen Ansprüchen nicht gerecht wird."

„Nein, das ist er nicht, und das ist ziemlich tröstlich. Ich glaube nicht, dass ihm jemals in den Sinn gekommen wäre, dass er es selbst in der Praxis versuchen müsste. Eher dein eigener Fall, nicht wahr, Stephen? Das hast du noch nie getan Ich habe wirklich herausgefunden, was jede Schwierigkeit für Sie bedeuten könnte.

„Oh, ich weiß, das wird mir vorgeworfen. Ich kann nicht anders; es ist absolut unmöglich, sich mit Tora zu streiten. Und selbst ich sage nicht, dass man das Haus nur zum Spaß verlassen sollte davon!"

„Wir beweisen unsere Theorie am besten dadurch, dass die Theorie keinen Unterschied macht", sagte Tora.

„Ich nehme an, dass es am Ende nur die Versager sind, die überhaupt Theorien wollen", überlegte Winnie.

„Wahrscheinlich – mit dem erfreulichen Ergebnis, dass die praktische Bedeutung des Themas *pro tanto verringert wird, ohne es seines spekulativen Interesses zu berauben"*, lachte Stephen. „Liebe, Verbindung, Abstammung, Partnerschaft – es ist gut, sie alle zu haben, aber im Laufe des Lebens kommen viele

Menschen mit den letzten beiden klar – oder sogar nur mit der letzten. Es entwickelt sich eine ziemlich starke Bindung. Nun ja, Winnie, du scheinst ziemlich gut durchgekommen zu sein, und ich hoffe, dass du nicht noch mehr Ärger mit dem Geschäft haben wirst."

„Ich werde keine nennenswerten haben. Ich habe alles in Hobart Gaynors Hände gelegt. Ich bin zu ihm gegangen und habe ihm alles erzählt, was er wissen wollte. Er hat die ganze Sache übernommen; ich muss wirklich nein hören." mehr darüber. Er war schrecklich nett – einfach sein liebes altes Ich. Sie lächelte. „Naja, ich hätte mich nicht zu ihm nach Hause eingeladen, wissen Sie."

„Oh, das ist seine Frau", sagte Tora.

„Mrs. Gaynor scheint ihren Theorien jedenfalls gerecht zu werden", kicherte Stephen.

„Es ist nicht so schwer, deinen Theorien über andere Menschen gerecht zu werden. Es geht um dich selbst", sagte Winnie.

„Ich denke, dass Ihr Besuch bei Mrs. Lenoir ein perfektes Arrangement ist." Bezeichnenderweise ignorierte Tora die große Menge an Meinungen, die in dieser Frage sicherlich gegen sie sein würden.

„Ich fühle mich dort sehr wohl – sie ist so nett. Und ich scheine eine feste Größe zu sein. Ich bin schon fast zwei Monate dort und jetzt sagt sie, dass ich im Frühjahr mit ihr ins Ausland gehen werde." Sie hielt einen Moment inne. „Der General ist auch sehr nett. Tatsächlich glaube ich, dass er mich sehr mag."

„Wer ist der General? Ich weiß nichts über ihn."

Winnie erklärte es ausreichend und fügte hinzu: „Natürlich denkt er, dass ich nur Miss Wilson bin. Mrs. Lenoir sagt, es sei in Ordnung, aber ich kann nicht glauben, dass es ganz klar ist."

„Da er fast siebzig zu sein scheint und Mrs. Lenoirs Freund, wenn überhaupt jemand …", schlug Stephen vor.

Winnie lächelte und errötete ein wenig. „Nun, sehen Sie, die Wahrheit ist, dass es nicht nur der General ist. Er hat einen Sohn. Nun, er hat drei, aber einer von ihnen ist vor etwa zwei Wochen aufgetaucht."

„Oh, hat er? Woher?"

„Aus dem Ausland – auf langem Urlaub. Es ist der Älteste – der Major."

„Mag er dich auch sehr, Winnie?"

Winnie blickte über den Rasen. „Es scheint durchaus vorstellbar, dass er –
die Sache komplizieren könnte", murmelte sie. „Ich habe mit Frau Lenoir
nicht über diesen Aspekt gesprochen."

Stephen witterte schnell ein weiteres Problem. „Oh, und Sie meinen, wenn
er – nun ja, Anzeichen dafür zeigte – wie viel sollte man ihm über Miss
Wilson erzählen?"

„Ja. Und vielleicht schon bevor die Zeichen das waren, was man als sehr
auffällig bezeichnen würde. Wäre das nicht fair? Denn er scheint mir
überhaupt kein – ein theoretischer Mensch zu sein. Ich sollte denken, dass
seine Ideen das sind, was." du könntest anrufen——"

„Sollen wir traditionell sagen – um dem Major gegenüber völlig unparteiisch
zu sein?"

„Ja. Und besonders über Frauen sollte ich nachdenken."

Stephen blickte lächelnd zu seiner Frau hinüber. „Na, Tora?"

Ohne zu zögern gab Tora ihr Urteil ab. „Wenn du Dinge getan hast, von
denen du selbst wusstest oder die du für schändlich hältst, solltest du es ihm
sagen, bevor er dich lieb hat. Aber du bist nicht verpflichtet, ihm zu sagen,
was du getan hast, wenn er das so denkt Es ist eine Schande, wenn du es
nicht tust.

„Ich gehe davon aus, dass es mehr als nur eine Chance ist", murmelte Winnie.

„Ich frage mich, was Tora gesagt hat. Ich verstehe es nicht ganz. Aus der
Sicht des Majors kommt es unter den hypothetischen Umständen, die wir
besprechen, nicht darauf an, was Winnie denkt, sondern was er tut."

„Für den Major ist es wichtig", antwortete Tora, „dass er sich in eine gute
Frau verliebt. Gute Frauen mögen tun, was der Major für eine Schande hält,
aber sie tun nicht, was sie selbst für eine Schande halten. Oder, wenn sie es
tun." Wenn sie es jemals tun, bereuen sie und bekennen ehrlich.

„Oh, sie hat einen Streit! Das hat sie immer. Aber könnte eine gute Frau
zulassen, dass sie sich unter so etwas wie falschen Vorwänden in sie
verliebt?"

„Es wird keine falschen Vorwände geben, Stephen. Sie wird – das ist sie
praktisch – eine unverheiratete Frau sein, und wenn sie ihn heiraten würde,
würde sie ihn als solche heiraten. Der Rest ist vorbei."

„Es mag atavistisch sein – Relikte meiner öffentlichen Schule und so weiter
–, aber es scheint mir nicht ganz das Richtige zu sein", beharrte Stephen;
„Um ihn über unsere junge Freundin, Miss Wilson, im Dunkeln zu halten,
meine ich."

„Ich glaube, ich stimme dir zu, Stephen." Winnie lächelte. „Das heißt, wenn er Anzeichen zeigt!"

„Oh, natürlich nur, wenn er Anzeichen zeigt. Ansonsten geht es ihn überhaupt nichts an."

„Denn was auch immer seine Rechte sein mögen, warum sollte ich das Risiko eingehen, ihn unglücklich zu machen? Außerdem könnte er es in einem bestimmten Fall herausfinden, wenn es – aus seiner Sicht – zu spät wäre."

Stephen lachte. „Geben Sie wenigstens zu, Tora, dass es aus rein praktischer Sicht durchaus Sinn macht, den Leuten Dinge zu erzählen, die sie vielleicht erst zu unangenehm später Stunde selbst herausfinden."

„Oh, ich dachte, wir wollten uns in einem solchen Fall ein wirkliches Bild von den Rechten eines Mannes – oder einer Frau – machen", sagte Tora mit überheblicher Verachtung. „Aber es scheint, dass ich in der Minderheit bin."

„Du wärst nicht glücklich, wenn du es nicht wärst, meine Liebe. Es dämmert, und hier kommt Dick zurück. Lass uns zum Tee gehen."

Dick Dennehy wurde im Streit oft hitzig, aber seine Verärgerung hielt nie lange an. Beim Tee war er bester Laune und erzählte eifrig von einer neuen Perspektive, die sich ihm eröffnet hatte. Der Posten, den er als Korrespondent innehatte, war eine schlechte Angelegenheit, schlecht bezahlt und führte zu nichts. Er hatte die Chance, zum Chefredakteur einer Londoner Tageszeitung ernannt zu werden – ein Posten, der ihm einen großen Aufstieg sowohl im Gehalt als auch in der Position versprach. Die einzig mögliche Schwierigkeit ergab sich aus seinen religiösen Überzeugungen; Sie könnten gelegentlich mit der Politik der Zeitung in Konflikt geraten, beispielsweise in Fragen der Bildung.

„Aber sie sind so freundlich zu sagen, dass sie in jeder anderen Hinsicht eine so gute Meinung von mir haben, dass die Kleinigkeit wahrscheinlich einer Anpassung bedarf."

„Kehren Sie jetzt nicht zu Ihren Theorien zurück – oder wo sind wir wirklich?" sagte Stephen mürrisch.

„Das werde ich nicht tun; das werde ich nicht tun. Ich sollte von der Auseinandersetzung mit diesen Fragen entlastet sein. Und, Stephen, mein Junge, ich hätte eine Chance auf einen anständigen Ort zum Leben und das auch können von meiner Altersrente abgezogen.

Sie alle beteiligten sich eifrig an der Diskussion dieser rosigen Träume, und sie wurden getragen, *nem. con.* , dass Dick sich ein „Wochenendhaus" in Nether End bauen muss, so nah wie möglich an Shaylor's Patch. Vielleicht könnte Winnie auch eines finden, das zu ihr passt!

„Und wir werden alle da sitzen und murmeln, bis der Vorhang fällt!" rief Stephen Aikenhead und brachte damit seine Vorstellung von einem glücklichen Leben zum Ausdruck.

„Ihr seid hier gute Freunde, trotz all eurem Unsinn", sagte Dennehy. „Ich würde nichts Besseres verlangen."

„Außerdem, Dick, du kannst heiraten. Du kannst dich, wie Tora es ausdrückt, so fest fesseln, wie du willst. Wähle, wenn möglich, eine Frau mit etwas Weitblick. Ich möchte, dass du deine Chance hast."

„Oh, ich werde wahrscheinlich nicht heiraten." Eine Wolke schien über sein fröhliches Gesicht zu ziehen. Aber es war in einem Moment weg. „Nun, wer würde mich überhaupt ansehen?"

„Ich denke, du wärst ein ausgezeichneter Ehemann, Dick", sagte Winnie. „Ich sollte dich mit größtem Selbstvertrauen heiraten – ja, dich sogar fesseln."

Er warf ihr einen seltsamen Blick zu, halb humorvoll, halb nachtragend. „Sag so etwas nicht, Winnie, sonst verdrehst du mir den Kopf und zerstörst meinen Seelenfrieden."

„Oh, als ich das letzte Mal mit dir geflirtet habe, hast du gesagt, dass es dir gefällt!" sie erinnerte ihn lachend.

Auf dem Weg zum Bahnhof ging Winnie mit ihrem Arm unter seinen, denn der Abend war dunkel geworden und die Landstraße war holprig. Mit einem leichten Druck ihrer Hand sagte sie: „Ich bin so froh – so froh – über die neuen Perspektiven, Dick. Ich glaube an dich, weißt du, obwohl wir so unterschiedlich sind."

Er schwieg einen Moment und fragte dann unvermittelt: „Und welche Aussichten haben Sie?"

„Oh, ich denke, ich bin eher wie der Politiker, der seine Zukunft hinter sich hat. Aber ich habe mich noch nicht entschieden, was ich tun soll. Ich lebe im Moment eher von der Hand in den Mund und mache Urlaub vom Nachdenken." ."

„Oh, ich kümmere mich um meine eigenen Angelegenheiten, wenn du das meinst."

„Dick, wie kannst du das? Natürlich war es das nicht. Bitte sei nicht über nichts verärgert."

„Ich mache mir Sorgen um dich. Lass dich nicht noch einmal von den Leuten oben im Patch angreifen, Winnie – um Himmels willen, tu das nicht! Pass auf dich auf, meine Liebe. Mir blutet das Herz, dich dort zu sehen, wo du stehst." Heute, und wenn Sie in andere Schwierigkeiten geraten sollten, verstehen Sie nicht, dass Sie eine Frau sind, für die ein Mann sowohl Gutes als auch Schlechtes tun kann.

Die Emotionen waren stark in seiner Stimme; Winnie führte es leichtfertig auf seine Nationalität zurück.

„Machen Sie sich keine Sorgen um mich. Ich muss für meine Fehler bezahlen, und wenn ich auch nur den geringsten Verstand habe, werde ich in Zukunft klüger sein."

„Wenn du jemals Lust auf einen anderen Mann hast, um Himmels willen, versuch ihn, teste ihn, beweise ihn. Du kannst dir keinen weiteren Fehler leisten, Winnie. Es würde dich umbringen, nicht wahr?"

„Es sollte mir nicht gefallen", antwortete sie langsam. „Ja, ich werde vorsichtig sein, Dick. Und es würde schon einiges kosten, um mich zu dem zu machen, was du schon nennst, zu irgendeinem Mann geneigt zu sein." Sie brach in Gelächter aus. „Aber es sind Ihre inländischen Aussichten, über die wir heute Nachmittag gesprochen haben!"

„Ich habe keine", antwortete er knapp, fast säuerlich.

„Oh, du hast gerade erst begonnen, darüber nachzudenken", lachte sie. „Verzweifeln Sie nicht, eines Tages jemanden zu finden, der es wert ist!"

Sie hatten gerade den Bahnhof erreicht – fast eine Viertelstunde vor ihrer Zeit. Dennehy wollte wieder bei den Aikenheads schlafen, aber er setzte sich mit ihr in den Warteraum unter einer grellen Gaslampe, um auf den Zug zu warten. Im Licht sah Dennehys Gesicht traurig und besorgt aus. Winnie war von seinem Gesichtsausdruck beeindruckt.

„Dick", sagte sie sanft, „ich hoffe, wir haben dich nicht geärgert, wenn – wenn es etwas Ernstes gibt?"

Er zuckte mit den Schultern. „Nein, nein, das kann man nicht als ernst bezeichnen."

„Das glaube ich, weil du in guter Stimmung warst, bis wir damit anfingen. Dann sahst du lustig aus und – nun ja, jetzt siehst du überhaupt nicht lustig aus. Wenn es irgendetwas gibt – oh, verzweifeln Sie nicht! Und so." Gute, gute Wünsche, lieber Dick! Oh, wie schade, dass das kommt, gerade wenn alles andere so rosig für dich aussieht!"

„Ich sage dir, Winnie, es ist nichts Ernstes."

Winnie nickte mit einer völlig unwirklichen Zustimmung. „Sehr gut, mein Freund", sagte sie.

Zwischen ihnen herrschte langes Schweigen. In direktem Ungehorsam gegenüber einem großen Hinweis zündete sich Dennehy eine Zigarette an und rauchte sie schnell, immer noch traurig und launisch aussehend. Winnie, beunruhigt über seine Schwierigkeiten und nicht überzeugt von seiner Ablehnung, fragte sich, warum in aller Welt sie nie daran gedacht hatte, dass Dick Dennehy so etwas passieren würde. Warum nicht? Es gab keinen Grund; er war ein Mann, wie die anderen. Nur haben wir die Angewohnheit, unsere Freunde und Nachbarn voreingenommen und einseitig zu beurteilen. Allein der hervorstechendste Aspekt davon fällt uns ins Auge. Um das gesamte Gebiet abzudecken , haben wir weder Zeit noch überhaupt Gelegenheit. Sie stehen für uns für eine Eigenschaft oder ein Merkmal – so wie es die Personen in einem Roman oder einem Theaterstück oft, vielleicht sogar allgemein, tun, egal wie sehr sich der Autor bemüht hat, den ganzen Menschen auf seiner Leinwand darzustellen. Nun schien die Eigenschaft eines Liebhabers – selbst eines potenziellen Liebhabers – nie notwendigerweise oder eindringlich mit Dick Dennehy in Verbindung gebracht worden zu sein, wie dies zwangsläufig und zwangsläufig mit Godfrey Ledstone der Fall war. Also hatte Winnie einfach nicht daran gedacht. Doch sie wusste genug, um zu verstehen, wie es dazu kommt, dass genau diese Art von Mann die Liebe hart nimmt, wenn sie die Chance hat, ihn zu entdecken – sie nimmt sie hart und behält sie lange – lange nachdem der empfängliche Mann seinen letzten wiederkehrenden Fieberanfall überwunden hat . War der arme Dick Dennehy wirklich hart getroffen? „Wer würde mich überhaupt ansehen?" er hatte gefragt. Nun ja, er war sicherlich nicht gutaussehend. Aber Winnie erinnerte sich an ihre beiden gutaussehenden Männer. „Ich würde gern mit diesem Mädchen reden!" Sie dachte. Sie bezog sich auf Dicks hartherzige Geliebte.

Aber Winnie gehörte nicht zu den Frauen – wenn es sie überhaupt gibt –, deren Unschuld in Dichte verschmilzt und die es schaffen, zwölf Monate lang völlige Unwissenheit über die Gefühle eines Mannes aufrechtzuerhalten, mit dem sie vertraute Bekanntschaft machen. Plötzlich, etwa zwei Minuten bevor ihr Zug ankam, machte sich ihr Gehirn an die Arbeit – und erfasste mit seiner schnellen Auffassungsgabe die Puzzleteile. Hier war ein Mann, von Natur aus leidenschaftlich, im Grunde zuversichtlich, verzweifelt – sicherlich wegen einer Frau? Er dementierte die Frau nicht, beteuerte jedoch, dass die Angelegenheit nicht „ernst" sei. Ihn jetzt nur anzusehen, erwies sich, zumindest im Moment, als schmerzlich. Nun, für „ernsthaft" hielt sie es für praktikabel; für „nicht ernst" ersetzte sie hoffnungslos. Dann hatte er sie auf diese seltsame Art angeschaut; die Worte waren in Ordnung gewesen, im angemessenen Stil eines scherzhaften Flirts formuliert; aber der Blick war aus den Fugen geraten. Und dann seine extreme und emotionale Sorge um ihr Wohlergehen und sein umsichtiges Verhalten! Hätte er, obwohl er ein Kelte war, diese Angst genauso stark empfunden, wenn eine andere und hoffnungslose Zuneigung seinen Geist beherrscht hätte? „Wer würde mich überhaupt ansehen?" Diesen Protest machte seine Bescheidenheit mit dem Wunsch einer jeden Dame vereinbar; es muss nicht zu ernst genommen werden. Aber seine abrupte, knappe Antwort auf seine Aussichten – „Ich habe keine" –?

Die Teile des Puzzles schienen ziemlich gut zusammenzupassen, doch der Beweis war nicht schlüssig. Sagen Sie, dass die Beweise konsistent und nicht demonstrativ waren. Irgendwie gab es im Verhalten des Mannes, in seiner Haltung, in der Gesamtheit seiner Worte und seines Benehmens, ungreifbar und jenseits jeder Definition, etwas, das die Überzeugung verstärkte. Es schien sogar eine Atmosphäre in dem kahlen, schmutzigen kleinen Wartezimmer zu geben, die es enthielt und vermittelte – etwas, das von ihm zu ihr kam, obwohl er sich hartnäckig bemühte, der Übertragung zu widerstehen. Er rauchte heftig eine zweite Zigarette. Warum sollte ihn der Gedanke an eine abwesende Frau so plötzlich überwältigen, wenn er den ganzen Nachmittag gelassen und fröhlich gewesen war, dass er nicht mit einem Freund sprechen oder ihn ansehen wollte, an dem er sicherlich sehr hing?
Der Zug rollte in den Bahnhof ein. "Hier ist es!" sagte Winnie und stand auf. Dick Dennehy zuckte zusammen und sprang auf. Für eine Sekunde begegneten seine Blicke ihren.
„Kommen Sie mit und setzen Sie mich in einen Waggon", fügte sie hastig hinzu und machte sich in schnellem Tempo auf den Weg zum Zug. „Wo sind die Drittel?"
Sie fanden die dritten, und sie stieg ein. Er schloss die Tür, blieb daneben stehen und wartete darauf, dass der Zug abfuhr.
„Du hast eine falsche Vorstellung. Ich sage dir, es ist nicht ernst, Winnie."
Er protestierte erneut mit harter, verzweifelter Stimme. Dann schlug er mit Mühe einen gewöhnlicheren Ton an.
„Ich bin mit dieser neuen Idee voll beschäftigt – und mit der Auflösung der alten Verbindung, wenn ich das tue. Vielleicht werde ich dich ein paar Wochen lang nicht sehen. Du wirst auf dich selbst aufpassen?"
„Wenn jemand eine Warnung hatte, dann ich doch! Auf Wiedersehen, Dick."
Sie steckte ihre Hand durch das Fenster. Er nahm es und drückte darauf, aber er blickte sie nie an. Ein Ruck zurück, ein Sprung nach vorne, und der Zug wurde gestartet. „Auf Wiedersehen, Dick!" sie weinte wieder. "Aufheitern!"

Sie lehnte sich aus dem Fenster und sah ihn mit den Händen in den Taschen stehen und ihr nachschauen. Er rief etwas, was sie unvollkommen verstand, aber es umfasste das Wort „Narr" und auch das Wort „ernsthaft". Sie konnte eine Verbindung für Letzteres herstellen, reiste jedoch in die Stadt, weil sie Zweifel an der Anwendbarkeit von Ersterem hatte. Hatte Dick Dennehy den

Beinamen auf sie oder auf sich selbst angewendet? „Weil es einen kleinen Unterschied macht", dachte Winnie und kuschelte sich in den großen Kragen ihres Mantels aus Robbenfell – übrigens ziemlich fehl am Platz in einem Abteil der dritten Klasse.

KAPITEL XIX

EIN EHRENSPUNKT

Mrs. Lenoirs Prahlerei war nicht unbegründet; Im Laufe ihres Lebens hatte sie sich in mehr als einem harten Kampf gegen Männer behauptet. Sie bewunderte eine andere Frau, die das Gleiche konnte. In ihrer Flucht aus dem Studio in West Kensington war sie froh, weder eine sentimentale Büßerin noch ein emotionales Wrack vorzufinden, sondern eine Frau, die zwar von Wunden gezeichnet war, aber immer noch voller Kampfeslust, die einen Fehler eingestand, aber dadurch nicht niedergeschlagen wurde, sowohl entschlossen als auch offensichtlich fähig sich ein Leben aufzubauen und es zu genießen. Sie lobte an Winnie auch die Eigenschaft, die sie aufgrund ihrer eigenen Karriere sowohl zu erkennen als auch zu schätzen gelernt hatte — diese besonders weibliche Attraktivität, die die beste Waffe in den Kämpfen ihres Geschlechts war; Winnie kämpfte mit ihren einheimischen Waffen gegen Männer, nicht mit einer Ausrüstung, die sie aus der Waffenkammer der Männer entliehen hatte und die ungeschickt oder kraftlos gehandhabt wurde. Unter dem Einfluss dieser sexuellen Sympathie war in den Wochen, die vergangen waren, seit sie Winnie auf ihr Dach gebracht hatte, Mitleid in Bewunderung und Bewunderung in Zuneigung übergegangen.

Ihr Ethikkodex war heidnisch, wie vielleicht schon klar ist. Wenn sie hasste, tat sie weh, wenn sie konnte; Wenn sie liebte, half sie — sie hätte sich nicht mit der Bemerkung geärgert, dass sie dafür keine Anerkennung verdiente. Sie war inzwischen fest entschlossen, Winnie zu helfen, ihr einen Neuanfang zu ermöglichen, die Spuren der Niederlage zu verwischen und an neuen Manövern mitzuwirken, die zum Sieg führen sollten. Aber zu diesem Zweck war eine Strategie nötig. Nicht nur andere Menschen, sondern auch Winnie selbst musste verwaltet werden, und es war Fingerspitzengefühl gefragt, um eine schwierige Übergangszeit zu überstehen. Als weiteren Schritt in Richtung des letztgenannten Ziels plante Frau Lenoir einen Auslandsaufenthalt; In Bezug auf Ersteres musste sie sich vor zwei Theorien hüten — den Theorien der Welt über Winnie, die vielleicht in ihren eigenen Freunden, dem General und seinem Sohn, Major Merriam, Anhänger finden könnten, und Winnies Theorien über die Welt , die ihre Anhänger zuvor in eine Unbesonnenheit verführt hatte, die zu einer Katastrophe geführt hatte.

Schöne Erinnerungen hatte sie an Madeira, das sie vor vielen Jahren unter romantischen Umständen besucht hatte. Sie skizzierte eine Tour, die mit dieser Insel beginnen, eine Seefahrt von dort nach Genua beinhalten und mit einem Aufenthalt an den italienischen Seen enden sollte. An dem Tag, den Winnie in Shaylor's Patch verbrachte, skizzierte sie ihrem Freund, dem General, diesen Plan.

„Auf mein Wort, es klingt ungewöhnlich angenehm. Ich würde gerne mitkommen, aber ich möchte Bertie nicht so lange verlassen, jetzt ist er einmal zu Hause."

„Nein, natürlich nicht." Aus ihren eigenen Gründen zog sie es vor, dass jeder Vorschlag von ihm kam.

Der General überlegte, dann lächelte er etwas schelmisch. „Was würdest du sagen, Clara, wenn zwei hübsche junge Offiziere für ein paar Tage auf Madeira auftauchen würden? Nur um die Sonne zu genießen, weißt du?"

„Ich würde sagen, dass zwei hübsche junge Frauen nicht sonderlich verärgert wären."

„Bei Gott, ich werde es Bertie vorschlagen!" In Ordnung – solange es der General war, der es vorgeschlagen hat!

Frau Lenoir lächelte ihn an. „ Natürlich wäre es sehr angenehm." Eine leichte Betonung des letzten Wortes deutete darauf hin, dass, wenn es irgendwelche Gründe gab, etwas gegen die offensichtliche Freundlichkeit einzuwenden, dies Sache ihrer Freundin und nicht ihrer eigenen war. Wenn er sich die Mühe machte, seinen ältesten Sohn der Faszination einer jungen Frau auszusetzen, von der er überhaupt nichts wusste, war es seine eigene Sorge. Mittlerweile bestand kein Zweifel daran, dass Bertie Merriam sich der Faszination durchaus bewusst war, wenn auch noch keineswegs von ihr beherrscht.

„Wir sollten ein sehr harmonisches Quartett bilden", erklärte der General. „Ich werde es Bertie auf jeden Fall vorschlagen."

„Na ja, Sie müssen sehen, wie es ihm vorkommt. Denken Sie daran, vielleicht mag er die Fröhlichkeit Londons lieber. Setzen Sie ihn nicht unseretwegen unter Druck!" Sie würde auf keinen Fall einladen; Sie bewahrte die Haltung einer freundlichen, aber nicht eifrigen Zustimmung zu jeder Entscheidung, die Bertie treffen könnte. Aber sie war fest davon überzeugt, dass die gutaussehenden Offiziere auftauchen würden – auf der Insel und nicht unwahrscheinlich sogar an den Docks von Southampton.

Das alles ging also Mrs. Lenoir durch den Kopf, als Winnie von Shaylor's Patch zurückkam, ihre Gedanken immer noch mit zwei Fragen beschäftigt. Einer bezog sich auf Dick Dennehy; es war eine Privatsache und ging ihre Gastgeberin nichts an. Aber das Verhaltensproblem, das sie den Aikenheads vorgelegt hatte, tat es. Sie war verpflichtet, Frau Lenoir diesbezüglich zu konsultieren. Diese Dame hatte tatsächlich einmal eine Meinung abgegeben, aber die Umstände ändern den Fall. Während sie zu Abend aß, beschrieb sie humorvoll die Meinungsverschiedenheiten zwischen Ehemann und Ehefrau, wobei sie den Fall natürlich abstrakt darstellte, ohne ausdrücklich auf den

Major Bezug zu nehmen, und sich die Freiheit nahm, anzudeuten, dass es Stephen war, der die Debatte initiiert hatte . Diese Zugeständnisse an Bescheidenheit und Diskretion täuschten Frau Lenoir kaum, obwohl sie sie höflich akzeptierte. Beide Frauen wussten, dass es Bertie Merriam war, der innerhalb weniger Tage oder auf jeden Fall innerhalb weniger Wochen eine Klärung des Streits nötig machen würde.

Weltlich gesehen nahm Frau Lenoir eine mittlere Position ein. Sie war auf Toras kompromisslose Doktrin nicht vorbereitet; Dennoch stimmte sie der Ansicht zu, dass es viel dafür spreche, den Leuten zu sagen, was sie wahrscheinlich herausfinden würden – und ihrer eigenen Meinung nach zu spät herausfinden würden. Dennoch widersprach sie Stephens extremer Anwendung der Regel der Offenheit.

„Du würdest keinen Mann akzeptieren, ohne es ihm zu sagen, aber du brauchst es niemandem gegenüber herausplatzen zu lassen, der dir ein paar hübsche Reden hält.“

„Wäre es nicht fair, es ihm zu sagen, bevor er sich sehr verliebt?“

„Wenn er nicht sehr verliebt wäre, würde er doch eher lächeln, wenn du es ihm erzählst, nicht wahr?“

Der Vorschlag ging an Winnie. „Das sollte ich nicht riskieren wollen.“

„Wenn die Umstände es nicht unbedingt notwendig machen, sollte ich die Dinge auf jeden Fall so lassen, wie sie sind, bis Ihr Fall abgeschlossen ist. Es wird für Sie viel angenehmer sein, bis dahin inkognito zu sein.“

Auch an diesem Vorschlag war etwas dran. Frau Lenoir war in der Theorie nicht besonders gut, hat aber gute praktische Punkte übernommen.

„Es bedeutet eher, meinen Standpunkt aufzugeben“, wandte Winnie ein.

Mrs. Lenoir lächelte leicht verächtlich und freundlich. „Oh, mein armes Kind, gönnen Sie sich von Ihrem Standpunkt aus Urlaub, und auch von all dem Rest. Und es ist wirklich eine Weltanschauung von Ihnen, dass Sie sich so sehr davor fürchten, irgendjemandem einen kleinen Schock zu versetzen, schließlich sind sie das auch habe dich leiden lassen.

Auch Winnie verspürte den Appell an die Sache des Geschlechts. Kurz gesagt , alle Punkte von Frau Lenoir sind zusammengefasst; Sie schienen voller Alltagsweisheit und vernünftigem gesunden Menschenverstand zu sein.

„Denken Sie einfach nicht mehr darüber nach, bis der Fall abgeschlossen ist. Versprich es mir.“

„Das ist am Ende das Beste, denke ich. Ja, das verspreche ich, Frau Lenoir.“

Frau Lenoir sagte nichts über die Möglichkeit, dass die beiden Beamten auf Madeira – oder an den Docks von Southampton – „auftauchen" würden. Diplomatie verboten; der Zusammenhang wäre zu offensichtlich gewesen; es könnte Winnie dazu gebracht haben, ihr Versprechen zu überdenken. Tatsächlich wurden die Dinge so gehandhabt – hauptsächlich durch eine Politik meisterhafter Untätigkeit, gemildert durch nur einen Hinweis an den General –, dass die erste Winnie, die von dieser Idee hörte, weder von Mrs. Lenoir noch vom General, sondern von Bertie Merriam selbst kam . Der von dieser Seite ausgehende Vorschlag konnte nicht brüsk zurückgewiesen werden; es musste höfliche Beachtung finden. Tatsächlich wäre es äußerst schwierig, die Annahme zu verweigern. Gegenüber Mrs. Lenoir hätte Winnie vielleicht den einzig möglichen Einwand geäußert; Sie konnte es dem Major gegenüber nicht einmal andeuten. Mrs. Lenoir kannte sich aus, wie es umgangssprachlich heißt.

Winnies Beziehungen zu Bertie Merriam hatten nun das Stadium erreicht, das ein reifes und rückblickendes Urteil, wenn auch natürlich nicht die Hitze der Jugend, vielleicht als das Angenehmste bezeichnen könnte, das zwischen Mann und Frau existieren kann – eine sympathische Freundschaft, die sich in eine wärmere Stimmung verwandelt Bewunderung auf der einen Seite und geschmeichelte Anerkennung auf der anderen Seite. Winnies jüngstes Erlebnis steigerte die Anerkennung auf den Höhepunkt der Befriedigung, fast der Dankbarkeit. Nicht nur ihre Theorie hatte unter Godfrey Ledstone gelitten; Obwohl sie es leugnen wollte, war auch ihre Eitelkeit verletzt worden. Sie begrüßte Balsame und lächelte jeden freundlich an, der sie verabreichte. Nach einer unglücklichen Liebeserfahrung heißt es oft, dass man die Aufmerksamkeit eines Neuankömmlings „aus Groll" begrüßt; Es ist wahrscheinlich, dass das Motiv seltener der Ärger über den Täter ist als die Dankbarkeit gegenüber dem Nachfolger, der den Stolz wiederherstellt und dem Leben sein Potenzial an Freude zurückgibt. Das war Winnies Stimmung. Sie war bereit, den Rat von Frau Lenoir nicht nur in Bezug auf den konkreten Punkt anzunehmen, zu dem er ihr angeboten wurde. Sie war bereit, alles in Kauf zu nehmen – bereit, soweit sie konnte, ihre Theorien und ihren Standpunkt zu vergessen, ebenso wie das, was diese für sie mit sich gebracht hatten. Sie wollte eine Weile die angenehmen Dinge des Lebens genießen; Man konnte nicht ständig Apostel oder Märtyrer spielen! Sie war bereit zu sehen, was diese neue Episode, diese Reise und dieser Urlaub zu bieten hatten; Sie war nicht abgeneigt zu sehen, wie sehr sie dazu geneigt sein könnte, Major Merriam zu mögen. Doch all dies dient dazu, sie viel stärker zu analysieren, als sie sich selbst analysierte. In ihr war es in Wirklichkeit das Wiedererwachen des jugendlichen Blutes, die Erholung vom Kummer, die Wiederbehauptung des Rechts ihrer Reize und deren ungehinderte Ausübung. Eine solche Stimmung ist wahrscheinlich nicht diejenige, in der feinere Skrupel die Oberhand gewinnen; Es ist eine zu rein natürliche und primitive Bewegung von Geist und Körper. Außerdem konnte Winnie immer, wie Mrs. Lenoir sie erinnerte, Gewissensbisse durch ein erschütterndes *Tu Quoque* gegen das männliche Geschlecht im Allgemeinen lindern.

Auch hier war sie auf unbewusste und blind instinktive Weise eine Studentin der menschlichen Natur und ziemlich eigensinnig. Sie ruhte nicht ohne Weiteres in Unwissenheit über Menschen oder fand auch nur Ruhe im Zweifel. Sie liebte es zu suchen, zu testen, zu klassifizieren und sich vom Ergebnis leiten zu lassen. Ihre Geschichte hat es gezeigt. Sie hatte Cyril Maxon getestet, ihn klassifiziert und ihre Schlussfolgerung umgesetzt. Sie hatte an Godfrey Ledstone experimentiert, ihn klassifiziert, festgestellt, dass sie sich verrechnet hatte, die Kosten für ein erfolgloses Experiment bezahlt und den Ausgang des Experiments akzeptiert. Hier war nun neues Material – Männer einer Art, mit denen ihre Erfahrung sie zuvor nicht in nennenswertem Maß an Intimität kennengelernt hatte. Sie hätte oft in deren Gesellschaft speisen können; Aber unter Maxons Dach war es nicht leicht, wirkliche Kenntnisse über andere Männer zu erlangen.

Männer mit Ansichten und Visionen, Männer mit Taten und Ambitionen, Männer mit Leichtigkeit und Vergnügen – unter diesen hatte sich ihr Schicksal verändert, seit sie das Haus ihres Vaters verlassen hatte. Die Merriams waren vor allem pflichtbewusste Männer. Sie hatten ihre Meinung und beide nahmen ihre Freizeit mit gesundem Elan wahr; aber der Gottesdienst war wie der Atem ihrer Nase. Der General war der klügere Soldat der beiden, wie die Kala-Kin-Expedition bezeugte. Der Sohn würde wahrscheinlich nie mehr als ein Regiment oder höchstens eine Brigade befehligen; Höhere Auszeichnungen müssen dem zweiten Bruder überlassen werden. Berties Begeisterung passte gut zu seinen Gaben. Er liebte das Regiment, und nach ein paar Monaten würde er ihn als Oberstleutnant sehen; Wenn nur das Regiment seinen Dienst unter seinem Kommando sehen könnte, wie freudig würde er dann sein *Nunc dimittis singen* , wenn er seine Pflicht erfüllt und seinen Namen auf einer ehrenvollen Liste eingetragen hätte!

Winnie saß da und betrachtete sein angenehm gebräuntes Gesicht, seine aufrichtigen hellblauen Augen und seine sehr gut gemachte Kleidung mit ruhiger Zufriedenheit. Sie hatte viel über das Regiment gehört, aber der Klatsch amüsierte sie.

„Und wo kommen die Frauen der Offiziere – ich nehme an, einige von Ihnen haben Frauen? – ins Spiel?" Sie fragte.

„Oh, sie sind furchtbar wichtig, Miss Wilson. Der gesellschaftliche Ton hängt so sehr von ihnen ab. Sie sehen, mit einer Gruppe junger Kerle – den Subalternen, wissen Sie – nun, Sie sehen es doch, nicht wahr?"

„Nun, ich glaube, ich kann das verstehen, Major Merriam. Sie dürfen nicht mit den Subalternen flirten? Jedenfalls nicht zu viel?"

„Das ist scheußlich. Aber sie sollten ihnen Manieren beibringen."

„Sollte es mütterlich sein? Du siehst nicht so aus, als ob das ganz richtig klingen würde! Älteste Schwester?"

„Das trifft eher zu, Miss Wilson."

Er sagte ziemlich oft „Miss Wilson", zumindest kam es Winnie so vor – genau wie Bob Purnett immer „Mrs." sagte. Ledstone' viel zu oft. Im nächsten Moment gab er ihr noch ein kleines Glas. Er ließ das Thema der Offiziersfrauen hinter sich und beugte sich mit einem einschmeichelnden, aber eher entschuldigenden Lächeln zu ihr vor.

„Ich sage: Wissen Sie, was der General Ihrem Cousin vorzuschlagen wagte?"

Winnie hatte ihr Stichwort vergessen. "Mein Cousin?" rief sie überrascht aus.

„Warum, Mrs. Lenoir! Sie ist Ihre Cousine, nicht wahr?"

Die direkte Lüge gefiel Winnie nicht. Doch konnte sie ihre Wohltäterin verraten? „Es ist so furchtbar weit entfernt, dass ich den Cousin in dem Freund vergesse", sagte sie mit einem unbehaglichen kleinen Lachen. „Aber welche Frechheit hatte der General – Ihre Formulierung, nicht meine –, Mrs. Lenoir vorzuschlagen?" Sie schien die Cousine wieder vergessen zu haben, denn sie sagte: „Mrs. „Lenoir", nicht „Cousin Clara". Da der Major jedoch nie etwas anderes von ihr gehört hatte, erregte dieser Punkt seine Aufmerksamkeit nicht.

„Nun, damit wir vier eine Party bis nach Madeira machen können. Schöner kleiner Ort, obwohl ich annehme, dass es jetzt nicht mehr so lebhaft sein wird wie zu der Zeit, als der Krieg im Gange war."

„Es klingt entzückend."

„In sechs Wochen muss ich dem Marine- und Militärinstitut einen Aufsatz vorlesen. Ich könnte ihn einfach unterbringen – und die Sache da draußen aufschreiben, wissen Sie."

„Wir würden dir alle helfen", sagte Winnie.

Der Major bemerkte Spötteleien. „Ich sollte es versuchen, bevor du morgens aufstehst."

„Na ja, dann muss ich mich mit der bescheidenen Aufgabe begnügen, Ihnen danach zu helfen, Ihren Geist zu entspannen."

„Aber es würde Ihnen nichts ausmachen, dass wir kommen?"

„Sie wissen nicht, wie sehr ich den General liebe."

„Nun, er verehrt Sie halb, Miss Wilson. Und um seinetwillen werden Sie sich mit meiner Gesellschaft abfinden?"

„Er ist ein zu angesehener Mann, um die Teppiche und Kissen zu tragen."

„Du kannst mich an Bord so oft vögeln, wie du willst. Die Schwierigkeit besteht darin, genug Bewegung zu bekommen."

„Nach dieser eindeutigen Vereinbarung werde ich kein Veto gegen die Partei einlegen, Major Merriam." Sie lachte. „Aber dazu habe ich natürlich wirklich nichts zu sagen. Die Entscheidung liegt bei Frau Lenoir, nicht wahr?"

Bertie Merriam hatte das Gefühl, eine Erlaubnis, aber kaum Ermutigung erhalten zu haben – ebenso wie der General überzeugt war, dass er einen Vorschlag gemacht und keinen erhalten hatte. Aber die Erlaubnis genügte.

„Ich werde dem General sagen, dass ich Sie im Stich gelassen habe", sagte er strahlend. „Es gibt lustige Ausflüge zu unternehmen, wissen Sie. Man kann entweder reiten oder sich in einer Hängematte tragen lassen –"

„Ich frage mich, ob Frau Lenoir sich um die Ausflüge kümmert!"

„Nun, wenn die Senioren es ruhiger angehen lassen wollen, könnten wir das doch gemeinsam machen, nicht wahr, Miss Wilson?"

„Natürlich könnten wir das", lächelte Winnie. „Mehr Teppiche und Kissen für dich! Wäre das nicht das, was du Ermüdungsdienst nennst?"

„Ich werde es übernehmen", erklärte er. „Ich scheue mich nicht, für einen guten Zweck zu arbeiten, wissen Sie."

Eines an ihm überraschte Winnie, während es ihr gleichzeitig gefiel. Offensichtlich hielt er sie für witzig. Sie war es nie gewohnt, diese Sicht auf sich selbst zu haben. Cyril Maxon wäre darüber erstaunt gewesen. Obwohl Stephen Aikenhead ihr hin und wieder einen Treffer zuschrieb, war ihre Haltung ihm gegenüber im Allgemeinen die eines Fragestellers oder eines Schülers, und Schüler tauschen möglicherweise nicht mit ihren Meistern witzige Bemerkungen aus. Da Bertie Merriam sichtlich Freude am Fechten hatte – ohne zu versuchen, es zu erreichen –, fing sie an, selbst Freude daran zu haben. Mehr noch: Sie begann, sich darauf zu verlassen. Nicht weniger als ihr umwerfendes *Tu Quoque* gegenüber dem männlichen Geschlecht könnte es im Notfall dazu dienen, Gewissensbisse zu beruhigen. „Ich kann ihn immer auf Distanz halten." Diese Vorstellung trug in ihrem Kopf dazu bei, jegliche Skrupel zu minimieren, die seine Bewunderung, die Expedition, die Ausflüge, die Teppiche und Kissen hervorrufen könnten. Denn wenn der Zaun die Erlaubnis erteilen kann, kann er sie doch doch auch verweigern? Wenn die Merriams etwas auf dieser Welt waren, dann waren sie Gentlemen.

In Herzensangelegenheiten muss ein Gentleman nicht sehr klug sein, um einen Hinweis zu verstehen; er fühlt es.

Aber die geschickteste Beruhigerin aller Bedenken und Skrupel war Frau Lenoir. Ihre sachliche Behandlung des gemeinsamen Ausflugs beschämte Winnie, zu viel daraus zu machen. Welchen Grund gab es zu der Annahme, dass Bertie sich verlieben würde? Ein angenehmer vorübergehender Flirt vielleicht – und warum nicht? Darüber hinaus – hier wurde das Thema allgemeiner behandelt, obwohl die spezielle Anwendung nicht unklar war – nehmen wir an, er würde es tun! Was spielte es für eine Rolle? Männer verliebten sich ständig und trennten sich wieder. Ein leichtes Achselzucken der noch wohlgeformten Schultern reduzierte diese Vorkommnisse auf ihr wahres Ausmaß. Schließlich nutzte sie die Gelegenheit, um anzudeuten, dass Bertie Merriam nicht das war, was er selbst als „fromm" bezeichnen würde. Er akzeptierte die Religion seiner Kaste und seines Landes so, wie er sie vorfand; er befolgte ihre Vorschriften und hatte einen ehrlichen, unnachforschenden Glauben an ihre Dogmen. Für ihn war es eine natürliche Seite des Lebens und ein wesentlicher Bestandteil der Regimentsdisziplin – so wie der Kirchenbesuch für Alice Aikenhead in der Schule. Aber es gab keinen Grund anzunehmen, dass er es auf die Spitze treiben würde oder dass es mehr von ihm verlangen könnte, als das Gesetz verlangte. Was das Gesetz angeht, würden alle Einwände in ein paar Monaten verschwinden. Da sie einen starken Einfluss auf den General hatte, sah Mrs. Lenoir voraus, dass es für den Fall, dass es zu einer Verliebtheit kommen sollte, zu kurzen Schwierigkeiten und einem glücklichen Ende kommen würde. Das Zweite war das Erste mehr als wert. Tatsächlich war sie inzwischen auf ihr Projekt fixiert – auf den Neuanfang und die gute Übereinstimmung mit Winnie. Sie war bereit, es auf jede erdenkliche Weise voranzutreiben, durch Diplomatie, notfalls auch durch hartes Kämpfen , durch Überreden und schließlich durch eine solche Stiftung für Winnie, die alle Hindernisse einer finanziellen Ordnung beseitigen würde. Obwohl der größte Teil ihres Geldes in einer Rente steckte, konnte sie es sich durchaus leisten, Winnies Einkommen auf bis zu vierhundert pro Jahr zu steigern – keine verabscheuungswürdige Mitgift für die Frau eines Regimentsoffiziers. Da der General drei Söhne in der Armee hatte, war er nicht in der Lage, besonders großzügige Abfindungen zu leisten; Die Vierhundert wären mit einer Braut willkommen.

Es hätte sie interessiert, einem Gespräch zuzuhören, das zwischen dem General und seinem Sohn stattfand, als sie zwei Tage vor dem Aufbruch der Expedition zusammen in Berties Club speisten. Der General füllte sein Glas Portwein und eröffnete das Thema.

„Bertie, mein Junge, du solltest heiraten", sagte er. „Ein CO, wie Sie es bald sein werden, sollte eine Frau haben. Meiner Meinung nach ist das gut für das Regiment – obwohl einige Männer, wie ich weiß, anders denken – und es macht es viel unwahrscheinlicher, dass ein Mann es bekommt." auf eigene Faust in irgendeinen Konflikt geraten – etwas, wozu ein Junggeselle immer neigt, und heutzutage eine viel ernstere Angelegenheit als früher."

Zumindest der General klang nicht unpraktisch „fromm". Mrs. Lenoir könnte sich trösten.

Bertie Merriam errötete durch seine Bräune ein wenig. „Nun, um die Wahrheit zu sagen, ich habe nur irgendwie darüber nachgedacht – in gewisser Weise, wissen Sie."

„Ist irgendjemand etwas Besonderes in deinen Augen?" fragte der General.

„Es ist noch zu früh, es wegzugeben", flehte Bertie.

„Ja, ja. Das verstehe ich ganz gut, mein Junge. Ich bitte um Verzeihung. Aber ich bin sehr froh, zu hören, was du sagst. Ich weiß, dass du dich für ein gutes Mädchen entscheiden wirst – und auch für ein hübsches, ich wette, ich wette ! Ein bisschen Geld würde natürlich nicht schaden, Bertie, und ich werde warten. Damit hat der General das Thema scheinbar außer Acht gelassen. Aber nachdem er sein Glas ausgetrunken hatte und es nachfüllen ließ, bemerkte er: „Ich freue mich auf unseren Ausflug, Bertie. Das war eine tolle Idee von mir, nicht wahr? Ich werde es genießen, mit Clara zu reden – das tue ich immer." – und Sie werden mit der kleinen Miss Wilson glücklich sein – ich mag sie sehr. Vor zwanzig Jahren wäre es für Clara natürlich nicht klug gewesen, sie zu beaufsichtigen, aber heutzutage ist das alles vergessen . Nur alte Leute wie ich können sich daran erinnern. In den Augen eines vernünftigen Mannes sollte es das Mädchen nicht beeinträchtigen.

Er wechselte einen Blick mit seinem Sohn. Es wurde nichts explizites gesagt. Aber eine Frage, die Bertie stellen wollte, war beantwortet worden. Es war ihm jetzt ganz klar, dass er keinen Widerstand vom General erwarten musste, wenn er Miss Winnie Wilson den Hof machen wollte.

„Da bin ich ganz deiner Meinung, Vater. Es wäre Miss Wilson gegenüber sehr unfair."

Mit welchem Verstand hätten Mrs. Lenoir – und Miss Wilson – das Gespräch belauscht? Könnten sie erkannt haben, dass sie nicht ganz so fair behandelt wurden, wie ihnen zuteil wurde? Oder hätten sich Winnies Theorien und ihre Fähigkeit, ein atemberaubendes *Tu Quoque in Gang zu setzen* , sowie Mrs. Lenoirs praktische Schwierigkeiten immer noch durchgesetzt? Es ist wahrscheinlich, dass sie es tun würden. Alles in allem waren sie sehr mächtig, und Stephen Aikenheads atavistische Vorstellung von Ehre einer „öffentlichen Schule" hätte sich kaum durchsetzen können.

Vater und Sohn gingen Arm in Arm nach Hause. Das Gespräch über die Heirat seines Sohnes und die Aussicht, dass sein Sohn sein Regiment

kommandieren würde, lösten bei dem alten Soldaten ein ungewohntes
Gefühl aus.

„Ich werde ein stolzer Mann sein, wenn ich mich mit zwei Obersten rühmen
kann – und wenn dieser Schuft George bei der Arbeit bleibt, sollte er mir
noch vor vielen Jahren einen dritten geben . Es gibt keinen schöneren Posten
auf der Welt als das Kommando über …“ ein Regiment – meiner Meinung
nach gibt es keine Position, in der man mehr Gutes tun oder dem König
bessere Dienste leisten kann. Und eine gute Frau kann Ihnen, wie ich schon
sagte, sehr helfen.

Er drückte den Arm seines Sohnes und fügte hinzu: „Nur du darfst nicht
zulassen, dass sie dich bei deiner Arbeit stört. Das Regiment muss immer
noch in allem an erster Stelle stehen, Bertie – ja, sogar vor deiner Frau! Das
ist die Regel des Militärs.“

KAPITEL XX

EIN HELDENHAFTES ANGEBOT

Bob Purnett verbrachte fast zwei Monate in Irland; Es dauerte viel länger, als er beabsichtigt hatte, aber die Jagd dort gefiel ihm, und als sie vorüber war, fand er ausgezeichnete Unterkünfte und unterhaltsame Gesellschaft im Haus eines Gutsherrn, der durch seine Tapferkeit auf dem Feld Freundschaft gewonnen hatte und der die Nation aufrechterhielt Tradition in Sachen guten Rotwein. Bob hatte keinen Grund zur Eile; seine Jahresarbeit war erledigt. Ein Urlaub an der Riviera war der nächste Punkt seines Jahresprogramms.

Er kam zwei Tage vor Beginn der Expedition nach Madeira in London an. Davon wusste er nichts. Er hatte ein paar freundliche, unbeschwerte Briefe an Winnie geschrieben (unter der Annahme, dass sie vielleicht niedergeschlagen sei), und die Antwort auf den ersten – auf den zweiten hatte sie nicht geantwortet – verriet ihm, wo sie war, und vermittelte den Eindruck, dass sie noch immer da war fand das Leben erträglich. Wo sie war, hatte in seinen Augen eine gewisse Bedeutung; er nickte darüber. Es war ein Faktor – wie wichtig er nicht genau sagen konnte – bei der Beantwortung der Frage, die er sich, wenn auch nicht mit bedrückender Häufigkeit, von Zeit zu Zeit gestellt hatte, wenn er jagte und den guten Rotwein seines Gastgebers trank. „Warum sollte sie nicht?" war die Form, die die Frage in seinen Gedanken annahm. Wenn sie mit Godfrey Ledstone zusammen gewesen wäre – schließlich kein großer Kerl ! –, warum sollte sie dann nicht mit jemand anderem zusammen sein? Es stimmt, Winnie hatte ihn immer verwirrt. Aber es gab die Trennlinie – sicherlich eine feste Linie, wenn überhaupt etwas festgelegt war? Sie hatte es einmal überquert. Er konnte nicht verstehen, warum sie trotz der gebotenen Höflichkeit keinen weiteren Transit machen sollte. Doch weil sie ihn immer verwirrt hatte, war er, wie er sich selbst einredete, dumm nervös, diesen Vorschlag zu machen. Menschen, die Dinge tun und dennoch scheinbar nicht die Art von Menschen sind, die sie normalerweise tun, rufen diese Zweifel und Zögerlichkeiten hervor, die die Psychologie verwirren und die Erfahrung verwirren. Doch schließlich war er bereit, es zu wagen – und das nicht ohne ein Verantwortungsgefühl, das in seiner Natur lag. Sie hatte die Grenze überschritten, aber er wusste, dass sie sich nicht als Bewohnerin der anderen Seite betrachtete. Er war bereit, das zuzugeben, um es zu berücksichtigen, und war damit sehr auf sein gutes Benehmen angewiesen. Vor allem kein Hauch von Merkantilismus! Er hatte die Wahrnehmung, nicht nur zu erkennen, wie fatal, sondern auch, wie unhöflich und ungerechtfertigt so etwas sein würde. Er war (in einem Satz) bereit, eine charmante Kameradschaft mit einem erhebenden Einfluss zu verbinden. Permanent? Ah, gut! Wenn Vergangenes Vergangenheit sein soll, kann das Zukünftige bei gleicher Behandlung der Zukunft überlassen werden.

Er rief am Freitagnachmittag in der Wohnung in Knightsbridge an. In der Nähe des Salons waren keine Anzeichen der bevorstehenden Expedition zu sehen; Emily war von unschätzbarem Wert und beschränkte die Auswirkungen des Packens auf die Schlafzimmer und deren unmittelbare Umgebung. Mrs. Lenoir und Winnie waren zusammen und tranken Tee. Winnie empfing ihn mit froher Herzlichkeit; Bei der Gastgeberin spürte er eine gewisse Zurückhaltung. Mrs. Lenoir, voll von ihrem neuen Projekt, sah nicht ein, warum Bob Purnett kommen sollte. Sie hatte nichts gegen ihn, aber er war irrelevant; Wenn ihr Plan Erfolg hatte, würde er natürlich aussteigen. Sie war einigermaßen gnädig – das „großartige Benehmen" kam zum Vorschein – und nachdem sie ihm eine Tasse Tee gegeben hatte, ging sie zurück zu ihrem Gepäck, worüber weder sie noch Winnie ein Wort gesagt hatten – Winnie wartete auf einen Hinweis von ihrer Freundin, und ihre Freundin hatte keine Lust, es zu geben.

Winnie hatte wochenlang nicht an Bob gedacht, aber ihr Herz erwärmte sich für ihn. „Er hat mir in dieser ersten Nacht das Leben gerettet", war ihre innere Dankbarkeit. Sie lehnte sich auf dem Sofa zurück und ließ ihn reden. Aber er redete nicht lange untätig; Bob Purnett nahm seine Zäune; Schließlich hatte er diesen speziellen „Teaser" gründlich untersucht, bevor er auf sein Pferd stieg.

„Seit meiner Abwesenheit habe ich viel an dich gedacht."

„Geschmeichelt, Mr. Purnett."

„Oh, Mist. Ich meine, ich hoffe, du wärst nicht unglücklich und so weiter, weißt du."

Winnie bewegte ihre kleinen Hände in einer Geste, die vernünftige Ausdauer zum Ausdruck brachte.

„Aber, sage ich, hier ist es ziemlich ruhig, nicht wahr?"

„Oh ja, aber das macht mir nichts aus."

„Du willst nicht dein ganzes Leben lang hier sitzen, oder?"

„Das ist ein ziemlich großer Auftrag, nicht wahr? Haben Sie sonst noch etwas vorzuschlagen?"

„Du hast schon angefangen, über einen Kerl zu lachen!"

„Schon? Meine Güte, kommt da irgendetwas Großartiges?"

Bob stand von seinem Stuhl auf, ging über den Kaminvorleger und stellte sich neben sie. Er räusperte sich und zündete sich eine Zigarette an. Winnie wurde neugierig; sie lächelte zu ihm hoch. „Ich glaube, du hast etwas im Kopf. Raus damit." Eine plötzliche Idee schoss ihr durch den Kopf. „Sie kommen nicht von Godfrey? Denn das ist völlig unmöglich."

„Wofür hältst du mich? Ich habe den Kerl nicht gesehen. Ich sage, was hat dich dazu gebracht, das zu denken?"

„Oh, ich bitte um Verzeihung – es tut mir leid. Aber Sie haben gefragt, ob ich hier bleiben möchte; das war, als ob Sie vorschlagen würden, ich solle woanders hingehen, nicht wahr? Also dachte ich, Sie meinen vielleicht, dass ich gehen sollte – gehen zurück, wissen Sie. Ich würde mich lieber umbringen.

„Oh, bitte lass es. Darüber habe ich nicht gesprochen. Ich fahre am Dienstag nach Monte Carlo." Er blickte auf seine gut polierten braunen Stiefel mit breitem Rahmen hinab; er war immer bewundernswert beschlagen. Dennoch schien er keine oder keine sehr glückliche Inspiration zu finden. „Du hast es überstanden, nicht wahr?"

Winnie schrumpfte in ihre Hülle. „Ich glaube, ich bevorzuge Ihr dummes Mitgefühl. Wie können Sie von mir erwarten, dass ich darüber rede?"

"Setzt meinen Fuß hinein?"

„Na ja, eher." Ihre rechte Hand schlug ein Tattoo auf die Armlehne ihres Stuhls.

„Das tust du immer", bemerkte Bob nachdenklich, den Blick immer noch auf seine Stiefel gerichtet. Es überraschte ihn nicht, dass sie seine Frage für schlecht formuliert hielt – obwohl sie inhaltlich notwendig war.

„Oh, Unsinn. Du bist ein Schatz. Aber hast du wirklich etwas, was du sagen willst?"

Er muss jetzt springen – oder er muss sich weigern. Er sah es, und mit der Notwendigkeit kam auch der Mut.

„Ich sage, könntest du dir vorstellen, mit mir nach Monte zu kommen?" Er hob den Blick und sah ihr direkt ins Gesicht, als er die Frage stellte. Er hatte Mut – aber das Rätsel blieb furchtbar hartnäckig. „Wird sie kommen oder wird sie mich rausschmeißen?" – ist eine kurze Zusammenfassung seiner inneren Befragung; er dachte an gleiches Wetten.

"Ich komme mit dir?"

„Ja. Viel Spaß, wissen Sie. Wir würden eine seltene Zeit haben." Er war wieder am Boden. „Und alles so, wie du es willst, meine Ehre, Winnie, bis – bis du gesehen hast, was du wolltest, weißt du nicht?"

Winnie saß einige Augenblicke ganz still da. Sie blickte Bob Purnett fragend an. Er war ein sehr guter Kerl. Das wusste sie. War er ganz vernünftig? Er war auf jeden Fall lustig – so lustig, dass Empörung die Situation nicht verschönern konnte. Langsam verzog sich ein Lächeln über ihre Mundwinkel. Das war ein hübscher Kontrast zu Dick Dennehys aufrichtigem Appell an sie, „auf sich selbst aufzupassen"; und nicht weniger zu Bertie Merriams respektvoller, vorsichtiger Aufmerksamkeit. Ja, und zu Mrs. Lenoirs Plänen! Sie war sich bewusst, dass Bob nie die wahre Bedeutung ihrer Handlung gegenüber Godfrey Ledstone begriffen hatte. Aber wenn man bedenkt, dass er es so schrecklich vermisst hatte! Und da waren die Koffer gepackt, nicht für Monte Carlo, sondern für Madeira – Koffer, die nach Seriosität riechten. Sie mochte zwar amüsiert sein, aber ihre Belustigung konnte nicht frei von Bosheit sein; Sie lächelte vielleicht, aber Bob musste leiden – na ja, zumindest ein bisschen. Sie sah zu ihm auf und lächelte immer noch in verräterischer Liebenswürdigkeit.

„Ist das ein Heiratsantrag, Bob?" Sie fragte.

Er errötete. „Nun – ähm – du kannst nicht heiraten, oder, Winnie?"

„Im Moment nicht. Aber ich kann es in etwas mehr als sechs Monaten. Würden Sie und Monte Carlo auf mich warten?"

„In etwas mehr als –? Was, ist Maxon –?"

„Ja, das ist er – sehr bald."

"Du hast mir nie gesagt!"

„Bisher hatte ich keinen Grund zu der Annahme, dass Sie Interesse hätten."

Bob Purnett war offensichtlich verärgert, sogar sehr verärgert. Er starrte sie einen Moment lang an, seine Augen schienen vor entsetzter Überraschung hervorzustechen. „Guter Gott!" murmelte er und begann mit großen Schritten durch den Raum und dann wieder zurück – wie Mr. Ledstone im Hinterzimmer am Woburn Square oder Godfrey in seinem neuen Studio. Er fuhr damit drei oder vier Minuten lang fort. Winnie saß da, den Kopf auf die hohe Rückenlehne ihres Sessels gestützt, und ihr Blick folgte ihm in verächtlicher Belustigung und befriedigter Bosheit. Bob litt unter seiner Anmaßung, seiner Unfähigkeit, offensichtliche Unterschiede zu erkennen, seiner groben Fehleinschätzung ihr gegenüber. Es war unterhaltsam anzusehen, wie er sich unter der Züchtigung zappelte. In seiner unglücklichen Person schien sie die ganze große Welt zu bestrafen, die sich geweigert hatte, sie zu verstehen; Sie bekam endlich ein kleines Stück von sich selbst zurück.

Einmal, als er ging, sah er sie an. Sein Gesicht war rot und er runzelte die Stirn. Winnies stetiges Lächeln schien ihn nicht zu trösten. Mit einer seltsamen Kopfbewegung nahm er sein ruheloses Umherlaufen wieder auf .

Tatsächlich fühlte sich Bob ziemlich erwischt. Was für ein Narr war er gewesen, das Gelände nicht vor einem Vormarsch zu erkunden, der sich als so überstürzt erwiesen hatte! Aber er war kein Schurke; er war stolz darauf, „das Spiel zu spielen". Einige Männer, die er kannte, würden leichtfertig ein Versprechen geben, wenn es ihren Zweck erfüllen würde, und machten keinen Hehl daraus, es in sechs Monaten zu brechen. Das war nicht seine Art, auch wenn es seinem Zweck dienen würde. Während er auf und ab ging, fragte er, ob er verpflichtet sei , das Versprechen zu geben; Wenn er es geschafft hat, sollte es behalten werden. Natürlich war es das Letzte, was er je gemeint hatte; es lag völlig außerhalb seines Lebensplans, und seine Gefühle für Winnie waren bei weitem nicht stark genug, um diesen Plan von der ersten Stelle seiner Zuneigung zu verdrängen. Aber konnte er ohne Brutalität und ohne sie zu beleidigen aus dem Loch herauskommen, in dem er steckte? Er sah nicht ein, dass er es könnte. Sie hatte Godfrey Ledstone nicht geheiratet – das war unmöglich gewesen. In seinem Herzen hatte Bob nie daran geglaubt, dass es einen anderen wirklich wirksamen Grund gab. Mit ihren Theorien hatte sie nur das Beste daraus gemacht. Nun wäre es ihr in Kürze möglich, ihn zu heiraten. Es sei völlig natürlich, räumte er ein, dass sie die Chance ergriff. Konnte er nach seinem ersten Vorschlag ablehnen? Das würde den Fall – sowohl seinen als auch ihren Fall – in unangenehm klaren Worten darstellen . Aber er hatte das Gefühl, dass es schreckliches Pech war, und auch er hegte seinen Groll – einen wütenden Protest gegen die Inkonsistenz. Warum weigerte sich Maxon zunächst und nahm seine Ablehnung dann zurück? Warum hat Winnie die Grenze überschritten und wollte dann wieder zurück? Sie „lassen einen Mann herein", indem sie sich so verhalten – und zwar auf sehr schlechte Weise.

Dennoch hatte er sie auf seine Art sehr gern; und sie tat ihm leid. Es lag nicht an ihm, sie vorsätzlich zu verletzen, auch wenn es ihm selbst schaden würde, sie nicht zu verletzen. Und dann wäre es eher heroisch – also absolut das Richtige. Wie die meisten Menschen war er empfänglich für die Anziehungskraft des Heldenhaften; Der Glamour würde ihm helfen, die Situation zu ertragen, oder könnte ihm zumindest helfen.

Er kam und stellte sich vor sie, die Hände in den Taschen; er sah ziemlich verlegen aus.

„Alles klar, Winnie. Sobald es möglich ist. Darauf steht mein Wort." Er brachte ein Lächeln zustande. „Seien Sie aber nicht zu sehr auf mich herab. Ich habe mir nie vorgestellt, dass ich ein Ehemann bin, wissen Sie."

„Du brauchst dich bestimmt nicht als meinen Mann vorzustellen", sagte Winnie.

„Du meinst – du wirst es nicht tun?"

„ Natürlich werde ich das nicht tun – genauso wenig, wie ich mit dir nach Monte Carlo fahre." Sie brach in Gelächter aus, als sie die Verwirrung in seinem roten Gesicht sah. „Oh, du alte Gans, zu denken, dass ich beides tun sollte!"

Bob wusste, dass sein erster Vorschlag unregelmäßig war und als Beleidigung hätte aufgefasst werden können – zumindest von einer so inkonsistenten Frau wie Winnie; sein Stellvertreter war zweifellos gutaussehend und heldenhaft. Er konnte nicht erkennen, dass beides lächerlich war. Er errötete noch mehr unter der freundlichen Verachtung von Winnies Worten.

„Ich sehe darin nichts besonders Absurdes. Als ich dachte, du könntest nicht heiraten, habe ich dich nicht darum gebeten.

„Nun, du bist – und ich bin – ganz und gar damit beschäftigt! Aber geh nicht auf mich los, Bob. Ich wäre vielleicht auf dich losgeflogen, aber ich habe es nicht getan."

„Oh, du bist auf deine Art gut nach Hause gekommen. Du hast mich zum Arsch gemacht." Sein Ton drückte eine widerwillige, nachtragende Bewunderung aus; Sein Blick war von der gleichen Art. Er war wütend und Winnie war in ihrer Lebhaftigkeit und ihrem Triumph sehr hübsch.

„Ich sehe nicht, dass es allein meine Schuld ist. Ich glaube, du hast mir geholfen. Komm, sei nicht böse. Du weißt, dass du schrecklich erleichtert bist. Als du über die Frage nachdachtest, war dein Gesicht ein Ausdruck der Bestürzung. "

Er war sicherlich erleichtert über die Heirat; aber er war enttäuscht und verletzt über die Reise nach Monte Carlo. Wenn sie in moralischer Empörung auf ihn losgeflogen wäre, wäre das verständlich gewesen, wenn auch wiederum seiner Meinung nach kaum konsequentes Verhalten ihrerseits; So wie es war, hatte sie ihn nicht einen Schurken, sondern eine Gans genannt und ihm mit lächelndem Gesicht ihren Streich gespielt, wobei sie äußerst attraktiv und hoffnungslos unnahbar aussah.

„Nun, ich meine, was ich sage. Mein Angebot bleibt bestehen. Vielleicht überdenken Sie Ihre Antwort besser." Seine Stimme klang jetzt verbissen wütend. Er deutete deutlich an, dass sie – in ihrer Position – vielleicht noch weiter gehen und schlechter abschneiden würde.

Winnie entging den Hinweis nicht, ließ ihn aber mit fröhlicher Verachtung durchgehen.

„Ich werde nicht streiten; das habe ich nicht vor. Wenn ich es getan hätte, hätte ich am Anfang gestritten.“ Sie sprang von ihrem Stuhl auf und legte eine Hand auf seinen Arm. „Lass uns einander vergeben, Bob!“

Einem plötzlichen Impuls folgend packte er sie um die Taille. Winnies Gestalt versteifte sich plötzlich, aber sie machte keine weitere Bewegung. Bobs Arm fiel wieder weg; Er ging zu einem Stuhl hinter der Tür, auf dem er seinen Hut und seine Handschuhe zurückgelassen hatte. „Ich schätze, ich gehe besser“, sagte er mit unsicherer Stimme, ohne den Kopf zu ihr zu drehen.

„Bitte, Bob.“

Die Situation wurde durch das Öffnen der Tür erleichtert oder zumindest beendet. Das Stubenmädchen verkündete: „Major Merriam, Miss!“

Der Major kam zügig herein. Ein großes trichterförmiges Päckchen aus weißem Papier verkündete einen Blumenstrauß. Bob, der hinter der Tür stand, befand sich nicht im unmittelbaren Sichtbereich des Majors.

„Nun, Miss Wilson, sind Sie alle bereit für die Reise? Ich habe Ihnen ein paar Blumen für Ihre Kabine mitgebracht.“

„Oh, vielen Dank. Darf ich – ähm – Ihnen meinen Freund vorstellen, Mr. Purnett? Mr. Purnett – Major Merriam.“ Der Major verneigte sich höflich; Bob ziemlich steif.

„Ich war gerade unterwegs“, sagte er und kam mit Hut und Handschuhen in der linken Hand auf Winnie zu. Er fragte sich: „Wer zum Teufel dieser Kerl ist?“ – und „Was soll das mit einer Reise und einer Kabine?“

„Ja, wir sind tatsächlich fast fertig, obwohl wir Frauen sind! Emily ist so großartig darin! Musst du gehen, Bob? Es wird einige Zeit dauern, bis wir uns wiedersehen. Morgen früh fahren wir nach Madeira und dann weiter nach Italien – zu den Seen.“ Sie lächelte Bob an. „Aber ich fürchte, wir kommen nicht nach Monte Carlo!“

„Ich wusste nicht, dass du – weggehst.“

„Ich wollte es Ihnen gerade sagen, als Major Merriam hereinkam. Wir freuen uns alle darauf, nicht wahr, Major? Major Merriam und sein Vater kommen mit uns bis nach Madeira.“

„Die Damen sind gut genug, unsere Begleitung und unsere Gesellschaft für zwei oder drei Wochen zu akzeptieren“, sagte Bertie Merriam. Er fand, dass der andere ziemlich mürrisch aussah.

„Wirst du lange weg sein?“ Bob brachte die Frage ruckartig zur Sprache.

„Oh, ungefähr drei Monate, glaube ich. Nun, wenn du gehen musst, dann lebe wohl, Bob. Schön, dass du mich besuchen kommst." Sie roch an dem Strauß, den sie Bertie abgenommen hatte. „Ihre Blumen sind köstlich, Major Merriam!"

Bob Purnett hätte nie davon geträumt, dass die Situation, wie sie der Major jetzt darstellte, einen solchen Faktor bewirken würde – dieser perfekt ausgerüstete, sehr entspannte Major, der keinen Zweifel daran hatte, dass seine Blumen willkommen sein würden, und dessen Gesellschaft bis nach Madeira akzeptiert wurde – für zwei oder drei Wochen tatsächlich auf Madeira. Die Gefühle, die ihn dazu veranlasst hatten, seine Hand um Winnies Taille zu legen, verwandelten sich in heftige Eifersucht. Sie hatte über seinen Vorschlag gelacht – sein heldenhaftes Angebot. Würde sie über den Major lachen, wenn er einen machen würde? Auf die eine oder andere Weise hatten ihn seine Gefühle inzwischen weit von der Stimmung entfernt, in der er sich ursprünglich auf den Vorschlag eingestellt hatte. Er hatte es aus Ehrerbietung gemacht. Er hätte es jetzt geschafft, sie davon abzuhalten, mit dem Major nach Madeira zu reisen. Sein Geist war nicht schnell genug, doch plötzlich wurde ihm klar, dass er sie wahrscheinlich nicht mehr sehen würde. Seine Welt war, abgesehen vom ungezwungenen Verkehr auf dem Jagdrevier, nicht die Welt von Männern wie dem Major.

„Nun, auf Wiedersehen, ich wünsche Ihnen eine angenehme Reise", brachte er unter den Augen des Majors hervor.

„Auf Wiedersehen – und *au revoir* – wenn ich zurückkomme!"

Wie er die Augen des Majors hasste! Er wagte nicht einmal, ihre Hand zu drücken; der Major würde es bemerken und ihn auslachen! Ein schlaffes Schütteln war alles, was er geben konnte. Dann musste er gehen und sie beim Major zurücklassen – sie musste sich nicht mit ihm nach Monte Carlo vorbereiten, sondern mit dem Major nach Madeira. Das war eine schöne Belohnung für ein heldenhaftes Angebot! Sicherlich hatte Winnie an diesem Nachmittag in ihrem Duell gegen das männliche Geschlecht einige Treffer erzielt.

Lustlos und trostlos schlenderte er Richtung Piccadilly. Er war im Widerspruch zur Welt. Er hatte niemanden, mit dem er nach Monte Carlo fahren konnte – niemanden, der ihm überhaupt etwas bedeutete. In der Tat, wem lag ihm wirklich am Herzen, oder wer kümmerte sich wirklich um ihn? Er hatte eine Menge Freunde; aber wie sehr kümmerten sie ihn oder sie ihn? Kostbar wenig – das war die Wahrheit, die sich in der ungewöhnlich klaren Atmosphäre dieses Nachmittags zeigte. Andere Männer hatten Frauen, Kinder oder treue Freunde. Er schien niemanden zu haben. Es war eine ekelhafte Welt! Und er mochte Winnie – nein, er mochte sie mehr als nur. Das hatte er auch heute Nachmittag gelernt. Und am Ende hatte er das

Schöne vorgeschlagen. Denn kein anderer auf der Welt hätte das getan. Seine Belohnung war Spott von ihr gewesen – und das Erscheinen des Majors. „Es ist alles ein bisschen zu dick", dachte der arme Bob Purnett, der plötzlich mit etwas konfrontiert wurde, das gelegentlich Menschen passieren kann, die ein Leben führen, das er führte. Aber er hat die Art des Lebens und die Art der Sache nicht explizit miteinander in Verbindung gebracht. Er hatte nur ein allgemeines, aber verzweifeltes Gefühl der Trostlosigkeit. Die Zeiten waren aus den Fugen geraten.

Wenn es einem Menschen schlecht geht, ist er in der großen Versuchung, jemanden zu verletzen – sogar einen unschuldigen Menschen, dessen einziges Verbrechen darin besteht, dass er ein winziger (und unfreiwilliger) Teil der Welt ist, die sich so schlecht benimmt. Sollte eine besonders gefährdete Person vorbeikommen, lassen Sie sie auf sich selbst aufpassen! Man hatte zum Beispiel einen, wenn auch entfernten, Zusammenhang mit der Ursache des Elends. Elend neigt dazu, überall einen Feind zu sehen – und einen Gefährten zu suchen.

im schnellen Spaziergang aus dem Park kam. Die Straßenlaterne zeigte sie einander. Godfrey wäre mit einem Nicken und einem „Wie geht es dir?" vorbeigegangen. Das war überhaupt nicht Bobs Idee. Er war entschlossen, seinem Freund ein Knopfloch zu geben, ihm zu sagen, wie lange es her war, seit sie sich gesehen hatten, und ihm zu erzählen, was er in der Zwischenzeit getan hatte. Er genoss Godfreys Unbehagen; denn Godfrey bezeichnete ihn als Sympathisanten von Winnie und fürchtete sich davor, auf das Thema Bezug zu nehmen. Bob hat den Hinweis in seinem eigenen Tempo gemacht.

„Komisch, dass ich dich kennengelernt habe!" bemerkte er mit einem kräftigen Zug an seiner Zigarre.

„Ist es? Ich weiß es nicht. Ich mache diesen Spaziergang oft."

„Weil ich gerade von einem Besuch bei Winnie zurückkomme." Er blickte sein zukünftiges Opfer schadenfroh an. Er war wie ein Wilder, der glaubt, durch die Anwendung geeigneter Zeremonien einen Teil seines Unglücks auf seinen Nächsten abwälzen zu können.

„Oh, ich – ich hoffe, es geht ihr gut?"

„Scheint zu blühen. Ich habe allerdings nicht viel mit ihr geredet. Es gab einen Tanzbesuch – irgendjemand von Major. Oh ja, Merriam – Major Merriam. Er kam ziemlich bald herein, mit einem ebenso großen Blumenstrauß als dein Chef. Scheint, dass sie und Mrs. Lenoir morgen ins Ausland reisen, und unser Freund, der Major, reist auch hin. Ich glaube nicht, dass du dich über Winnie ärgern musst, alter Junge.

„Wer ist er? Ich habe noch nie von ihm gehört."

„Nun, ich hätte nicht gedacht, dass Sie und sie einen Briefwechsel führen! Wenn Sie dazu kommen, würde ich eher bezweifeln, ob er jemals von Ihnen gehört hat.“ Bob lächelte auf eine Art, die weniger freundlich war, als er es gewohnt war.

„Nun, ich habe es eilig. Auf Wiedersehen, alter Mann.“

„Gehst du meinen Weg?“ Er zeigte auf Piccadilly und nach Osten.

Es war Godfreys Weg nach Hause gewesen. „Ich muss in ein Geschäft in der Sloane Street gehen“, sagte Godfrey.

„Dann ist Ta-ta! Es wird doch eine Erleichterung für dich sein, wenn sie sich gut beruhigt, nicht wahr?“

Godfrey sagte nichts weiter als „Auf Wiedersehen.“ Aber sein Gesicht war, wie er es sagte, sehr ausdrucksstark; Es befriedigte ganz Bob Purnetts Impuls, jemanden zu verletzen. Godfrey Ledstone mochte Major Merriam genauso wenig wie er selbst! Die magische Zeremonie hatte funktioniert; Ein Teil seines Unglücks wurde entladen.

Nun ja, am Ende waren die beiden im Großen und Ganzen derselbe Fall. Winnie hatte Godfrey in das große Experiment und dadurch in den großen Misserfolg geführt. Sie hatte an diesem Nachmittag Bob Purnett seinerseits von seinem festen Lebensplan abbringen lassen und ihn verärgert und wütend weggeschickt, weil er das Eine nicht tun konnte, von dem er immer verächtlich erklärt hatte, dass er es niemals tun würde. Sie hatte sie beide im Stich gelassen – hatte Godfrey diesen Verfahren, dem familiären Leid und Miss Thurseleys sofortiger Zurückweisung überlassen; ließ Bob über ein verlorenes Vergnügen, einen fruchtlosen Heldentum und den Major auf Madeira nachdenken. Die beiden hätten miteinander sympathisieren sollen. Doch ihre Gedanken zueinander waren nicht freundlich. „Wenn ich gewusst hätte, was für ein Kerl er ist, hätte ich es früher versucht“, dachte Bob. Godfreys Protest ging tiefer. „ Natürlich wird es passieren, aber warum um Himmels Willen muss er mir davon erzählen?“ Denn Bob hatte den ganzen Teil der Geschichte unterdrückt, der für seine Erzählung verantwortlich war.

Sie gingen getrennte Wege – diesmal absichtlich getrennt, da es in der Sloane Street kein Geschäft gab, in dem Godfrey Ledstone vorbeischauen wollte. Sie gingen mit ihren Gedanken ihrer Wege, in deren Spiegel jeder sah, wie Winnie den Major anlächelte. Genau das, was Miss Wilson gerade tat! Eifersüchtige Männer sehen mehr als passiert, aber was passiert, sehen sie im Allgemeinen.

KAPITEL XXI

Ist er ein Tyrann?

Cyril Maxons willensstarke und herrschsüchtige Natur erkannte seine eigenen Dekrete als rechtskräftig an und betrachtete seine eigenen Beschlüsse als vollendete Tatsachen. Als er einmal die erforderliche Änderung seiner Meinung erreicht hatte und entschieden hatte, dass er Lady Rosaline zu gegebener Zeit umwerben wollte, betrachtete er sie in seiner geheimen Seele bereits als seine – jedenfalls als für ihn bestimmte – und ihn Es fiel ihm nicht schwer, zu erklären, dass sie in ihrem Gespräch in Paris und in den freundschaftlichen Beziehungen, die nun zwischen ihr und ihm bestanden, ihr stillschweigendes Einverständnis gegeben hatte.

Aber natürlich war die Dame weder über seine Rechte noch über ihr eigenes Handeln derselben Ansicht. Das „Allerhöchste", was sie ihm gegeben hatte, war die Erlaubnis, sein Glück zu versuchen und sich ihr während der unvermeidlichen Zeitspanne zu empfehlen. Sie war wirklich ziemlich froh über die Pause und bemerkte eines Tages gegenüber Frau Ladd, dass es keine schlechte Sache wäre, wenn jeder gezwungen wäre, acht oder neun Monate zu warten, bevor er heiratete. „Vor allem, wenn wir an die Meinung von Herrn Attlebury gebunden sein sollen!" fügte sie lachend hinzu.

Die Idee der Heirat gefiel ihr; es war passend, und sie war einsam und nicht reich. Sie war sich noch nicht sicher, wie sehr sie den Mann mochte, als sie ihn näher kennenlernte; Hin und wieder sah sie Anzeichen von etwas, das ihr half, Mrs. Maxons Haltung besser zu verstehen. „Oh, ich habe keine Angst vor Kämpfen", sagte sie sich dann; „Aber ich möchte nicht die ganze Zeit kämpfen müssen. Es ist ermüdend und ziemlich vulgär." Also probierte sie, wie es ihr die Situation erlaubte; denn Maxon war immer noch ein unentschiedener Mann, so technisch das Unentschieden auch geworden war; er war nicht in der Lage, das Tempo zu forcieren. Diese zufällige Tatsache half ihr, sich gegen seinen starken Willen und seine herrschsüchtigen Instinkte zu behaupten; denn sein Gewissen hatte ihm nur in einem Punkt Erleichterung verschafft (wenn überhaupt in diesem), und es ließ ihn nicht vergessen, dass er immer noch ein verheirateter Mann war.

Lady Rosalines Haltung erregte natürlich die lebhafteste Neugier und eine Fülle von Gerüchten bei ihren Freundinnen, Mrs. Ladd und Miss Fortescue. Was wollte Rosaline tun? „Oh, sie will ihn haben", rief Miss Fortescue, „am Ende, wissen Sie!"

„Ich glaube, sie wird es tun, aber ich glaube, dass eine ganze Kleinigkeit sie verwandeln könnte", lautete Mrs. Ladds vorsichtigeres Urteil. Cyril Maxon hätte es nicht freundlich aufgenommen.

Die große Enttäuschung der guten Damen bestand darin, dass sie ihren verehrten Pfarrer nicht dazu bewegen konnten, ein Wort zu diesem Thema zu sagen, so zugänglich und sogar gesprächig er im Allgemeinen mit seiner Herde war. Als Maxon den ersten Schritt in diesem Verfahren getan hatte, das den armen alten Mr. Ledstone so wütend gemacht hatte, hatte er seinem Freund einen langen und äußerst argumentativen Brief geschrieben, in dem er sein Vorgehen rechtfertigte. Attlebury hatte freundlich geantwortet und ein Interview vorgeschlagen. Dies lehnte Maxon als schmerzhaft für ihn ab und endete mit der Versicherung, dass sein Gewissen den von ihm eingeschlagenen Weg gutheiße.

„Wenn ja, hat meine Aussage keinen großen Sinn mehr; aber stellen Sie sicher, dass es so ist", war Attleburys Antwort. Maxon fühlte sich darüber etwas beleidigt, als würde es seine Aufrichtigkeit in Frage stellen. Es gab keinen offenen Bruch, aber die Männer trafen sich nicht mehr in inniger Freundschaft; es gab eine Reserve zwischen ihnen. Doch Attlebury hatte nicht mehr oder nur sehr wenig mehr gesagt als Lady Rosaline selbst; Sie hatte auch darum gebeten, dass sein eigenes Gewissen zustimmte. Aber Attlebury konnte oder tat es jedenfalls nicht, den Hinweis auf Autorität aus seinem Rat herauszuhalten. Maxon versteifte instinktiv den Hals. Bevor die erforderliche Zeitspanne zur Hälfte abgelaufen war, wurde dieser Instinkt von einem anderen kraftvoll unterstützt.

Eines Sonntags war er mit Frau Ladd zum Tee gegangen. Sie waren alte Bekannte, und seit einigen Jahren war er es gewohnt, sie im Laufe eines Zwölfmonats fünf oder sechs Mal zu besuchen; Bei diesen Gelegenheiten hatte Mrs. Ladd ihm seit seiner Heirat diskret ihr Beileid über Winnies Unzulänglichkeiten ausgesprochen. Aber Winnie war endgültig verschwunden; Es gab jetzt ein noch attraktiveres Thema.

„Rosaline und ich reden von einer kleinen gemeinsamen Auslandsreise in einem Monat." Sie lächelte ihn an. „Wirst du mir verzeihen, wenn ich sie für drei oder vier Wochen wegnehme?"

„Ich werde euch beide sehr vermissen. Ich wünschte, ich könnte auch kommen, aber das ist völlig unmöglich."

„Ich glaube, sie will eine Veränderung." Was Mrs. Ladd zum Ausdruck bringen wollte, war, dass die notwendige Pause für Lady Rosaline ermüdend sein könnte, aber sie wusste nicht, wie sie es vorsichtig ausdrücken sollte. „Von Weihnachten bis Ostern ist es ein langer Weg, nicht wahr? Hast du sie in letzter Zeit gesehen?"

„Ich habe sie letzte Woche eines Tages verspätet angerufen – das ist alles. Ich bin sehr beschäftigt."

„ Natürlich sind Sie das – mit Ihrer Praxis! Haben Sie einen Sir Axel Thrapston bei Rosaline getroffen?“

„Axel Thrapston? Nein, das glaube ich nicht. Nein, ganz sicher nicht.“ Er traf sehr selten jemanden bei Lady Rosaline, da seine Besuche so geplant waren, dass ein solcher Notfall so weit wie möglich vermieden wurde. "Wer ist er?"

„Ich weiß selbst nicht viel über ihn. Er kommt aus Northumberland, glaube ich, und lebt dort im Allgemeinen. Ich glaube, seine Frau war eine alte Freundin von Rosaline; sie ist vor etwa zwei Jahren gestorben. Ich habe ihn dort zweimal getroffen – ein Mann mittleren Alters, eher kahlköpfig, aber recht gutaussehend.

„Nein, ich habe ihn nicht getroffen, Frau Ladd.“

„Er scheint gerade erst aufgetaucht zu sein, aber ich denke, er ist ziemlich fleißig.“ Sie lachte wieder. „Und zwei Jahre sind ungefähr die gefährliche Zeit, nicht wahr?“

So deutete Mrs. Ladd Cyril Maxon in aller Freundschaft an, dass er nicht der einzige Mann auf der Welt sei und dass er diese Tatsache besser nicht vergessen sollte. Obwohl sie eine Freundin war, wusste sie genug über ihren Mann, um eine gewisse Freude daran zu empfinden, die heilsame Warnung auszusprechen.

Es brauchte mehr, um Cyril Maxon von seiner selbstbewussten Aneignung von Lady Rosaline abzubringen, aber das ließ nicht lange auf sich warten. Auch er traf Sir Axel in ihrer Wohnung – ein- oder zweimal in den Stunden, die er als für sich selbst reserviert betrachtete; Er bemühte sich sehr, weder Überraschung noch Verärgerung zu zeigen, aber er verspürte sofort einen Kummer. Hier war er, der fleißigste aller Männer, der sich mühsam eine freie Stunde erarbeitete; Sollte er es mit trivialem Gerede verbringen? Thrapston hatte den ganzen langen freien Tag Zeit, anzurufen. Lady Rosaline könnte ihm wirklich einen Hinweis geben! Aber es schien ihr nicht in den Sinn zu kommen, dass es ihr gelingen würde. Und sie schien die Gesellschaft von Sir Axel zu mögen – wie es tatsächlich die meisten Menschen tun würden. Er war ein einfacher Landedelmann, kein Dummkopf in seinem eigenen Geschäft, aber ohne großen Anspruch auf intellektuelle oder künstlerische Bildung. Dies jedoch konnte er erkennen und respektieren; er erkannte und respektierte es in Lady Rosaline, wollte unbedingt von ihr lernen und unterwarf sich ihrer Autorität. „Wenn Menschen sich binden wollen, sollten sie immer unwissend sein. Ein gut informierter Geist bedeutet, dass man nicht in der Lage ist, sich der Eitelkeit anderer zu bedienen, was ein vernünftiger Mensch immer vermeiden möchte.“ Jane Austen erlaubt sich in dieser Bemerkung vielleicht ein wenig Bosheit, aber wir können nicht leugnen, dass sie mit Autorität über die menschliche Natur spricht.

Einmal, als er seinen Freund allein vorfand, beklagte sich Maxon darüber, dass er es manchmal nicht getan hatte.

„Ich habe natürlich nichts gegen ihn, aber ich komme, um mit Ihnen zu reden. Ich ärgere meinen Angestellten und manchmal auch meine Kunden, nur um zu kommen!" Es gelang ihm, seine Stimme und sein Auftreten spielerisch zu halten.

Sie war gnädig und erkannte die Kraft seines Flehens an. „Es war dumm von mir, nicht nachzudenken! Natürlich kann Sir Axel jederzeit kommen. Ich werde ihm einen Hinweis geben, dass er früher anrufen soll. Ist das zufriedenstellend, Mylord?" Sie nannte ihn manchmal mit diesem Titel – teils in Erwartung der Richterschaft, aber auch mit einem Anflug von Spott über die herrschsüchtige Natur.

„Das ist sehr nett – und gefällt es dir selbst nicht besser so?"

„Vielleicht tue ich das. Und ganz offensichtlich tun Sie das. Und" – sie lächelte – „sehr wahrscheinlich, Sir Axel. Wir werden alle drei zufrieden sein! Entzückend!"

„Ich habe nicht an seinen Standpunkt gedacht, das gestehe ich." Er war etwas zu verächtlich.

„Nein, aber er wird vielleicht darüber nachdenken, nehme ich an? Und ich nehme an, ich könnte es auch, wenn ich möchte, Mr. Maxon?"

Er sah sie einen Moment lang säuerlich an, dann erholte er sich und wandte sich, ohne zu antworten, dem Thema eines Buches zu, das er ihr mitgebracht hatte. Aber es ärgerte ihn, dass sie sich ihm widersetzte, ihm die Stirn bot und ihre Freiheit beanspruchte – insbesondere ihre Freiheit, Sir Axel allein zu empfangen. Allerdings war es kein gutes Schlachtfeld; er hatte ihren Tadel auf sich genommen.

Lady Rosaline war sich der Tatsache bewusst, dass Sir Axels Aussehen und Sir Axels Aufmerksamkeit für sie eine wertvolle Bereicherung waren, aber sie betrachtete den Ehemann ihrer alten Freundin nicht anders. Zunächst hatte er selbst, obwohl er eifrig war, keinerlei Anzeichen von Gefühl gezeigt. Wenn er sich überhaupt in diese Richtung bewegte, dann langsam und heimlich. Und dann neigte sie immer noch zu Maxon. Sie hatte eine große Meinung von seinen Fähigkeiten – da war sie sich mehr sicher als darüber, wie sehr sie ihn mochte – und die Aussichten auf eine hohe Karriere für ihn zogen sie an. Aber Sir Axel und sein Fleiß steigerten ihren Wert und stärkten ihre Unabhängigkeit. Sie halfen ihr, ihre Position zu etablieren; Sie hatte die Vorstellung, dass es umso besser allen Angriffen widerstehen würde, wenn sie Lady Rosaline Maxon würde, je fester sie es jetzt etablierte. Hier hatte sie wahrscheinlich Recht. Aber sie hatte noch eine andere Idee. Man ließ sich ihr nichts vorschreiben; Sie ließ sich nicht dazu zwingen, Lady Rosaline Maxon zu werden.

In diesem Zustand äußerer Angelegenheiten und innerer Dispositionen kam und ging das „Verfahren" – was eigentlich nicht mehr als eine vorübergehende Viertelstunde Ärger für den aufstrebenden Cyril Maxon bedeutete, dem alles so einfach und sympathisch wie möglich gemacht wurde. Zweifellos gibt es noch andere Effekte am Woburn Square – möglicherweise auch andere auf Madeira! So vergänglich und formell das Verfahren auch war, es hinterließ einen Zustand, der im Wesentlichen noch vergänglicher und förmlicher war. Das Unentschieden war jetzt nur noch eine Formsache, und als das Gewissen zu dem Schluss kam, dass Cyril Maxon in jeder Hinsicht immer noch ein verheirateter Mann war, schien es, als würde das Gewissen die Sache zu hoch ansetzen. Für das gegenwärtige Verhalten ja – und er hatte aus moralischen und klugen Gründen nicht den Wunsch, der einstweiligen Verfügung zu widersprechen; aber dafür, die Zukunft auf bestimmte Linien festzulegen? Das schien ein anderer Punkt zu sein. Er überlegte seine Haltung – nicht ohne mehr oder weniger bewusst von Lady Rosalines Unabhängigkeit und der Beharrlichkeit von Sir Axel Thrapston beeinflusst zu sein. Der Hinweis, dass sie sich immer noch für frei hielt, die Vorstellung einer Rivalin, verwandelte die notwendige Pause von einem bloßen Ärgernis in eine mögliche Gefahr. Außerdem reiste sie mit Frau Ladd ins Ausland, und er konnte ihr nicht folgen. Mrs. Ladd hatte einen freundlichen Einfluss, aber er würde gerne die Situation beschreiben, bevor Lady Rosaline ging. Da er keinen besonders ärgerlichen Zusammenstoß mit Sir Axel riskieren wollte , schrieb er ihr und bat sie um einen Termin.

Sie hatte weder den Wunsch, das Interview abzulehnen, noch konnte sie es. Aber sie witterte einen Angriff und blieb instinktiv in der Defensive. Sie wollte genau das Gegenteil von dem, was Cyril Maxon tat; Die Reise zuerst und die Entscheidung danach war ihr Plan. Sie verließ sich auf das nötige Intervall, während er damit nun keine Geduld mehr hatte. „Ich lasse mich nicht drängen!" sagte sie sich. Sie gab ihm den Termin, um den er gebeten hatte, an einem Samstagnachmittag (er hatte diesen vergleichsweise freien Tag vorgeschlagen) um halb fünf, ließ Sir Axel jedoch durchblicken, dass sie am selben Nachmittag um halb sechs zu Hause sein würde. Ihr Beweggrund dafür war eher vage – nur die Vorstellung, dass manche Diskussionen zu lange dauern könnten, oder dass sie ihren aufgeregten Geist im Gespräch mit einem Freund entspannen möchte, oder dass sie möglicherweise gerne erfahren würde, dass sie hatte es richtig gemacht. Ihre Gründe für die Andeutung an Sir Axel entziehen sich einer abschließenden Analyse.

„Lady Rosaline", sagte Cyril Maxon, als er seine leere Teetasse abstellte, „letzte Woche ging eine Episode in meinem Leben zu Ende." (Mr. Attlebury hätte es kaum als eine Episode bezeichnet.) „Die Zukunft ist jetzt meine Sorge. Ich habe die Maßnahmen, die ich ergriffen habe, nach größter Überlegung ergriffen, und ich bin froh, wenn ich daran denke, was Sie in Paris gesagt haben: dass es Ihre Zustimmung hatte. Er hielt einen Moment inne. „Ich hoffe, ich liege nicht falsch, wenn ich denke, dass Sie verstanden haben, warum ich es genommen habe, obwohl ich einmal zu dem Schluss gekommen war, dass es zulässig war?"

„Oh, Sie dürfen nicht zu viel von dem machen, was ich in Paris gesagt habe. Ich bin keine Autorität. Ich habe es Ihnen überlassen."

Er lächelte. „Die Frage der Zulässigkeit – natürlich. Aber die andere überhaupt? Na ja, egal." Er erhob sich von seinem Stuhl und stellte sich neben sie. „Sie müssen wissen, dass ich den Schritt, den ich getan habe, Ihretwegen getan habe?"

Sie bewegte sich ruhelos, ohne etwas zu bejahen oder zu leugnen. Sie wusste es sehr gut.

„Vor der Welt müssen wir vorerst so bleiben, wie wir sind. Aber es würde für mich einen großen Unterschied machen, in dieser Zeit des Wartens zu wissen, dass ich – dass ich mich auf dich verlassen könnte, Rosaline. Daran kannst du keinen Zweifel haben meine Gefühle, obwohl ich Selbstbeherrschung geübt habe, liebe ich dich und ich möchte, dass du so schnell wie möglich meine Frau bist.

„Nun, das ist im Moment doch nicht möglich, oder?"

„Nein. Aber es gibt keinen Grund, warum wir nicht ein perfektes Verständnis untereinander haben sollten."

„Würde es nicht zu Gerüchten kommen und vielleicht unangenehme Fragen aufwerfen, wenn wir – nun ja, wenn wir jetzt etwas definitiv arrangieren würden – bevor die Zeit abgelaufen ist?"

„Es wäre ganz unter uns. Es könnte keine Fragen geben. Es würde keinen Unterschied in unseren gegenwärtigen Beziehungen geben – das sollten wir uns beide nicht wünschen. Aber die Zukunft wäre sicher."

„Ich kann mir keinen Sinn darin vorstellen, jetzt verlobt zu sein, wenn es keinen Unterschied machen soll", murmelte sie ärgerlich.

„Es wird einen enormen Unterschied in meinen Gefühlen machen. Ich denke, das weißt du."

„Mir kommt es so vor, als würde ich einen eher – ziemlich schwierigen Zustand herbeiführen. Du weißt, wie sehr ich dich mag – aber warum sollten wir nicht beide frei sein, bis die Zeit gekommen ist?" Sie nahm den Mut zusammen, bei diesem Vorschlag seinen Blick zu ihm zu richten.

„Ich habe keine Lust, frei zu sein." Seine Stimme wurde ziemlich rau. „Das wusste ich nicht. In Paris –"

Sie brauste plötzlich auf; denn ihr Gewissen war tatsächlich nicht ganz ruhig. „Nun, was habe ich schließlich in Paris gesagt? Du hast in Paris nie gesagt, was du jetzt sagst! Wenn du es getan hättest – nun, ich hätte dir sagen sollen, dass ich überhaupt nicht bereit war, eine Entscheidung zu treffen. Und ich Ich bin jetzt noch nicht bereit. Ich möchte, dass ich mich in dieser Zeit des Wartens entscheide, bevor ich bereit bin. Denn was hindert mich daran? dass ich es mir in den nächsten sechs Monaten anders überlege – auch wenn du mich jetzt dazu bringst, „Ja" zu dir zu sagen?"

„Ich habe einen wichtigen – und für mich schwierigen – Schritt getan, indem ich mich auf deine Gefühle mir gegenüber verlassen habe. Ich habe mich anscheinend darin geirrt." Seine Stimme war düster, sogar ziemlich wütend.

„Sag das nicht, Cyril. Aber warum muss ich meine Freiheit aufgeben, lange bevor – nun ja, lange bevor ich etwas stattdessen bekommen kann?" Sie lächelte erneut und beschwichtigte ihn. „Lass mich trotzdem ins Ausland gehen. Ich werde versuchen, es dir zu sagen, wenn ich zurückkomme. Da!"

„Ich gestehe, dass ich dachte, dass du es mir praktisch schon vor langer Zeit gesagt hast. Im Glauben daran habe ich gehandelt."

„Du hast nicht das geringste Recht, das zu sagen. Ich mochte dich und habe es dir gezeigt. Ich habe mich nie verpflichtet."

„Nicht in Worten, das erlaube ich."

„Cyril, deine Unterstellung ist nicht gerechtfertigt. Ich ärgere mich darüber. Was auch immer ich gefühlt habe, ich habe nichts gesagt und getan, was ich nicht mit irgendjemandem haben könnte."

Er hatte sein Temperament hart im Griff; es gab jetzt einen Kick. „Mit Thrapston zum Beispiel?" er spottete.

„Oh, wie absurd! Ich habe Sir Axel noch nie so gesehen!" Während sie sprach, warf sie einen Blick auf die Uhr. Nein, es war genug Zeit. Eine Begegnung zwischen den beiden wünschte sie sich heute Nachmittag nicht. Sie stand auf und stellte sich neben Maxon. „Sie sind ziemlich anspruchsvoll und – und tyrannisch, Mylord", sagte sie. „Ich glaube nicht, dass ich dich heute so sehr mag. Du schikanierst mich fast – das tust du tatsächlich!"

Er blickte sie an und runzelte die Stirn. "Ich habe es für dich getan."

„Oh, es ist nicht fair, mir das anzulasten! In der Tat ist es das nicht. Aber lasst uns bitte nicht streiten. Es ist wirklich so eine Kleinigkeit, die ich verlange – nicht viel mehr als einen Monat Bedenkzeit –, wenn nichts passiert Ich denke tatsächlich, dass ein Jahr für uns beide besser aussehen würde."

„Oh, mach es zwei Jahre – mach es fünf!" er knurrte.

„Cyril, wenn du so weitermachst, schaffe ich es nie – hier, jetzt und für immer!"

Sogar er sah, dass er zu weit gegangen war. Es gelang ihm, seine Stirn und seine Stimme zu glätten und die übliche Bitte des Mannes einzubringen, um seine grobe Ungeduld zu entschuldigen. „Nur weil ich dich liebe."

„Ja, aber du musst nicht wie ein Bär sein, der Liebe macht", erwiderte sie kleinlich. Dennoch war sie bis zu einem gewissen Grad durch die Entschuldigung besänftigt; und sie wollte es auf keinen Fall ab und zu „es nie schaffen". Seine Unhöflichkeit und seine Entschuldigung zusammen verschafften ihr einen taktischen Vorteil, den sie schnell nutzte. „Aber wenn du mich wirklich liebst, wie du sagst, wirst du nicht ablehnen, was ich von dir verlange", fuhr sie fort. Dann verwöhnte sie ihn mit einem Hauch von Gefühl. „Wenn ich ‚Ja' sage, möchte ich es ohne jeden Zweifel sagen – von ganzem Herzen, Cyril. ‚Ja' wäre jetzt nicht das, was es zwischen dir und mir sein sollte."

Sie behielt ihren Vorsprung bis zum Ende des Interviews. Sie gewann ihren Aufschub; Bis nach ihrer Rückkehr aus dem Ausland sollte nichts mehr gesagt werden. In der Zwischenzeit würden sie als Freunde korrespondieren – „So tolle Freunde, wie Sie wollen!" warf sie lächelnd ein. Auch als Freunde trennten sie sich bei dieser Gelegenheit; denn als er ihr anbot, sie zu umarmen, streckte sie anmutig ihre Hand aus und sagte: „Das reicht für heute, denke ich, Cyril." Er runzelte erneut die Stirn, aber er gab nach.

Tatsächlich wurde Cyril Maxon im ersten Aufeinandertreffen der beiden geschlagen. Sie stellte sich gegen ihn und hatte sich durchgesetzt. Es stimmt, sie war fast daran gebunden; Ihre Lage war um so günstiger. Doch wie auch immer die Niederlage kam, Maxon war daran nicht gewöhnt und mochte es nicht. Und er mochte sie umso weniger, weil sie ihm so etwas angetan hatte – auf der Heimfahrt von Hans Place verlor er ein oder zwei harte Worte über sie –, aber er wollte sie trotzdem heiraten. Das meisterhafte Element in ihm wurde umso dringlicher, diesen Sieg zu erringen, alles wieder gutzumachen, was er heute verloren hatte – und noch mehr. Doch wenn er das heutige Interview mit seinen früheren Annahmen vergleicht, wird deutlich, dass er viel an Boden verloren hat. Was praktisch sicher schien, wurde nur noch einigermaßen wahrscheinlich. Statt akzeptiert zu werden, sagte man ihm, er sei nur ein Verehrer, wenn auch zweifellos ein Verehrer, der berechtigt sei, gute Hoffnungen auf Erfolg zu hegen. Ja, sehr gute Hoffnungen, wenn nichts dazwischenkommt. Aber er hasste die Reise ins Ausland, und er hasste Sir Axel Thrapston – obwohl Lady Rosaline jegliches sentimentale Interesse an diesem Herrn verneinte. Die bloße Tatsache, dass sie um einen Aufschub bat, machte jeden Aufschub gefährlich, und obwohl sie überhaupt zweifelte, könnte jeder Mann, der viel an ihr war, sie noch zweifelhafter machen. „Wenn sie mich jetzt umwirft –" murmelte er wütend vor sich hin; denn immer in seinem Kopf und hin und wieder auf seinen Lippen war: „Ich habe es für dich getan." Sie hatte das Opfer seines Gewissens akzeptiert; Sollte sie sich jetzt weigern, sein Gebet zu beantworten? Angesichts der neuen Perspektive, dass sie sich möglicherweise weigerte, hätte er das Opfer beinahe zugegeben. Jedenfalls habe er, so behauptete er, auf eine schwierige und nicht ganz zweifelsfreie Schlussfolgerung gesetzt. Es stand außer Frage, dass der Aspekt des Gewissens unterschiedlich sein könnte, je nachdem, ob Lady Rosaline Deering „Ja" sagte oder nicht.

Während der Besiegte ausgesprochen wild war, war der Sieger eher erschöpft. Lady Rosaline lag in einem luxuriösen Sessel vor dem Feuer, tat nichts und fühlte sich sehr müde. Sie hatte gesiegt, aber eine Reihe solcher Siege – ein ständiges Bedürfnis nach solchen Siegen – würde eine Pyrrhuswirkung auf ihre Nerven haben. Der Raum schien plötzlich von einer Atmosphäre des Friedens erfüllt zu sein. Sie streckte sich ein wenig, gähnte ein wenig und ließ sich tiefer in ihren großen Stuhl sinken.

So fand Sir Axel Thrapston sie pünktlich um halb sechs und verfehlte Cyril Maxon um etwa zehn Minuten. Seine Ankunft störte ihr Gefühl der Ruhe nicht und verstärkte es vielleicht eher; denn mit ihm hatte sie keinen Streit, und es gab keine komplizierten Gefühle über ihn, die schwer zu lösen waren. Darüber hinaus war er ein im Wesentlichen friedlicher Mensch, ein Leben-und-lebenlassen-Mann. Sie empfing ihn freundlich, ohne jedoch vom großen Stuhl aufzustehen.

„Verzeihen Sie, dass ich nicht aufstehe; ich bin ziemlich müde. Nehmen Sie den kleinen Stuhl und ziehen Sie ihn hoch."

Er tat, was ihm geboten wurde. „Hast du zu viel getan?" er hat gefragt.

„Oh, nicht besonders, aber ich bin müde. Aber du gibst mir Ruhe, wenn du da sitzt, und es macht dir nichts aus, wenn ich nicht viel rede." Sie redete jedoch weiter. „Es gibt einige Menschen, die man sehr mag und bewundert, und die doch ziemlich – nun ja, anspruchsvoll sind, nicht wahr?"

dumm gewesen, nicht zu vermuten, dass sein Freund kürzlich eine solche Person erlebt hatte, wie sie sie beschrieb.

„Nein, anspruchsvoll ist nicht ganz das Wort, das ich will. Ich meine, sie vertreten ihren eigenen Standpunkt so stark, dass es wirklich ein Kampf –

ein regelrechter Kampf – ist, ihnen klarzumachen, dass es vielleicht einen anderen gibt."

„Ich kenne den Typ. Mein schottischer Gärtner ist einer von ihnen."

„Nun, ich kenne Ihren schottischen Gärtner nicht, aber ich kenne ein oder zwei Männer dieser Art."

„Ich sollte denken, du könntest für dich selbst einstehen!"

Sein Blick war von freundlicher Wertschätzung für sie – und für ihr Aussehen. Sie sah im Feuerschein auf jeden Fall gut aus.

„Oh, ich denke, ich kann, aber man möchte es nicht immer tun müssen."

„Nicht gut genug, um mit solchen Leuten zusammenzuleben, Lady Rosaline!"

Er meinte keinen persönlichen Bezug, aber sein Begleiter hatte keine Schwierigkeiten, eine persönliche Bewerbung zu finden. Ihr Blick wanderte vom Feuer ab und richtete sich in einem meditativen Blick auf sein Gesicht.

„Es sei denn, ich meine, du warst ganz sicher, dass du die Nase vorn hast. Und selbst dann – nun ja, ich hasse Streit sowieso."

„Das tue ich auch – selbst wenn ich gewinne, Sir Axel! Da stimme ich Ihnen zu." Die Augen bekamen einen dankbaren Ausdruck. Sir Axel machte einen positiveren Eindruck, als der gute Mann sich vorstellen konnte. Cyril Maxon war heute Nachmittag für den Erfolg von Sir Axel verantwortlich; Es war ein echter Instinkt, der Lady Rosaline dazu veranlasst hatte, einen zweiten Termin zu vereinbaren! Ihre Nerven waren beruhigt; Ihre Müdigkeit verwandelte sich in angenehme Trägheit. Sie lächelte ihn träge und in friedvoller Zufriedenheit an.

„Wann hast du gesagt, dass du frei hast?" sie erkundigte sich. Als er fragte, wann er sie besuchen dürfe, hatte er sein Plädoyer mit der Begründung begründet, er werde London bald verlassen.

„Nächsten Dienstag. Ich freue mich darauf. Ich habe Venedig noch nie gesehen. Ich werde bei Danieli sein."

„Habe ich jetzt nach Ihrer Adresse gefragt, Sir Axel?"

Er lachte. „Oh, ich habe meine eigene Hand gespielt. Ich dachte, wenn ich meine eigene Gesellschaft nicht die ganze Zeit ertragen könnte, würdest du mich vielleicht auf dem Rückweg bei dir in den Lakes vorbeischauen lassen."

Lady Rosaline und Mrs. Ladd hatten eine absolut ruhige Zeit an den italienischen Seen geplant. Aber Sir Axel war absolut still – nach Cyril Maxon.

„Nun, ich könnte sogar so weit gehen, Ihnen eine Adresse zu schicken. Betrachten Sie es nicht als Befehl – oder gar als Einladung!“

„Sehen Sie, ich kenne da draußen niemanden und kann kein Wort der Sprache sprechen.“

„Nun, wenn dich absolute Verzweiflung zu unserer Tür treibt, lassen wir dich vielleicht ein wenig bleiben.“

„Oh, ich sage, das habe ich nicht ganz so gemeint!“

„Tatsache ist, dass du nicht besonders gut darin bist, schöne Reden zu halten, oder? Aber das macht mir nichts aus – und du weißt, ich sollte mich immer freuen, dich zu sehen.“

Sir Axel ging hochzufrieden, da er nicht wusste, wem oder was der größte Teil seiner Freude gerechterweise zugeschrieben werden konnte. Mögen wir also aus den Fehlern unserer Nachbarn Nutzen ziehen und darin etwas Trost für unser Leid finden, das uns ihre überlegene Brillanz bereitet.

KAPITEL XXII

URTEIL ENTSPRECHEND

Auf jeden Fall hat das Quartett auf Madeira eine sehr angenehme Party gefeiert. Es erwies sich als so glücklich zusammengestellt, wie der Major erwartet hatte. Die beiden Ältesten genossen den Sonnenschein, die schönen Nächte, das Casino, viel Klatsch untereinander und mit zufälligen Zeitgenossen, die ihnen etwas beizutragen hatten. Das junge Paar machte seine Ausflüge, nahm ein Bad und spielte ein wenig Rasentennis (Winnie ließ sich davon nicht begeistern), spielte sanft und tanzte begeistert. Nicht alle diese Dinge ausschließlich miteinander. Es waren noch andere junge Frauen da und andere junge Männer. Unter den ersteren war der Major gefragt; Zu letzteren zählt auch Winnie. Das *Tête-à-Tête* wurde nicht übertrieben . Zwischen den Farben, den Blumen und dem Spaß verlief das Leben sehr angenehm.

Aber Frau Lenoir war etwas ungeduldig. Ihr Lieblingsplan schien aufzugehen. Sie konnte nicht ganz verstehen, warum. Es waren nicht die anderen jungen Männer und Frauen, dachte sie; Es gab keine Anzeichen einer fremden Anziehung, die einen ihrer vorherbestimmten Liebhaber dazu veranlassen könnte, vom festgelegten Weg abzuweichen. Dennoch waren die Annäherungsversuche des Majors ihrer Meinung nach schmerzhaft absichtlich, und Winnies gute Gemeinschaft mit ihm war geradezu demonstrativ unsentimental. Frau Lenoir empfand ihre Erfahrung als schuld; Sie hatte erwartet, dass die Affäre in einem so günstigen Klima schneller reifen würde. Aber es gibt Möglichkeiten, Pflanzen zu forcieren, und sie war eine geschickte Gärtnerin.

Eines Tages, eine Woche nachdem die Gruppe auf der Insel angekommen war, kam sie nach dem Mittagessen in den Hotelgarten und ließ sich mit der galanten Hilfe des Generals in einem langen Sessel nieder; Von der Stelle aus hatte man einen Ausblick über den Hafen. Der General saß, nachdem er sein Amt verrichtet hatte, in einem kürzeren Sessel und rauchte seine Zigarre. Weit unter ihnen schien die baufällige, hübsche Stadt im Sonnenschein zu blinken; ein eher schläfriges Blinzeln ist die Haltung, die es gegenüber der Existenz einnimmt, außer wenn ein Touristenschiff oder ein Geschwader Kriegsschiffe eintrifft. Dann setzt es sich auf, isst und schläft bald wieder.

„Ich nehme an, wenn sie vom Berg herunterkommen, gehen sie direkt zum Casino", sagte der General.

„Ja, ich habe ihnen gesagt, dass wir sie dort treffen würden. Hugh!"

Sie nannte ihn nicht oft Hugh. In der Verwendung seines Namens pflegte er zu erkennen, dass seine Dienste oder seine Aufmerksamkeit ganz besonders in Anspruch genommen wurden.

„Ja, meine liebe Clara? Jetzt machst du dir keine Sorgen mehr um deinen Anteil am Wein?“

„Nein“, sagte sie lächelnd, „das bin ich nicht. Ich muss dir ein kleines Geständnis machen. Ich habe dir eine Lüge über Winnie erzählt. Ich habe dir die Lüge erzählt, die ich allen erzählt habe – dass sie eine entfernte Cousine war. Sie ist es nicht. Ich habe sie bei ein paar Freunden getroffen – sehr nette Leute. Ich habe sie gebeten, eine Weile zu mir zu kommen, und ich weiß, dass sie eine Waise ist. Ihr Vater war Pfarrer – und ich glaube, sie ist ziemlich allein auf der Welt, obwohl sie ein kleines Einkommen hat. Sie lachte. „Sie sehen, was für eine lange Geschichte das ist. Bei den meisten Menschen ist es viel einfacher, die kleine Lüge zu erzählen. Aber ich habe dir jetzt die Wahrheit über sie gesagt.“ Doch nicht die ganze Wahrheit. Mrs. Lenoirs Gewissen schien manchmal auf leichte Art und Weise zu arbeiten.

„Danke, dass du es mir erzählt hast, Clara. Ich schätze, ich weiß, warum du es mir erzählt hast. Aber ich glaube, mein Junge weiß bereits, dass er mich nicht als Hindernis empfinden wird, wenn er irgendwelche Pläne mit Miss Winnie hat. Nur sie nicht.“ scheinen mir ihm gegenüber alles andere als freundlich zu sein.“

„Nun, sie würde natürlich auf eine Spur warten, nicht wahr?“

„Glaubst du, dass es das ist?“ Mrs. Lenoirs leichtes Winken mit ihrem Fächer war unverbindlich. „Er ist ein sehr gewissenhafter Kerl. Er betrachtet alles rundherum. Ich bin sicher, er würde nicht nur darüber nachdenken, ob er sie mochte, sondern auch, ob er sie befriedigen konnte – ob das Leben, das er ihr anbieten konnte, ihr gefallen würde.“ Die Frau eines Soldaten zu sein bedeutet nicht nur Bier und Kegeln und mit dem ganzen Regiment klarzukommen!“

„Meine Güte, gibt es das alles zu bedenken?“ Ihr Ton war verspielt, aber dennoch eher verächtlich. „Es sieht nicht so aus, als wäre er verzweifelt verliebt.“

„Männer sind unterschiedlich“, sinnierte der General. „Sehen Sie sich meine drei Söhne an. Bertie ist, wie ich Ihnen sage – langsam und solide – ein ausgezeichneter Ehemann für eine vernünftige Frau. Soweit ich weiß, sieht der Colonel nie eine Frau an. George rennt hinter jedem Unterrock her, den er trifft, und hängt von den Konsequenzen ab – verwirren Sie ihn!“

„Und welcher“, fragte Mrs. Lenoir, „ist Vater am ähnlichsten, Hugh?“

„Alte Geschichte, alte Geschichte!" murmelte er halb vor Vergnügen, halb reuig, doch mit einem Blick auf seinen Begleiter. „Soll ich ihm erzählen, was Sie mir über Miss Winnie erzählt haben?"

„Ganz wie du möchtest." Sie lachte. „Ich glaube nicht, dass er schon weit genug gegangen ist, um irgendwelche Rechte zu haben, wissen Sie."

„Ich glaube nicht, dass er das getan hat", stimmte der General zu, ebenfalls lachend – ohne sich der Bedeutung seines Eingeständnisses bewusst zu sein.

Mrs. Lenoir bewahrte es jedoch in ihrer Waffenkammer auf: Vielleicht brauchte sie es. Offensichtlich könnte der General der Meinung sein, dass die Beichte, sobald sie einmal begonnen hat, hätte weitergehen sollen. Sie hatte die gleichen plausiblen Antworten, die sie Winnie selbst gegeben hatte. Sie hatte noch eine; Sie gab ihre eigene Lüge zu, beteuerte jedoch, dass sie kein Recht habe, ihre Freundin zu verraten. Letztlich zweifelte sie nicht mehr daran, dass sie mit dem General zurechtkommen würde. Sie hatte ihn schon zuvor behandelt – in einem viel schwierigeren Fall; und er mochte Winnie sehr. Etwas Parteilichkeit beeinflusste ihre Stimmung; der Freiberufler erneuerte Erinnerungen an alte Raubzüge in diesem kleinen Gefecht gegen die Konvention; Sie war bestrebt, mit dem größtmöglichen Vorteil zu kämpfen – mit dem Vater „in Schach zu halten" und dem Sohn so tief wie möglich seiner Position treu zu bleiben, bevor der Schlag ausgeführt wurde.

Als Ergebnis dieses Gesprächs kam dem General der unbehagliche Gedanke in den Sinn – geboren aus dem so deutlich in ihn gesetzten Vertrauen, verstärkt durch den leichten Anflug von Verachtung in Mrs. Lenoirs Stimme –, dass eine der Damen, möglicherweise sogar beide, über seinen Sohn nachdachte , wenn auch nicht ein Nachzügler, so doch zumindest einigermaßen prosaisch zurückhaltend in seinem Liebesspiel. Eine solche Ansicht tat Bertie Merriam ungerecht, wenn sie wirklich vertreten wurde. Er war nicht impulsiv; er war nicht leidenschaftlich. Er nahm sich Zeit, sich zu entscheiden. Es wäre fast richtig zu sagen, dass er, bevor er sich verliebte, beschlossen hatte, dass er es tun würde – was nicht die übliche Reihenfolge der Ereignisse ist. Aber er hatte sich inzwischen ziemlich gut entschieden. Nur erhielt er sehr wenig Zuspruch. Winnie war immer „fröhlich" zu ihm; aber sie verlangte nichts von ihm, stellte keine besonderen Ansprüche an ihn – und nahm sich die gleiche Freiheit, die sie gewährte. Im angenehmen Verlauf ihres Lebens war er ein Kamerad unter vielen; Zweifellos intimer als die anderen, aufgrund seiner üblichen Begleitung, der Ausflüge und des Beisammenseins bei Tisch, aber nicht anders in der Art. Der Major spürte vage, dass es eine Barriere gab, real, aber unmerklich, die er nicht überwinden konnte – ein Ding, das aus tausend unauffälligen Kleinigkeiten bestand und dennoch in der Masse eine Verteidigung bildete, die er nicht durchdringen konnte.

Es gab einen neugierigen kleinen Mann im Hotel – einen Mann von etwa fünfundvierzig Jahren, klein, kahlköpfig, schäbig und doch sauber, obwohl er nicht badete. Tatsächlich unternahm er nichts – keine Ausflüge, keinen Sport, kein Tanzen, keinen Flirt . Er las nicht einmal; Er saß da – vermutlich meditierend. Etwas in ihm brachte die Mädchen zum Kichern und die Männer zum Zwinkern, als er vorbeiging; Die Männer sagten „Dotty!" und die Mädchen kicherten über den Witz. Sein im Hotelregister gefundener Name erwies sich als Adolphus Wigram. Der Witzbold, der die Suche durchgeführt hatte, nannte ihn „Dolly" – und der Name wurde sofort zu seinem, manchmal aber auch durch einen übertriebenen Witz in „Dotty" umgewandelt.

Als Winnie heute Abend aus dem Casino nach Hause kam und noch ein paar Minuten Zeit hatte, bevor sie sich für das Abendessen umzog, ging sie auf den Hotelbalkon, der die Stadt von einer höheren und sozusagen herablassenderen Höhe aus überblickt als der Garten. Sie stützte ihre Ellbogen auf den Balkon und betrachtete die Schönheit der Szene, die so kunstvoll aus Hügeln, Hängen und Meer zusammengesetzt war, dass man sich kaum vorstellen kann, dass sie das Ergebnis bloßer – und wahrscheinlich gewalttätiger – Laune der Natur war. Sie war in Gedanken versunken und stellte zu ihrem Erstaunen fest, dass ihre Ellbogen auf gleicher Höhe mit ihren waren und dass sich ihr Kopf in unmittelbarer Nähe befand, wenn auch etwas tiefer. Sie erkannte „Dolly" – im schäbigsten aller Anzüge, die nachdenklich auf die Lichter der Stadt und des Hafens von Funchal blickte.

„Ein ziemlich kleiner Ort, Miss Wilson", sagte „Dolly". "Voller Menschen!"

„Das nehme ich an", stimmte Winnie höflich zu. Sie war auf den Balkon gekommen und beschäftigte sich mit einer anderen Frage als der Bevölkerung Madeiras.

„Ich habe einmal versucht, die Dinge zu verstehen – sie im Großen und Ganzen zu begreifen, wissen Sie. Das scheint manchen einfach zu sein, aber ich habe es nicht geschafft. Ich unterrichte Geschichte. Ich war ein bisschen überarbeitet; einige meiner Freunde haben sich angemeldet, um mich zu schicken." Nur zwei Wochen hier draußen. Tut mir gut.

Winnie wandte ihr Gesicht dem lustigen, ruckartigen kleinen Mann zu. „Wirst du die Dinge im Großen und Ganzen begreifen, wenn du zurückkommst?" Sie fragte.

„Nein, nein, ich fürchte nicht. Ungefähr dreißigtausend davon da unten, schätze ich! Alle denken, dass sie sehr wichtig sind. Alle werden geboren oder sterben oder lieben sich oder verhungern oder füllen ihre Bäuche , und so weiter. Ein ziemlich kleiner Ort!"

Winnie lächelte. „Ja, das wage ich zu sagen. Es klingt wahr, aber eher abgedroschen. Ich habe meine eigenen Probleme, Mr. Wigram."

„Ich auch – Einkommen, Steuern und notwendige Ausgaben. Dennoch sind diese dreißigtausend interessant."

„Sie haben großes Glück, dass sie nur sehr wenig Kleidung und kaum Feuer brauchen und an einem so schönen Ort leben. Was meinen Sie mit den Dingen im Großen und Ganzen, Mr. Wigram?"

„Nun, ich meine die Wahrheit", sagte der absurde kleine Mann und klammerte sich an das Balkongeländer, als wollte er darüber springen und seinen Schädel an den nussförmigen Steinen aufschlagen, die als Weg dreißig oder vierzig Fuß darunter dienten. „Die Wahrheit liegt im Großen und Ganzen, wissen Sie."

„Ich glaube nicht, dass ich das weiß, aber ich kenne einen Freund in England, der eher wie du spricht."

„Armer Teufel! Wie viel Geld verdient er?"

„Er verfügt über unabhängige Mittel, Mr. Wigram."

„Dann kann er es sich leisten, viel besser zu reden."

„Du machst mir wirklich ein ziemliches Unbehagen. Sicherlich kann heutzutage jeder sagen, was ihm gefällt?"

Der kleine Mann lachte plötzlich heiser. „Ich unterrichte Geschichte an einer Schule und bekomme dafür 150 Pfund pro Jahr. Kann ich sagen, was ich will? Sag ich die Wahrheit über die Geschichte? Oh je, nein!"

„Ich habe nur 150 Pfund pro Jahr. Kann ich tun, was ich will?" fragte Winnie.

„Dolly" drehte sich mit seltsam lächerlicher Feierlichkeit zu ihr um. „Es scheint mir", bemerkte er, „eine Kompetenz für eine körperlich gesunde junge Frau zu sein. Ich weiß nicht, was Sie tun können, aber ich denke, Sie sind durchaus in der Lage, die Wahrheit zu sagen – wenn Sie es tun." Weiß es jemand, der auf dich angewiesen ist?"

„Keine Menschenseele", lächelte Winnie.

„Ich habe eine Mutter und eine unverheiratete Schwester. Sehen Sie den Unterschied? Ich glaube, ich habe den Gong gehört. Guten Abend."

„Guten Abend, Herr Wigram." Winnie eilte herein, um sich für das Abendessen umzuziehen, mitleiderregend, lächelnd und nachdenklich.

Das Quartett war an diesem Abend nicht so fröhlich wie sonst. Bertie Merriam war ziemlich düster, und als Winnie das merkte, wurde sie reumütig. Oben auf dem Berg hatte er endlich Anzeichen für einen deutlichen

Vormarsch gezeigt; wenn sie ihn nicht brüskiert hatte, so hatte sie ihn zumindest durch affektierte Unbewusstheit seiner Absichten, durch beharrliche Unsentimentalität abgewehrt. Es war fast gegen ihren Willen; sie konnte nicht anders; Der Instinkt in ihr war unwiderstehlich. Sie hätte Tora Aikenheads Ansicht vertreten können: „Solange ich ein reines Gewissen habe, geht es dich nichts an, was ich getan habe, bevor ich dich kannte, und ich werde kein Wort darüber sagen." Sie hätte durchaus bereitwillig Stephens atavistischer Ehrvorstellung einer „öffentlichen Schule" folgen können. Beides waren auf unterschiedliche Weise Formen des Trotzes. Aber Mrs. Lenoirs Kompromiss – „Ich werde warten, bis die Wahrheit mir nichts mehr anhaben kann, auch wenn sie Ihnen vielleicht wehtut" – war kein Trotz; es war Betrug. Unter dem Einfluss der Dankbarkeit gegenüber dem Freund, dem sie so viel Freundlichkeit schuldete, und der Achtung, die sie der Erfahrung und Weisheit ihres Beraters ehrlich entgegenbrachte, hatte sie es akzeptiert. Es ist gut, es in Worte zu fassen! Sie stellte fest, dass sie darauf nicht reagieren konnte. Anstatt dafür zu sorgen, dass Bertie Merriam sie so sehr mag, dass ihm die Wahrheit ohne Risiko – oder zumindest mit minimalem Risiko – gesagt werden konnte, verbrachte sie ihre Zeit damit, zu verhindern, dass er sie überhaupt auf diese Weise mochte . Wenn sie weitermachte, würde sie Erfolg haben; Er war sensibel, stolz und leicht zu entmutigen. Doch so wie die Dinge lagen, wusste sie, dass sie nicht widerstehen konnte, weiterzumachen. Dann kam es dazu – Mrs. Lenoirs Kompromiss würde nicht funktionieren. Es mag gerechtfertigt sein oder auch nicht, aber in Winnies Händen würde es einfach nicht funktionieren. Sie konnte es nicht ausführen, weil es letztlich bedeutete, dass sie sich genauso verhalten sollte wie Godfrey Ledstone. Die Schwere seines Vergehens bestand darin, dass er sich ihrer geschämt hatte; jetzt schämte sie sich. Er hatte seiner Familie das Recht zugestanden, sie für eine Schande zu halten; Sie gewährte dem Major das gleiche Recht und versuchte lediglich, genug Gunst zu erlangen, um sein Urteil außer Kraft zu setzen. Ein solcher Kurs widersprach nicht nur ihren Theorien; es widersprach völlig der Natur, die die Theorien hervorgebracht hatte. Und in der Praxis führte es zu einem Stillstand; es hielt den Major im Stillstand. Er wich nicht zurück, denn seine Gefühle verlangten einen Vormarsch. Er konnte nicht weiterkommen, weil sie ihn nicht zulassen wollte. Dort blieb er stehen – vor dieser ungreifbaren, undurchdringlichen Barriere.

„Ich habe draußen auf dem Balkon mit diesem lustigen kleinen Mann gesprochen, den sie ‚Dolly' nennen", bemerkte sie. „Er sagte mir, wenn man niemanden hätte, der von einem abhängig wäre, und 150 Pfund im Jahr hätte, wäre man in der Lage, die Wahrheit zu sagen."

„Ist es genau eine Frage, wie viel Geld Sie haben, Miss Winnie?" fragte der General.

Sie ließ die Frage durchgehen. „Jedenfalls ist das genau mein Einkommen. Ziemlich lustig!“ Sie schaute über den kleinen Tisch hinweg zu Mrs. Lenoir – und war nicht überrascht, dass Mrs. Lenoir sie bereits ansah.

„Ich nehme an, er meinte, wenn Sie nicht unbedingt verpflichtet wären, einen Job zu bekommen oder zu behalten –“, begann der Major.

„Das hat er gemeint; und da ist doch einiges drin, nicht wahr, Major Merriam?“

„Nun, es ist nicht das, was uns in der Schule beigebracht wird, aber vielleicht gibt es das.“

„Mehr Luxus für die Reichen“, lächelte Frau Lenoir.

„Die Radikalen können daraus bei der nächsten Wahl einen neuen Missstand machen“, sagte der General.

Natürlich wussten die beiden Männer nicht, was Winnies Gespräch zugrunde lag. Ebenso natürlich tat Frau Lenoir das; Sie sah es in einer Minute, und ihre Lektüre brauchte kaum die Bestätigung von Berties düsterem Verhalten. Winnie befand sich in einer Rebellion – wahrscheinlich in einer unversöhnlichen Rebellion. Mrs. Lenoir warf ihr mit einem satirisch-protestierenden Lächeln einen Blick zu. Winnie lächelte zurück, aber ihr Blick war entschlossen – eher fröhlich und entschlossen, als würde ihr dieser neue Geschmack ihrer Lieblingstasse des Trotzes gefallen.

„Es gibt Zeiten und Jahreszeiten“, sagte Frau Lenoir. „Gibt es nicht einmal so etwas wie die Ökonomie der Wahrheit? Ich glaube nicht, dass ich die genaue Lehre kenne.“

„Einem Kind würde man nicht alles erzählen – und einem Narren auch nicht“, bemerkte der General.

„Würden Sie den falschen Zeitpunkt wählen, um jemandem die Wahrheit zu sagen?“ Fragte Frau Lenoir.

„Haben Sie das Recht, den richtigen Zeitpunkt zu bestimmen – ganz allein?“ Winnie erwiderte fröhlich. Ihre Stimmung begann sich zu verbessern. Das war fast wie eine Diskussion bei Shaylor's Patch. Es gab einen tieferen Grund. Mit ihrer Entschlossenheit war ein Gefühl der wiederhergestellten Ehrlichkeit und vor allem der wiedergewonnenen Freiheit einhergegangen. Was auch immer die Merriams denken mochten, sie würde wieder sie selbst sein – sie selbst und nicht länger Miss Winnie Wilson, eine junge Person, die sie in der letzten Woche oder so begonnen hatte, herzlich zu hassen.

Winnie ging an diesem Abend nicht ins Casino; Sie verließ den General und seinen Sohn, um gemeinsam dorthin zu gehen. Sie folgte Frau Lenoir ins Wohnzimmer und setzte sich neben sie.

„ Du hast dich also entschieden, Winnie?“ Frau Lenoir schien weder wütend noch verletzt zu sein. Sie erkannte lediglich Winnies Vorsatz.

„Ja. Ich kann nicht weitermachen. Und es ist ein guter Moment. Die Zeitungen kommen morgen, und wenn das, was Hobart Gaynor mir gesagt hat, richtig ist, wird darin etwas über mich stehen.“

„Ja, ich erinnere mich. Nun, wenn du es unbedingt tun willst, ist das kein so schlechter Anlass.“ Frau Lenoir überlegte, wie der „Anlass“ am besten in eine Rechtfertigung für das vorherige Schweigen umgewandelt werden könnte. Für den Major wäre das keine so dringende Frage – wahrscheinlich würden andere Faktoren über sein Vorgehen entscheiden –, aber es war ein Punkt, den ihr Freund, der General, vielleicht ansprechen würde. Sie sah Winnie nachdenklich an. „Wie sehr magst du ihn?“ Sie fragte.

„Ich mag ihn so sehr, wie ich ihn kenne, aber ich kenne ihn nicht sehr gut. Morgen werde ich etwas mehr wissen.“ Sie hielt inne. „Mir würde das Leben, die ganze Sache, sehr gefallen, denke ich.“

„Sie ist nicht verliebt, aber sie würde ihn nehmen“, deutete Mrs. Lenoir innerlich.

„Es tut mir leid, gegen deinen Rat zu handeln, nach allem, was du für mich getan hast. Es sieht wirklich undankbar aus.“

„Oh, ich erwarte nicht, dass die Leute ihre Freiheit aufgeben, nur weil ich sie mag.“ Sie erhob sich. „Ich gehe in mein Zimmer, meine Liebe. Gute Nacht – und viel Glück.“

Winnie ging auf den Balkon, um nach Mr. Adolphus Wigram zu suchen und noch etwas über die Wahrheit zu reden. Aber er war nicht da; Er war ins Kasino gegangen, wo er jede Nacht durch ununterbrochenes Pech genau einen halben Dollar verloren hatte – wahrscheinlich eines der Dinge, über die er aufgrund der Ansprüche seiner Familie und der Höhe seines Gehalts die Wahrheit verheimlichen würde, wenn er es bekam zurück zu seiner Schule. Da fiel ihr ein, dass unten ein spontaner Tanz stattfand, und sie ging hin und tanzte und flirtete wild bis Mitternacht. Die Mädchen sagten, sie hätten Miss Wilson noch nie so gut gesehen und die jungen Männer hätten sich noch nie so eifrig um Miss Wilson gedrängt. Tatsächlich hatte Miss Wilson eine Affäre. Kleine Schuld an ihr. Es war die letzte Nacht ihres Lebens – zumindest soweit dieses Leben eine wirkliche Bedeutung hatte. Obwohl Winnie nicht vorhatte, ihren Namen im Hotelbuch oder auf den Lippen zufälliger Begleiter während ihres Aufenthalts auf Madeira zu ändern, endete Miss Winnie Wilson an diesem Abend aus wesentlichen Gründen.

Da englische Zeitungen nur einmal wöchentlich auf der Insel eintreffen, ist die Konkurrenz um sie am Posttag enorm. Menschen, die Agilität und

Egoismus mit einem gesunden Interesse an öffentlichen Angelegenheiten verbinden, kann man dabei beobachten, wie sie auf fünf Exemplaren ihrer Lieblingszeitschrift sitzen, ein sechstes lesen und dann potenzielle Bewerber für eines der Ersatzexemplare wütend anstarren. Winnie beteiligte sich nicht an dem Gerangel und griff niemandes Reservestapel an Informationen an. Sie wusste, dass ihre Zeitung in einem separaten Umschlag geliefert werden würde, der von Hobart Gaynor persönlich an sie adressiert war; sie wollte nur die Ausgabe für einen Tag.

Sie fand es neben ihrem Teller beim Mittagessen – eine Mahlzeit, die mit Gesprächen über Neuigkeiten aus der Welt verbracht wurde; der Major war ein erfolgreicher Teilnehmer im Kampf gewesen und gut vorbereitet. Winnie stand auf, als der Kaffee erschien, ihre Zeitung in der Hand. Sie wandte sich ziemlich spitz an Bertie Merriam.

„Ich gehe in den Garten – auf den Platz unter den Bäumen. Weißt du?"

„Ich komme auch. Direkt nachdem ich meinen Kaffee getrunken habe." Als Winnie wegging , wechselte er einen Blick mit seinem Vater. Sie hatten am Abend zuvor im Casino ein vertrauliches kleines Gespräch geführt, bei dem Winnies Verhalten Gegenstand einiger verwirrter Kommentare war. Diese Einladung in den Garten sah vielversprechender aus. Frau Lenoir war damit beschäftigt, einen Brief zu lesen. Winnie hatte auch einen Brief gelesen – von Hobart Gaynor, in dem sie ihr alles erzählte, was sie wissen musste, und sie auf eine bestimmte Seite ihrer Arbeit verwies.

Ja, da war es – sehr kurz, sachlich und hart. Na, was soll es sonst sein? Nur schien es seltsam, Cyril Maxon selbst zu reproduzieren. Der Bericht klang, als hätte man seine genauen Worte, ja sogar seinen Tonfall mitbekommen; sie schienen in ihren Ohren zu widerhallen; sie hörte fast, wie er alles sagte. Und welches passendere, welches so unvermeidliche Ende könnte es für Cyrils Äußerungen geben als die Worte, die diesen kurzen Bericht abschlossen – „Entsprechend urteilen"? Diese Worte könnten immer am Ende von Cyrils Bemerkungen geschrieben worden sein. „Entsprechend beurteilen." Es schien die Geschichte ihrer Beziehung zu ihm zusammenzufassen und zu beenden. Von Anfang an bis zu diesem Ende hatte es über sie und ihre Werke – über alles, was sie tat und war – ein „entsprechendes Urteil" gegeben.

Sie ließ die Ausgabe der *Times* auf ihren Schoß fallen und saß untätig da – während sie auf Bertie Merriam wartete, ohne viel an ihn zu denken. Die Gestalt von „Dolly" kam in Sicht. Der seltsame kleine Mann rauchte eine Zigarette und redete in den Pausen, in denen er paffte, offenbar fröhlich und lebhaft mit sich selbst – kein Laut, aber die Lippen bewegten sich schnell. Als er vorbeikam, begrüßte ihn Winnie. „Hatten Sie Ihre Post, Mr. Wigram?"

Er hörte auf. „Ich habe gute Nachrichten erhalten, Miss Wilson – gute Nachrichten von zu Hause. Sie haben mein Gehalt erhöht."

„Oh, das freut mich, Mr. Wigram."

„Ein Anstieg um zwanzig Pfund, Miss Wilson. Nun ja, ich habe es fünfzehn Jahre lang gemacht. Aber es ist immer noch liberal." Er schien etwas anzuschwellen. „Und es ist eine Anerkennung. Ich schätze es als Anerkennung." Die vorübergehende Schwellung ließ nach. „Und es wird helfen", schloss er nüchtern.

„Sollen Sie in größerem Umfang die Wahrheit sagen, Mr. Wigram?"

„Oh, ich glaube nicht, ich glaube nicht. Ich – ich hatte es nicht aus diesem Blickwinkel betrachtet, Miss Wilson."

„Mein Einkommen ist nicht gestiegen, aber ich werde es schaffen."

Er hörte nicht wirklich zu. Er lachte schwach und kichernd. „Ich mache nur ein paar Berechnungen, Miss Wilson." Er machte weiter und teilte jeden Penny der hart erkämpften Erhöhung von zwanzig Pfund pro Jahr auf. Wertvoll – aber nicht genug, um ihm die Möglichkeit zu geben, wahre Geschichte zu lehren.

Major Merriam schlenderte mit seiner Zigarre auf sie zu. Er war wirklich ziemlich eifrig, aber er sah nicht so aus. Die Einladung könnte lediglich eine verspätete Entschuldigung für die Brüskierungen von gestern sein.

„Darf ich mich zu dir setzen?"

„Bitte tun Sie es. Haben Sie die *Times gesehen* ?"

„Ich habe mir die Menge davon angeschaut."

„Haben Sie das hier gesehen – den 26.?" Sie hielt ihr Exemplar hoch.

„Das glaube ich. Ich habe sie alle durchgesehen."

"Lies das." Ihr Finger deutete auf den Bericht.

Er las es; Der Prozess dauerte nicht lange. Er nahm seine Zigarre aus dem Mund. „Nun, Miss Wilson?"

„Ich war Mrs. Maxon; das ist alles", sagte Winnie.

KAPITEL XXIII

DAS REGIMENT

Hätte Bertie Merriam berechtigte Empörung oder unkontrollierbare Trauer gezeigt, hätte Winnie ihn allein gelassen, um seine Gefühle in einsamer Muße zu verarbeiten. Da er jedoch nur äußerst nachdenklich aussah, als er die *Times* zu Boden flattern ließ und einen langen Zug an seiner Zigarre nahm, lag es nahe, ihm die Geschichte zu erzählen. Dies tat sie, weder prahlerisch noch entschuldigend, sondern mit nüchterner Ehrlichkeit, gemildert durch eine humorvolle Wertschätzung dafür, wie die verschiedenen Beteiligten, sie selbst eingeschlossen, aus ihren verschiedenen Prüfungen hervorgegangen waren. Hin und wieder nickte ihr Auditor, weil er die Punkte verstanden hatte – die Unmöglichkeit eines Lebens mit Cyril Maxon; davon, wie Shaylor's Patch den Horizont vergrößerte; vom Experiment mit Godfrey Ledstone und seinem komisch-tragischen Scheitern; davon, wie Maxon aus ungeklärten Gründen einen Weg für sich entdeckt hatte, den er immer als rechtmäßig für niemanden offen erklärt hatte; schließlich von den Überlegungen, ob ausreichend oder unzureichend, die zur Inkarnation von Miss Winnie Wilson geführt hatten. Soweit es in der Macht eines Menschen liegt, die Wahrheit über sich selbst zu sagen, hat Winnie es tatsächlich gesagt; Sie hatte keine Angehörigen und hatte 150 Pfund pro Jahr.

Wie bereits erwähnt, war der Major kein besonders religiöser Mann. Er hatte selbst ein ungewöhnlich stabiles und regelmäßiges Leben geführt und sich streng für die Arbeit ausgebildet, der er sich mit ganzem Herzen widmete, aber seine moralischen Vorstellungen entsprachen denen seiner Klasse und Generation. Er war nicht streng. Darüber hinaus war er stark voreingenommen gegenüber der Dame, die ihn nun ins Vertrauen zog, und hatte nicht nur den Vorteil, ihre Seite der Geschichte zu erzählen, ohne dass jemand Kritik oder Widerspruch hätte, sondern schaffte es auch, sie so zu erzählen, dass sie überzeugt war Aufrichtigkeit, wenn nicht von ihrer Weisheit. Er war bereit, mit ihren Augen zu sehen, zumindest bis zu dem Punkt, eine Entschuldigung zuzugeben, wo sie sich auf Rechtfertigung berief. Obwohl er ihr einen großen Mangel an weltlicher Weisheit im Umgang mit Godfrey Ledstone zuschrieb, litt ihr moralischer Charakter in seiner Einschätzung nicht, noch (was vielleicht noch bemerkenswerter war) waren seine Gefühle ihr gegenüber merklich gekühlt. Auch persönliche Beschwerden hegten ihn nicht. Sie hatte das Recht, sich vor der müßigen Neugier zufälliger Bekannter zu schützen. Sobald sie einen eindeutigen Grund für eine Sonderbehandlung hatte, war sie offen mit ihm umgegangen und hatte keine Bedenken.

„Danke", sagte er am Ende. „Ich werde Ihr Vertrauen respektieren."

„Was ich Ihnen gesagt habe, ist bitte auch für den General bestimmt.“

„Nochmals vielen Dank. Das ist sehr ehrlich von Ihnen. Sie müssen froh sein, dass es endlich vorbei ist?“

Winnie verzog leicht das Gesicht. „Ist das nicht eher eine zuversichtliche Sichtweise?“ Ihre eigenen Ansichten darüber, dass die Dinge „alles vorbei“ seien, waren weniger zuversichtlich als früher.

„Nun ja, ich nehme an, das ist es.“ Noch während er sprach, hatte er dieselbe Idee im Hinterkopf. Die Dinge haben die Art, dass sie nie „vollständig“ werden, dass sie keine absoluten Ziele haben, dass sie das Leben im Guten wie im Bösen beeinflussen, bis das Leben selbst endet − und danach manchmal sogar andere Leben beeinflussen. Bertie Merriam selbst erkannte nachdenklich, dass die Sache mit der Veröffentlichung der in der *Times* vom 26. enthaltenen Nachrichten noch lange nicht „vorbei“ war .

„Und jetzt“, sagte Winnie und erhob sich von ihrem Stuhl, „werde ich mit dem Layton-Mädchen und den Anstruther-Jungs Unsinn reden und alles für eine Weile vergessen.“ Sie stand einen Moment da und sah ihn sehr freundlich, eher verwirrt an. Sie wollte ihm mitteilen, dass sie es für ganz natürlich halten würde, dass ihre Offenlegung den entscheidenden Unterschied machen würde, aber es war nicht einfach, diese Zusicherung zu formulieren, ohne mehr vorauszusetzen, als sie aufgrund der Spielregeln annehmen durfte. Sie kam ihm so nah wie möglich. „Ich war die ganze Zeit bereit, die Konsequenzen zu akzeptieren. Wenn ich selbst Meinungsfreiheit beanspruche, erlaube ich sie anderen, Major Merriam.“

„Ja, ja, das verstehe ich durchaus. Du fürchtest doch sicher kein hartes Urteil von mir?“ Nach einer kurzen Pause fügte er hinzu: „Oder von meinem Vater?“

„Ich glaube nicht, dass ich das brauche. Ihr seid beide so gute Freunde für mich.“ Sie lächelte. „Und meiner Theorie nach gebe ich natürlich nicht zu, dass ich überhaupt Gegenstand eines Urteils bin.“

„Aber Sie geben zu, dass ich vielleicht anders denke, wenn ich möchte?“

„Ja, das gebe ich zu. Wir können alle denken, was wir wollen, und tun, was wir wollen, solange wir es aufrichtig tun.“

„Würden die Dinge unter diesem System nicht eher − na ja, chaotisch − werden?“ fragte er und lächelte seinerseits.

„Ich wusste, dass ich dich nicht bekehren sollte − du Verfechter der Disziplin!“

Er hörte sich die Beschreibung mit einem Lachen an, aber ohne Protest oder Verzicht. Für ihn war es ein Kompliment. Er glaubte auch nicht, dass Winnie, soweit er sie zu verstehen behauptete, ganz so verächtlich gegenüber jeglicher Disziplin war, wie ihr spielerischer Spott andeutete, und auch nicht in der Praxis eine so gründliche Anarchistin war, wie ihre Theorie der ungezügelten Freiheit des privaten Urteils es in der Logik verlangte Sei. Sie kam ihm weder wie eine von Natur aus gesetzlose Frau vor, noch war sie ungewöhnlich sprunghaft. Sie hatte „Pech" gehabt und blind und rücksichtslos dagegen gekämpft. Aber unter guten Bedingungen würde sie sich bereitwillig an die Standards halten, da sie nichts anderes machen wollte. Aus dieser Sicht sah er wenig Anlass, sein Urteil zu revidieren oder seine Absichten zu ändern, da das Urteil und die Absichten von seiner Einschätzung der Frau selbst abhingen. Ihre Offenheit war sogar ein neuer Pluspunkt für sie.

Bisher brauchen also weder Winnie noch Mrs. Lenoir die Enthüllung zu bereuen. Der Fall erschien dem Major, wenn er vollständig aufgeklärt war, überaus verzeihlich – im schlimmsten Fall ein Stück visionärer Torheit, in der sich eine unwissende junge Frau vorschnell mit der Welt verglichen hatte. Aber es gab noch einen anderen Aspekt des Falles. *Alles klar, es ist alles Verzeihung.* Vielleicht. Aber manche Menschen scheuen gerade deshalb davor zurück, die Dinge zu verstehen; Die Folgen erscheinen zu alarmierend und sogar revolutionär. Und die große Masse der Menschen hat, selbst wenn sie bereit wäre, jeden Fall zu verstehen, wirklich keine Zeit dafür; Das kann man ihnen in diesem geschäftigen Leben nicht zumuten. Sie sehen sich gezwungen, nach Verallgemeinerungen und Kategorien zu arbeiten, sich an Regeln und Verbote zu halten, die keine Ausnahme zulassen. Nur so können Menschen in einer Gesellschaft die Aufgabe bewältigen, das Verhalten anderer Menschen einzuschätzen bzw. ihr eigenes Verhalten zu regulieren. Die Welt ordnet Reihen ein und verkündet Urteile über Truppen, eine unvermeidlich grobe Methode, aber – so plädiert die Welt – die einzige praktische Alternative zu einer moralischen Anarchie, vor der sie sich schützen muss, auch wenn dies um den Preis ständiger Weitergabe der Trupps geht Dasselbe Urteil gilt für Straftäter mit sehr unterschiedlichem Kriminalitätsgrad.

Nun hatte die Welt, die Gesellschaft, die öffentliche Meinung oder welcher Sammelbegriff auch immer für diese Kraft verwendet werden mag, der alle geselligen Tiere, ob sie wollen oder nicht, zwangsläufig zugänglich sind, für Major Merriam eine Bedeutung, die für ihn alle galt – wichtig, aber Winnie und Mrs. Lenoir hatten, wenn überhaupt, nur die geringste Beachtung geschenkt; es bedeutete etwas nicht Vages und Fernes, sondern etwas Nahes, Mächtiges mit engen und zwingenden Ansprüchen an ihn. Diese Sache beschäftigte ihn, als er durch den Garten zum Nebengebäude ging, in dem sein Vater und er untergebracht waren und wo er auf der Veranda die Lesung des Generals finden würde, bis es Zeit wäre, ins Kasino zu gehen. Für die Gesellschaft als Ganzes, für die Moralisten und Klatscher Londons hatte er keine große Rücksicht. Er war kein prominenter Mann; Nur wenige würden es wissen, von diesen wenigen wäre es der Hälfte egal, und die Sache würde bald vorbei sein. Aber weder sein Leben noch sein Herz galt London, und es ging ihm nicht um die Gefühle oder Ansichten der großen Stadt, in die er mit Winnies Ausgabe der *Times* in der Hand ging, um seinen Vater zu konsultieren.

Der General hatte auf der Veranda gelesen und döste nun. Er wachte auf, als er die Schritte seines Sohnes hörte. „Bereit fürs Casino, mein Junge?" fragte er forsch.

„Nun, ich habe etwas, worüber ich zuerst sprechen möchte, wenn es Ihnen nichts ausmacht." Er legte die *Times* auf den Tisch.

Als der General die Geschichte hörte, die kürzer erzählt wurde, als Winnie sie erzählt hatte, aber ohne Verlust ihrer wesentlichen Merkmale, empfand er einen Groll gegen Mrs. Lenoir – Claras Schweigen, das durch ihr trügerisches halbes Selbstvertrauen noch trügerischer wurde, erschien ihm zu ihm unfreundlich – aber was die Gefangene an der Anwaltskammer selbst betrifft, war sein Urteil noch milder als das seines Sohnes, wie man vielleicht aufgrund seiner vielfältigeren Erfahrungen erwarten konnte. Das Ding war nervig, ausgesprochen nervig, aber er mochte Winnie trotzdem. Das arme Mädchen war in der Klemme!

„ Aber es ist wirklich nicht unsere Aufgabe, sie zu verurteilen", schloss er und blickte zu seinem Sohn hinüber. „Wir haben damit nichts zu tun. Das ist für sie und ihr eigenes Gewissen."

„Sie hatte teuflisches Pech", sagte Bertie.

„Ja, das hat sie. Himmel, mein Junge, wer bin ich, dass ich hart zu ihr bin?"

Der Major blickte auf den Garten hinaus. „Was mich selbst betrifft, würde ich das Risiko eingehen und weitermachen." Er wusste, dass sein Vater verstehen würde, was er damit meinte.

„Na ja, es gibt Dinge zu bedenken –"

Bertie drehte sich wieder scharf um. Überzeugung klang in seiner Stimme, als er unterbrach: „Bei Gott, es gibt sie! Da ist das Regiment!"

Der General schürzte die Lippen und nickte zweimal kurz. „Ja. In ein paar Monaten werden Sie das Kommando haben."

„Es könnte natürlich sein, dass es nicht rauskommt. Die Chance besteht immer."

„Nächstes Jahr gehst du nach Indien. In Indien kommt alles raus."

„Natürlich, wenn man die Leute dazu bringen könnte, den Fall so zu verstehen wie wir –"

„Bauen Sie nicht darauf auf, Bertie. Die bloße Tatsache" – er tippte auf die *Times* – „wird alles sein, was sie wollen; glauben Sie mir. Sie würden es ihr nicht bequem machen."

Zumindest im Moment war Bertie mit seinen Gedanken nicht bei diesem Punkt; Es war auf das Thema gerichtet, über das er einmal mit Winnie selbst gesprochen hatte – den Einfluss, den die Frau eines befehlshabenden Offiziers auf den Ton der kleinen Gesellschaft ausübt und ausüben sollte, über die sie natürlich eine Art Präsidentschaft ausüben soll . „Wäre es gut für das Regiment?"

Der General wirkte traurig, als er eine lange, magere Zigarre hervorholte und anzündete. Er sah Bertie nicht an, während er murmelte: „Das müssen Sie in Ihrer Position bedenken."

Das musste natürlich berücksichtigt werden; Denn hier berührten die beiden Männer das, was ihre wirklich wirksame Religion war – die Sache, die in Wahrheit ihr Leben prägte, zu der sie sowohl loyale als auch kompromisslose Anhänger waren, in Bezug auf die der Sohn fast ein Fanatiker war. Was für das Regiment wichtig war, war für Bertie Merriam und sein Lebenswerk von entscheidender Bedeutung. Eines der Dinge, die dem Regiment wichtig waren, waren die Frauen seiner Offiziere; Am wichtigsten war ihr Einfluss auf die „jungen Kerle" – wie er zu Winnie gesagt hatte. Es sollte, wenn nicht mütterlich, so doch zumindest „älterschwesterlich" sein. In diesem Zusammenhang gab es offenbar Anlass zur Überlegung, vorausgesetzt, dass alles in Indien herauskam, wie es nach Angaben des Generals der Fall war. Den „jungen Kerlen" eine solche „ältere Schwester" wie Winnie vorzustellen – das war sicherlich Überlegung nötig.

Später am Nachmittag saß Frau Lenoir in einem Korbstuhl auf der Casino-Terrasse, die aus respektabler und steiler Höhe die Reede und das Meer überblickt. Sie hatte einen einsamen Nachmittag verbracht, sie hatte keinen ihrer drei Freunde gesehen und war ganz allein zu einer einsamen Tasse Tee in diesem Resort abgedriftet, von dem sie im Moment das Gefühl hatte, dass es nicht berechtigt war, es als eines der Vergnügungen zu bezeichnen. Sie hatte das Gefühl, dass etwas passierte, dass die Dinge hinter ihrem Rücken geregelt wurden. Das Gefühl machte sie unruhig; Wenn sie unruhig war, zeichneten sich die Falten in ihrem Gesicht noch tiefer ab. Und aus einem sehr menschlichen Instinkt heraus, weil sie dachte, dass ihr Freund, der General, wütend auf sie sein würde, begann sie, wütend auf ihn zu werden – um den Streit nicht zu einem Nachteil zu beginnen. Sie machten viel Aufhebens; Was um Himmels willen gab es denn jetzt, worüber man so viel Aufhebens machen sollte? Hugh soll viel Aufhebens machen! Ein Lächeln , das schärfer und weniger freundlich war als sonst, verzog sich über Mrs. Lenoirs Lippen; es ließ sie älter aussehen.

Plötzlich, ohne zu sehen, woher er kam, fand sie den General neben sich – einen ziemlich steifen General, der sehr feierlich seinen Hut lüftete. „Du hast deinen Tee getrunken, Clara? Darf ich mich zu dir setzen?"

„Ja, ich habe meinen Tee getrunken, danke. Und du?"

„Nein, danke. Ich – tatsächlich habe ich Whiskey und Limonade getrunken."

Der Genuss war ungewöhnlich. Es bestätigte Mrs. Lenoirs Instinkt.

„Wo ist Bertie?"

„Er ist nach Camara de Lobos spazieren gegangen."

Der Instinkt erwies sich als unfehlbar richtig. Ein Schritt auf der ebenen Straße – eindeutig ein Fall von Geistesstörung, die einer körperlichen Behandlung bedarf!

Der General setzte sich. Er rauchte nicht einmal; Er legte den großen silbernen Knauf seines Stocks an seine Lippen. Sie sah ihn aus dem Augenwinkel an. Oh ja, sicherlich ja!

Als er sprach, war es abrupt. „Ich weiß nicht genau, wie lange du hier bleiben willst, Clara, aber ich fürchte, Bertie und ich müssen das nächste Boot nach Hause nehmen. Wir müssen zurück nach London."

„Wer ist in London untröstlich?"

„Ich habe einen Brief erhalten, der es ratsam macht –"

„Oh, Unsinn!" Sie verbarg ihre Ungeduld nicht. „Sie hat es ihm erzählt, oder?"

„Ich glaube nicht, dass du mich ganz fair behandelt hast."

Die Sonne begann unter dem Vorgebirge zu versinken, das die Aussicht auf der rechten Seite begrenzte. Die zunehmend düstere Atmosphäre schien sich auf Mrs. Lenoirs Gesicht auszubreiten. Auch ihre Stimme war hart, als sie sprach.

„Ich habe euch absolut fair behandelt. Ihr Männer wollt immer mit hochgehaltenen Karten spielen und unsere auf dem Tisch. Das ist die männliche Vorstellung von einem ausgeglichenen Spiel! Oh, ich weiß es! Ich für meinen Teil finde sie albern Ich hätte es ihm nicht so schnell gesagt. Und sie ist nicht gut genug für ihn, nicht wahr?"

Mrs. Lenoir hatte sicherlich gut daran getan, ihren Zorn zu schüren. Es ermöglichte ihr, den Angriff durchzuführen und der bewussteren

Angriffsbewegung des Generals zuvorzukommen. Außerdem entlarvte sie durch ihre Schlichtheit schonungslos die taktvolle Erfindung ihres Freundes, einen Brief aus London zu schreiben, der es ihm und seinem Sohn empfiehlt, das nächste Boot zurück nach England zu nehmen.

„Das ist keine Frage", sagte der General, seine blassbraune alte Wange errötete unter der Rauheit ihrer verächtlichen Worte. „Du weißt, wie sehr ich sie mag und wie sehr Bertie sie auch mag. Aber wir müssen den Tatsachen ins Auge sehen – die Dinge so nehmen, wie sie sind, Clara. Es ist nicht so sehr eine Frage seiner eigenen Gefühle. Da ist das Regiment."

Mrs. Lenoir wurde immer verärgerter, weil sie blitzartig erkannte, dass sie als alte Männerkennerin einen wichtigen Faktor in dem Fall vernachlässigt hatte. Verärgert und als Frau schlug sie auf die anderen Frauen ein, die ihr, wie sie vermutete, im Weg standen.

„Ein Haufen Niemande, irgendwo in einer Garnison oder einem Quartier!" Wie auch immer ihr Leben beurteilt wurde, sie war sich immer bewusst, dass sie selbst berühmt gewesen war.

„Ich nehme an, Sie beziehen sich auf die Frauen? Ich habe nicht so viel an sie gedacht. Es würde sicher rauskommen, und bei den Jugendlichen würde es nicht gehen."

Sie drehte sich fast grimmig zu ihm um, aber seine nächsten Worte hatten einen neuen Ton.

„Und es würde der Karriere meines Jungen schaden, Clara."

Die Sonne war untergegangen. Es gab eine Zeitspanne kalten Lichts, bevor die Herrlichkeit des Nachglühens einsetzte. Mrs. Lenoirs Gesicht sah blass und hart aus. „Ja, es würde ihnen auf der ganzen Welt folgen", sagte sie. „Mal eine Post vor ihnen, mal eine Post dahinter – immer ganz nah. Ja, die Frauen plapperten und hoben ihre Röcke; die alten Männer kicherten und die jungen Leute machten Witze. Gibt es zwischen uns überhaupt eine Wahl, Hugh? – Gibt es zwischen euch Männern und uns Frauen überhaupt etwas?"

Darauf wollte er nicht eingehen. „Du verstehst es nicht ganz. Ich denke vielleicht über sein Interesse nach – nun ja, ich bin sein Vater und er ist mein Ältester. Er sieht es im Lichte seiner Pflicht gegenüber dem Militär."

„Mein armer kleiner Winnie!" Allmählich kam das Nachglühen und schien die harten Linien ihres Gesichts zu mildern.

„Du weißt, ich – ich liebe sie selbst ziemlich!" Seine Stimme zitterte für einen Moment. „Am Ende, glaube ich, ziemlich genau so viel wie der Junge. Aber – könnte ich ihm etwas anderes sagen? Ich würde ein Jahresgehalt geben, um ihre Gefühle nicht zu verletzen."

„Ein Jahressold! Du alte Gans, Hugh! Du würdest dein Leben geben – aber du würdest keinem einzigen Knopf von der Tunika eines der Soldaten in deinem gesegneten Regiment geben." Sie streckte ihm die Hand entgegen und lächelte unter nebligen Augen. „Ihr Männer seid seltsam", endete sie.

Nachdem sie sich verstohlen umgeschaut hatte, hob der General ihre Hand an seine Lippen. Sie waren wieder Freunde und er war froh. Dennoch wollte sie nicht auf ihr Privileg des Spotts und der Ironie verzichten – die letzte und einzige Waffe der Besiegten.

„Ich weiß nicht, dass irgendetwas gesagt werden muss –"

„ Ihr zwei tapferen Soldaten habt also beschlossen, dass ich es besser sagen sollte?" sie unterbrach.

„Wie konnte einer von uns auch nur andeuten, dass sie – dass sie am wenigsten an unseren Bewegungen interessiert war?"

„Nicht einmal in deinen Retreats? Oh, ich sage ihr, dass du mit dem nächsten Boot fährst. Aber fast eine Woche frei, nicht wahr?" Sie deutete boshaft an, dass die Woche schwierig – sogar gefährlich – werden könnte. Ob es so sein würde, hing davon ab, wie Winnie ihre Entscheidung traf. Wäre sie an Winnies Stelle gewesen, wäre Mrs. Lenoirs unbändiger Impuls gewesen, diese Woche dem Major ziemlich anstrengend zu machen. Indem man ihm unangenehm ist? Nein, sie hätte einen besseren Weg gefunden.

Ein fröhliches Lachen ertönte von der Tür des Casinos. Winnie war da und unterhielt sich angeregt mit den Anstruther-Jungs. Es war ein großartiges Ereignis passiert, das das ganze Hotel erheitern sollte. „Dolly" hatte seinen üblichen halben Dollar bekommen – und ihn wie immer verloren. Er ging durch den Raum und dann im angrenzenden Konzertsaal auf und ab. Er ging zum anderen Tisch und kam zu dem zurück, an dem er gespielt hatte. Er zappelte einige Minuten lang hinter dem zweiten Anstruther-Jungen herum. Dann fischte er einen weiteren halben Dollar heraus und setzte ihn auf eine einzige Zahl – Zwanzig! Konnte Winnie, seine Vertraute, an seinen Gedanken zweifeln? Die Zahl zwanzig war das Maß der Dame Fortune; er würde es auf seinem Ärmel tragen! Nummer zwanzig kam; Der kleine Mann schnappte schnell nach Luft und stürzte sich auf seine Handvoll Geld.

„Na ja, danach kann jeder von uns gewinnen!" sagte der ältere Anstruther-Junge, der stark der Ansicht war, dass Mr. Wigram ein „Hoodoo" für das ganze Hotel sei.

Mit schneller, aber anmutiger Geschicklichkeit entledigte sich Winnie ihrer Gefährten. Sie hatte die große Gestalt des Generals erblickt, als er Mrs. Lenoirs Seite verließ. Sie ging zum Stuhl ihrer Freundin und legte ihr eine Hand auf die Schulter.

"Nicht kalt?" Frau Lenoir schüttelte den Kopf. „Na ja, lasst uns trotzdem nach Hause gehen – sollen wir? Ich hatte einen langen Nachmittag mit diesen Jungs – ich bin müde."

„Setz dich für eine Minute, Kind. Du hast also die Katze aus dem Sack gelassen?"

„Ich habe dir gesagt, dass ich es tun muss. War er hier? Ich habe ihn nicht gesehen."

„Bertie? Nein – nur der General. Bertie ist alleine spazieren gegangen. Aber bevor er ging, sagte er es dem General."

"Also?" Winnie zog die Handschuhe an, die sie im Zimmer ausgezogen hatte, um ihr Geld abzuzählen.

„Sie fahren mit dem nächsten Boot nach Hause." Winnie gab kein Zeichen, machte keine Bewegung. „Ein Brief aus London – wenn Sie die übliche Fiktion beobachten wollen." Ihre Bosheit, ihr Wunsch, dass ihr Geschlecht für sich selbst kämpfen und seine Verletzungen rächen sollte, glitzerte wieder in ihren Augen. „Aber sie können erst am Dienstag gehen!"

Winnies Augen richteten sich auf das Meer. „Dienstag oder Dienstag zwölf Monate – welchen Unterschied macht das?" Sie seufzte leicht; Die Vorstellung davon hatte ihr gefallen – das Leben, das es bedeutete, die Welt zu sehen, ein Neuanfang, seine große Höflichkeit und Freundlichkeit. „Ich glaube nicht, dass wir uns für ein gebrochenes Herz verantwortlich machen müssen", fügte sie plötzlich hinzu.

„Nein, aber er hätte weitergemacht, selbst nachdem du es ihm gesagt hättest." Ihre Stimme nahm einen ironischen Tonfall an. „Ohne das Regiment wäre er weitergegangen."

Winnie hatte sich in ihrem Stuhl zurückgelehnt. Sie setzte sich fast ruckartig aufrecht hin. „Weitergegangen, aber wofür?" fragte sie in einem Tonfall echten Erstaunens.

Mrs. Lenoirs scharfes Lächeln durchdrang die Dämmerung. Nach einem Moment des leeren Starrens trafen Winnies geöffnete Lippen ebenfalls zu einem Lächeln. Am Ende kam es beiden komisch vor – eher unerklärlich.

„Das Regiment, Winnie!" wiederholte Frau Lenoir, als sie von ihrem Platz aufstand.

„Es ist mir wirklich nie in den Sinn gekommen", sagte Winnie.

KAPITEL XXIV

EINE ERLEUCHTUNG

Es könnte durchaus so aussehen, als hätte sich Winnie mittlerweile an die Entdeckung gewöhnt, dass Dinge, die ihr nie in den Sinn gekommen waren, dennoch einen großen und unangreifbaren Platz in den Köpfen anderer Menschen einnehmen könnten – nein, dass sie sicherheitshalber Berücksichtigen Sie die Wahrscheinlichkeit einer solchen Enthüllung, als sie Pläne schmiedete oder eine Verhaltensweise einleitete. Aber in Wirklichkeit hieße das, sie hätte schon sehr früh eine sehr schwere Lektion gelernt. Es war nicht so, dass es nur eine oder zwei dieser tief verwurzelten Überzeugungen gab; Bei jedem Schritt ihres Vormarsches, bei jedem Abschnitt ihrer Pilgerreise sprangen neue Exemplare sozusagen aus dem Hinterhalt und zeigten eine Stärke, mit der sie nicht gerechnet hatte, auf die sie der luftige und ungehinderte Flug der Shaylor's Patch-Spekulationen nicht vorbereitet hatte . Es war ihr völlig recht, zu erklären, dass sie anderen die Gedanken- und Meinungsfreiheit gewährte, die sie für sich beanspruchte. Natürlich tat sie es; aber die anderen machten so seltsamen Gebrauch von ihrer Freiheit! Maxons Standpunkt, Dick Dennehys Standpunkt, Woburn Squares Standpunkt, Bob Purnetts Standpunkt (seiner – und der von Godfrey Ledstone!) – diese sollten als gemeistert und geschätzt angesehen werden. Sie schienen den gesamten Sachverhalt weitgehend abzudecken und alle Einwände zu verstehen, die durch religiöse, soziale oder einfach gewohnheitsmäßige Maßstäbe erhoben werden konnten. Aber nein. Hier war ein Mann, der für sich selbst bereit war, auf alle üblichen Einwände zu verzichten, aber plötzlich einen neuen Kult hervorbrachte, eine esoterische Verehrung, einen eigenen Stammesfetisch, offensichtlich einen sehr mächtigen Fetisch, der durch kostspielige Opfer besänftigt werden sollte Er hielt sich selbst für offensichtlich notwendig und hatte keinen Zweifel, dass er von anderen Menschen leicht verstanden werden würde.

„Wie sollte ich von dem Regiment denken?" fragte Winnie erbärmlich. „Ich erkläre, dass ich an alles andere gedacht habe – deshalb habe ich es ihm gesagt. Er hat nichts gegen die ganze Welt, aber ein halbes Dutzend Frauen und ein Dutzend Jungen irgendwo in Indien machen ihm etwas aus! Die Leute sind queer, nicht wahr? Frau Lenoir?"

Aber inzwischen war Frau Lenoir geschult; Durch Gespräche mit Vater und Sohn hatte sie es besser verstanden, und da die Sache so sein musste, war es wünschenswert, dass Winnie es auch verstand.

„Nun, Winnie, das ist vielleicht alles, was sein Regiment für dich bedeutet – ein Rudel Frauen und Jungen in Indien; in der Tat habe ich es selbst ungefähr so genannt. Aber um Bertie gerecht zu werden, müssen wir bedenken, dass es für ihn etwas Großes ist." -ein großer--"

„Ein tolles was?" Winnie blickte wegen des Zögerns ihrer Freundin böswillig drein.

„Nun, eine tolle Institution", schloss Frau Lenoir ziemlich lahm.

„Eine Institution! Ja!" Winnie nickte mit dem Kopf. „Das ist es – und es ist mein absolutes Schicksal, auf Institutionen zu stoßen. Sie warten auf mich, sie verstecken sich, sie lauern hinter den Ecken. Und wie viele davon gibt es, einem die Schienbeine zu brechen!"

„Am Ende kommen sie alle zu einem Ergebnis, denke ich", sagte Frau Lenoir lächelnd. Sie war froh, Winnies Philosophieren zu hören. Es war ein guter Beweis dafür, dass es hier kein gebrochenes Herz gab, auch wenn es vielleicht etwas Enttäuschung und Ärger geben konnte. „Zuerst war ich sehr verletzt", fuhr sie fort, „und es hat mich unhöflich gegenüber dem General gemacht. Es hat keinen Sinn, verletzt oder wütend zu sein, Winnie. Wir bringen es selbst auf uns, wenn wir uns dafür entscheiden, unseren eigenen Weg zu gehen. Ob es so ist Es lohnt sich, die Konsequenzen zu tragen – das muss jeder von uns selbst entscheiden."

„In meinem Fall ist es das tausendfache wert", sagte Winnie. „Trotzdem habe ich nicht im Geringsten verstanden, wie es sein würde. Nur – jetzt verstehe ich es – werde ich es ins Auge fassen. Stellen Sie sich vor, ich hätte weniger Skrupel gehabt und einen heimlichen Eintritt in das Regiment geschafft! Was wäre vielleicht nicht passiert?"

Seit Winnies Geständnis vor dem Major waren drei Tage vergangen; Sie hatten die relative Einstellung der beiden Frauen verändert. Mrs. Lenoir hatte ihre Enttäuschung überwunden und war zu ihrer gewohnten Philosophie zurückgekehrt, zu ihrer gewohnten Anerkennung der Dinge, wie sie waren, zu ihrem Verständnis, dass bei Männern ihr Beruf und ihre Angelegenheiten an erster Stelle stehen müssen. Winnie hatte sich gegenüber ihrem verstorbenen Verehrer verhärtet. Sie war bereit, aus eigenem Antrieb abgelehnt zu werden, konnte sich jedoch nicht dazu durchringen, die Ablehnung des Regiments mit Sanftmut hinzunehmen. Nach den großen Dingen, denen sie sich widersetzt hatte, schien das Regiment ein kümmerlicher Gegner zu sein. Dennoch, obwohl es ein kleines Ding war, eine bloße Zwerginstitution im Vergleich zu ihren anderen riesigen Gegenspielern, besiegte es, nicht sie, sie jetzt; Es, nicht sie, hielt Bertie Merriam nun zurück.

Man muss zugeben, dass sie sich in den Tagen, in denen die beiden Offiziere auf ihr Schiff warteten, ziemlich böswillig verhielt. Ein übertriebenes Interesse an den Angelegenheiten des Regiments, eine scheinbar naive

Bewunderung für den wunderbaren *Korpsgeist* des britischen Dienstes, ernsthafte Nachforschungen darüber, mit welchen Mitteln der neu beförderte kommandierende Offizier hoffte, einen hohen moralischen Ton unter seinen Subalternen aufrechtzuerhalten – das alles waren die Themen, mit denen sie die Stunden des Mittag- und Abendessens verführte. Der Major zappelte, der General sah ernst und gequält aus; Mrs. Lenoir tat so, als ob sie nichts bemerkte, denn sie sah, dass ihre junge Freundin im Moment außer Kontrolle war und nur allzu bereit war, mit ihnen allen zu streiten. Im Übrigen flirtete Miss Wilson – deren künstliche Existenz endete, als sie den Dampfer nach Genua bestieg – mit den Anstruther-Jungs und verlor ihr Geld beim Glücksspiel.

So verging die Zeit bis zum Vorabend der Abreise von Vater und Sohn. Beim Abendessen an diesem Abend war Winnie immer noch eigensinnig fröhlich und fröhlich boshaft; Als das Essen beendet war , rannte sie in den Garten und versteckte sich in einem geheimen Winkel. Die Anstruther-Jungs suchten sie vergeblich und machten sich unzufrieden auf den Weg zum Casino. Aber es gab einen hartnäckigeren Sucher.

Sie wurde aus einigen nicht sehr glücklichen Meditationen gerissen, als sie Bertie Merriam ihr gegenüber stehen sah. Er entschuldigte sich weder für sein Eindringen, noch bat er sie um Erlaubnis, neben ihr Platz nehmen zu dürfen; er stand da und sah sie ernst an.

„Warum macht es dir Freude, mich unglücklich zu machen?" er hat gefragt. „Warum versuchst du, mich lächerlich zu machen und mir das Gefühl zu geben, ich hätte etwas Unhöfliches getan? Ich bin nicht lächerlich und mir ist nicht bewusst, dass ich etwas Unhöfliches getan habe. Das Thema ist selbst für mich ein sehr schwieriges Thema." um mit Ihnen ins Gespräch zu kommen; aber ich handle aus ehrlichen Beweggründen und aus ehrlicher Überzeugung."

Winnie blickte launisch und feindselig auf. „Wann immer ich aus ehrlichen Beweggründen und aus ehrlichen Überzeugungen gehandelt habe, haben sich alle zusammengetan, um mich unglücklich zu machen, Major Merriam."

„Das tut mir aufrichtig und zutiefst leid und ich verteidige es nicht. Dennoch sind die Fälle nicht die gleichen."

„Warum sind sie es nicht?"

„Weil du tun wolltest, was du getan hast. Zweifellos warst du davon überzeugt, dass du das Recht hattest, aber du wolltest es außerdem. Jetzt möchte ich nicht tun, was ich tue. Das ist der Unterschied. Ich will es weniger und weniger jede Stunde weniger, die ich mit dir verbringe – obwohl du so unangenehm bist." Bei den letzten Worten lächelte er ein wenig.

Winnie sah ihn neugierig an. Was wollte er sagen?

„Du bist nicht konsequent. Du sagst, du magst es, wenn Menschen ihren Überzeugungen entsprechend handeln. Du fühlst dich ungerecht behandelt, wenn die Leute dir die Schuld dafür geben, dass du deinen Überzeugungen gerecht wirst. Und dennoch bestrafst du mich dafür, dass ich meinen Überzeugungen entsprechend gehandelt habe. Darf ich dir die Sache sagen? Ehrlich gesagt, vor Ihnen – da wir uns morgen wahrscheinlich endgültig trennen werden?“

„Ja, Sie können sagen, was Sie wollen – denn wir werden uns morgen trennen.“

„Meine Idee ist nicht die absurde Idee, für die Sie sie halten, und ich bin nicht die Großmutter, die Sie darzustellen versuchen. Ich werde aufgefordert, dem König in einer Position mit großer Verantwortung zu dienen, wo mein Beispiel und Meine Maßstäbe werden sich auf viele Leben auswirken. Wenn ich tun würde, wozu meine Gefühle mich veranlassen – ich bitte darum, dass ich ihnen nicht treu bleibe Im Regiment würde man Sie nicht verstehen – weder Ihre Position noch Ihre Überzeugungen. Was wissen die meisten Offiziersfrauen und die meisten jungen Männer in der Armee über die Art von Gesellschaft oder die Art von Spekulationen, die zu Überzeugungen wie der Ihren führen? ? Sie würden sie weder verstehen noch wertschätzen – welche Meinung müssten sie dann über Sie haben? Und welche Auswirkung hätte diese Meinung auf Sie? – aber welche Auswirkungen hätte es auf meine Position und meinen Einfluss?“

„Sie würden mich einfach als eine gewöhnliche – eine gewöhnliche böse Frau abtun?“

„Nehmen wir den gewöhnlichen Fall einer Frau an, die einen Skandal gemacht hat. Denn ich stimme mit Ihnen darin überein, dass eine solche Frau keine schlechte Frau sein muss. Aber selbst wenn sie nicht schlecht ist, kann sie in bestimmten Positionen schädlich sein Commonwealth – und ein Regiment ist ein Commonwealth, da ich wahrscheinlich nie einen größeren Auftrag bekommen werde, den ich mir wünsche Ihm treu zu bleiben kostet mich viel – ja, das kostet mich viel. Und du versuchst, mich lächerlich zu machen, so wie ich es tue Ich möchte mich direkt in deine Augen versetzen, bevor wir uns verabschieden.

„Es tut mir leid, dass ich versucht habe, Sie lächerlich zu machen. Reicht das, Major Merriam?“

„Es ist etwas“, lächelte er. „Aber könntest du nicht so weit gehen, mich nicht lächerlich zu finden?“

„Muss ich die Frauen der Offiziere und der Subalternen nicht auch für lächerlich halten?"

„Das kann ich Ihren späteren Überlegungen überlassen. Sie werden sich morgen nicht von Ihnen trennen, und Ihre gute Meinung ist ihnen nicht so wichtig."

„Nein, ich finde dich nicht mehr lächerlich." Sie sprach jetzt langsam und nachdenklich. „Ich habe es nicht verstanden. Ich verstehe jetzt besser, was du meinst und fühlst. Nur wenn du andere Menschen verstehst, erscheint die Welt nicht einfacher! Aber ich glaube, ich verstehe. Der König bezahlt dich für dein Leben, und du bist es." verpflichtet, es zu geben, nicht nur im Krieg, wenn das von dir verlangt wird, sondern auch im Frieden – ist das so etwas?"

„Ja, so ist es. Danke."

„Und Sie dürfen nichts tun, was das Leben, das er erkauft hat, für ihn weniger wertvoll macht, weder im Krieg noch im Frieden?"

„Ja, das ist es auch." Er lächelte sie jetzt glücklicher und mit großer Freundlichkeit an.

„Tatsächlich hast du dich völlig und unwiderruflich verkauft?"

„Ah, nun ja, das ist nicht ganz die Art, wie ich es ausdrücken sollte. Wir Merriams haben das schon immer gemacht."

„Erbsklaven!" lächelte Winnie. „Es ist wirklich eher wie eine Ehe, wie Cyril sie sich vorgestellt hat. Du darfst keine andere Frau haben. Das Regiment gehört dir. Das wäre Bigamie!"

„Charmante Menschen können großartigen Unsinn reden", stellte der Major kühn fest. Er war wieder ziemlich entspannt.

„Wir schwanken in dieser Diskussion. Jetzt stellen Sie fest, dass ich lächerlich bin!"

Er machte eine Protestgeste. Winnie lachte. „ Vor sechs Tagen hast du mir nicht besonders gelegen, aber ich hätte dich heiraten sollen, wenn du mich darum gebeten hättest."

„ Du hast mir also gesagt, warum ich dich besser nicht fragen sollte? Ja?"

„Jetzt mag ich dich ganz besonders, aber nichts auf der Welt würde mich dazu bewegen, dich zu heiraten", sagte Winnie. Sie warf ihm einen kurzen, spöttischen Blick zu. „Wenn du also Probleme hast, musst du nicht kämpfen."

„Ich kämpfe eher, Winnie."

„Morgen endet es."

„Ja, aber was wird mit dir passieren?"

„Das ist viel schwieriger zu beantworten als früher." Sie erhob sich von ihrem Stuhl. „Aber jetzt gehe ich hinein, um den General um Verzeihung zu bitten, dass ich so unartig gewesen bin."

Sie stand vor ihm, schlank, fast unbestimmt, in der sanften Dunkelheit. Ihr schwarzes Kleid war ein dunkler Fleck in der Dunkelheit; Ihr Gesicht und ihre Schultern leuchteten weiß, ihre Brauen und die Linie ihrer roten Lippen schienen schwarz, und schwarz auch die Augen, mit denen sie ihn halb liebevoll, halb lächerlich über die Kluft hinweg betrachtete, die sie trennte. Er machte einen schnellen, impulsiven Schritt auf sie zu und streckte seine Arme aus. Es schien ihm, als käme ihres heraus, um ihnen entgegenzukommen; zumindest wich sie nicht zurück. Mit einem Seufzer und einem Schauer gab sie sich seiner Umarmung hin. „Es tut mir halb leid, dass es so völlig unmöglich ist", flüsterte sie.

Nach seinem leidenschaftlichen Kuss ließ der Mann sie los und zog sich zurück. „Jetzt schäme ich mich zutiefst", sagte er.

„Oh mein Lieber, das ist nicht nötig. Hier sind wir, zwei kleine, verwirrte Dinge, zusammen in dieser wunderschönen Nacht für eine kurze Weile und dann für immer weit voneinander entfernt! Und wir haben nichts Großes getan." schrecklich. Genau das, was du an mir magst, hat mich geküsst, und genau das, was ich an dir mag, hat dich geküsst und dir Gottes Segen gewünscht und dir die Mühe leidgetan, die ich gemacht habe, und dir gesagt, wie sehr ich für dich hoffe und dein liebes Regiment. Ich bin froh, dass du es getan hast, und ich bin froh, dass ich es getan habe. Sicherlich macht es uns für immer Freunde, dass sich unsere Lippen so getroffen haben.

„Wenn du mich darum bittest, gebe ich alles auf, Winnie."

„Nein, nein. Ich habe gelernt, darüber nachzudenken, wie man morgen über die Dinge denken wird. Vergiss, dass du das gesagt hast. Du meinst es nicht wirklich so."

Er stand einen Moment lang still da. „Nein, das habe ich nicht wirklich so gemeint. Ich bitte um Verzeihung."

„Ich hege keine Bosheit. Es hat mir gefallen, dass du nur eine Minute darüber nachdenkst. Es ist alles vorbei." Sie lächelte beruhigend. „Aber ich werde mich erinnern – und erinnere mich gerne daran. Nicht alles von mir wird dich verlassen, noch alles von dir wird mich jetzt oder morgen verlassen – nicht absolut alles. Nun, das passiert nie, bei Menschen, die du intim getroffen hast, Ich denke, aber was du mir hinterlassen hast, ist alles gut. Dieser Blick auf dich, wie du wirklich bist, hat es aufgehalten, mich noch einmal zu küssen.

Ganz sanft küsste er nun erneut ihre Lippen – denn es waren ihre Lippen, die sie ihm in vollkommenem Vertrauen schenkte.

„Lass uns jetzt reingehen", sagte Winnie und legte ihren Arm unter seinen.

Sie schlenderten langsam durch den duftenden Garten. Die Nacht war still; Kein neidischer Wind störte die Ruhe der Insel. Merriam, tief bewegt, aber nun Herr seiner selbst, sagte nichts, sondern drückte ein- oder zweimal sanft die Hand, die auf seinem Arm lag. Bei Winnie herrschte ein Gefühl der Traurigkeit, aber auch des Friedens. Sie hatte einen Freund gefunden und sollte ihn nun verlieren – allerdings nicht ganz. Und indem sie ihn für sich gewann, hatte sie auch sich selbst zurückgewonnen und war mit der Miss Wilson fertig, die in den letzten Tagen mit nicht allzu freundlichen Absichten und nicht allzu guten Manieren herumgeflirtet und geflirtet hatte; Sie versuchte wieder zu verstehen, fair zu sein und ein echtes Gleichgewicht zwischen sich und anderen Menschen herzustellen.

„Du bist ganz anders als die anderen", sagte sie plötzlich; „Aber irgendwie hilfst du mir auch, ihnen gegenüber gerechter zu sein." Sie seufzte leicht. „Aber Gerechtigkeit ist furchtbar schwierig. Es ist wirklich viel bequemer zu glauben, dass es für die Menschen absolut nichts zu sagen gibt. Das glaubst du doch bei vielen Menschen, nicht wahr? Das würdest du auch bei meinem Freund Dick Dennehy glauben, Ich schätze, wer will Irland unabhängig machen und die Monarchie zerstören und die Armee und Marine niederschlagen und so etwas? Und doch ist er einer der größten Herren.

„Dann würde ich ihn hängen, aber ich würde ihm zuerst die Hand schütteln", sagte der Major.

„Eher wie das, was er mir angetan hat!" dachte Winnie bei sich; aber Merriam verstand nicht, was der Blick, das Lächeln und der sanfte Druck auf seinen Arm bedeuteten.

„Aber er hat auch sein Regiment!" Sie machte weiter. Als sie dann zu ihrem Begleiter aufblickte, sah sie, dass er ihren Worten keine Beachtung schenkte, und den Rest ihrer Meditation über die Parallele verlief schweigend.

Der General war in dieser Nacht nicht zu finden – er hatte sich in sein eigenes Quartier im Nebengebäude zurückgezogen. Winnie verabschiedete sich am nächsten Morgen nach dem Frühstück auf dem Balkon von ihm, als sie auf der Reede standen und den großen Rumpf des Linienschiffs betrachteten. sie sollte in ein paar Stunden anfangen.

„Haben Sie mir vergeben, General? Wollen Sie sich von mir verabschieden? Ich habe mich letzte Nacht von Ihrem Sohn verabschiedet."

„Er wird weg sein, bevor du nach England zurückkommst. Er hat mir etwas von letzter Nacht erzählt. Ihr seid jetzt Freunde, er und du? Und natürlich, meine Liebe, du und ich. Und wir werden uns treffen.“

Das Schiff gab einen warnenden Schrei von sich. „Komm schon, wenn du kommst“, schien sie zu sagen.

„Aber er und ich werden uns nicht treffen. Ich bin so froh, dass wir uns getroffen haben – nur einmal für eine Stunde.“

Der lustige kleine Mann „Dolly“ eilte auf den Balkon, ungeheuerlich mit Impedimenta beladen – einem Teppich, einem „Nest“ aus Weidenkörben, einer Mütze und einem Paar Schuhen des Landes, einem riesigen Bündel Bananen und so weiter Exemplar von Zuckerrohr. Das Schiff heulte erneut und er rannte eilig auf Winnie zu.

„Auf Wiedersehen, Miss Wilson, auf Wiedersehen“, sagte er und ließ ein halbes Dutzend Dinge auf den Boden fallen, um ihr die Hand zu schütteln. „Ich glaube, ich habe für jeden etwas dabei. Ich habe gewonnen – ja, ich habe gewonnen – letzte Nacht, und ich bin früh in die Stadt gefahren und habe diese Geschenke gekauft.“

„Wie schön! Auf Wiedersehen, Mr. Wigram. Sagen Sie die Wahrheit, die Sie können, nicht wahr?“

Er legte mit komischer Ernsthaftigkeit den Kopf schief. „Seitdem ich mit Ihnen gesprochen habe, Miss Wilson, denke ich, dass meine Abschlussklasse ein wenig aushalten könnte.“ Noch ein Schrei! „Oh, auf Wiedersehen!“ rief er in außerordentlicher Aufregung, während er die Dinge aufhob, die er fallen gelassen hatte, und sich auf den Weg zur Treppe machte. Winnie sah zu, wie er die Stufen hinunterrannte, die durch den Garten zum Bootssteg führten.

„Ich denke, die Oberstufe kann es ein wenig ertragen, nicht wahr, General?“

„Du bist zu jung dafür, mein Lieber.“

Sie drehte sich zu ihm um. „Ich bin nicht unglücklich, und ich halte mich auch nicht für unglücklich, weil ich denke, dass ich zumindest bis zu einem gewissen Grad lernen kann. Die einzigen wirklich unglücklichen Menschen sind Menschen, die überhaupt nicht lernen können, denke ich. Fantastisch.“ Ich habe alles durchgemacht und absolut nichts gelernt!“

Ein längerer, eindringlicherer Schrei! Bertie Merriam schlenderte auf den Balkon. Kein Beobachter hätte gedacht, dass ihm das Geschrei etwas bedeutete oder dass er Abschied nehmen musste. Der General reichte Winnie die Hand. „Ich werde die Stufen vorsichtig nehmen – Bertie kann mich überholen. *Au revoir*, Miss Winnie, in London!“

Bertie Merriam kam zu ihr. "Du hast gut geschlafen?" er hat gefragt.

„Oh ja. Warum nicht? Ich war so ruhig. Sag heute Morgen nichts. Gestern Abend haben wir uns verabschiedet."

„Ja, ich weiß, aber –" Es war ihm offensichtlich peinlich. „Aber ich möchte dich etwas fragen. Es wird ziemlich absurd und ziemlich eingebildet wirken, das weiß ich."

"Wird es?" fragte Winnie mit leuchtenden Augen.

„Nun, wenn es in Indien einen kleinen Streit geben sollte – ich weiß, dass die Leute daheim nicht viel Notiz davon nehmen – eine kleine Expedition oder etwas in der Art, könnten Sie das im Auge behalten? Vielleicht haben wir ja Glück." darin zu sein, und ich möchte, dass Sie wissen, wie sich das Regiment präsentiert.

„Wenn du das Glück hast, getötet zu werden, werde ich darüber lesen", sagte Winnie. Sie lächelte mit zitternden Lippen. „Das ist wirklich das Mindeste, was ich für einen Freund tun kann, Major Merriam."

„Getötet? Oh, Mistkerl! Schauen Sie erst einmal, wie nahe wir an die volle Stärke herankommen – das ist mein großer Test – und wenn Sie dann von irgendwelchen anderen Kerlen lesen, die uns den Weg zeigen, lassen Sie es mich vielleicht wissen, und ich werde mich erkundigen darüber – denn wir rechnen nicht damit, dass es sehr oft passieren wird. Hallo, dieser Pfiff klingt wirklich, als ob sie es ernst meinte!" Er ergriff ihre Hand fest und sah ihr in die Augen. „Hier ist das Ende, Winnie!"

„Ich hätte nicht gehofft, dass es nicht passiert wäre, oder?"

„Ich werde mich oft fragen, ob ich das Richtige getan habe."

Sie lächelte. „Das brauchen Sie nicht. Was Sie getan haben, hätte keinen Unterschied gemacht – nur wären Sie Ihrer Pflicht etwas weniger treu geblieben."

„Ich wünschte, ich wüsste, was aus dir werden würde."

„Ich habe keine Angst mehr. Gott segne dich, Liebes."

Er wartete noch einen Moment. „Du hegst keinen Groll gegen mich?"

Winnie wandte sich abrupt ab und beugte sich über den Balkon. „Oh, bitte, bitte!" sie stammelte.

Als sie ihn wiedersah, war er schon auf halbem Weg zur Anlegestelle. Er drehte sich um, wedelte mit der Hand und verschwand so außer Sicht – und für Winnie Maxon aus dem Leben.

KAPITEL XXV

"VIELLEICHT!"

"Ach du meine Güte!" rief Frau Ladd aus und legte Messer und Gabel nieder.

Von ihrem Tisch im Speisesaal des Hôtel de la Grande Bretagne in Bellaggio hatte sie einen Blick auf die Tür und konnte ihre eintretenden Mitgäste prüfend betrachten. Das Hotel war jeden Abend voller frischer Zugvögel, denn das Ende der Saison nahte und die ganze Welt reiste auf dem Weg nach Norden durch. Mrs. Ladd war eine Dame von lebhafter Neugier und darüber hinaus von dem Gefühl der Überlegenheit gegenüber dem zufälligen Besucher besessen, das ein langer Aufenthalt in einem Hotel immer vermittelt, und ließ nur wenige der Neuankömmlinge ohne Kommentar oder Kritik davonkommen. Lady Rosaline, deren Rücken der Tür zugewandt war, fühlte sich oft genötigt, den Kopf herumzudrehen, um selbst die Richtigkeit der Bemerkungen ihrer Begleiterin einzuschätzen; aber bei dieser Gelegenheit fragte sie nur: „Was ist los, Liebes?"

„Warum, diese Frau, die gerade hereingekommen ist!" Ihre Stimme war voller angenehmer Erregung. „Es ist Cyril Maxons Frau. Ich frage mich, wer mit ihr zusammen ist!" Frau Ladd kannte Frau Lenoir weder persönlich noch vom Hörensagen.

Lady Rosalines Kopf drehte sich um, nicht schnell oder eifrig, sondern mit einer wohlerzogenen Zurschaustellung der Gleichgültigkeit. Sie sah zu, wie Winnie durch den Raum ging. „Hat sie uns gesehen?" fragte sie Frau Ladd.

„Nein, sie hat nicht so ausgesehen. Was sollen wir tun, Rosaline? Es ist sehr peinlich." So peinlich es auch war, Mrs. Ladd klang eher verwirrt als gequält.

„Früher kannte ich sie nur sehr wenig – drei oder vier recht formelle Anrufe."

„Oh, ich habe sie ab und zu gesehen, obwohl es natürlich ihr Mann war, der mein Freund war."

„Nun, ich denke, wir können machen, was wir wollen."

„Ich weiß es nicht. Als Freunde von ihm – nun, was ist das Richtige ihm gegenüber?"

„Es macht mir nichts aus, was das Richtige ist – gegenüber Mr. Maxon", sagte Lady Rosaline kleinlich. „Es wird ihm nicht schaden, wenn wir höflich zu ihr sind. Ich werde mir selbst gefallen. Ich werde mir nicht die Mühe machen, nach ihr zu suchen, aber wenn wir uns treffen, werde ich mich verneigen."

„Na ja, ich muss natürlich das Gleiche tun wie du. Nur muss ich sagen, dass ich hoffe, dass Cyril nichts davon erfährt und verletzt wird. Er erwartet

immer, dass seine Freunde seine Streitereien zu ihren eigenen machen, weißt
du!"

Lady Rosaline gestattete sich ein Schulterzucken; Sie war nicht verpflichtet,
Cyril Maxon zu gefallen – noch nicht. Der freundschaftliche Briefwechsel
dauerte noch an, aber es sah so aus, als würde er bald aufhören oder eine
andere Form annehmen. In diesem Moment hatte sie oben in ihrer
Schreibmappe einen Brief – einen unbeantworteten Brief –, in dem er ihr
mitteilte, dass die letzte Verbindung zwischen Winnie und ihm in ein paar
Wochen zerrissen werden würde, und um Erlaubnis bat, zu ihr nach
Bellaggio oder wo auch immer zu kommen sonst würde sie es für zwei oder
drei Tage während der Pfingstferien tun.

„Dann steht einer vollständigen Verständigung nichts mehr im Wege", fügte
er hinzu.

Lady Rosaline wusste, was das bedeutete. Sie muss sich entscheiden. Wenn
sie es nicht auf die von Mr. Maxon gewünschte Weise schaffen konnte, hielt
sie es nicht für besser, sich in den Pfingstferien zu treffen; er wäre kein
angenehmer Begleiter, wenn seine Wünsche durchkreuzt würden. Sogar jetzt,
wo er noch hoffnungsvoll war und allen Grund hatte, so angenehm wie
möglich zu sein, durchzog der freundliche Brief einen Anflug von Groll, der
nur unvollkommen unterdrückt wurde.

Unter diesen Umständen und angesichts dieser Entscheidung, die sie treffen
musste, war es nicht verwunderlich, dass Lady Rosaline sich für den Zufall
interessierte, der ihr die Frau in den Weg stellte, die Cyril Maxons Frau
gewesen war – und technisch gesehen noch eine Weile länger war . Mrs.
Ladd, die die Situation ihrer Freundin ziemlich genau einschätzte, war kaum
weniger neugierig, wenn auch durch ihre Loyalität gegenüber Cyril eher
zurückgehalten. Dennoch war sie froh, dass Lady Rosaline entschieden hatte,
dass sie Mrs. Maxon nicht schneiden mussten. Dass sie „Mrs. Maxon' – ‚Mrs.
„Winifred Maxon" – ergab sich aus einer Durchsicht des Gästebuchs, die
Mrs. Ladd direkt nach dem Abendessen initiierte. Winnie segelte wieder
unter ihrer eigenen Flagge und schlug vor, diese weiterhin zu führen, es sei
denn, Cyril Maxon widersprach. Wenn er davon hörte, würde er
wahrscheinlich Einwände erheben; dann könnte sie einen anderen
Spitznamen finden, wenn Mrs. Lenoir immer noch hartnäckig gegenüber den
„Verwandten" wäre, die ihren eigenen Mädchennamen „Wilkins" entstellten.

„Und die Frau bei ihr scheint eine Mrs. Lenoir zu sein. Zumindest sind ihre
Namen dicht beieinander und ihre Zimmer auch. Haben Sie jemals von ihr
gehört?"

„Niemals", antwortete Lady Rosaline. Es war genauso gut; Sie hatten bereits
jede Menge Stoff für Klatsch und Tratsch.

Sie saßen in der Hotelhalle, wo Korbstühle und kleine Tische aufgestellt waren und es üblich war, nach dem Abendessen Kaffee zu trinken. Mrs. Ladd hatte ihre Inspektion durchgeführt und war zu ihrer Freundin zurückgekehrt.

„Sind sie schon vom Abendessen zurückgekommen?" Sie fragte.

„Nein. Sie sind spät dran, wissen Sie. Wo wir sitzen, brauchen sie nicht an uns vorbeizukommen, wenn sie herauskommen. Nun ja, wir wollen doch nicht in Eile auf sie losgehen, nicht wahr, Mrs. Ladd? ?"

„In der Tat, nein. Ich werde nur sprechen, wenn es mir aufgezwungen wird – nur um nicht unfreundlich zu sein, Rosaline. Aber ich wünschte, sie würden herauskommen!"

Endlich betraten die Neuankömmlinge die Halle, vorangegangen war Frau Lenoir. Sie sah immer noch gut aus, aber ziemlich alt und abgemagert. Zum Glück war die Reise in den letzten beiden Tagen stürmisch gewesen, und die Eisenbahnfahrt hatte einen nicht sehr robusten Körper ermüdet. Aber Winnie sah gesund, aufgeweckt und wachsam aus. Sie kamen nicht an Mrs. Ladd und Lady Rosaline vorbei, sondern setzten sich an einen Tisch in der Nähe der Esszimmertür. Während sie saßen, wurden ihre Profile den Blicken der beiden Damen präsentiert, die sie so genau beobachteten.

„Die andere Frau muss einmal sehr gut ausgesehen haben", erklärte Frau Ladd. „Ich frage mich, wer sie war!" Mrs. Lenoirs Aura vergangener Größe führte oft dazu, dass die Leute in einer entsprechenden Zeitform von ihr sprachen.

„Winnie Maxon sieht auch gut aus. Ich glaube, sie hat sich irgendwie verändert, nicht wahr, Mrs. Ladd? Sie hat eine neue Ausstrahlung, so scheint es mir – eine Art sicheres Auftreten, das sie vorher nicht hatte."

„Meine Liebe, sie muss es wegtragen! Das ist die Bedeutung."

"Ich wundere mich!" Lady Rosaline war nicht zufrieden. Ihre Erinnerung an Winnie, so dürftig sie auch war, erinnerte sie ganz deutlich daran, dass Cyril Maxons Frau eine eher schüchterne, abfällige Art an den Tag legte. Die Frau dort drüben war in keiner Weise selbstbewusst oder „laut", aber sie schien völlig selbstbeherrscht und selbstständig zu sein und redete lebhaft. Mrs. Ladd schaute noch einmal hin.

„Cyril sagte, sie habe ihn beschuldigt, sie zu tyrannisieren. Ich bin mir sicher, dass sie nicht so aussieht, als wäre sie tyrannisiert worden", bemerkte sie. „Alles Unsinn, daran habe ich keinen Zweifel."

Lady Rosaline gab keine Antwort; sie suchte einfach weiter. Aber sie konnte nicht vergessen, dass viele Monate vergangen waren, seit Winnie ihre Ehe mit Cyril Maxon beendet hatte.

In dieser Nacht kam es zu keiner Begegnung zwischen den beiden Paaren; Tatsächlich blieben Mrs. Lenoir und Winnie sich der Prüfung, der sie ausgesetzt waren, und der Anwesenheit der Damen, die sie durchführten, nicht bewusst. Müde vom Reisen gingen sie früh zu Bett, und Mrs. Ladd, die sich sofort sehr langweilig fühlte, machte sich auf die Suche nach einem älteren Roman aus den Regalen im Wohnzimmer. Lady Rosaline las nicht; Sie saß untätig im Flur und dachte immer noch an Winnie und an Mrs. Ladds Bemerkung, die sie selbst nicht beantwortet hatte. Sollte sie – konnte sie – die einzige Person befragen, die eine sachdienliche Antwort darauf geben könnte? Konnte überhaupt sie zu irgendeinem Zweck antworten? Das heißt, würden Winnies Erfahrung und Meinung Lady Rosaline dabei helfen, ihr eigenes Problem zu lösen? Vielleicht wäre es seltsam, eine Frage zu stellen, und vielleicht würde man keine Antwort erhalten, sei sie nutzlos oder nützlich. Andererseits könnte es möglich sein, etwas Licht zu bekommen. Diese Gedanken beschäftigten sie, bis sie unzufrieden zu Bett ging, und selbst nachdem sie ins Bett gegangen war, quälten und verwirrten sie sie noch immer. Aber es gab wirklich keinen Zweifel daran, was sie am Ende tun würde. Sie musste es versuchen. Sowohl Neugier als auch persönliches Interesse trieben sie voran. Sie waren zu stark, um unterdrückt zu werden, sei es aus Angst vor einer Brüskierung oder aus Zweifeln an nützlichen Ergebnissen.

Am nächsten Morgen ging sie gleich nach dem Frühstück auf die große Terrasse vor dem Hotel und setzte sich auf eine Bank nahe dem Haupteingang. Niemand konnte das Haus verlassen, ohne dass sie es sah. Sie rechnete damit, dass die Neuankömmlinge früh unterwegs sein würden, um ihre Umgebung zu erkunden; Sie vermutete sogar, dass die junge Frau sehr wahrscheinlich vor ihrer älteren Begleiterin draußen sein würde – und dass (sagte Lady Rosalines geheime Gedanken) die beste Chance von allen bieten würde. Sie stellte ihren Sonnenschirm auf und wartete. Sie war vor Frau Ladd sicher, die sie in diesem Moment nicht wollte, denn Frau Ladd war oben und reparierte einige Schäden, die eines ihrer Kleider erlitten hatte.

„Es ist eine komische Situation!" So überlegte Lady Rosaline und fragte sich in einer skurrilen Stimmung der Spekulation, was Cyril Maxon selbst davon halten würde. „Was ich wirklich tun möchte, ist, von seinem letzten Platz aus nach seinem Charakter zu fragen!" Ja, dazu kam es; und die Parallele galt noch weiter, da es sehr wahrscheinlich war, dass die Figur ihr nicht viel sagen würde, nicht zeigen würde, ob der Bewerber wahrscheinlich zu ihr passen würde, egal wie gut oder schlecht er in seiner vorherigen Situation gepasst hatte. Dennoch muss es sicherlich etwas über ihn oder seine Frau selbst verraten; Sogar das Wissen über die Frau, die Maxon verlassen hatte, wäre in gewisser Weise Wissen über Maxon selbst. Aber es war eine seltsame Situation. Was würde Cyril davon halten?

Überraschend viele Leute kamen vor Winnie aus dieser Tür; aber am Ende war Lady Rosalines Prognose gerechtfertigt. Winnie kam heraus, und sie kam alleine heraus. Sie trug ihren Hut, einen Sonnenschirm und ging mit schnellen Schritten, als wäre sie auf einer Expedition. Lady Rosaline erhob sich von ihrem Stuhl und fing sie ab.

„Ich dachte, Sie wären es gestern Abend beim Table d'hôte, und jetzt bin ich mir sicher! Wie geht es Ihnen, Mrs. Maxon? Erinnern Sie sich an mich – Rosaline Deering?" Sie streckte ihre Hand aus. "Ich bin so froh dich zu sehen."

Winnie schüttelte die Hand. „Ja, ich erinnere mich an Sie, Lady Rosaline, und ich freue mich, Sie zu sehen – wenn Sie sich freuen, mich zu sehen, meine ich, wissen Sie." Sie lächelte. „Nun, du hättest mir nicht die Hand geben müssen, wenn du es nicht gewollt hättest? Ist es nicht schön hier?"

„Das ist es tatsächlich. Mrs. Ladd – Sie erinnern sich natürlich auch an sie ? – und ich sind seit fast einem Monat zusammen hier und hoffen, noch zwei Wochen hier zu sein. Bleiben Sie lange?"

„Das haben wir gehofft, aber meiner Freundin geht es nicht sehr gut – sie bleibt heute Morgen im Bett – und ich fürchte, sie hat sich vorgenommen, nach Hause zu kommen. Wir könnten also wirklich jeden Moment weg sein."

Offensichtlich hatte Lady Rosaline keine Zeit zu verlieren. „Gehst du spazieren?" Sie sagte.

„Oh, ich werde einfach durch die Stadt schlendern und mich umschauen."

"Darf ich mit dir kommen?"

„Natürlich! Es wird sehr nett sein." In Winnies Stimme lag nur ein Hauch von Überraschung. Ihre Bekanntschaft mit der Freundin ihres Mannes, Rosaline Deering, war sehr gering; es hatte nie die Höhe der Herzlichkeit erreicht, auf der es sich nun paradoxerweise zu etablieren schien.

Sie gingen zusammen los – sicherlich ein seltsamer Anblick für Cyril Maxon, wenn seine Augen es gesehen hätten! Aber selbst die eifrige Lady Rosaline konnte sich nicht sofort auf ihre Fragen stürzen, und Winnie, erfüllt von der neuen Freude Italiens, war auf die Sehenswürdigkeiten der kleinen Stadt und auf die Schönheit des Sees und der Hügel konzentriert. Erst als sie zurückkamen und sich auf einen Sitz mit Blick auf das Wasser setzten, kam das Gespräch auch nur annähernd zur Sache. Doch der Spaziergang war nicht umsonst gewesen; Sie hatten sich gut verstanden, die Herzlichkeit war fest verankert – und Lady Rosaline hatte die Gelegenheit genossen, genauer zu beobachten, was für eine Art Frau Cyril Maxons Frau war. Der alte Eindruck der schüchternen Miene und der abwertenden Art bedurfte einer drastischen Überarbeitung, um ihn auf den neuesten Stand zu bringen; Das waren keine Worte, mit denen irgendjemand den gegenwärtigen Winnie Maxon beschreiben würde.

Dennoch fiel es Lady Rosaline schwer, anzufangen, und es fiel ihr schwer, irgendeinen Bezug zur Vergangenheit herzustellen, so zurückhaltend er auch sein mochte. Tatsächlich war es Winnie selbst , die am Ende die Führung übernahm. Lady Rosaline war dankbar; Sie begann zu befürchten, dass eine nervöse Verzweiflung sie zu einer unglaublich groben Frage treiben würde, wie zum Beispiel: „Glauben Sie, ich wäre ein Narr, wenn ich Ihren Mann heiraten würde?"

„Ich nehme an, dass Sie Cyril manchmal sehen, Lady Rosaline? Geht es ihm gut?"

„Oh ja, er ist ganz in Ordnung, denke ich, und ich sehe ihn ziemlich oft, für einen so beschäftigten und begehrten Mann." Sie entschied, dass sie etwas riskieren musste, wenn sie etwas gewinnen wollte. „Ist es nicht ein seltsames Gefühl, jetzt so völlig getrennt zu sein, nachdem man so viel miteinander verbracht hat? Ich hoffe, du sagst mir, ob du lieber nicht reden möchtest?"

„Das macht mir nichts aus", lächelte Winnie. „Das ist natürlich eine tolle Veränderung, aber eigentlich denke ich nicht oft an ihn — und er vermutlich auch nicht an mich." Sie fügte mit einem kleinen Lachen hinzu: „Zumindest hoffe ich, dass er es nicht tut, denn er würde nichts Schmeichelndes denken. Natürlich war ich überrascht über die Scheidung."

„Das hat uns alle ziemlich überrascht", murmelte Lady Rosaline diskret; Ihr Ziel war es, Informationen zu erhalten, nicht zu geben.

„Das ist das Einzige, was ich je von ihm erlebt habe." Sie lachte. „Ich frage mich, ob es möglich ist, dass er sich in jemand anderen verliebt hat!"

Lady Rosaline warf kein Licht. „Na ja, er müsste nicht umsonst fragen, denke ich."

Winnie sagte nichts. Sie blickte mit einem Lächeln auf das Meer, das ihre Begleiterin zu Recht als unergründlich bezeichnen konnte. Lady Rosaline ging ein weiteres Risiko ein.

„Umso schlimmer für die Frau, würde man meinen, nehme ich an?"

„Ich möchte nichts sagen. Was ich fühlte, scheint durch das, was ich getan habe, ziemlich gut widerzuspiegeln, nicht wahr, Lady Rosaline? Weil ich damals in niemanden anderen verliebt war, wissen Sie."

Nein, was sie fühlte, war für Lady Rosalines Zwecke nicht ausreichend dargestellt. Was Winnie getan hatte, zeigte, dass für sie ein Leben mit Cyril unmöglich war; aber es zeigte sich nicht warum. Nur der für Lady Rosaline wesentliche Punkt wurde ausgelassen.

„Ich denke aber, dass einige Frauen mit ihm sehr gut auskommen könnten?" sie riskierte.

Winnie blickte über den See; sie schien zu grübeln. Dann wandte sie sich lächelnd ihrer Begleiterin zu.

"Vielleicht!" Sie sagte. „Und jetzt muss ich wirklich nachsehen, wie es Mrs. Lenoir – meiner Freundin – geht. Ich hoffe, wir unterhalten uns noch einmal, bevor wir gehen – ich meine nicht über Cyril!"

Lady Rosaline beobachtete ihre aufrechte Figur und ihren beschwingten Schritt, als sie zurück zum Hotel ging, erinnerte sich an ihre Fröhlichkeit und die Fröhlichkeit ihres Lächelns, als sie den See, die Berge und die kleine Stadt genoss, und bemerkte erneut das schwer fassbare Funkeln ihrer Augen, als sie sprach zu der einen widersprüchlichen Sache, die Cyril Maxon jemals getan hatte. Und dieses „Vielleicht!" – dieses höchst unbefriedigende, verlockende „Vielleicht!" Handelte es sich um eine echte Zustimmung oder lediglich um eine zivilrechtliche Ablehnung der Frage, da sie für die vernommene Person keine Bedeutung hatte? Oder war es tatsächlich ein Dissens – eine zutiefst skeptische, fast verächtliche Aufnahme des Vorschlags? Vermutlich könnte eine andere Frau – möglicherweise eine Frau – keine Frau könnte das – das „Vielleicht!" schien für jede der drei Interpretationen empfänglich zu sein. Lady Rosaline klammerte sich kraftlos an das heikle Wort; es gab ihr keinen Halt; es war nicht in Angriff zu nehmen.

Es hatte keinen Sinn, Frau Ladd zu konsultieren; Sie hatte die schwer fassbare Antwort nicht gehört. Konnte Lady Rosaline sich gegenüber Mrs. Maxon deutlich entblößen? Das war ihr geheimer und dringender Instinkt, aber irgendwie schien es ihr nicht erlaubt zu sein; es war bizarr und widersprüchlich für ihre Gefühle. Doch schon bald muss sie Cyrils Brief beantworten. Ihm zu erlauben, zu ihr zu kommen, käme einer Akzeptanz gleich. Ihm dies zu verweigern, wäre zumindest ein Aufschub, den er bitter verärgern würde und dem er wahrscheinlich nicht zustimmen würde; Entweder würde er es als klare Ablehnung auffassen, oder er würde ohne Erlaubnis kommen – und sie erneut „schikanieren"? Sie konnte sich verstecken – aber konnte sie? Mrs. Ladd würde wissen wollen, warum, und sie auslachen – und Cyril nicht unwahrscheinlich auf die Spur bringen. Lady Rosaline fühlte sich wie in ein Gewand in Ratlosigkeit gehüllt.

„Belästige den Mann!" sagte sie plötzlich laut zu sich selbst. Dann zuckte sie heftig zusammen. Eine große, gutaussehende ältere Dame, die einen Sonnenschirm, ein großes Kissen und ein Buch trug, stand direkt neben ihr. Sie erkannte Winnies Begleiterin, Mrs. Lenoir.

„Ich fürchte, ich habe dich erschreckt? Darf ich mich hier hinsetzen? Winnie Maxon hat mir erzählt, wer du bist, und du hast mit ihr gesprochen, nicht wahr?" Der amüsierte Gesichtsausdruck von Frau Lenoir ließ keinen Zweifel daran, dass sie sich des Gesprächsthemas bewusst war. „Oh, sie hat gerade erst erwähnt, dass Sie ein Freund von Mr. Maxon sind", fügte sie hinzu. „Sie hat Ihr Vertrauen nicht verraten."

„Ich glaube wirklich nicht, dass ich welche gemacht habe", lächelte Lady Rosaline. „Aber Mr. Maxon ist ein Freund von mir. Oh, lassen Sie mich das Kissen bequem für Sie ausbreiten. Ihnen geht es heute Morgen nicht sehr gut, sagte mir Mrs. Maxon."

„Mir geht es jetzt besser", sagte Frau Lenoir und nahm die angebotene Dienstleistung gnädig an. „Und der Tag ist so schön, dass ich dachte, ich komme raus. Aber ich wollte Sie nicht erschrecken, Lady Rosaline."

Sie seufzte zufrieden, als sie eine zufriedenstellende Position in Bezug auf das Kissen erreichte. „Ich kenne Mr. Maxon selbst nicht", bemerkte sie.

"Ich mag ihn sehr."

"Ja?" Sie war genauso unverbindlich wie Winnie mit ihrem „Vielleicht!"

„Natürlich haben Sie ihre Seite der Geschichte gehört."

„Das habe ich", sagte Frau Lenoir. „Oder so viel davon, wie sie mir erzählen würde."

Lady Rosaline beschloss, zu versuchen, was eine kleine Provokation bewirken würde.

„Natürlich sind wir, die seine Freunde sind, der Meinung, dass mit etwas mehr Weisheit ihrerseits alles gut gegangen wäre."

Mrs. Lenoir hob ganz leicht die Brauen. „Oh, vielleicht!" sie murmelte sanft.

Es war wirklich ärgerlich! Auf Schritt und Tritt verblüfft zu sein über dieses elende Wort, mit dem Vorwand, es sei kein wirkliches Zugeständnis, mit seiner vorgetäuschten Zustimmung, die so wahrscheinlich eine hartnäckige Meinungsverschiedenheit verbergen könnte! Es war, als würde man auf ein erwartetes Geräusch aus einem anderen Raum lauschen – den Lärm von Stimmen oder Bewegungen – und stattdessen absolute Stille und Stille vorfinden; Es gab etwas von der gleichen unheimlichen Wirkung. Lady Rosaline verwandelte sich von bloßer Verwirrung in ein unbestimmtes Unbehagen – eine Befürchtung vor Möglichkeiten, die sie nicht einschätzen konnte, wie sehr sie sie auch beeinflussen mochten. Kann sie es wagen, in diesen seltsam stillen Raum zu gehen – und zuzulassen, dass sie die Tür verriegeln?

„Es geht uns schließlich nichts an", bemerkte Frau Lenoir lächelnd. „Winnie konnte es nicht ertragen, aber, wie Sie sagen, vielleicht eine klügere Frau –"

„Konnte was nicht ertragen?" Lady Rosaline unterbrach sie ungeduldig.

„Oh, Cyril Maxon, wissen Sie."

Kein Schritt weiter! Stille immer noch! Lady Rosaline stand mit genervtem Stirnrunzeln auf. Mrs. Lenoir blickte auf und lächelte erneut. Sie war sich der Sache nicht sicher, aber sie zählte eins und zwei zusammen, unterstützt durch den Ausruf, den sie unwillkürlich mitgehört hatte. Auf jeden Fall hatte sie keine Lust einzugreifen. Diese Frau war Cyril Maxons Freundin, nicht Winnies. Frau Lenoir brachte die Freundinnen ihres Mannes instinktiv mit den Nöten ihrer Frau in Verbindung. Lass diese Freundin von Maxon für sich selbst sorgen!

„Aber natürlich kann das Gift einer Frau das Fleisch einer anderen Frau sein. Gehen Sie hinein?"

„Ja, das glaube ich. Die Sonne ist ziemlich heiß."

„Oh, ich bin ein Salamander! Dann auf Wiedersehen, Lady Rosaline."

Lady Rosaline war aus dem Ausland gekommen, um eine Atempause einzulegen, sich einen Überblick über die Situation zu verschaffen und sich eine Meinung über Cyril Maxon zu bilden. Es hatte sich nicht als einfach erwiesen, und ihre Begegnung mit diesen beiden Frauen machte es noch schwieriger. Die Verwirrung ärgerte sie zutiefst. Sie hegte einen Groll gegen die beiden wegen ihrer verblüffenden Zurückhaltung; Unmerklich breitete sich der Groll auf den Mann aus, der der eigentliche Grund für ihre Beunruhigung war. Er verdarb ihr den Urlaub. „Ich werde mich in Fieber versetzen!" Sie erklärte, während sie trostlos in ihr Schlafzimmer ging, sich für *das Déjeuner* aufzuräumen .

Auf ihrem Frisiertisch lag ein Brief – aus Venedig. Sie hatte ihr Versprechen nicht vergessen, dem Hôtel Danieli eine Adresse zu schicken. Jetzt teilte Sir Axel Thrapston ihr mit, dass er in ein paar Tagen nach Hause aufbrechen werde und es bequem machen würde – und es für entzückend halten würde –, auf seinem Weg durch Bellaggio zu fahren; Würde sie noch da sein und seine Gesellschaft für ein oder zwei Tage ertragen? „Bilder und Kirchen und Gondeln sind alles schön und gut; aber ein Klatsch mit einem Freund gefällt mir noch besser", schrieb Sir Axel.

Während sie las, verspürte Lady Rosaline eine Erleichterung, die ebenso vage, wie ihr Unbehagen gewesen war, und doch ebenso groß war. Die Atmosphäre um sie herum schien sich plötzlich verändert und aufgehellt zu haben. Fast erschrocken erinnerte sie sich daran, wie sie ein ähnliches Gefühl gehabt hatte, als Cyril Maxon gegangen war und Sir Axel an diesem Nachmittag im Hans Place angekommen war. Das Gefühl war weder aufregend noch in erster Linie Vergnügen; es ging um Ruhe, nicht um Kampf

– um Sicherheit gegen eine ungewisse, aber möglicherweise enorme Belastung. Und es war in ihr noch stärker präsent als zuvor, wegen dieser beiden Frauen und ihrem verblüffend schlüpfrigen „Vielleicht!" Als sie ihren Hut abnahm und ihre Frisur ordnete, bevor sie nach unten ging, wurde ihr klar, wie wichtig dieser vage Gefühlswandel war. Langsam wurde es zur Eindeutigkeit. Lady Rosaline hatte sich endlich entschieden! Die Möglichkeiten, die in der Dunkelheit dieses „Vielleicht!" lauern waren zu viel für sie. „Wenn ich solche Gefühle habe, wie kann ich es dann wagen?" war die Form, die ihre Gedanken annahmen. Doch selbst wenn sie es nicht wagte, stand ihr Ärger bevor. Cyril Maxon würde dieser Entscheidung nicht tatenlos zusehen. Er würde protestieren, er würde beharren, er könnte sie erneut „schikanieren"; Er könnte sie suchen, auch wenn sie es ihm verboten hatte, und wenn er sie fand, war sie sich ihrer Widerstandskraft nicht ganz sicher.

Langsam erschien ein Lächeln auf ihren Lippen, als sie sich im Pierglas betrachtete und ihrem Schmuck den letzten Schliff gab. Es wäre schön, Sir Axels Gesellschaft zu haben; es könnte sogar angenehm sein, unter Sir Axels Eskorte nach Hause zu reisen, wenn es die Muße dieses Herrn erlaubte. Lady Rosaline dachte an Sir Axel als Verbündeten, stellte sich ihn vielleicht als Schutzschild vor. Möglicherweise gingen sie sogar so weit, die Annahme zu wagen, dass ein Mann, der sich vor einer Entscheidung nicht beugt, möglicherweise mit einer Situation konfrontiert wird, die er nicht umhin kann, zu akzeptieren. Jedenfalls war Lady Rosalines ärgerliches Stirnrunzeln verschwunden, als sie die Treppe hinunter ins Esszimmer ging; Sie ging an Mrs. Lenoir und Winnie im Türrahmen vorbei und lächelte sie ohne eine Spur von Groll an. „Ich bin froh, dass ich sie jetzt getroffen habe", war ihr Spiegelbild. Sie vergab „Vielleicht!"

KAPITEL XXVI

Ein Freund reist ab

Mrs. Lenoir und Winnie blieben vier oder fünf Tage in Bellaggio, während dieser Zeit entwickelte sich ihre Bekanntschaft mit den beiden anderen Damen zu einer innigeren Herzlichkeit. Doch weder die beiden, die die Situation kannten, noch derjenige, der sie zuversichtlich vermutete, hielten es für gut, Winnie auf die Existenz einer besonderen Situation oder einer dringenden Frage hinzuweisen, die Lady Rosaline und Cyril Maxon betraf. Alle drei waren der Meinung, dass eine solche Offenlegung zu Unbehagen führen würde. Aber nachdem sich die beiden Parteien verabschiedet hatten und Winnie und sie sich auf den Heimweg machten, sah Mrs. Lenoir keinen Grund, die Schlussfolgerung zu erwähnen, zu der sie gekommen war, oder Vermutungen anzustellen, was, wenn überhaupt, sich auf den Stand der Dinge auswirkte die Ankunft von Sir Axel Thrapston könnte gewesen sein; er hatte Bellaggio am Tag vor ihrer eigenen Abreise erreicht und war von Lady Rosaline mit großer Liebenswürdigkeit empfangen worden.

Winnie war nicht selbst auf die Wahrheit gestoßen; Tatsächlich war ihr Geist mit dem Gedanken an einen anderen Mann als Cyril Maxon beschäftigt gewesen. Sie hörte es ohne Überraschung von ihrer Freundin und war nicht außerstande, Mrs. Lenoirs grimmig-humorvolle Darstellung der Situation zu würdigen. Doch ihr angeborenes und intimes Gefühl war ein Protest gegen jenen Lauf der Welt, den sie unter dem Druck ihrer verschiedenen Erfahrungen zu erkennen begann und zu lernen begann, dass sie ihn akzeptieren musste. An dem Tag, als sie Cyril Maxons Haus für immer verließ, hatte sie sich vorgestellt, dass sie auch Cyril Maxon für immer verlassen würde, ihn aus ihrem Leben verbannen würde, weg von ihr und hinter ihr, ohne das Recht oder die Macht, etwas zu fordern ein Blick zurück von ihr, während sie einen Weg beschritt, der zwar in gewisser Hinsicht durch seine Existenz bedingt, aber für die Zukunft im Wesentlichen unabhängig von ihm war. Der Verlauf der Ereignisse hatte diese Prognose kaum gerechtfertigt. Eine Befreiung vom Gedanken an ihn hatte sich als nicht möglich erwiesen; er hat mehr getan, als nur Bedingungen zu stellen; Er war immer noch ein bestimmender Faktor im Leben und in ihrer Einstellung dazu. Sie schien ihn sozusagen überallhin mitzunehmen und ihn so mit allen in Kontakt zu bringen, mit denen sie selbst Beziehungen hatte. Es geschah sowohl im Kleinen als auch im Großen — wie zum Beispiel in dieser seltsamen Begegnung mit Rosaline Deering und in der bewegenden Episode ihrer Bekanntschaft mit Bertie Merriam, nicht weniger als in der früheren Geschichte des West Kensington Studios. Es war ihr nicht gelungen, ihr Schicksal von seinem zu trennen, die Bindung, die sie einst so eng an ihn gebunden hatte, bis zum letzten Glied zu durchtrennen. Völlige

Freiheit und der volle Sinn davon könnten in der Zukunft kommen; Im Moment empfand sie Verachtung für die unwissende junge Frau, die geglaubt hatte, dass eine große Sache so leicht rückgängig gemacht werden könnte – ihrer Wirkung beraubt und so gemacht, als hätte es sie nie gegeben. Und nehmen wir an, dass die völlige Freiheit, die ihr jetzt im Handeln möglich ist, tatsächlich eintreten würde, und damit eine entsprechende innere Emanzipation; Dennoch gab es und würde die Wirkung auf diese anderen Leben bestehen bleiben – Wirkungen, groß oder klein, vergänglich oder dauerhaft, aber in ihrer Gesamtheit eine beträchtliche Summe menschlicher Erfahrung ausmachend, deren Form und Farbe letztlich ihrem eigenen Handeln verdankt.

Obwohl sie Bertie Merriam nicht geliebt hatte, hatten ihr Verkehr, seine Selbstoffenbarung und die Art ihres Abschieds sie tief berührt. Zum ersten Mal hatte sie den Feind, die Konvention – die etablierte Ordnung, das Richtige – in einer Form gesehen, die sie nicht nur verstehen konnte, sondern mit der sie auch sympathisieren musste. Was ihr bei ihrem Mann und Attlebury als harter Dogmatismus und bei den Bewohnern von Woburn Square als bloße, äußerliche, engstirnige und feige Kastenehrbarkeit vorgekommen war, nahm eine neue Form an, als es in der Loyalität eines Soldaten verkörpert wurde fand seinen Ausdruck nicht in Forderungen an andere, sondern in der Selbstaufopferung für eine Verpflichtung und ein Ideal. Die Freiheit war ihr Gott gewesen, und sie würde den Schrein, den Shaylor's Patch ihr beigebracht hatte, anzubeten, nicht verlassen; Aber Merriam hatte ihr gezeigt, hatte ihr durch den durchdringenden Appell lebhafter Emotionen klargemacht, dass es andere Gottheiten gab, die es wert waren, geopfert zu werden, und dass es edle Anbeter gab, die sie erschufen. Es war eine große Abneigung, die sie zu der Erklärung trieb, Merriam könne nichts anderes tun, als seine Hoffnung auf sie seinem geschworenen Dienst und dem Regiment zu opfern.

Indem er sich selbst rechtfertigte oder mehr als rechtfertigte, plädierte Merriam gewissermaßen für Cyril Maxon. Winnie hielt sich an eine strengere Darstellung ihres Umgangs mit ihrem Mann. Als sie verstand, warum er von seiner strengen Überzeugung abgewichen war und wie wahrscheinlich es war, dass die Abweichung vergeblich sein würde, war sie bestrebt, ihre Seele von jeglichem Verantwortungsgefühl zu befreien. Sie erinnerte sich so genau wie möglich an das, was sie gesagt hatte; Sie hörte Mrs. Lenoirs Bericht über ihr eigenes Gespräch mit Lady Rosaline aufmerksam zu.

„Glauben Sie, dass wir sie beeinflusst haben – dass wir sie aufgehalten haben?" Sie fragte. „Weil ich das nicht mit Absicht getan hätte."

„Ich hätte sie sicherlich nicht absichtlich ermutigt. Und wenn Sie mich fragen, denke ich, dass unsere Haltung der – nun ja, der Zurückhaltung (Mrs.

Lenoir lächelte) ihre Wirkung haben wird – vielleicht in Kombination mit Sir Axels Anziehungskraft." ."

„Es tut mir leid. Wenn Cyril sie will und es nicht klappt, wird er mich noch mehr hassen."

„Er wird nicht vermuten, dass Sie etwas damit zu tun haben – vorausgesetzt, das ist der Fall."

„Nein, aber er wird die ganze Sache natürlich auf mich zurückführen. Er wird mir die Schuld geben, dass ich ihn gezwungen habe, gegen sein Gewissen zu handeln."

„Tut, tut, er sollte nicht so ein dummes Gewissen haben", sagte Mrs. Lenoir leichthin. Für sie waren Gewissen keine Dinge, die mit einer übertriebenen Punctilio behandelt werden sollten. „Was hätten Sie schließlich gesagt, wenn sie Sie direkt gefragt hätte?"

„Ich hätte mich natürlich weigern sollen, etwas zu sagen."

„Wahrscheinlich dachte sie das auch, also hat sie versucht, Sie indirekt zu überzeugen. Ich glaube, Sie scheinen sehr gemäßigt gewesen zu sein – und ich bin mir sicher, dass ich das auch war. Und wie eine Frau einer anderen gegenüber, sollten Sie froh sein, wenn Lady Rosaline das tut Ich werde mich übrigens auch freuen, denn ich mag sie und hoffe, in der Stadt etwas von ihr zu sehen – was ich auf keinen Fall tun sollte, wenn sie zu Lady Rosaline Maxon würde.

„Nun, ich hatte keine Ahnung, wie die Dinge standen, und ich habe so wenig gesagt, wie ich konnte", endete Winnie und protestierte gegen jeden neuen Eintrag auf der Sollseite ihres Kontos bei Cyril – eine Spalte, an die sie nicht gewöhnt war kümmert sich um sich selbst.

Winnie fand bald Ablenkung von neugierigen Gewissensfragen in der Fürsorge und Fürsorge ihrer Freundin, bei der sie der unschätzbaren Emily zur Seite stand. Als sie nach und nach nach Hause reisten, bekam Mrs. Lenoir einen starken und quälenden Husten, der ihr den Schlaf sehr schwer machte und ihre nicht allzu große Kraft zu einer gefährlichen Schwäche machte. Dennoch würde sie nach Hause gehen und jeden Vorschlag einer Rückkehr zu einem milderen Klima fast schroff zurückweisen. Sie begegnete ihrer Position mit fatalistischem Mut, und ihre Einstellung dazu war von ihrer gewohnten Klarheit des Blicks geprägt.

„Wenn ich sterbe – und das glaube ich eher –, würde ich lieber zu Hause sterben als in einem Hotel."

„Oh, rede nicht über das Sterben!" flehte Winnie. "Was soll ich tun?"
Tatsächlich war sie nun durch eine starke Zuneigung an ihre Freundin
gebunden.

„Nun, es gibt nur dich – und den General. Aber der General wird zu früh
sterben , und du wirst sowieso gehen. Oh ja, du wirst es irgendwie tun
müssen; es wird so passieren. Es gibt niemanden sonst, der das tut Und ich
weiß nicht, dass es Frauen wie mir gut tut, alt zu werden. Ich habe mir mein
Leben ausgesucht, und es hat mir Spaß gemacht, nach Hause zu gehen.

Dem Appell konnte nicht widerstanden werden, und Anfang Mai waren sie
zu Hause. Ein später, kalter Frühling erfüllte Winnie mit Ängsten um ihre
Freundin. Doch Mrs. Lenoir wollte und konnte, wie es jetzt schien, keinen
weiteren Schritt unternehmen. Sie lag auf ihrem Sofa, ihre schönen Augen
fest vor sich gerichtet. Sie bewegte sich und sprach wenig. Sie schien nur zu
warten. Winnie fragte sich oft, durch welche Erinnerungsszenen, durch
welche Meditationsübungen ihr Geist ging. Aber sie bewahrte all die
Abwehrhaltung, die ihr Leben sie gelehrt hatte – die Fähigkeit, nichts über
sich selbst zu sagen, weder Lob noch Tadel preiszugeben , keine
Unterstützung von außen zu erbitten. Vielleicht hat sie mit dem General
gesprochen. Er kam jeden Tag und Winnie gab sich alle Mühe, sie gemeinsam
in Ruhe zu lassen. Dem Rest der Welt gegenüber, selbst Winnie
eingeschlossen, war sie offensichtlich bestrebt, ihre konsequente
Zurückhaltung bis zum Ende beizubehalten. Durch Krankheit ist ein Haus
vom Verkehr der Welt ausgeschlossen; Tag für Tag in stiller Isolation und
trauriger Ruhe.

Was geschehen war, hinterließ Spuren in Winnies Beziehungen zum General.
Er war natürlich höflich und mehr als das. Er war durchweg freundlich, sogar
liebevoll, und stellte sich als ihr Partner in allem dar, was für den Patienten,
den sie beide liebten, getan oder versucht werden konnte. Diese Verbindung
zwischen ihnen hielt und würde bestehen bleiben, bis eine andere Macht als
die ihre sie trennte. Aber es war alles, was sie jetzt zusammenhielt; wenn es
weg wäre, wäre er praktisch ein Fremder für sie. Wenn sie sich mit einem
Anflug von Bitterkeit sagte: „Er hat sein ganzes Interesse an mir verloren",
sprach sie in gewisser Weise die Wahrheit. Er hatte sich vorgestellt, wie sie
in den inneren Kreis seines Lebens eintritt, und hatte sich die Verwirklichung
dieses Bildes dringend gewünscht. Jetzt wurde sie definitiv in die
Außenbezirke verbannt; Sie war wieder nur Mrs. Lenoirs junge Freundin –
mit dieser Veränderung –, dass er einen rührend liebenswürdigen Groll gegen
sie hegte wegen des Verlusts des Bildes. Wie viel er darüber wusste, was an
diesem letzten Abend zwischen ihr und seinem Sohn vorgefallen war, war
ihr nicht bewusst; aber er kannte das Wesentliche. Auch wenn er aus
Barmherzigkeit von Tadel Abstand nehmen konnte, war sie für seinen
geliebten Sohn Anlass zu großer Kummer. Für ihren sensiblen Geist war sein

Auftreten trotz seiner Freundlichkeit zurückhaltend; er brachte ihre Freundschaft nun bis an ihre Grenzen. Die Liebe, die er ihr entgegengebracht hatte, wurde durch den Schmerz, den sie ihm zugefügt hatte, zu Tode verletzt. Sie konnte sich vorstellen, dass seine Gedanken in den Worten zum Ausdruck kamen: „Es liegt nicht in deiner Macht, mir und mir noch einmal wehzutun." Sie öffnete die Augen für die Tatsache, dass sie in diesen Tagen einen guten Freund verloren hatte, was ihr nur allzu sicher mit dem Verlust eines lieben Menschen drohte. Dieses Kapitel ihres Lebens schien zu Ende zu gehen – wie andere Kapitel zuvor.

Ein Besucher aus der Außenwelt – der General schien zum Haushalt zu gehören – erschien in der Person von Mrs. Ladd. Sie kam, um Frau Lenoir aufzusuchen, ohne sich ihrer Krankheit bewusst zu sein. Es war einer der Tage der Erschöpfung der Patientin, und Winnie musste die gute Dame unterhalten und, nachdem sie sich ihr entsprechendes Mitgefühl angehört hatte, ihre Neuigkeiten erfahren. Sie war allein nach England zurückgekehrt. Rosaline war zu Freunden nach Biarritz gegangen.

„Ich glaube, sie wollte gerade nicht nach Hause kommen", sagte Mrs. Ladd mit einem Blick auf Winnie, die offensichtlich nach Informationen suchte.

„Mrs. Lenoir hat mir einen bestimmten Eindruck von ihr erzählt, den ich mir in Bellaggio nicht selbst gemacht habe", bemerkte Winnie. „Beziehen Sie sich darauf, Frau Ladd?"

„Ja. Rosaline hat mir gesagt, dass du nichts vermutet hast. Aber da alles geklärt ist, kann es nicht schaden, jetzt darüber zu sprechen. Sir Axel ist auch in Biarritz. Ich denke, sie werden wahrscheinlich heiraten, wenn sie auf dem Heimweg durch Paris fahren ."

„Oh, es ist so geklärt, oder?" Winnies Spekulationen lebten wieder auf. Wie viel hatten sie und Mrs. Lenoir insgesamt zur Einigung beigetragen?

„Ich denke, sie hat Recht, wenn sie es auf den Punkt bringt. Das vermeidet alle Fragen." Mrs. Ladd legte ihren Kopf auf die Seite. „Ich habe Mr. Maxon gesehen. Natürlich weiß er nicht, dass Sie Rosaline seit – seit den alten Tagen – jemals gesehen haben, geschweige denn, dass Sie etwas damit zu tun hatten?"

„Hatte ich? Das hatte ich nie vor."

„Oh, ich denke schon. Rosaline hat vage gesprochen, aber ich denke, dass etwas an deiner Art liegt – natürlich konntest du nichts dagegen tun, und du wusstest es nicht. Und, wie ich schon sagte, er hat keine Ahnung davon."

„Ich bin froh. Er wäre so wütend auf mich, und ich möchte nicht, dass er wütender ist , als er muss."

„Ich glaube nicht, dass er Wut auf dich übrig hat. Er hat dich nie erwähnt. Aber sie! Oh, meine Liebe!" Mrs. Ladds freundliches altes Gesicht nahm einen fast ängstlichen Ausdruck an. „Nun, ich musste ihn einfach aufhalten. Ich sagte ihm, dass Rosaline meine Freundin sei und dass ich nicht darauf hören würde. Er erklärte, dass er ein Versprechen von ihr hätte, und das nur aufgrund des Glaubens daran und nur darauf , er – na ja, wissen Sie, nicht wahr? Natürlich habe ich gesagt, dass es ein völliges Missverständnis gegeben haben muss, aber er wollte es wirklich nicht, wir haben uns fast alle gestritten, wenn nicht ganz."

Wie gut Winnie es wusste! Der herrschsüchtige Mann, so sicher sowohl seiner Wünsche als auch seiner Ansprüche, so überzeugt von seiner Version der Tatsachen, so unempfindlich gegenüber jedem anderen Eindruck davon – aus der Vergangenheit entstand ein vollständiges Bild von ihm.

„Ich wusste natürlich, dass er seinen eigenen Weg mochte", sagte Frau Ladd. „ Aber eigentlich war ich ziemlich erschrocken." Plötzlich beugte sie sich vor und tätschelte Winnies Hand. Es fielen keine Worte, aber Winnie verstand, dass Mrs. Ladd zumindest teilweise ein Urteil revidiert hatte, und wollte, dass sie es wusste.

„Aber er wird heiraten – merken Sie sich meine Worte! Ich kenne ihn, und ich weiß etwas über diese Art von Mann. Er wird in zwölf Monaten heiraten, und sei es nur, um Rosaline zu zeigen, dass er es kann, und um sich gegen ihn durchzusetzen Mr. Attlebury. Ich habe es Mr. Attlebury gesagt. „Er hat seine Linie übernommen, und er wird es durchziehen", sagte ich, „sobald er eine Frau findet, die ihm hilft."

„Was hat Herr Attlebury gesagt?"

„Nichts! Er wollte nicht darüber reden. Er hat nur so mit den Händen geschwenkt, wie er es immer getan hat. Aber Sie können mir glauben, dass genau das passieren wird."

Die Prophezeiung, die der liebenswürdigen Weltweisheit der alten Frau entsprang, schien wahrscheinlich in Erfüllung zu gehen. Es gab nichts, was Cyril Maxon so sehr hasste wie das Scheitern oder dessen Unterstellung, nichts schätzte er so sehr, als sich selbst zu beweisen, dass er Recht hatte, weshalb er sich jemals weigern musste, zuzugeben, dass er falsch gelegen hatte. Winnie schien zu hören, wie er grimmig erklärte, da er seinen Kurs eingeschlagen habe, dürften ihn weder Lady Rosaline noch ein Dutzend Attleburys davon abbringen. Er würde es bis zum Ende durchhalten, auch wenn er wenig Lust darauf hatte; Feindseligkeit war für ihn oft Ansporn genug. So wurde er zu einem unversöhnlichen Feind der Freiheit seiner Mitmenschen, der mit ihnen Krieg führte, wenn sie irgendeine Unabhängigkeit behaupteten, und tyrannisierte, wenn sie sich unterwarfen.

Solche Menschen schaffen Widerstand, sozusagen aus einem Vakuum heraus – sogar einen wilden und verzweifelten Widerstand, der wenig Rücksicht darauf nimmt, was er in seinem Kampf gegen die Herrschaft verletzen oder stürzen könnte. Ehrwürdige Institutionen, hohe Ideale und persönliche Loyalität müssen möglicherweise den Preis zahlen. Wenn die Grenzen der menschlichen Belastbarkeit erreicht sind, gehen alle an der Tafel vorbei.

Hätte Winnie Maxon eine klassische Ausbildung erhalten – deren Fehlen sich in ihrem Fall nicht als Allheilmittel gegen alle Formen des Scheiterns erwiesen hatte –, hätte sie in der weisen alten Mrs. Ladd möglicherweise eine gute Verkörperung des griechischen Chors gefunden – normalerweise Leute, die wenig damit zu tun haben ihre eigenen (wie es trotz allem scheint) und darauf bedacht, die anderer Leute auf sicheren, traditionellen Linien zu regeln; doch mit einer Prise Schlauheit, keine Revolutionäre, aber mutig genug, Kritiker zu sein, und zugeben, dass Akzeptanz und Unterwerfung ihre Schwierigkeiten darstellen – aber Sie können noch weiter gehen und noch viel schlimmer! Diese Grenzen der Belastbarkeit müssen so weit wie möglich ausgeweitet werden.

Am übernächsten Tag kam der erwartete Schlag. Eine Lungenentzündung erklärte sich; Der Patient empfand die Diagnose des Arztes als Todesurteil – endgültig und kaum unwillkommen. Ihre Nächte waren schmerzhaft; Der Tag brachte Erleichterung, doch zunehmende Schwäche. Nun konnte der General den Aufenthalt im Krankenzimmer nicht mehr ertragen; er kam, aber seine Besuche waren kürzer. Abgesehen von seiner Trauer um seine Freundin lastete auch eine gewisse Kummer auf ihm – immer noch Kummer um ihretwillen, vielleicht auch um anderer willen, die zuvor gegangen waren, vielleicht sogar um seiner selbst willen. Er wusste so viel mehr als Winnie. Er war unendlich zärtlich zu seinem sterbenden Freund und sagte nur ein Wort zu Winnie. „Wenn ich ihr vorschlage, dass sie jemanden sehen könnte, lächelt sie nur."

Winnie verstand den Vorschlag. „Das müssen wir alle am Ende für uns selbst regeln, nicht wahr? Ich denke, sie scheint glücklich zu sein – zumindest ziemlich friedlich."

Er machte eine verärgerte Protestgeste. Sie hatte kein Recht, ganz in Frieden zu sein. Er lebte in den Ideen, in denen er erzogen worden war. Wenn er einen Herrn beleidigt hat, soll er sich entschuldigen, bevor es zu spät ist. Unbewusst wandte er die Parallele von der sichtbaren Welt zur unsichtbaren Welt an – wie es ihm tatsächlich beigebracht worden war. Sein Geist blieb in bestimmten Verhaltenskategorien hängen; denn es musste ein gewisser Kredit gewährt werden, denn einige Strafen mussten bezahlt werden; Es war ein System von guten und schlechten Noten. Selbst in der Jugenderziehung gilt dies mittlerweile als umstrittene Theorie.

Er glaubte, seinen lieben alten Freund, der jetzt im Sterben lag, sehr gut gekannt zu haben. Er stellte fest, dass er sie nur sehr wenig kannte; Am Ende konnte er nicht an ihre Gedanken herankommen. Für Winnie Maxon hatte sie noch eine Offenbarung. Mrs. Lenoir wollte „niemanden sehen" – sie erkannte auch die besondere Bedeutung und wies den Vorschlag mit einem müden Lächeln zurück –, aber in Andeutungen und Fragmenten zeigte sie Winnie, in welcher Stimmung sie dem Tod entgegensah. Mutig – fast gleichgültig; Die Sonne war untergegangen, und nachts gehen die Menschen zu Bett – im Allgemeinen sind sie müde. Sie hatte nicht viel von Verantwortung, von einer Abrechnung gehalten; sie erlitt oder erreichte nichts von dem daraus resultierenden Impuls zur Buße; Sie lächelte sogar wieder über die Tugend einer Reue, die zur Pflicht geworden war, weil es möglich war, nicht mehr zu sündigen. „Einige Frauen, die ich kannte, wurden mit vierzig furchtbar reuig", sagte sie zu Winnie. „Ich hätte nie gedacht, dass jemand das mit fünfundzwanzig macht." Ihre Haltung schien zu sagen, dass sie als das eine oder andere Geschöpf geboren worden war und dementsprechend dies und das getan hatte – und so gelebt hatte, bis es an der Zeit war, dass das konditionierte, kaum freiwillige Leben des Geschöpfs endete. Auf der religiösen Seite war es reine Negation, aber auf der weltlichen Seite gab es etwas Positives. Genauso wie der General und Bertie Merriam selbst hatte sie „das Spiel gespielt". Ihr Code war intakt; Ihre Ehre war, gemessen daran, unbefleckt. „Ich war ehrlich, Winnie", sagte sie fast in der letzten bewusstlosen Minute.

Dann kam das Vergessen; Die Seele war viele Stunden vor dem Körper von ihrer Last befreit . Sie verließ das Leben, in dem sie so sehr gegen die Regeln verstoßen hatte, eine so interessante Rolle gespielt hatte, so viele nette Dinge getan hatte, eine so gute Freundin und manchmal sogar eine so entschiedene Widerstandskämpferin der Versuchung gewesen war – und eine Frau, die nicht erwähnt werden sollte. Als Winnie um sie weinte und ihr die letzten Dienste der Liebe erwies – denn sie hatte zumindest das reinste Gold der unerbittlichen Liebe erhalten –, erlitt ihr Herz einen gewaltigen Stich der Zärtlichkeit. Alte Wörter, die aus alter Zeit vertraut waren, kamen zurück. „Ich war hungrig , und ihr habt mir zu essen gegeben; ich war durstig, und ihr habt mir zu trinken gegeben; ich war ein Fremder, und ihr habt mich aufgenommen." Solche Dinge hatte ihre tote Freundin für sie getan.

Eine Begeisterung und Zuversicht erfassten sie, nachdem sie die kalte Stirn geküsst hatte. Aber außerhalb des Zimmers stand der alte General, traurig, grau, mit schwerem Gesicht. Seine Stimme war gebrochen, seine Hände zitterten.

„Ich wünschte – ich wünschte, sie hätte jemanden gesehen, Winnie!"

Winnie warf sich in seine Arme und sah zu ihm auf, ihre Augen strömten vor
Tränen. „Lieber General, sie sieht nichts oder sie sieht Gott. Warum müssen
wir Angst haben?"

KAPITEL XXVII

EIN PHILOSOPHISCHES PROJEKT

Mrs. Lenoir hat nicht, wie es so schön heißt, „so viel für Winnie Maxon getan", wie sie bereit war, für die zukünftige Mrs. Bertie Merriam zu tun. Vielleicht, weil sie die Entscheidung zwar akzeptiert hatte, ihre Enttäuschung über die Angelegenheit jedoch weiterhin bestand. Vielleicht lag es nur daran, dass ihr Kopfgeld beim jetzigen Stand der Dinge am Ende nicht den Beständen ihrer alten Freundin zugute kommen würde. Nachdem sie ihrer geliebten Emily eine Rente ausgezahlt und dem General ein paar persönliche Relikte vermacht hatte, hinterließ sie Winnie die Möbel ihrer Wohnung und fünfzehnhundert Pfund. Den Rest, der ihr zur Verfügung stand, gab sie – vielleicht mit einem Abschiedsstoß gegen die Seriosität; Vielleicht lag es daran, dass sie dachte, es würde ihm am meisten Spaß machen – ihrem liebsten und am wenigsten verdienstvollen Sohn des Generals – demjenigen, der in Indien zu viel Polo spielte und private Theateraufführungen machte.

„Es besteht für Sie kein unmittelbarer Grund, sich hier zu beeilen", fügte der General hinzu; er war der Testamentsvollstrecker. „Die Miete muss sowieso bis zum Sommer bezahlt werden, und Clara hat mir gesagt, dass sie wünscht, dass du bis dahin bleibst, wenn du möchtest. Ich habe keinen Zweifel daran, dass Emily bei dir bleiben wird."

„Es war sehr nett von ihr, aber ich kann es mir nicht leisten, lange hier zu leben."

„Na ja, zumindest während du dich umsiehst. Und wenn ich irgendetwas für dich tun kann, wirst du doch nicht zögern, es mir mitzuteilen, oder?"

Winnie versprach, seine Dienste in Anspruch zu nehmen, wenn sie sie brauchte, aber wieder überkam sie das Gefühl, dass der General, so freundlich und zuvorkommend er auch sein mochte, in seinem Herzen – wenn auch unwillig – ihre Verbindung miteinander als beendet ansah. Der Bund, den Frau Lenoir geschlossen hatte, war gebrochen; diese andere und engere Bindung war nie zustande gekommen. Es wäre ungerecht gewesen zu sagen, dass der General ihre Hände in Unschuld wusch. Es war lediglich eine Anerkennung der Tatsachen, zuzugeben, dass das Schicksal – der Lauf der Dinge – die Operation für ihn ausführte. Sie hatten keinen Einfluss mehr auf das Leben des anderen und kein gemeinsames Interesse, sie zu vereinen. Seine einzige Sorge galt jetzt seinen drei Söhnen, und es war unwiderruflich entschieden worden, dass Winnie nicht dazu zählen sollte.

Das Bewusstsein dieser unfreiwilligen Trennung von dem alten Mann, den sie wegen seiner Sanftmut und Loyalität mochte und bewunderte, verstärkte die Einsamkeit, mit der Mrs. Lenoirs Tod Winnie heimsuchte. Es ging ihr jetzt nicht besser als damals, als ihre Freundin sie aus dem leeren Atelier gerettet hatte und ihr dadurch ein neues Leben zu eröffnen schien. Auch das neue Leben war mit dem Freund verschwunden, der es geschenkt hatte. Als sie auf ihre Karriere zurückblickte, seit sie das Dach von Cyril Maxon verlassen hatte, sah sie, dass dasselbe immer wieder passierte. Sie hatte Freunde gefunden und sie verloren; sie hatte sie abgeholt, war mit ihnen bis zur nächsten Weggabelung gegangen, und dort trennte sich die Gesellschaft. „Ist es reiner Zufall oder etwas in mir oder etwas in meiner Position?" fragte sie sich. Eine ehrliche Umfrage konnte die Schlussfolgerung nicht widerlegen, dass die Position maßgeblich zum Ergebnis beigetragen hat. Der Fall von Godfrey Ledstone und das trivialere Beispiel von Bob Purnett waren der Beweis dafür. Die Position war ein entscheidender und fast ausschließlicher Faktor für ihre Trennung von Bertie Merriam; Sie hatte die Idee, dass die Wirkung auf die anhaltende Abwesenheit und das Schweigen von Dick Dennehy zurückzuführen sei. Dasselbe, was sie von ihren männlichen Freunden getrennt hatte, hatte auch ihre Freundschaften mit Frauen verboten. Sie hätte Amy Ledstone zu einer Freundin machen können, hatte sie das Gefühl. Heute hätte sie gern die freundliche, kluge alte Frau Ladd zur Freundin gemacht; Aber obwohl Frau Ladd sie in der Wohnung besuchte, die früher Frau Lenoir gehört hatte, erhielt sie keine Einladung zu Frau Ladds Haus. Der Druck der öffentlichen Meinung, die Gefühle von Mr. Attleburys Gemeinde, die „Unbeholfenheit", die mit Mrs. Ladds altem, wenn auch zu anspruchsvollem Freund Cyril Maxon entstehen würde, verboten. Die einzige Freundschaft, die dem zerfallenden Einfluss widerstanden hatte, wurde nun durch den Tod beendet.

Nun, große Vorteile kann man vernünftigerweise nicht umsonst erwarten. Wenn sie allein war, war sie auch frei – wunderbar frei. Und ganz gewiss lässt sich völlige Freiheit nur selten um den Preis eines freiwilligen oder unfreiwilligen Abbruchs der Bindungen erreichen. Muss dann jeder entweder ein Sklave oder ein Einzelgänger sein? Sie war nicht so verärgert, diese Schlussfolgerung zu akzeptieren. Sie wusste, dass es einen Ausweg gab – nur hatte sie ihn nicht gefunden. Die Aikenheads hatten es getan, unten in Shaylor's Patch! Dorthin – zu ihrem alten Zufluchtsort – wanderten ihre Gedanken sehnsüchtig. Während es stand, tat sie es ungerecht, indem sie sich selbst als freundlos bezeichnete. Doch sich in diese angenehme Abgeschiedenheit zurückzuziehen widersprach seinem Stolz; es schien wie ein Rückzug, ein Geständnis, dass die Welt zu viel für sie gewesen war, dass sie geschlagen worden war. Sie war nicht bereit, sich geschlagen zu geben – zumindest nicht vom Feind in einem fairen Kampf. Ihre Katastrophen waren auf den Abfall ihrer Verbündeten zurückzuführen. Also bestand sie darauf, während sie stundenlang allein in der Wohnung saß – ach, jetzt ist es wirklich so still!

Shaylor's Patch hatte sie nicht vergessen. Die Aikenheads nahmen nicht an der Beerdigung ihrer Freundin Mrs. Lenoir teil – sie hatten eine Theorie, die den Gräberversammlungen widersprach und der es nicht völlig an Plausibilität mangelte –, aber Stephen hatte ihr geschrieben und versprochen, sie zu besuchen, sobald er in der Stadt sein könnte . Er kam sehr selten dorthin – Winnie hatte ihn tatsächlich noch nie in London getroffen – und es dauerte mehr als zwei Wochen, bis er in der Wohnung erschien. Obwohl Winnie sich über seinen Besuch freute, wurde ihr freudiger Empfang fast von Erstaunen über sein Erscheinen unterdrückt. Er trug die komplette Uniform eines Stadtmenschen, ganz nach der neuesten Mode, von der Locke der Krempe seines Seidenhutes bis zum exakten Schnitt seiner Rockschöße. Abgesehen davon, dass sein Haar etwas lang und voll war, war er ein typischer Londoner, gekleidet für einen feierlichen Anlass. Ohnehin würde er durchaus als Dichter mit sozialen Ambitionen durchgehen.

"Ach du meine Güte!" sagte Winnie und hielt ihre Hände hoch. „Du bist so aufgestanden, Stephen!“

„Ja, ich glaube, ich kann mich in Piccadilly behaupten“, sagte Stephen und betrachtete sich selbstgefällig im langen vergoldeten Spiegel. „Ich glaube, ich habe dir einmal gesagt, dass ich atavistische Züge habe? Das ist einer davon. Ich kann meine Meinung äußern, wenn ich will – und das tue ich im Allgemeinen; aber ich brauche meinen Mantel und meinen Hut nicht, um sie auf der Straße zu brüllen.“ . Das ist natürlich nicht die Meinung von Tora. Sie hält mich für einen schrecklichen Idioten.

Winnie hielt es nicht für nötig, diesen schwierigen Punkt in der Kleidungsphilosophie zu klären – worüber bedeutende Männer sehr unterschiedliche Meinungen vertreten, wie jeder, der seine Spaziergänge im Ausland unternimmt und die Augen offen hält für die Berühmtheiten des Tages, keine Schwierigkeiten haben wird, dies zu beobachten .

„Nun, auf jeden Fall finde ich, dass du furchtbar nett aussiehst – ziemlich gutaussehend! Ich gehe davon aus, dass Tora nur Angst davor hat, dass du in deinen besten Klamotten zu faszinierend wirkst.“

Er setzte sich lachend hin und sah sie fragend an. „Ganz schön fröhlich, Winnie?“

„Nicht so besonders. Ich empfinde ihren Verlust schrecklich, wissen Sie. Ich mochte sie sehr, und es kommt mir so vor, als würde sie mich so treiben lassen. Ich hatte hier einen Ankerplatz, aber der Anker hält nicht mehr.“

„Kommen Sie und ankern Sie bei Shaylor's Patch. Der Anker liegt immer für Sie da.“

Winnie legte sowohl ihr Geständnis ab als auch ihren Einspruch vor. „Ich kann nicht leugnen, dass ich in diesen melancholischen Tagen ziemlich wehmütig an dich gedacht habe, aber es kommt mir so vor, als würde ich aufgeben."

„Nicht ein bisschen davon. Wenn Sie möchten, können Sie dort mitten im Kampfgeschehen sein." Er blickte sie mit seinem skurrilen Lächeln an. „Ich werde tatsächlich endlich etwas tun, Winnie. Ich fange gleich mit meinem Lebenswerk an. Ich werde eine Zusammenfassung der Sozialphilosophie verfassen."

„Es klingt wie ein Lebenswerk", bemerkte Winnie. Seine Gesellschaft freute sich immer über sie, und bereits ihr Benehmen zeigte etwas von seiner normalen Fröhlichkeit.

„Ja, es ist eine große Aufgabe, aber ich bin ein gesunder Mann. Sehen Sie, ich werde alle großartigen Leute von der frühesten Zeit bis heute nehmen und von ihnen alles sammeln, was sich auf die Fragen bezieht, die wir uns stellen." -Tag müssen sich damit auseinandersetzen – nicht um ihre Metaphysik und dergleichen, sondern um die Dinge, die wir wirklich regeln müssen – die lebendigen Dinge, wissen Sie? Da wird es einen Abschnitt darüber geben Bildung, zum Beispiel, einer über Privateigentum , einer über Ehe, einer über Frauen und Arbeit. Ich möchte, dass alle Auszüge auf Englisch vorliegen. Dann wird es zu jedem Abschnitt einen Anhang geben, den ich zusammenstellen werde die Auszüge und zeige die wichtigsten Übereinstimmungen und Unterschiede auf. Vielleicht werde ich noch ein paar eigene Vorschläge hinzufügen.

„Ich denke, das wirst du höchstwahrscheinlich tun, Stephen."

„Findest du nicht, dass das eine tolle Idee ist? Natürlich werde ich Gedichte, Romane und Theaterstücke sowie Philosophen und Historiker berücksichtigen. Ein Vergleich zwischen Lecky und Ibsen zum Beispiel! Wird bestimmt fruchtbar sein! Oh, das" Das wird eine große Aufgabe sein, aber ich habe vor, sie durchzustehen. Er beugte sich zu ihr vor. „Das heißt nicht aufgeben, oder? Das ist Kämpfen! Und der Punkt ist – Sie können mir helfen. Sie sehen, es wird kein Ende an Büchern geben, die ich lesen kann, nur um zu sehen, ob sie etwas Nützliches enthalten. Das können Sie." Erledige viel Arbeit für mich. Außerdem hast du ein sehr gutes Urteilsvermögen.

„Würde Tora dir nicht besser helfen als ich?"

Seine Augen funkelten. „Ich würde Tora nicht trauen, und ich habe es ihr so klar gesagt. Sie ist so überzeugt von dem, was sie selbst denkt, dass sie die andere Ansicht für Unsinn hält – oder, wenn sie einen besonders klugen Kerl gefunden hätte, der den Fall ebenfalls vertreten hätte Nun ja, ich bin fest davon überzeugt, dass sie keine Skrupel haben würde, ihn zu unterdrücken. Wir sind für mich eher Forscher, keine Dogmatiker. Mit dir und einer Zungengelehrten. und ein paar Schreibmaschinen, wir werden in kürzester Zeit ein Loch in die Arbeit machen.

Winnie konnte nicht sicher sein, dass er nicht gerade eine goldene Brücke für ihren Rückzug baute. Vielleicht wollte sie es nicht riskieren, ganz sicher zu sein. Der Plan klang so attraktiv. Was würde sie lesen und lernen! Und man konnte sicherlich argumentieren, dass sie immer noch den Kampf um Freiheit und Fortschritt führen würde. Sind es schließlich nicht die Studenten, die wirklich den Weg vorgeben? Sie bringen die Ideen hervor, die eines Tages von den Praktikern in die Tat umgesetzt werden. Es war Moltke, der den Feldzug gewann, nicht die Generäle im Feld. Dies war der Appell, den die Neigung anbot, um den Stolz zu überzeugen.

„Aber, Stephen, abgesehen von allem anderen würde es bedeuten, dass ich mich praktisch für immer bei dir einquartieren würde!"

„Was wäre, wenn es so wäre? Aber tatsächlich dachte Tora, dass du gerne deine eigene Wohnung hättest. Erinnerst du dich an das Cottage, das Godfrey hatte? du mochtest es--"

„Oh, es sollte mir nichts ausmachen. Und Mrs. Lenoir hat mir ihre Möbel hinterlassen."

„Das Ganze klappt wunderbar", erklärte Stephen. Er wurde etwas ernster. „Kommen Sie trotzdem und probieren Sie es aus. Schauen Sie mal – ich übernehme das Häuschen und vermiete es an Sie. Dann können Sie es jederzeit aufgeben, wenn Sie es satt haben. Wir werden eine lustige kleine Kolonie sein. Alt." Dick Dennehys Haus – erinnerst du dich, wie wir ihn untergebracht haben ? – ist fast fertig, und in sechs Monaten wird er darin sein. Natürlich wird er die Synopsis hassen, und wir werden viel Spaß mit ihm haben.

„Oh mein Lieber, du bist gut!" seufzte Winnie – und ein Lächeln folgte dem Seufzer. Denn plötzlich kreuzten Leben und Aktivität, Kameradschaft und Fröhlichkeit wieder ihren Weg. Die Sache war noch nicht vorbei. Es schien fast vorbei zu sein – dort in der einsamen Wohnung. „Wie geht es dem lieben alten Dick Dennehy?" Sie fragte.

„Wir haben ihn kaum gesehen – er war nur einmal unten. Er hat mich verlassen, um sein Haus für ihn zu bauen, und sagt ermutigend, dass es ihm egal sei, wie es sei. Er hat sich wohl in seinem neuen Job eingelebt." Nach einer Weile wird er vielleicht liebenswürdiger und zugänglicher sein. Du wirst kommen und es versuchen, Winnie?" Er stand auf und kam zu ihr herüber. „Sie haben aus eigener Kraft genug getan", sagte er. „Ich weiß nicht ganz, wie ich es Ihnen sagen soll, aber was ich meine, ist, dass kein einzelner

Mensch durch mehr als einen Protest etwas Gutes tut. Intelligente Menschen erkennen das; aber wenn Sie weitermachen, werden Sie nicht herabgestuft." als Protestant, aber genauso als Anarchist – wie unser armer, lieber alter Freund hier, wissen Sie."

Er ging mit wahrer und kritischer Hand auf eine der größten Schwierigkeiten ein. Wenn Sie aus Gewissensgründen auf dem Scheiterhaufen verbrannt wurden, war es schwer, Ihre Aufrichtigkeit in Frage zu stellen – obwohl es den Anschein hat, dass ein unangebrachtes und mutwilliges Streben selbst nach der Märtyrerkrone von den nüchterneren Oberhäuptern der und in den Kirchen nicht immer gutgeheißen wurde. Es war weitaus schwieriger, die Leute glauben oder verstehen zu lassen, dass das, was man tun wollte, auch als das erscheinen könnte, was man tun musste – dass der Wunsch die Pflicht machte. Nur weil der Mangel groß war – etwas, das befriedigt werden musste, wenn ein Menschenleben nicht nutzlos verschwendet werden sollte –, wurde die Pflicht zwingend. Eine Lehre, die vielleicht wahr ist, aber gefährlich! Seine Professoren sollten über jeden Verdacht erhaben sein.

„Es ist furchtbar schwierig", fuhr Stephen fort und strich sich dabei über die Stirn. „Es ist Krieg, wissen Sie, und in jedem Krieg, über den es sich zu streiten lohnt, haben beide Seiten viel für sich zu sagen. Das werden wir in der Zusammenfassung herausbringen."

„Sei nicht zu unparteiisch, Stephen!"

„Nein, ich habe meine Seite – aber die anderen Kerle sollen eine faire Show haben." Sein Lächeln wurde liebevoll. „Aber ich denke, Sie haben das Recht, die Kampflinie zu verlassen und in die Organisationsabteilung zu gehen – wie auch immer sie technisch heißt."

„Eines Tages werde ich dir alles darüber erzählen. Ich werde noch ein wenig warten. Ich scheine gerade erst dabei zu sein, einen Blick darauf zu werfen."

„Du bist noch sehr jung. Vielleicht hast du noch ein bisschen mehr praktische Arbeit vor dir. Auf jeden Fall würde ich mich sehr freuen, alles darüber zu hören." Er stand auf und nahm seinen prächtigen Seidenhut entgegen – das Symbol seiner sentimentalen Verbundenheit mit der alten Ordnung, aus der er hervorgegangen war und an die sein skeptischer Geist so viele Fragen zu stellen hatte. „Schau mal, Winnie, ich glaube, du hast gedacht, das Leben sei zu Ende – jedenfalls siehst du keinen Neuanfang darin sich weigern, den offenen Linien zu folgen. Tun Sie das nicht. Er lächelte. „Ich glaube eher, dass wir dich einmal von Shaylors Patch aus gestartet haben. Vielleicht tun wir es noch einmal."

Die klare Wahrheit kam plötzlich aus ihr heraus. „Ich bin so müde, Stephen!"

Er legte den Hut wieder hin und nahm ihre beiden Hände in seine. „Die Zusammenfassung wird unendlich erholsam sein, Winnie. Ich gehe sofort zurück, um das Cottage zu übernehmen, und fange an, es zu tünchen. Schicken Sie mir Bescheid, wenn Sie bereit sind zu kommen. Ich werde Ihnen die Wahrheit sagen, bevor ich gehe – oder Nicht wahr? Ja, das werde ich, denn wie ich dir schon gesagt habe, sagst du dir, dass du den Dingen entgegentrittst. Du versteckst dich nicht – Und es gibt Menschen, vor denen Sie aus irgendeinem Grund Angst haben, in London zu treffen, nicht wahr? Kommen Sie und leben und arbeiten Sie bei uns – und gewinnen Sie Ihre Nerven zurück.

Sie sah ihn lange schweigend an und holte dann tief Luft. „Ja, ich glaube, du hast recht. Ich habe Angst bekommen." Sie streckte ihre Arme in einer ausbreitenden Geste aus. „Hier ist es so groß – und es nimmt keine Notiz von mir! Weiter geht es – weiter – weiter!"

„Du hast doch nicht damit gerechnet, dass du es alleine aufhalten könntest, oder?" fragte Stephen lächelnd.

„Oder wenn es für eine Minute aufmerksam wird, schaudert die Hälfte und die andere Hälfte kichert! Gibt es nichts dazwischen?"

„Na ja, das sind die beiden Haltungen des Konservatismus. Das war schon immer der Fall – und ich nehme an, immer mit vielen Ausreden. Wir machen Fehler und haben ein Talent dafür, lächerliche Leute anzuziehen. Das wirft uns zurück, aber." Daran lässt sich nichts ändern. Am Ende gewinnen wir. Er nahm seinen Hut wieder auf. „Und die Inhaltsangabe wird die Sache auflockern. Schicken Sie mir morgen ein Telegramm, Winnie, und die Schönfärberei wird beginnen!"

Glaube, Geduld, Aufrichtigkeit – das waren die drei großen Eigenschaften; diese bildeten die für die Arbeit erforderliche Stimmung. Stephen Aikenhead hatte sie, und obwohl er sich nie der Prüfung der Erfahrung aussetzte, ja, obwohl er die Synopsis nie zu Ende brachte (was höchst wahrscheinlich war), strahlte Ermutigung von ihm aus, und somit war seine Existenz gerechtfertigt und wertvoll. Auf beiden Seiten gab es Fanatiker, und jede Sache zählte einige Dummköpfe zu ihren Anhängern. Wahrscheinlich hatte tatsächlich jeder Mensch auf der Welt, so weise und aufgeschlossen er auch sein mochte, seinen Anflug von Bigotterie und seinen Hang zur Torheit. Nach Stephens Weggang moralisierte Winnie viel in dieser und ähnlicher Richtung, aber ihr Moralisieren war gleichzeitig fröhlicher und toleranter als vor seiner Ankunft. Sie hatte eine größere Nächstenliebe gegenüber ihrem Feind, der Welt – sogar gegenüber dem Schaudern und Kichern. Nun, das Regiment wäre in Schaudern und Kichern gespalten gewesen – genau die Haltungen, die Bertie Merriam skizziert hatte – und doch hatte sie unter seiner Inspiration sowohl Sympathie als auch Respekt für das Regiment empfunden. Warum dann nicht für dieses größere Regiment, die Welt? Zuneigung und Respekt, ja – aber daher nicht Zustimmung oder gar Duldung. Und auch bei ihrem eigenen Vorgehen ermöglichte Stephen es ihr, neue Augen zu werfen – Augen, die offener für den humorvollen Aspekt waren und eine gerechtere Sichtweise darauf hatten, wie viel sie hätte erwarten können und was sie vernünftigerweise getan haben könnte. Beides schien im Vergleich zur Abnutzung der Anstrengung sehr wenig zu bewirken. Aber wenn jeder auch nur ein wenig täte, dann würde der Teig durchsäuert werden, wie Stephanus sagte.

Drei Tage später – gerade nachdem sie sich für Shaylors Patch und die Synopsis entschieden und dem General – und Emily – ihre bevorstehende Abreise mitgeteilt hatte, kam eine kurze Nachricht von dem hartnäckig abwesenden und unsichtbaren Dick Dennehy. Es stand auf dem offiziellen Notizpapier der großen Zeitschrift:

> „Ich habe von Tora gehört, dass du zu Shaylors Patch zurückgehst, um dich dort ruhig niederzulassen. Gott sei Dank dafür! Vielleicht sehe ich dich bald dort, aber ich bin immer noch sehr beschäftigt. – Mit freundlichen Grüßen, RD"

Sie las mit einer Mischung aus Zuneigung und Groll. Sie war zu ihrem eigenen Urteil über ihre Bemühungen und Abenteuer gekommen. Hier war Dick Dennehys! Er dankte Gott dafür, dass alle Anstrengungen und Abenteuer ein Ende hatten und dass sie sich ruhig niederlassen würde – um tatsächlich auf sich selbst aufzupassen, wie er es an jenem Abend ausgedrückt hatte, als er mit ihr zum Bahnhof ging. Ein sehr ungerechtes Urteil, dachte Winnie, aber dann – fügte sie lächelnd hinzu – „Es ist nur das des alten Dick Dennehy!" Was konnte man sonst noch von ihm erwarten – von ihm, der sie so sehr mochte und ihr „Geschehen" so heftig missbilligte? Was ist mit seinem eigenen? Wie löste er seine Frage? Oder wie hatte er es geklärt? Dieses Problem war „nicht ernst"! „Vielleicht sehe ich dich"! Nur „vielleicht"? Dennoch wollte sie sich in Nether End niederlassen, und er baute dort sein Haus. Die Wahrscheinlichkeit einer Begegnung zwischen ihnen schien mehr als nur ein „Vielleicht" zu rechtfertigen. Die Atmosphäre im Wartesaal der Eisenbahn, sein Gesichtsausdruck, dieser durch das Schnauben der Lokomotive gedämpfte Schrei, dass jemand ein Idiot sei – all das fiel ihr wieder ein. „Aber ich bin sehr beschäftigt" – was Winnie damit meinte – verabschiedete sich, um die Anspielung hinzuzufügen: „Ich werde dich nicht oft sehen können!" Unwiderstehlich verzogen sich ihre Lippen zu einem Lächeln. Es sah so aus, als wäre das Problem noch nicht ganz gelöst! Wenn es so oder so endlich geklärt wäre, warum sollte Dick dann so beschäftigt sein, so völlig außerstande, sich angemessen um sein Haus zu kümmern oder – wie Stephen ihr gesagt hatte – sich überhaupt darum zu kümmern?

„Oh, Unsinn!" Winnie schaffte es, es sich selbst zu sagen, wenn auch nicht mit absoluter Überzeugung. „Wenn es das jemals war, muss er es inzwischen überwunden haben, und ich werde mich in der Zusammenfassung vertiefen."

Es war wirklich ziemlich bald, sich einer anderen Institution gegenüberzustellen!

KAPITEL XXVIII

DER BLICK AUS EINEM HAUS

Winnie schloss Dr. Westermarck über *den Ursprung und die Entwicklung der moralischen Ideen* mit einem Paukenschlag ab. „Ich werde mich heute nicht mehr mit der Synopsis befassen", verkündete sie. „Es ist viel zu schön. Und worüber kicherst du, Stephen?"

Mit Hilfe von Liddell und Scott und einer Krippe verdaut Stephen Aristophanes' Sketch über Sokrates. „Ein schrecklicher alter Tory, aber es ist verdammt gutes Zeug. Arbeiten Sie auf keinen Fall, wenn Sie nicht wollen, Winnie. Diese Arbeit ist nicht an einem Tag zu erledigen, wissen Sie."

Das war sicherlich nicht der Fall – und am allerwenigsten in einer seiner Arbeitstage, in der die Forschungsarbeit ständig durch das Eindringen entfernt verwandter Argumente behindert wurde. Winnie konnte nicht erkennen, wie ernst es ihm mit der Inhaltsangabe war. Manchmal sprach er in zuversichtlichen Worten, aber mit einem Augenzwinkern über seine Vollendung – und die daraus resultierende Verbesserung der Gesellschaft; in anderen Momenten erklärte er in offensichtlicher Verzweiflung, dass es eigentlich die Arbeit von fünfzig Männern sei, und gab eine unvorstellbar herkulische Arbeit für einen Tag auf. Tora behielt gegenüber dem großen Unternehmen eine Haltung gelassener Verachtung bei; Sie sah keinen Sinn darin, in dunkle Zeiten einzutauchen, um das Licht zu finden, das erst jetzt endlich am Horizont der Zukunft schimmerte. Alice war jedoch voll und ganz für die Inhaltsangabe; Es sollte ihren Vater berühmt machen und wurde unter ihren Schulkameraden viele Jahre lang berühmt, bevor auch nur die geringste Chance auf seine Geburt bestand. „Um alles herauszufinden, was irgendjemand seit Anbeginn der Welt gesagt hat, und um uns zu sagen, ob es wahr ist oder nicht", lautete Alices hübsche Beschreibung des vorgeschlagenen Werkes; Kein Wunder, dass die Schulkameraden beeindruckt waren.

Obwohl der „schreckliche alte Tory" in Shaylor's Patch durchaus einen kleineren Phrontisterion gesehen haben könnte, erwies sich für Winnie Maxon der Verlauf der Sommermonate dort als Erholungskur. Das Gewebe von Gehirn und Herz erholte sich. Sie war weder unterdrückt wie in den Tagen ihrer Ehe, noch eilte sie von Gefühl zu Gefühl wie in der Zeit des Kampfes, die auf ihre Flucht folgte. Ihre Erinnerungen – an Jubel, an Schmerz, an ergreifende Gefühle – wurden in ihren Umrissen weicher; Dadurch, dass sie in gewisser Weise außerhalb all dessen war, was sie getan und erlitten hatte, konnte sie es besser einschätzen und abschätzen, wo es sie zurückließ. Eine große Kluft trennte sie von der Frau, die vor Cyril Maxon geflohen war; Doch die wesentliche Frau hatte die Flut des Golfs unversehrt überstanden – mit all ihren Möglichkeiten des Lebens, mit geschultem, aber nicht gebrochenem Geist. Das bedeutet vielleicht, dass sie einen unentschiedenen Kampf mit der Welt geführt hatte; Wenn es wirklich dazu kam, war das keine geringe Leistung.

Dick Dennehys neues Haus war fertig – zumindest fehlte ihm nur noch der letzte Anstrich, und wenn das Wetter gut blieb, würde es bald trocken genug sein, um ihn gewinnbringend anzubringen. Nach und nach trafen Lieferungen der notwendigen Ausrüstung – nach äußerst spartanischen Maßstäben konzipiert – aus London ein. Aber der Meister selbst war nicht erschienen. Jede Einladung von Shaylor's Patch – und hin und wieder kam die Einladung einer Bitte gleich, da Tora beim besten Willen nicht herausfinden konnte, was er in dem Haus tun wollte – wurde mit Protesten beantwortet, die ihn mit der Arbeit beschäftigten. Das Problem, das Winnies Fantasie vorhergesagt hatte, trat nicht auf – oder zeigte zumindest keine Entwicklung. Dicks hartnäckige Abwesenheit widerlegte nicht seine Existenz, sondern ließ, so könnte man sagen, seine Lebendigkeit suspendieren. Winnie, die in der Hütte wohnte, in der einst Godfrey Ledstone wohnte, erholte sich vom anderen Geschlecht; Auch hier wurde nach einer Reihe lebhafter Gefechte ein Waffenstillstand geschlossen. Sie begrüßte es; Es wäre oberflächlich gewesen, den Gedanken an Bertie Merriam zu schnell zu vergessen. Sie lehnte den Gedanken, dass der Waffenstillstand ewig dauern könnte, weder ab, noch zuckte sie zusammen. Als Dennehy immer noch weg war, verstummte der Gedanke an das Problem und hinterließ Spuren nur in der mitfühlenden Belustigung, mit der sie von Zeit zu Zeit erneut darüber nachdachte, dass er „überwunden" hatte. Sie stimmte der Schlussfolgerung sehr bereitwillig zu. So wie die Dinge lagen, war das Leben erfüllt, angenehm, friedlich und fruchtbar in der Entwicklung ihres Geistes.

„Ich weiß nicht, ob Sie jemals die Welt verändern werden, aber Sie erziehen zumindest eine ignorante Frau, Stephen", sagte sie.

Als Dr. Westermarck fertig war, hatte Stephen sie mit einem plötzlichen Sprung dazu gebracht, sich mit dem Studium alter und neuer Utopien zu befassen. denn diese müssen natürlich in der Synopsis vorkommen.

„Ah, du bringst jetzt etwas Wissen über das Leben mit. Das macht das Lernen viel einfacher." Er lächelte sie an. „Ich sollte wirklich auch hingehen und ein paar Probleme bekommen. Aber da – ich konnte mich nicht mit ganzem Herzen für den Job einsetzen, also würde es nicht viel nützen."

„Würde Tora nicht Einwände erheben?"

„Ich bin die einzige Ausnahme, die die ansonsten perfekte Harmonie von Toras Vorstellung vom männlichen Geschlecht beeinträchtigt. Sie würde jeden Fehler meinerseits mit wissenschaftlichem Jubel begrüßen. Aber ich sage, ich werde Sie nicht begraben lassen sich selbst in der Synopsis.

„Genau dafür bin ich hierher gekommen – genau so, wie ich es mir vorgestellt habe!"

„Das sollst du nicht tun. Du bist viel zu jung und hübsch. Ich werde ein paar junge Männer herbeiholen, um dich in Versuchung zu führen."

Zwei oder drei junge Männer kamen, aber sie lockten Winnie nicht. Sie merkte, dass sie von großer Vorsicht besessen war. Ihr altes Vertrauen in ihre eigenen Impulse wurde durch ein tiefes Misstrauen gegenüber jedem Impuls ersetzt. Sie stand in der Defensive gegen die Annäherung einer Sympathie; Sie ernannte sich *zum advocatus diaboli,* wann immer Stephen es wagte, einen seiner jungen Freunde zu loben. Sie fand einen oberflächlich und eingebildet, einen anderen gelehrt, aber langweilig, einen dritten – nun ja, dem zulässigen Grad an Hässlichkeit waren doch Grenzen gesetzt, nicht wahr? Stephen lachte; Seine armen Freunde leisteten einen Beitrag zur Bezahlung einer Rechnung, die andere Männer aufgehäuft hatten.

Endlich musste Dick Dennehy in aller Anständigkeit kommen; Stephen teilte ihm mit, dass er das Haus, nachdem er es gebaut hatte, abreißen würde, wenn sein Besitzer weiterhin so wenig Wertschätzung für seine freundliche Arbeit zeigen würde. Er kam an einem frühen Nachmittag Mitte September an. Er war spürbar verändert; Der Einbruch in das Londoner Geschirr hatte bei ihm Spuren in seinem Auftreten und in seinem Aussehen hinterlassen. Er war besser gepflegt, sein Haar hatte man dazu überredet, nach unten zu fallen, er hatte die nach oben gerichteten, borstigen Enden seines Schnurrbartes abgeschnitten. Sein Brogue hatte an Fülle verloren; er sagte „ye" viel seltener, wenn er „you" meinte. Seine Art war ruhiger, seine Argumente weniger stürmisch und seine Widersprüche nicht so leidenschaftlich. Obwohl dies äußerlich und möglicherweise innerlich etwas konventionalisiert war, zeigte er bei der Begrüßung von Tora und Stephen seine alte freundliche Herzlichkeit – Alice war gerade wieder zur Schule gegangen. Erst als er sich Winnie zuwandte, die mit ihnen im Garten war, zeigte sich eine Spur von Zwang in seinem Verhalten. Sie führte es auf die Erinnerung an die Nachricht zurück, die er ihr geschickt hatte; sie hatte nicht geantwortet, und wahrscheinlich dachte er, dass sie es übel genommen hatte.

Die Einschränkung hatte eine tiefere Ursache. Er hatte beschlossen, nicht mit Winnie Maxon zu schlafen, und als er sie nun sah, stellte er fest, dass er es tun wollte, und dass die Zusicherungen, die er sich selbst gemacht hatte, dass er es nicht tun wollte – zumindest nicht ernsthaft in Versuchung geraten würde, es zu tun – alles wäre umsonst. In Treue zu seinen Überzeugungen und im Einklang mit einer persönlichen Hartnäckigkeit, die diese Überzeugungen untermauerte, hatte er all diese Monate lang seinen Kampf

geführt. Winnie war ihm verboten; er hatte sich keine Mühe gegeben, seine
Ansichten vor seinen und ihren Freunden zu verbergen; Er hatte sich große
Mühe gegeben, seine Gefühle vor ihr zu verbergen, und war davon
überzeugt, dass es ihm zumindest im Großen und Ganzen gelungen war.
Ohne sein Haus – wenn er nicht die Gefühle der Aikenheads verletzt hätte
– hätte er sich eine etwas längere Quarantänezeit gegönnt. Dennoch hatte er
sich ziemlich sicher gefühlt, bis er Winnie sah. Und er hatte seine Tasche
mitgebracht; er war für einen dreitägigen Aufenthalt gebucht – dort mitten
in der Gefahrenzone.

„Es war ein Narr, zu kommen", sagte er sich immer wieder, während er
höflich und ab und zu eindringlich darum bat, dieses und jenes Merkmal
seines neuen Hauses zur Kenntnis zu nehmen und zu bewundern. In
Wahrheit konnte er sich kaum für das Haus interessieren, denn mit
plötzlicher, aber unwiderstehlicher Gewissheit war ihm klar geworden, dass
er darin niemals leben würde. Das konnte er natürlich nicht sagen – nicht
jetzt und nicht ohne eine viel bessere Argumentation, als er spontan
zusammenbringen konnte. Aber da war die Gewissheit – voll und ganz in
seinem Kopf. Wenn er seine Überzeugungen und seine Hartnäckigkeit nicht
aufgeben könnte, wenn er seine Suche nicht angehen und erfolgreich
durchführen könnte, wäre es für ihn unmöglich, in dem Haus hier auf dem
Hügel zu leben, während Winnie kaum einen Steinwurf entfernt in der Hütte
an der Straße liegt zum Netherend. Die Idee war absurd. Dennoch musste er
das Haus weiterhin betrachten und bewundern. Die Aikenheads verlangten
nichts weniger als Enthusiasmus. Über ein Haus, in dem er niemals leben
könnte! Der arme Dick Dennehy tat sein Bestes, um es aufzupeppen, aber
die mit seiner Position verbundenen Prüfungen wurden durch diesen
zufälligen Anbau des Hauses schrecklich verschärft. Cyril Maxon und Bertie
Merriam waren in ihren gemeinsamen Kämpfen um Loyalität und
Überzeugungen von diesem irritierenden Merkmal zumindest verschont
geblieben. Da waren die Schornsteine von Winnies Cottage, die man
tatsächlich von den Fenstern seines Arbeitszimmers aus sehen konnte! Tora
machte ihn triumphierend darauf aufmerksam.

Dick Dennehy hatte die Gabe – das Genie – seiner Rasse; er sah den Spaß
an seinen eigenen Leiden. Als er die Spitzen von Winnies Schornsteinen
betrachtete – Winnie an seiner Seite, diskret auf seine Meinung wartend, ob
ihre Anwesenheit die Schönheit der Landschaft verstärkte –, zeigte sein
Gesicht einen Ausdruck reumütiger Belustigung statt der einfachen
Bewunderung, die sein Blick ausstrahlte Das Studium hätte ihn inspirieren
sollen. Im Moment lieferten sich Tora und Stephen im Gang draußen einen
lebhaften Streit über die Vorzüge einer auf Genehmigung geschickten
Mülltonne.

„Ich hoffe, ich störe nicht?“ sagte Winnie und deutete mit der Hand auf ihre Kaminöfen.

„Ich werde an dich erinnert, falls ich jemals in Gefahr bin, es zu vergessen.“

„Wir könnten fast ein Kommunikationssystem starten – fahnenschwingend oder sogar drahtlos. Alles außer Gedankenübertragung! Das könnte ich bei dir nicht riskieren – obwohl du es bei mir ganz sicher könntest.“

„Ah, du neckst mich immer, Winnie.“

„Du warst nicht annähernd begeistert genug von dem Haus, weißt du. Bemühe dich.“

„Nach dem Abendessen werde ich versuchen, ein paar Worte dazu zu sagen. Werden Sie beim Abendessen dabei sein?“

„Das werde ich. Tora hat mich gebeten, dich zu unterhalten.“

„Das können Sie tun – und noch mehr, wenn Sie den Willen dazu haben.“

„Ich muss Sie sofort warnen, dass ich die meisten meiner Mahlzeiten, außer dem Frühstück, im Patch einnehme – in kurzen Pausen der Entspannung von der Synopsis.“

Dick hatte von der Synopsis gehört. „Du wirst eine Menge Unsinn lernen“, bemerkte er.

„Oh, ich brauche die Synopsis nicht, um das zu lernen. Es reicht völlig aus, nur mit Leuten zu reden.“

„Wir werden keinen Telegrafen haben; wir werden ein Telefon haben, Winnie. Dann werde ich deine Stimme hören und deine Unterhaltung bewundern.“ „Und dein Gesicht nicht sehen“, hätte er beinahe hinzugefügt.

Winnie ließ den Blick noch einmal zurückhaltend über die Landschaft schweifen. „Meine Schornsteine sind schade, nicht wahr? Sie verderben den Eindruck der Einsamkeit – des Alleinseins mit der Natur, nicht wahr? Aber nach Toras Stimme zu urteilen – sie klingt wirklich gekränkt –, denke ich, dass es an der Zeit ist, dass wir uns umschauen Wenn diese beiden sich streiten, ist die Verachtung, die sie für die Meinung des anderen zum Ausdruck bringen, schrecklich.

Auch wenn die Situation für den armen Dick Dennehy ihre erbärmliche Seite hatte, gab es mehr als einen Aspekt, der mit Sinn für Humor angesprochen werden konnte. Außer Dick, getrieben von der Liebe, aber dennoch geplagt vom Gewissen und infolgedessen von Schornsteinen in der Ferne, waren da noch die Aikenheads. Ineinander vertieft, in ihre Studien und Theorien, sahen sie nichts von dem, was unter ihrer Nase vor sich ging – und Winnie schien es jetzt so deutlich zu sehen wie – ihre Nase. Sie hatten dem Haus große Mühe gegeben und damit gerechnet, Dick eine triumphale Überraschung zu bereiten. Sein Verhalten – denn selbst nach dem Abendessen erreichte er nur eine sehr verhaltene Begeisterung – war eine herbe Enttäuschung. Sie verstanden weder, warum er nicht erfreut war, noch, warum er, wenn das nicht der Fall war, aus Anstand und Dankbarkeit seine Freude nicht besser zur Schau stellen konnte. So gutmütig sie auch waren, sie konnten nicht anders, als ihre Gefühle zu verraten – Tora durch eine plötzliche und steinerne Stille, die das Haus berührte, von dessen Schönheiten sie so erfüllt gewesen war; Stephen durch satirische Bemerkungen über die Höhen der Pracht, auf denen Dick nun in seinem täglichen Leben und in seiner Umgebung sitzen musste. Dick bemerkte ihren Ärger und verstand ihn, konnte sein Verhalten aber nicht so ändern, dass er ihn beseitigen konnte, und da er dazu nicht in der Lage war, begann er durch eine natürliche Geistesbewegung, sich darüber zu ärgern. „Sie könnten wirklich sehen, dass da noch etwas anderes los ist", argumentierte er in klagendem Ärger. Innerhalb von vierundzwanzig Stunden nach seiner Ankunft waren die drei in dieser falschen Frage offensichtlich uneins, und die Spannung drohte immer größer zu werden. Es war alles lächerlich, eine Komödie voller Fehler, aber es könnte in einer traurigen Belastung einer alten und lieben Freundschaft enden.

Um diese Katastrophe abzuwenden, beschloss Winnie, der schüchternen Bescheidenheit den Garaus zu machen. Dick Dennehy hatte ihr nicht gesagt, dass er sie liebte, aber sie beschloss, die Aikenheads mit der interessanten Tatsache vertraut zu machen. Was danach passieren würde, wusste sie nicht, aber es schien im Moment das Einzige zu sein, was sie tun konnte.

Nach dem Mittagessen am zweiten Tag des Besuchs sagte Dick Dennehy in dem verzweifelten Versuch, gnädiger zu sein, dass er hinübergehen und sich das Haus noch einmal ansehen würde. Niemand bot an, ihn zu begleiten. Tora schien seine Bemerkung nicht zu hören; Stephen bemerkte sarkastisch, dass Dick vielleicht darüber nachdenken würde, ob es wünschenswert wäre, einen Ballsaal und ein Theater hinzuzufügen, und kehrte damit zu seiner Arbeit an der Synopsis zurück. Winnie saß lächelnd da, während Dick ging und sie mit Tora allein ließ.

„Du denkst, er schätzt das Haus nicht genug, nicht wahr, Tora?" Sie fragte.

„Ich glaube, er hasst es einfach, aber ich weiß wirklich nicht warum."

„Es ist nicht sein eigenes Haus, das er hasst; es sind meine Schornsteine."

„Ihre Schornsteine? Was zum Teufel meinst du?"

„Er kann sie von seinem Arbeitszimmerfenster aus sehen – genau dort, wo er ungestört sein möchte."

Tora mochte eine profunde spekulative Denkerin sein, aber nein, sie war nicht schnell in den kleinen Dingen der Welt. „Willst du damit sagen, dass der Mann etwas dagegen hat, irgendein einzelnes Haus von seinen Fenstern aus zu sehen? Wirklich, Dick macht ein Allüren!"

„Es kommt darauf an, wer im Einfamilienhaus wohnt."

„Aber du lebst dort." Tora starrte sie an. „Haben Sie sich mit ihm gestritten? Wollen Sie damit sagen, dass er Sie nicht mag?"

Winnie brach in Gelächter aus. „Im Gegenteil, Tora."

Endlich dämmerte das Licht. Ein langgezogenes „Oh!" verkündete sein Kommen. „Ich verstehe. So etwas fällt mir nie auf. Dann hast du ihn also abgewiesen, oder?"

„Oh nein, er hat mich nie gefragt. Er hat mir nie etwas davon erzählt – nicht direkt oder zumindest nicht mit der Absicht." Diese Einschränkung angesichts des Gesprächs am Bahnhof. „Aber ich bin mir sicher."

„Warum sagt er es dir dann nicht? Oder hast du ihn hoffnungslos brüskiert?"

„Ich habe so oder so nicht viel getan, aber das ist es nicht. Sehen Sie, er denkt, dass es ihm nicht freisteht, mich zu heiraten, und dass es mir nicht freisteht, irgendjemanden zu heiraten."

„Dann sollte er besser aufhören, solchen Unsinn zu denken", sagte Tora mit ihrer gewohnten und höchst unphilosophischen Verachtung für die Meinungen anderer Leute.

„Das weiß ich nicht." Winnie schüttelte zweifelnd den Kopf. „Aber ich denke, dass es die Situation beruhigen würde, wenn Sie Stephen nur einen Hinweis geben würden."

„Ich werde es ihm sofort sagen." Andeutungen lagen nicht in Toras Sinne.

Das erste Ergebnis der Mission ihrer Freundin, das Winnie zu Ohren kam, war ein schallendes Gelächter aus dem Allerheiligsten, wo die Synopsis gerade vorbereitet wurde. Es war Mittwoch – ein halber Feiertag für die Assistenten – und Stephen war allein. Als die Situation einmal geklärt war, genoss er den Humor ungemein.

„Nun, wir waren ein paar Trottel, du und ich, Tora. Armer alter Dick! Er muss sich uns und auch das Haus auf dem Meeresgrund gewünscht haben. Aber was soll man tun?"

„Natürlich musst du ihm sagen, er soll nicht so albern sein; ich weiß nicht, was sie sagen wird, aber lass ihn seine Chance nutzen."

„Ich scheue mich ein wenig, mich an diesen Komplikationen zu beteiligen. Wir haben aus der Ledstone-Affäre keinen großen Erfolg gemacht! Ich denke, ich werde es in Ruhe lassen und es ihnen überlassen, es selbst zu regeln." ."

„Du hast nie den Mut zu deinen Überzeugungen. Das ist einer deiner schlimmsten Fehler, Stephen." Mit dieser Verurteilung auf den Lippen ging Tora in den Garten.

Als Winnie hineinging, um ihre Arbeit fortzusetzen, blickte Stephen mit einem Augenzwinkern von seinen Büchern auf. „Schon wieder Ärger, Winnie?"

„Ich dachte wirklich, du solltest es besser wissen, sonst würdest du Dicks Haus niederbrennen."

„Du scheinst auch ein Talent dafür zu haben, Feuer anzuzünden."

„Vielleicht lassen Sie es einfach so aussehen, als seien Sie zu dem Schluss gekommen, dass es nicht das Haus ist, das Dick so mürrisch macht. Sagen Sie natürlich kein Wort über mich."

„Er wird mich für viel klüger halten, als ich es je war."

„Nun, ich denke, das würde dir gefallen, Stephen. Das würde ich an deiner Stelle auch tun."

Er lachte gut gelaunt. „Na ja, ich verdiene diesen Seitenhieb."

„Es ist ziemlich komisch, wie mich so etwas verfolgt, nicht wahr? Aber es ist schon die Hälfte deiner Schuld. Wenn du eine Menagerie von Meinungen sammelst und mich mitten hineinwirfst –"

„Es ist nicht verwunderlich, dass die Tiere den Leckerbissen mögen, auch wenn die Tierpfleger mit der Ernährung nicht einverstanden sind? Aber ich habe nicht alle Tiere eingesammelt."

„Nein", sagte Winnie und lächelte nachdenklich. „Ich habe mir im Laufe meiner Reisen durch die Welt ein oder zwei gekauft. Ich bin mir nicht ganz sicher, ob ich noch andere haben möchte."

„Er ist ein furchtbar guter Kerl, alter Dick."

„Ja. Und jetzt gehe ich zurück nach Utopia – wo Tiere nur ihre richtige Ernährung mögen."

In der Zwischenzeit warf Dick Dennehy keinen weiteren Blick auf sein Haus und versuchte auch nicht, sich eine günstigere Schätzung davon zu bilden. Er ging auf dem Feld dahinter auf und ab, das unter der geschickten Pflege von Tora Aikenhead bereits so etwas wie einen Garten angenommen hatte.

Er musste seine Frage auf die eine oder andere Weise klären. Wenn so, dann auf Wiedersehen, zumindest für eine lange Zeit, vom neuen Haus und von Shaylor's Patch; im anderen Fall würde er sein Glück mit gutem Mut versuchen. Obwohl sein Fall genügend Ähnlichkeiten aufwies, um Winnie zu rechtfertigen, ihn mit den anderen in Verbindung zu bringen, die sich in ihrer Erfahrung gezeigt hatten, war er mit keinem von ihnen identisch, sondern hatte eine eigene Gesichtsfarbe. Er war nicht dazu aufgerufen, sich der öffentlichen Meinung zu widersetzen und die Grenzen der gesellschaftlichen Grenzen zu verwischen, wie es Godfrey Ledstone getan hatte. Auch nicht, um seine Ideen und Lebensweise zu revolutionieren, wie Bob Purnett. Er darf auch nicht das sein, was er als untreu gegenüber seinem Beruf und als falsch gegenüber seiner Arbeit in der Welt empfinden muss, wie Bertie Merriam. Der Fall von Cyril Maxon lag näher; Doch Cyril musste nur über eine raffiniert konstruierte Brücke von der extremeren zur weniger extremen der beiden Theorien übergehen und fand dabei bei den Männern seiner eigenen Überzeugung reichlich Zustimmung und Zustimmung. Dick wurde mit einem klaren, strengen und unbeugsamen Verbot einer Autorität konfrontiert, die er immer als endgültig und unfehlbar respektiert hatte.

Dennoch schien er dazu aufgefordert zu sein, sein gesamtes wirkliches Leben aufzugeben und das Leben von dem zu befreien, was es lebenswert machte. Abgesehen von ein oder zwei jungenhaften Momenten hatte er sich von Liebesbeziehungen ferngehalten. Er brachte in Winnies Dienst sowohl die frische Begeisterung eines jungen Mannes als auch die feste Überzeugung von Reife. Er zweifelte nie daran, dass es für ihn diese Frau oder keine Frau war; Sein Wissen über sich selbst und seine Vergangenheit machte die Gewissheit vertrauenswürdiger, als sie im Allgemeinen ist. Angesichts der Tatsache, dass er eine Chance hatte, sie zu gewinnen, war es ein gewaltiges Opfer, das von ihm verlangt wurde – bis hin zur Zerstörung und Verstümmelung seines Lebens und zum Hungertod seines Geistes.

Sein Fall war vollkommen klar; es gab keine Verwirrung, es konnte keine goldene Brücke geben; auf der einen Seite eine höchste Autorität, auf der anderen der natürliche Mensch, gestärkt durch jede weltliche Rechtfertigung – denn er würde kein Gesetz des Landes brechen, keinen Ehrenkodex verletzen, niemanden verletzen, dessen Rechte oder Gefühle er verpflichtet war respektieren. Und er würde dem Geschöpf, das er am meisten liebte, Glück schenken, wie er glaubte, und, in gewisser Weise, Frieden, Schutz und liebevolle Fürsorge – Dinge, die sie brauchte; Nach Dick Dennehys Vorstellungen zeigte ihre Bilanz, dass sie sie trotz seiner Liebe und Bewunderung dringend brauchte. Hier befand er sich auf der einen Seite seines Geistes in einer paradoxen Übereinstimmung mit der Autorität, der sich die andere Seite widersetzen wollte. Er und er waren sich über ihre vergangenen Taten einig, zogen daraus jedoch eine andere Schlussfolgerung.

Er vergötterte sie, aber er glaubte nicht, dass sie für sich selbst sorgen konnte. Er glaubte, dass er sich um sie kümmern könnte – allerdings um den Preis, sich seiner höchsten Autorität zu widersetzen; oder er würde das Wort „herausfordernd" nicht verwenden – er würde sich in einem sehr schwierigen Fall seiner Gnade ausliefern. Das Geschöpf, das er von allen Dingen im Leben am meisten liebte, würde, so fürchtete er, noch unverzeihlichere Dinge tun, es sei denn, er selbst tat etwas, von dem man ihm beigebracht hatte, dass es an sich unverzeihlich sei. Er forderte sie zu nichts auf, was sie als Fehlverhalten ansehen musste; Er forderte sie nicht auf, gegen das Licht zu sündigen, das sie besaß. Diese Sünde wäre seine. Seine Ritterlichkeit verband sich mit seiner Liebe; es zu unterlassen schien sowohl Feigheit als auch fast Unmöglichkeit zu sein. Es gab das Dogma – aber sollte es keine Befreiung geben? Nicht, wenn jede Faser des Herzens eines Mannes, jeder Impuls seines Mutes danach schrie?

Die Sonne sank ihrem Untergang entgegen. Er stand im Garten und beobachtete, wie sein Verfall die gnadenvolle Aussicht noch schöner machte. Eine kleine Rauchfahne stieg gemächlich aus den Schornsteinen von Winnies Cottage auf. Die Luft war sehr still. Er drehte sich um und betrachtete das neue Haus mit neuem Interesse. „Wäre es jetzt gut genug für sie?" fragte Dick Dennehy. Die plötzliche Vision von ihr im Haus – ihrer anmutigen Art und ihrer anmutigen Präsenz, ihrem Mut und ihrer Aufrichtigkeit – überkam ihn. Sie hatte sich geirrt – aber sie war mutig gewesen. Mutiger als er selbst?

Am Horizont versank die Sonne. Dick Dennehy drehte sich um, um es sich noch einmal anzusehen. Als das Leuchten verblasste, herrschte Frieden und Ruhe . Ganz allmählich brach der Abend herein. Er nahm seinen Hut vom Kopf und beobachtete die letzten Strahlen, während die Brise sein Haar bewegte und seine Stirn erfrischte. Er stand lange Zeit ganz still da, wie er es zu tun pflegte, ruhig, aufmerksam, gehorsam bei den feierlichen Ämtern seiner Kirche – der Kirche, die für ihn Glauben, Gewissen und halbes Mutterland war. Plötzlich hatte seine Seele Frieden, und er sprach laut mit seinen Lippen, als ob er auf die Stimme eines Menschen antwortete, der in der Kühle des Tages durch den Garten ging. „Ich muss tun, was ich tun muss, und es der Gnade Gottes überlassen."

KAPITEL XXIX

IM ERGEBNIS

„Bei näherer Betrachtung stellt sich heraus, dass es ein perfekt verkorktes Haus ist – ein Juwel von einem Haus, Stephen!"

Winnie war nach Hause gegangen und Stephen arbeitete allein an der Synopsis, als Dick Dennehy mit diesen Worten auf den Lippen den Raum betrat. Stephen blickte auf und sah, dass seinem Freund etwas zugestoßen war. Der verlegene Hang-Dog-Ausdruck war aus seinem Gesicht verschwunden. Sein Mund wirkte ein wenig eigensinnig, aber seine Augen waren friedlich und begegneten Stephens direkt.

„Tatsächlich gibt es da überhaupt nur einen Fehler."

„Geben Sie ihm einen Namen, und Tora wird es in Ordnung bringen", sagte Stephen als freundliche Antwort auf die veränderte Stimmung seines Freundes.

Dick lächelte. „Ich fürchte, Tora kann das nicht, aber ich kenne eine andere Dame, die das kann – wenn sie will. Für einen Junggesellen ist es ein bisschen zu groß; ich werde mich dort einsam fühlen."

„Oh, das ist es, oder?" Stephen lachte. „Jetzt dachte ich eher, dass es die ganze Zeit so wäre." Mit einem gewissen Aufwand an der Wahrheit führte er Winnies einstweilige Verfügung aus. „Du warst so – nun ja – unruhig."

„Das war ich. Und Tora war sauer auf mich, und du hast mich ausgelacht, und dann wurde ich wütend. Aber jetzt ist alles vorbei – zumindest für mich. Weißt du, wer es ist?"

„Nun, ich glaube fast, dass ich es erraten kann, alter Kerl. Wir sind nicht blind. Winnie?"

Dick Dennehy nickte. „Ich werde es geklärt haben, bevor ich viele Tage älter bin."

Sein Mund war jetzt sehr fest und sein Blick fast herausfordernd. Es war selbst dem Diskussionsliebhaber klar, dass es sich hier um eine Entscheidung handelte, die nicht zur Diskussion stand und über die nur der Mann, der sie selbst traf, urteilen konnte. Stephen spürte die Andeutung in Dicks Verhalten so stark, dass er sogar sein schwaches amüsiertes Lächeln unterdrückte, als er seine Hand ausstreckte und sagte: „Viel Glück!"

Dick nickte erneut, packte ihn fest und marschierte aus dem Zimmer.

Stephen verließ die geduldige Zusammenfassung und zündete sich eine Pfeife an. Er entschädigte sich für die Selbstbeherrschung, die er an den Tag gelegt hatte, indem er den Fall nicht mit Dick besprach, indem er sich einer umfassenderen Betrachtung hingab – einer Betrachtung, die Winnies gesamte Karriere seit der Zeit ihrer Rebellion umfasste ; Es gab nur wenige Merkmale, mit denen ihn vertrauliche Gespräche zwischen ihren Arbeiten nicht vertraut gemacht hatten. Er dachte jetzt nicht mehr an Winnies Anteil an der Angelegenheit – weder daran, wie sie sich verhalten hatte, noch daran, welchen Einfluss ihr Experiment und ihre Erfahrung auf sie gehabt hatten. Es konzentrierte sich mit seinem üblichen spekulativen Elan auf den Konflikt und das Aufeinanderprallen von Theorie und Praxis, Meinung und Verhalten, die die Geschichte im Laufe ihres Verlaufs offenbarte und Fall für Fall veranschaulichte. Bei einer harten persönlichen Prüfung war jeder, oder fast jeder, auf die eine oder andere Weise zusammengebrochen; Hätte man sie nach den strengen Maßstäben beurteilt, zu denen sie sich bekannten, oder nach den Regeln, die ihr Leben gewöhnlich bestimmten, waren sie Versager. Hier beendete Dick Dennehy die Serie mit einem eindrucksvollen Beispiel. Aber Godfrey Ledstone hatte damit begonnen. Es war ein doppelter Misserfolg; er war seinen eigenen Theorien – seinem Kodex – untreu, als er Winnies übernahm; er verhielt sich wiederum gegenüber Winnie falsch, als er sich für sie schämte und in eine durch Elastizität gemilderte Seriosität zurückflüchtete. Cyril Maxon folgte seinem Beispiel und tauschte seine hohe Doktrin, die sich aus ihren anspruchsvollen Ansprüchen befreite, gegen die Chance auf Rosaline Deering ein. Sogar dieser Purnett, dem Regelmäßigkeit und Häuslichkeit ein Gräuel waren, hatte angeboten, regelmäßig und häuslich zu werden. Die einzige Ausnahme schien der Soldat Merriam zu sein; selbst hier bezweifelte Stephen die Existenz einer sicheren Ausnahme. Winnie hatte die Einzelheiten dieses Gesprächs im Garten von Madeira im Dunkeln gelassen, doch es war klar genug, dass sie ihre Kraft nicht aufgegeben hatte. Angenommen, sie hätte es getan? Doch obwohl er eine Ausnahme zuließ, bewies er zu seiner eigenen Zufriedenheit, dass es sich eher um Schein als um Realität handelte. Merriam's Fall war kein Meinungs- und Verhaltenskonflikt; Es handelte sich vielmehr um einen Konflikt zwischen zwei Loyalitäten, die beide im Wesentlichen persönlicher Natur waren. Zweifellos zwischen Neigung und einer Vorstellung von Pflicht, aber einer Pflicht, die so spezialisiert und (wenn das Wort verwendet werden darf) so verkörpert ist, dass sie ihre abstrakte Qualität verliert und aufgrund der Konkretheit eine wirklich emotionale Anziehungskraft erlangt im Charakter als die Emotion, mit der es in Kollision kam. Es schien ihm, dass es sich hier um eine offensichtliche Ausnahme handelte, die die Regel auf die Probe stellte und nicht widerlegte. Die Regel ging aus der Prüfung als Sieger hervor – so erklärte Stephen Aikenhead, der sehr darauf bedacht war, einen Hinweis auf das Labyrinth und die schnellen Farben im sich verändernden Netz der menschlichen Natur zu finden. Wenn es zu einer offenen Schlacht kam, wurden die Ansichten und Theorien verworfen; Der Mann selbst gewann den Sieg und rief Reserven zu Hilfe, die normalerweise in den Tiefen seiner Natur verborgen waren. Mit einem verzeihlichen Instinkt brachten sie alle die bestmöglichen Argumente für ihre Fehler und Abweichungen vor – Erklärungen, Ausreden, Brücken; Sie retteten den Beweis der Konstanz so weit es ging. Aber wie groß oder klein der Erfolg dieses besonderen Plädoyers auch war, es änderte nichts an der Wahrheit. Das Natürliche, Wesentliche – um ein neues Wort zu verwenden: das Unterschwellige – entschied am Ende selbst über die Sache.

Kleines Wunder! dachte Stephen; denn diese Meinungen waren ein buntes Heer – Feinde untereinander. Wenn einer von ihnen sich gut wehrte, war ein anderer bereits bereit, ihm in die Flanke zu fallen. Wenn einer starke Argumente vorbrachte, gab es einen anderen, der dem Gegner seine Schwachstelle ins Ohr flüsterte oder ihn unterschwellig andeutete: „Nun, wenn er Ihnen nicht erlauben kann, was Sie wollen, versuchen Sie es mit mir! Ich bin viel entgegenkommender." Ich erkenne Ausnahmen. Ich kenne die Bedeutung von Ratschlägen zur Perfektion. Ich verstehe die Grenzen der menschlichen Natur. Oder umgekehrt: „Dieser zwielichtige Kerl wird dich nicht wirklich trösten. Er wird dich in dieser Welt verraten, ganz zu schweigen von der nächsten. Ruhe auf mir. Ich bin ein Fels. Steine machen harte Betten, sagst du? Ab und zu vielleicht ein wenig, aber denken Sie daran, wie sicher sie sind und wie sie Ihre Fantasie anregen und unerschütterlich und ewig in den Himmel ragen!" Und dann war da noch dieser plausible kleine Schurke von einer Meinung, der immer beteuert, dass es überhaupt keine Meinung sei – nichts so Ärgerliches – „Machen Sie sich mit keinem dieser Kerle den Kopf. Seien Sie zufrieden! Was macht das schon? Wie auch immer, Was weiß einer von ihnen wirklich darüber? Du könntest genauso gut darüber nachdenken, ob ich selbst eine Meinung habe – genauso schlecht wie sie? Also machten sie weiter, verrieten, konkurrierten und überboten sich gegenseitig – wie eine Reihe von Männern, die auf der Straße Kleingeldspielzeuge verkauften, wobei jeder versuchte, lauter zu schreien und mehr Kunden als der andere zu bekommen. In solch einem respektlosen Bild stellte sich Stephen Aikenhead die Suche nach der Wahrheit vor, deren Anhänger er selbst so leidenschaftlich war.

Er war zu seiner alten Formel zurückgekehrt. Die Dinge waren „in Lösung". Es war eine große Meinungsverschiedenheit. Sollte dieser Zustand für immer anhalten? „Oder", überlegte er, „sollten wir in einem späteren Zeitalter, oh, lächerlich gemischt erscheinen? Werden sie die Dinge geklärt haben? Werden sie die moralische und soziale Welt in Ordnung gebracht haben, wie die Wissenschaftler das physische Universum in Ordnung bringen? Wenn sie Sie werden nie verstehen, wie wir gezweifelt und gestritten haben. Nur ein großer Historiker wird ihnen das verständlich machen können. Oder werden die Menschen ewig im Strudel herumwirbeln und niemals auf einem klaren, starken Strom segeln? zum Ozean der Wahrheit?"

So grübelte der Musierende in seinem stillen Arbeitszimmer, das Rauschen des Wassers in seinen Ohren. Hätte er zufällig darüber nachgedacht, hätte er festgestellt, dass er selbst ein Beispiel für die Schlussfolgerung war, zu der ihn seine Untersuchung von Winnie Maxons Erfahrungen geführt hatte. Seine Spekulationen könnten mit „Pilatus scherzhaft" fragen: „Was ist Wahrheit?" und bleib nicht auf eine Antwort warten, die niemals kommen könnte. Der natürliche Mann Stephen Aikenhead wollte es unbedingt herausfinden. Er kehrte zügig zur Synopsis zurück – zu seiner eigenen kleinen Aufgabe, ein Stück der Felsen, die die Strömung aufstauten, wegzusprengen, wenn es ihm zufällig gelang.

Er arbeitete daran, las und machte sich Notizen. Die Uhr schlug sechs, sieben und halb drei. Er bemerkte es nicht. Fünf Minuten später öffnete sich die Tür und Winnie kam herein.

„Was ist über das Haus gekommen?" Sie fragte. „Du hast mich um halb sieben zum Abendessen eingeladen! Hier bist du nicht nur unangezogen, sondern auch mit offensichtlich ungekämmten Haaren! Und Tora und Dick sind um halb sechs mit ins neue Haus gegangen, erzählt mir Ellen eine Laterne und bin noch nicht zurückgekommen!"

„Ach ja? Dann hat Dick offenbar auch mit Tora alles in Ordnung gebracht." Er stand auf und streckte sich. „Ich denke, du musst heute Abend oder morgen nach etwas Ausschau halten, Winnie. Dick hat sich entschieden; er ist zu dem Schluss gekommen, dass das Haus ansonsten entzückend ist, aber nur einen Fehler hat. Er würde sich darin einsam fühlen es als Junggeselle."

Winnie setzte sich und sah ihn nachdenklich an. „Ich wünschte, es wäre nicht so früh gekommen. Ich bin noch nicht bereit. Und ich habe wirklich so viel Pech!"

„Er wird so lange warten, wie du willst. Und wie kommt das Pech hier rein?"

„Ich werde immer dazu gezwungen, den Eindruck zu erwecken, dass ich irgendein Opfer fordern muss."

„Nun, aus manchen Gesichtspunkten ergibt sich das wahrscheinlich aus der Linie, die Sie eingeschlagen haben. Aus Ihrer Sicht ist es überhaupt eine schlechte Sache, dass ein Mann sein Herz erforschen muss – um zu fragen, was Sie wirklich sind was ihm wert ist?

„Was wäre, wenn er mir hinterher einen Groll hegen würde?"

„Dick ist zu ehrlich mit seinem Gewissen, um das zu tun. Er weiß, dass es seine eigene Tat und seine eigene Verantwortung ist."

„Jedenfalls werde ich keine Gelübde mehr haben, Stephen, nicht mehr auf irgendeiner Seite. Ich mag sie nicht. Ich habe meins einmal gebrochen. Ich dachte, ich hätte ein Recht dazu, aber ich tat es nicht gerne." Meiner Meinung nach hatte Cyril die meisten von ihm gebrochen, aber die Leute scheinen so oft zu vergessen, dass es mehr als einen gibt. Sie lachte kurz auf. „Cyril hat geschworen, mich zu ‚trösten'! Stellen Sie sich vor, Cyril wäre gezwungen, zu schwören, irgendjemanden zu trösten, armer Mann! Er könnte es unmöglich tun."

„In Sachen Gelübde wird man beim Standesamt leicht im Stich gelassen."

„In seinem Herzen würde Dick das überhaupt nicht für eine Ehe halten."

„Du hast das einfach falsch ausgedrückt. Seiner Meinung nach mag er das nicht tun, tief in seinem Herzen wird er es tun. Ich kenne Dick Dennehy ziemlich gut, und da können Sie sicher sein."

„Ich wollte nie eine gesetzlose Frau sein. Aber es kam oder kam zu Hass; und es ist so eine schreckliche Ruine, mit einer Person zusammenzuleben, die man hasst – viel schlimmer, denke ich, als die Dinge, für die sie einen freilassen ."

Stephen lächelte. „Dafür kann ich Ihnen eine sehr respektable Autorität nennen – eine gute Stelle bei Döllinger – aber ich denke, nicht wahr, morgen? Es gibt schließlich so etwas wie Abendessen!"

„Das gibt es, und es wird unverschämt verkocht sein." Sie stand auf und kam auf ihn zu. „Gib mir deinen Segen und einen Kuss, Cousin Stephen. Ich glaube, ich sehe das Glück in weiter Ferne schimmern."

„Ich glaube nicht, dass es jemals sehr weit weg ist, wenn du es sehen kannst", sagte Stephen und küsste sie.

Winnie schüttelte zweifelnd den Kopf. Sie hatte solch ein Hin- und Herwerfen erlitten; Die Stille des Hafens schien ein fernes Ziel zu sein, auch wenn sie nun einen geraden Kurs darauf zusteuern konnte. Ihre Gefühle waren immer noch nervös; Sie schreckte instinktiv vor jedem unmittelbaren Aufruf zu starken Gefühlen zurück. Es gab noch ein weiteres Problem in ihrem Kopf, das zwar geheim war, kaum explizit, aber real; Wenn Dick Dennehy, der immer noch von den Überzeugungen beherrscht war, denen er nicht gehorchen wollte, aufgrund dessen, was sie getan hatte, zeigen sollte, dass er glaubte, sie sei für die Bitte zu haben, würde sie es erbittert verübeln – bis hin zu einer schroffen und endgültigen Ablehnung . Das wäre ein fast ebenso großer Fehlschlag wie der von Godfrey Ledstone, und ein solcher Stein könnte ihrem Schiff immer noch den Weg in den Hafen versperren. Viel hing davon ab, wie Dick Dennehy sich ihr gegenüber verhielt.

Aber die folgenden Tage in Shaylor's Patch waren voller heilender Gnade. Da war die Herzlichkeit der Freundschaft wieder ungetrübt, Toras Gelassenheit, Stephens wachsame und verständnisvolle Kameradschaft. Dick kam, als seine Arbeit es erlaubte – man kann vermuten, dass er sein Budget bis zum Äußersten ausschöpfte – und es herrschte nun unendliches Interesse und grenzenloser Spaß an der Einrichtung seines Hauses. In dieser Arbeit wurde eine Formel gefunden, die der Ungewissheit, in der sich die Angelegenheiten des Meisters befanden, angemessen war. „Möglichkeiten müssen im Auge behalten werden", sagte Stephen mit tückischer Ernsthaftigkeit. Dick hielt sie bis zum Äußersten seines Geldbeutels im Blick – und wie konnte Winnie eine freundliche Meinung in Geschmacksfragen verweigern? Niemand erwähnte Mrs. Lenoirs Möbel, jetzt im Cottage. Für ein Landhaus war es nicht wirklich geeignet, und auf jeden Fall wäre es angenehmer, den Neuanfang in einer ganz neuen Umgebung zu machen. Winnie verwandelte es im Geiste in neue Kleider, in deren Form es einem zwar vorübergehenden, aber weniger assoziationsreichen Zweck dienen würde.

In keinem festgelegten Geständnis, sondern in verschiedenen intimen Gesprächen kam Dick von ihrer gesamten Geschichte und ihrer gesamten Einstellung dazu erfahren. Sie versuchte weder ihre Leidenschaft für Godfrey Ledstone noch die Anziehungskraft zu verbergen, mit der Merriam sie zuletzt angezogen hatte. Im letzteren Fall war ihr besonders daran gelegen, dass er es verstand.

„Zuerst war ich wütend, weil man es für unmöglich hielt, aber er brachte mich dazu, seinen Standpunkt zu verstehen, und dann hätte ich mich fast in ihn verliebt", sagte sie lächelnd. „Nur fast!"

Es war nicht der alte Dick Dennehy, der zuhörte; Er hätte eine Erklärung parat gehabt, wie all die Probleme entstanden waren, und eine vehemente, wenn auch gut gelaunte Anklage gegen den Ursprung dieser Probleme. Nicht nur seine Gefühle für Winnie, sondern auch sein eigener Kampf mit seiner Offenbarung und seinem Kompromiss veränderten ihn. Er hörte mit ernster Aufmerksamkeit oder manchmal auch mit leicht humorvollem Mitgefühl zu. Wenn er zu Recht oder zu Unrecht – wahrscheinlich hätte er selbst kein einziges Wort benutzt, sondern „notwendigerweise" gesagt hätte – seiner höchsten Autorität missachtete, so fand er doch als Mensch hier auf dieser Welt eine gewisse Kompensation in einer zunehmenden Menschlichkeit, einer Erweiterung Nächstenliebe, ein verstärktes Gefühl der menschlichen Brüderlichkeit. Er verzichtete bewusst darauf, einen Ausgleich zwischen Verlust und Gewinn zu finden, akzeptierte den Gewinn jedoch gerne, sozusagen mit dem Gefühl der Entdeckung, der geöffneten Augen, einer durchdringenderen Vision. Er verwarf die Idee, dass es für jeden leicht sei, zu glauben, was er glaubte, wenn er sich nur die Mühe machen würde, oder dass es bloße Verdrehtheit des Geistes war, die ihn daran hinderte, exakt nach seinen Maßstäben zu handeln – oder sogar nach ihnen ihre eigenen. So war es im Laufe der Tage nicht mehr sein Ziel, zu vergeben und zu vergessen, sondern zu schätzen und zu verstehen. Bei Winnie war dies unerlässlich, wenn ihre Harmonie vollständig sein sollte. So viel vom Geist – oder vom Stolz – der Theoretikerin blieb in ihr erhalten. Sie würde nicht einmal eine große Liebe ertragen, wenn diese mit völliger Verurteilung einherginge; Vielleicht hätte sie nicht daran glauben können, oder wenn sie damals daran geglaubt hätte, hätte sie keine Grundlage für Dauerhaftigkeit gesehen.

In den ersten Tagen war die Glut der Liebe ganz auf seiner Seite; ihr Herz ließ sich nicht so leicht wieder entzünden. Erst allmählich blühten der absolute Glaube und die dankbare Zuneigung der Frau zu dem Mann zu ihrer natürlichen Frucht auf – während Winnies Lebensfreude und Freude an ihren eigenen Fähigkeiten allmählich nachließen. Jetzt funkelten ihre Augen wieder und ihr Lachen klang jubelnd.

„Sie scheint gut gelaunt zu sein", sagte Stephen Aikenhead. „Wenn jemand tatsächlich etwas von ihr möchte, ist jetzt meiner Meinung nach ein guter Zeitpunkt, danach zu fragen."

Dick blickte von der Abendzeitung auf. „Ist sie bereit, Stephen?"

„Ich denke schon, Dick."

Mit beschwingten Schritten ging Dick Dennehy in den Garten hinaus, von wo das Lachen gekommen war. Winnie war allein; Ihr Lachen war nur für eine Henne gedacht, die aus Angst vor der Bedrohung durch klatschende Hände lächerlicherweise in ihr eigentliches Revier zurückhuschte. Sie trug einen schwarzen Spitzenschal, der um ihren Kopf gedreht war; Unter seinen Falten glänzten ihre Augen fröhlich.

„Würdest du zufällig ein Stück mit mir auf der Wiese spazieren gehen?" er hat gefragt.

Etwas in seinem Blick erregte ihre Aufmerksamkeit. Sie errötete ein wenig. „Ja, Dick."

Aber sie gingen lange Zeit schweigend weiter. Dann spürte sie, wie ihr Blick unwiderstehlich von ihm angezogen wurde. Als sie den Kopf drehte, streckte er seine Hände aus. Langsam kam ihres auf sie zu.

„Du könntest mich jetzt nicht wegschicken, oder, Winnie?"

„Oh, Dick, hast du alles noch einmal durchdacht, es von jeder Seite betrachtet – zwanzigmal, hundertmal, fünfhundertmal?"

„Ich nicht! Ich habe es mir ein für alle Mal angeschaut, und seitdem habe ich nicht mehr daran gezweifelt. Ich habe darauf gewartet, dass du das alles tust.“ Sein Lächeln war glücklich und jetzt selbstbewusst.

„Nun, am Ende gefällt es mir so besser. Ich mag es jedenfalls, wenn du so denkst, auch wenn du dich selbst betrügst. Weil es zeigt –“ Sie brach schelmisch ab. „Was zeigt es, Dick?“

„Warum, dass du das Juwel der Welt bist! Was würde es sonst noch zeigen?“

„Aber was ist mit der Dame, mit der Sie an jenem Abend am Bahnhof unzufrieden waren?“

„Du wusstest die ganze Zeit, dass du es bist!“

„Wie hast du es dann gewagt zu sagen, dass es nicht ernst war? Und dich selbst – oder mich – einen Narren zu nennen?“

„Du neckst mich bis zum Ende, Winnie.“

Sie wurde ernst und legte ihren Arm um seinen. „Ich wusste wirklich, warum es für dich nicht ernst war und nicht ernst sein konnte – und warum es gerade auf diese Weise furchtbar ernst wurde. Es gab eine Zeit, in der ich dich für dumm gehalten hätte, es so ernst zu halten, und in der du es behalten hättest Es ist bis zum Schluss „nicht ernst“. Wir haben uns gegenseitig verändert, Dick, du, ich – und das Leben, das wir beide haben . “

„Bedingungen vollkommenen Friedens“, antwortete er. Er wusste, was in ihrem Kopf vorging. „Ich gebe Ihnen meine Ehre – in meiner Seele bin ich in Frieden.“

„Dann sei es so, lieber alter Dick. Denn ich schäme mich auch nicht.“ Sie drehte sich zu ihm um, legte ihre Hände auf seine Schultern und küsste seine Lippen. „Jetzt lass uns zu dir nach Hause gehen und sehen, ob diese Möglichkeit wirklich in Betracht gezogen wurde. Lieber Stephen! Er wird über uns philosophieren, Dick!“

Das war natürlich nur zu erwarten. Dies geschah jedoch nicht, als Stephen und seiner Frau nach dem Abendessen die großartige Nachricht überbracht wurde. Im Gegenteil, nach kurzen, aber herzlichen Glückwünschen verschwanden die Gastgeber. Winnie glaubte, einen Blick zwischen ihnen bemerkt zu haben.

„Sie müssen nicht so sehr taktvoll sein!“ sagte sie lachend.

Sie waren sehr taktvoll; denn selbst für Verliebte war die Zeit, in der sie fernblieben, unbestreitbar lang. Über den Fortschritt der Zeiger der Uhr konnte man sich keine Illusionen machen. Doch als Tora und Stephen hereinkamen und beschuldigt wurden, die fragliche nützliche soziale Qualität übermäßig zur Schau gestellt zu haben, errötete Tora, bestritt den Vorwurf ziemlich verärgert und wünschte ihnen allen eine kurze gute Nacht. Stephen starrte ihn mit gespielter Wut durch seine Brille an.

„Ihr zwei denkt euch alle! Eigentlich seit etwa einer Stunde – wie spät ist es? Elf! Oh, sage ich! Ja, natürlich! Nun, seit etwa zwei Stunden, Tora und ich." Ich habe Ihre Existenz vergessen, und wenn ich die Aufrichtigkeit eines alten Freundes gebrauchen darf, ist es ziemlich schwierig, Sie hier zu finden, Mr. Dennehy.

„Na, was hast du dann gemacht?" lachte Winnie.

„Es ist eine von Toras Theorien, dass ich ihr etwa einmal im Jahr noch einmal einen Heiratsantrag machen sollte – und irgendwie schien heute Abend eher eine passende Gelegenheit zu sein", erklärte Stephen. „Es steht ihr völlig frei, mich abzulehnen, und tatsächlich ist sie dabei im Allgemeinen ziemlich schwierig. Deshalb ist es so spät." Seine Augen funkelten erneut. „Sie stellt mir alle möglichen Bedingungen in Bezug auf mein zukünftiges Verhalten. Ich streite ein bisschen, sonst würde sie mich nicht respektieren. Dann gebe ich nach – aber natürlich befolge ich nicht alle, oder was für ein Spaß wäre das." Nächstes Jahr? Sie hat mich dieses Mal akzeptiert, aber sie sagt, es sei das letzte Mal, es sei denn, ich bessere mich erheblich.

Ein Funke von Dick Dennehys alter Verachtung flammte auf. „Das ist also die Art und Weise, wie sie ihre kostbare Theorie umgeht, nicht wahr? Und die Frau ist immer eine respektable Ehefrau und Mutter!"

Winnie legte ihre Hand auf seinen Arm. „Es gibt eine Sache, die alles umgehen kann, Dick."

„Eine Tatsache, die in all ihren Auswirkungen auf Gut und Böse in der Synopsis sorgfältig dargelegt werden muss", sagte Stephen Aikenhead.

Sie ließen ihn durch Wolken aus Tabakrauch leuchtend zu ihnen blinzeln.

„Hängen Sie den Mann, meint er es ernst mit seiner alten Synopsis, wie er das Ding nennt?" fragte Dick Dennehy, als sie sich auf den Weg zur Hütte machten.

Winnie überlegte. „Ich weiß es nicht ganz. Das ist der Spaß von Stephen! Aber jedenfalls" – sie drückte seinen Arm – „wenn diese Sache – unsere Sache – nicht endet, bevor die Synopsis endet, ist alles in Ordnung! Das wird es." Ich denke, dass es unser Leben überdauert und immer noch unvollendet ist." Ihr Lachen endete in einem Seufzer, ihr Seufzer erneut in einem Lächeln. „Oh, ich rede, als wäre es ein Märchenende aus einer von Alices Geschichten. Nun ja, nur für heute Abend! Aber es ist nicht wirklich – es kann nicht sein, Dick. Es ist kein Es ist ein Anfang und der Anfang von etwas Schwierigem, das du für mich aufgibst – und das ist nichts, was ich ein für alle Mal tun muss. „Wird eine fortlaufende Sache sein, die immer über anderen großen und kleinen Dingen auftaucht. Es ist kein Ende; es ist nur ein Anfang , Dick?“

„Es ist eine Frage des Glaubens, wie alles andere auf der Welt, das einen Rap wert ist“, sagte Dick Dennehy. „Auf jeden Fall wissen wir das voneinander – dass wir bereit sind, für das zu kämpfen, woran wir glauben und was wir lieben. Und die Chancen dagegen machen uns keine Angst! Ich nenne das einen fairen Anfang. Was machst du? des Lebens jedenfalls, es sei denn, es ist ein Kampf? Wir werden unseren Kampf bis zum Ende führen!“

Seine Stimme klang tapfer und selbstbewusst; sein zuversichtlicher Geist war voller Hoffnung. Als sie die Haustür öffnete und das Licht einer Hängelampe in dem engen Durchgang auf ihn fiel, war sein Gesicht glücklich und gelassen. Mit einem Lächeln überredete er ihre Bedenken. „Ah, jetzt bist du nicht mehr das Mädchen, das du warst, wenn du Angst vor einem Experiment hast!“

Sie legte ihre Hände in seine. „Nicht das Mädchen, das ich war, in der Tat! Wie könnte ich schließlich sein? Aber hier ist mein Leben – soll ich Angst davor haben? Soll ich vor jedem Nutzen, vor jeder Freude, die ich habe, zurückschrecken? Ich werde gewonnen. t, Dick!“

„Immer mutig! So mutig wie falsch, Winnie!“

„Immer noch falsch verstanden?“ sie lachte, jetzt fröhlich. „Diese Frage ist wie alles andere, wie Stephen sagt, ‚in Lösung‘. Es ist nicht mein Schicksal, Fragen zu klären, aber es scheint, als könnte ich nicht anders, als sie aufzuwerfen!“

Für diejenigen, die in solchen Dingen – im Zusammenspiel von Leben und Geist – Design sehen würden, könnte es durchaus so aussehen, als ob sie hier eine Funktion anstrebte, die sie nie angestrebt hatte, für die sie aber in mehreren Fällen erfolgreich eingesetzt worden war. Sie hatte bei bedingungslosen Menschen Fragen aufgeworfen. Ihr Umgang mit ihrem Leben stellte sie nach den Grundlagen und Regeln ihres eigenen Lebens. Für Dick Dennehy hatten sogar ihre Schornsteine den Himmel mit Verhörnotizen übersät! Sie war sozusagen ein Prüfstein gewesen, der echtes Metall bewies, die Basis entdeckte und die Legierung enthüllte; eine Prüfung der Qualität, des Mutes, des Glaubens; der Schaft eines Forschers, der tief im Erz des menschlichen Herzens versunken ist. Sie war auf Schichten gestoßen, die kaum Gold enthielten, sie war auf reine Schlacke gestoßen, doch die Suche ließ sie nicht nur hoffnungsvoll, sondern bereits bereichert zurück. Zweimal hatte sie Gold gefunden – bei dem Soldaten, der seine Flagge nicht einmal um ihretwillen im Stich ließ, und bei dem Gläubigen, der sich um ihrer Seele willen und aus Liebe zu ihr der Gnade eines beleidigten

Himmels überließ. Beide konnten es wagen, Opfer bringen und sich hingeben. Sie gehorchten dem Ruf, den ihre Ohren hörten, auch wenn es zu ihrem eigenen Schaden geschah – in dieser Welt oder vielleicht auch in einer anderen. Es gab den Punkt der Verbindung zwischen dem Mann, der ihr um seiner Treue willen entsagte, und dem Mann, der sie vor seinem Glauben schützte.

Im kleinen Kreis derer, mit denen sie die Schicksalsfragen geteilt hatte, hatte sie viel für Unruhe gesorgt; Sie war sich sicher, dass sie nichts geklärt hatte. Die Dinge waren genauso „in Lösung" wie eh und je; Das Wetter ließ nicht nach. Da der Mensch unvollkommen ist, müssen Gesetze erlassen werden. Da der Mensch unvollkommen ist, müssen Gesetze gebrochen werden, sonst werden immer neue Gesetze erlassen. Winnie Maxon hatte ein Gesetz gebrochen und eine Frage gestellt. Wenn Tausende das Gleiche tun, kann der Riese, nachdem er den Erstankömmlingen eine Ohrfeige gegeben hat, endlich seine Hand auf seine eigene legen und nachdenklich nachdenken.